# 世紀末オーストリア 1867〜1918

ALBERT FUCHS, GEISTIGE STRÖMUNGEN IN ÖSTERREICH 1867-1918

## よみがえる思想のパノラマ

アルベルト・フックス 著
青山孝徳 訳

昭和堂

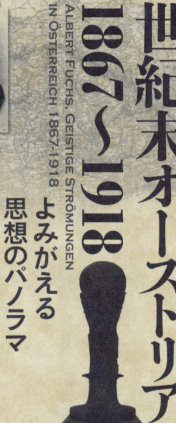

Albert Fuchs,
*Geistige Strömungen in Österreich 1867–1918,*
Globus-Verlag, Wien, 1949

# 孤独な亡命者が描いた世紀末ウィーンの思想的パノラマ

八木紀一郎

第一次大戦前夜、ハプスブルク王朝の老帝フランツ・ヨーゼフが君臨した時期の旧オーストリアでは奇跡のように多彩な思想と芸術が花咲いた。ひとよんで〝ウィーンの世紀末〟である。華麗な流線のなかに死と性を描いたグスタフ・クリムトをはじめとする美術や近代建築、ヨハン・シュトラウスからシェーンベルクにいたる音楽、ホーフマンスタール、シュニッツラーからカール・クラウスにいたる文学、経験論を徹底したエルンスト・マッハや精神分析を創始したシグムント・フロイト。社会科学においても、カール・メンガーやベーム＝バヴェルクの「オーストリア学派」、ルドルフ・ヒルファーディンクやカール・レンナー、オットー・バウアーらの「オーストロ・マルクス主義者」の流れが登場している。

第一次の欧州大戦を超えてその稔りが続かなかったわけではない。しかし、欧州大戦後不安定な小国となったオーストリアはまもなく全体主義に呑み込まれることになり、ウィーンで蒔かれた種子は離散せざるをえなかった。ヴィットゲンシュタイン、フロイトにせよ、経済学者シュンペーター、ハイエクにせよそうである。他方、才能のない画学生ルドルフ・ヒトラーは、大戦前夜のウィーン市長カール・ルエーガーから反ユダヤ主義扇動のテクニックを学んで、それを大戦後のドイツで組織した国民社会主義運動（ナチス）に取り入れた。

「ウィーンの世紀末」を彩っていたのは、時代遅れの多民族帝国（オーストリア＝ハンガリー二重王国）の崩壊の予感であった。他方で、欧州大戦を経て生き永らえた人たちは、それを二度とない「旧き良き時代」として回想する。「旧き良き時代」を惜しむあまり、流亡の生活に耐えられずに自死を択んだのは文学者シュテファン・ツヴァイクであった。経済学者シュンペーターも、旧きウィーンに抱くイメージが壊れることを怖れて、第二次大戦終結後の欧州渡航を拒否した。

本書の著者アルベルト・フックスを執筆に駆り立てたのも、そのような懐旧の情であろう。詳しくは本書に付けられた自伝を参照していただきたいが、彼はシュテファン・ツヴァイクに似た知的環境に育ったブルジョア知識人でありながら、第一次大戦後のウィーンで労働運動・共産主義運動に身を投じた。ここに収録された自伝も、ツヴァイクの『昨日の世界』(Stefan Zweig, *Die Welt von gestern*, 1942)に比肩できるだろう。両大戦間期の左翼知識人の自伝としては、エルンスト・フィッシャーのもの(Ernst Fischer, *Erinnerungen und Reflexionen*, 1969)が既に訳されている(『回想と反省』池田浩士訳、一九七二年)が、コミンテルンで働いたジャーナリスト・フィッシャーの筆はなぜか表面的に思える。対照的に労働者地区で抵抗活動に従事し、逮捕・拘留されたフックスの筆の方に私はより親近感をおぼえる。当時のウィーンでは、ヒルファーディンクの別れた夫人マルガレーテ(旧姓へーニヒスベルク)が社会主義者の信条に忠実に、労働者地区での医師および精神分析家として暮らしていた。彼女は、ナチスに捕らえられ最後はトレブリンカで殺害された。国外脱出できなかったならば、共産党員でユダヤ人であったフックスにも同じ結末がまちうけていたことであろう。

フックスはナチスへの抵抗の挫折を戦時下の英国で癒すなかで本書を執筆した。おそらく、失われた古オーストリアの思想潮流について彼の知るすべてを書き残そうとしたものであろう。本書のなかでも、当時の共産主義者のドクマ的見解の片鱗が見られる箇所があるが、それはごく一部であり、読み進めるにあたってほとんど支障にならない。むしろ全体として支配的なのは、共産党の活動家の筆とは思えないほどの公平さを保った記述である。自由主義者や保守派、カトリック、社会改良家、平和主義者など、フックスが所属した潮流以外の思想潮流についても驚くほど該博な知識が示されている。

私は、カール・メンガーやベーム＝バヴェルクらのオーストリア学派の成立事情を研究した際に、この時期におけるオーストリアの知的発酵はオーストリアにおける政治的自由主義の解体過程の産物であるというカール・ショースキの見解に刺激を受けた。しかし、ショースキは当該の自由主義自体については何も説明していなかったので、私はオーストリア自由主義の領袖であったエルンスト・プレーナーの回想録を入手して読んだり、議会の議事録を参照したりしてその輪郭をつかもうとした。本書がその冒頭に自由主義をとりあつかった章を据え、プレーナーのような貴族的自由主義者からドイツ人自由派、さらにヨーゼフ主義的な官僚政治家にまで紹介の筆を延ばしているのを目にして、その研究をしていたときに本書を紐解かなかったことを恥ずかしく思った。

「ウィーンの世紀末」について誰もが称賛するのは、先述したショースキの『ウィーンの世紀末』（安井琢磨訳、岩波書店、一九八三年。原書は、Carl E. Schorske, *Fin-de-sciècle Vienna: politics and culture*, 1979）とW・M・ジョンストンの『ウィーン精神』（井上修一ほか訳、みすず書房、一九八六年、原書はWilliam M. Johnston, *The Austrian Mind: an intellectual and social history, 1848-1938*, 1983）であろう。思想におけるハイライトの当て方におけるショースキの巧みさには舌をまくし、またこの時期の知的産物にかんするジョンストンの総覧も見事である。しかし、私はこの両書を知る人に、さらに本書の一読を勧めたい。芸術を視野の外におく本書は、両書にあるような華麗さを欠いている。しかし、本書によって、ショースキが描くドラマの背景となる旧帝国の政治勢力の配置とその思想の対抗関係を知ることができる。また本書が教える帝国議会内外の政治潮流と社会運動、学問および言論の知的潮流を知ることによって、ジョンストンが総覧したような知的精華の土壌を知ることができる。

先の両書の著者はいずれも米国人で、彼らは第二次大戦後の米国一流大学の整った環境のもとで研究をおこなって、その成果を公刊した。彼らの叙述がどこか目に見えるようになった成果を中心にしているように感じられるのはそのせいかもしれない。それに対して、本書は孤独な亡命抵抗者によって、戦時下の悪条件のもとで、出版のあてもなしに書き綴られた。ショースキやジョンストンは、歴史家としてその研究と叙述の対象に客観的に取り組むことができたであろうが、フックスにとってはそうではなかった。旧帝国下ウィーンに花開いた思想潮流は現実の勢力としては既に失われていたとしても、ブルジョア出身のユダヤ知識人であったフックスの知的世界として生きていた。彼は共産党員となっていたが、他の思想潮流に対して排斥的な立場をとらなかった。ルエーガーやシェーネラーの反ユダヤ主義・ドイツ民族主義ですら、旧帝国の文化的環境の一部であった。彼は淡々とした筆致で、自分が相続している知的遺産の棚卸しを一つ一つおこなったのである。棚卸しされたウィーン思想の一部は世界に広まっているが、多くは忘れられている。私は本書の訳稿を読みながら、これまで以上に、「世紀末ウィーン」を内から眺められるようになったと感じた。

フックスは亡命先の英国から帰国してわずか三か月後になくなり、本書はその没後に出版された。帰国時の彼の心身の状態はどうだったのだろう。彼は第二次大戦後の母国オーストリアがどのようになると予想していたのだろうか。

ともかく本書の著者は何らかの希望を抱いて荒廃したウィーンに戻ったのである。私は無名のまま没した彼を愛おしく感じる。歴史の中に埋もれかけていた本書と著者アルベルト・フックスを蘇らせてくれた訳者青山孝徳さんと出版社昭和堂に感謝します。

二〇一八年七月一一日

摂南大学学長・元経済学史学会代表幹事　八木紀一郎

目次

## 第Ⅱ部　世紀末オーストリア1867～1918——よみがえる思想のパノラマ——

# 凡例

本訳書は、Albert Fuchs, Geistige Strömungen in Österreich 1867–1918, Globus-Verlag, Wien, 1949を底本としている。ただし、変更をふたつ加えた。

ひとつは、底本の「自伝」部分（Albert Fuchs, 25. Oktober 1905–29. November 1946と題されている）を、ロンドンのFree Austrian Booksが一九四三年に出版したAlbert Fuchs, Ein Sohn aus gutem Haus（『良家の子息』）で「補完」した。前者は後者をほぼ半分に削除し、一部、位置の入れ替えも行っているため、本訳書では削除部分を復元するとともに、入れ替えを元に戻した。復元した箇所は【……】で示した。入れ替えについては、いちいち明記しなかった。この作業により、フックスが自らの責任で出版した『良家の子息』を読者のお目にかけることができる。

ふたつ目の変更は、ウィーンのレッカー出版（Löcker Verlag）が、一九四九年の底本を一九八四年に復刊した際に付したフリードリヒ・ヘール（Friedrich Heer）の序文（Ein Vorwort）を訳出したことである。

上記の「自伝」の「補完」及び序文付加の結果、厳密な意味で底本が存在しない訳書になった。

二、原タイトルは『オーストリアにおける精神の諸潮流　１８６７～１９１８』だが、内容に即して『世紀末オーストリア１８６７～１９１８――よみがえる思想のパノラマ――』とした。

三、原著者が引用した文献と引用箇所を示す原文脚注は、本訳書の本文中、各パラグラフの後に置いた。

四、番号を付した原注は、巻末に置いた。

五、訳文中の鍵括弧［　］は、訳者による補注である。

六、原文の隔字による人名、イタリックによる強調は、本訳書では太字とした。

七、人名の発音表記は、原則としてDUDEN発音辞典にしたがった。しかし、慣用にしたがったものもある。たとえば、同辞典でRennerは「レナ」だが、訳では「レンナー」にした。

八、地名表記は、かならずしも統一されていない。歴史的変遷を考え、対象となった時代の地名と現在の地名を併記するよう努めたが、英語名を片仮名表記しただけのものがある（たとえば、ボヘミアを使い、ドイツ語のベーメンあるいはチェコ語のチェヒを使用していない）。あるいは、ドイツ語の歴史的呼び名をそのまま片仮名表記しただけのものも残る。

九、アルファベット順の原著・人名索引は、あいうえお順に組み直した。

一〇、一九四九年版の編者が付けた参考文献目録は、その後の時間経過を勘案して採録しなかった。

第Ⅰ部扉図版：著者のロンドン亡命中に出版された『良家の子息』（一九四三年）中扉

第Ⅱ部扉図版：さまざまな人材を輩出したウィーン大学の正面

# 序文

フリードリヒ・ヘール

ここに特異な書が再刊される。その内容が特異であり、その著者も特異、そして成立の経緯も特異で、第二次世界大戦の終局の苦悶のうちに生まれた書である。著者についていえば、英国亡命から帰って（一九四六年八月）三か月後の一九四六年一一月二九日に亡くなった。享年四一歳。待ち望み、期待したはずのその後の人生で、彼に何ができたか、何を生み出そうとしたのか、想像してみるのも十分に意義があるだろう。それは、まず本書の続巻を執筆し、次には自分と同時代人であるオーストリアの詩人たちが抱える問題群に迫ることだったと思われる。フックスは、小冊子の『現代オーストリアの詩人たち』と題する試論（ウィーン、一九四六年）で、自らのうちに胎動する、次のような現代のオーストリアを告知していた。オーストリアのこの二〇世紀は、現代のオーストリアの陰りを拭い去るとともに、影を投げかける。現代オーストリアを照らし出しながら、輝きを曇らせる。この二〇世紀は、一九世紀に行われた運命的ですさまじい決断の結果であり、今日、我々が困惑を覚えるほどに豊穣な一九世紀の精神、科学、芸術の相続人である。その豊穣さを目にすると、相続人であるまともな現代のオーストリア人は、恥ずかしさとともにさみしさを覚えるけれども、同時に力も与えられる。その遺産は、我々に義務を自覚させる遺産である。

この著書と著者の特異性について、あらかじめ手短にこの序で述べることができよう。アルベルト・フックスは、一九〇五年一〇月二五日、ウィーンに生まれた。生まれ落ちて後の一〇年に満たない年月は、足早にすぎて一九一四年につながり、彼は子供時代、第一次世界大戦を経験する。その後、第一次オーストリア共和国は内乱にはまり込み、彼自身が呑み込まれそうになる。

アルベルト・フックスは、そこから逃れた少数者に数えられ、ユダヤ人、オーストリア人、「キリスト教身分制国家」体制に抵抗する運動に参加していた若者として、助かったわずかな少数派に属する。

一見不適切と思われるひとつの譬えが思い浮かぶ。もしブルーノ・クライスキー〔元オーストリア首相〕がスウェーデン亡命中の一九四六年に亡くなっていたとしたら、今日、誰が彼の名を覚えていて口にしようか。彼がオーストリアに帰っていなかったとしたら、どうだったろう。この国では社会民主主義者たち――現在、社会主義者を名のる〔再び社会民主主義者に戻っている〕――さえ、ユダヤ人同志が亡命から帰るのに強く反対し、拒んだからである。これについては、レーオポルト・シュピーラの『「ユダヤ人」という敵性イメージ』（ウィーン、一九八一年）を改めて参照されたい。

『世紀末オーストリア1867～1918』は、今日のオーストリアでは稀有な、内面の開放性、偏見のなさ、人間性、おおらかさが溢れている。では、我々はどうかといえば、偏狭さにとらわれ、あらゆる政治勢力や「世界観」陣営に蔓延する視野狭窄の中に生きている。このようなひどく限られた視野しか許されない、狭苦しい戦車や潜水艦に乗って、今日のオーストリア人は、無頓着に思い上がって出かけてゆく。したがって、アルベルト・フックスの『世紀末オーストリア1867～1918』に匹敵し、肩を並べるような著作がないのはあたりまえである。

アルベルト・フックスは、先に述べた開放性と、批判的・価値評価的な意見表明とを結びつける。これもまた本書の特異性のひとつである。彼の意見表明は、言辞とうわべ、見せかけ、美化の陰に隠れるものではない。

そうした開放的な見方の「模範」、価値評価を行いつつ、限界を見定める見方の「模範」として、ここで手短にフックスによるルエーガーの記述を紹介しよう。「政治家ルエーガーを歴史の審判で救うことはできない。彼は、数多くの災禍を引き起こした。はるかにましなのは、行政官のルエーガーである」。ルエーガーが引き起こした災禍や行政官として挙げた成果について、簡潔にして具体的、内容を凝縮した形で読むことができる。

『世紀末オーストリア1867~1918』のもつ特異性が人間的に、すなわち、アルベルト・フックスの生涯において何に由来するかは、彼の自伝『良家の子息』(出版地、ロンドン)——若い亡命者が、この事実報告の中で自分自身に光を当てている箇所——から部分的に読み取ることができる。人間誰しも存命中、とくにロンドン時代の本自伝著者のように若い場合、自己の存在の深奥まで、その底の底まで洞察することは不可能である。ゲーテという人は、断固としてこの自己省察を拒んだ。ゲーテ賞の受賞者であるジークムント・フロイトは、注意深く自分の人生を、歴史家や伝記作家たち、そして自分を取り巻く精神的な息子であるウィーンの若い精神分析家たちから遮断した。

さて、著作の『世紀末オーストリア1867~1918』が記録するのは、諸要素——アルベルト・フックスの子供時代や青春時代を支え形成した諸要素、彼をこの著作を書くことができて、書か「ねばならない」人間にした諸要素——が、いかに深く彼の中で作用していたか、というその度合いである。この著作は、自己を語るために、またおそらく自己を克服するために、さらには、他のどんな人間とも同じように彼の中にあった限界を乗り越えるために書かれた。たぶん誰もが、自分本来のもっとも原初的な限界を知り、そうした限界をおそらく乗り越えていくのだろうが……。

アルベルト・フックスの父は、オーストリアの運命の年である一九二七年に亡くなった。それは司法会館炎上の年であり、社会民主党指導部の由々しい内面的な弱みが露になった年である。弱みとは、革命的な言辞と受動性との内面的な亀裂であり、ノルベルト・レーザーの研究が、たびたび批判に晒されながらも、きわめて印象的にそれを指摘している。

彼の母は世界にとって運命的な一九二九年に亡くなった。この年、米国株式市場、いわゆるウォール・ストリートが大暴落して経済的崩壊を引き起こし、それは米国からドイツ、オーストリアへと連鎖的に拡散して、ドイツの膨大な失業者の群れ（オーストリアでは、既にそれ以前に存在した）を生み、三〇年代の政治的な破局へつながる。

「父母を敬え……」と、ユダヤ人は何千年にもわたり、息子と父の絆、息子の父に対する務めに厳しく縛られてきた。一九世紀・二〇世紀の若きユダヤ人の社会主義者やマルクス主義者、共産主義者たちは、まさに反逆者、反乱者、革命家として、ロシア、ポーランド、ドイツ、オーストリアで——ここでは、社会主義とその後の共産主義の形成に預かってとくに重要な四か国だけを、つまり、第一級の政治的地域のみを挙げるにとどめる——父親といかに強い絆で結ばれていたかを、身をもって示している。母との絆は後景に退いていたが、この若い人物の内奥では、しばしば少なからざる影響を及ぼしていた。

ユダヤ人大ブルジョアの若い息子であるアルベルト・フックスは、父に反乱も反逆も行わなかった。父は「正・員外教授」という名称や地位、評判、肩書を、医師として刻苦勉励して獲得したのだった。

もうひとりの医師兼教授の姿が我々の脳裡をよぎる。アルトゥル・シュニツラーの父で、息子が戯曲『ベルンハルディ教授』の中で記念碑を捧げた人物である。アルベルト・フックスの敬意を込めた父の回想は、本書の基本要素を明らかにしている。この要素は、本書全体の色調を整え、特徴を与えるものであるが、息子が父とは異なる社会主義、共産主義への道を辿って父との距離を大きく広げる、まさにその箇所でも変わらない。この基本要素とは、自由なものの考え方である。ドナウ帝国のオーストリア側半分に蔓延する悲惨の真っただ中で、またその地域に優勢だった自由主義の苦境の中でも、ある「気分」、精神状況、人間性の風土をつくり出した。今日では、まるでおとぎ話のような印象を受ける。回想されるのは、ウィーンの「日の当たる過去」とともに、獣性を秘めた人間――グリルパルツァーがすでに恐れていたように、人間性から獣性への道を辿る――の短く終わった明るい側面である。

この自由主義的な全体調和こそ、アルベルト・フックスが父から受け継いだものである。父は骨の髄まで権威的でありながら、権威主義に取りつかれておらず、保守主義者、ブルジョアであり、自分の地位や業績、それに応じた財産を誇りに思う人物だったが、ギムナージウムの生徒として早熟だった自分の息子を、世界観の面で縛りつけ固定しようとはしなかった。父のこうした開放性のお陰で、息子が自分の著作に卓越した開放性をつくり出すことができた。

彼が自著の第一章を自由主義に充てたのは、その意味で重要であり、自身の実存と関わって「正しい」と言える。自由主義は影響力がとても大きく、まるであらゆるものを規定していたかのようで、新聞、出版、大学、教養世界に及び、ウィーンに止まらず、ツィスライターニエン［オーストリア］側の帝国半分に及び、キリスト教社会党と社会民主党という勃興する大衆政党がとどめを刺すまで続いた。自由主義の崩壊は、一八七三年のウィーン株式市場の大暴落とともに始まる。

アルベルト・フックスは、オーストリア自由主義の偉大さと限界、功績と過誤を描く。自由主義の崩壊は空隙をつくり出し、それは今日、驚くほどはっきりと目に映り、自由に欠ける現在の第二次オーストリア共和国で、日々の生活、政治において、そして今というときに再び露わである。

「自由主義者」の活動が、旧オーストリアでいかに驚くべきもので、いかに惨憺たるものだったかを、アルベルト・フックスは、モーリッツ・ベネディクトという『ノイエ・フライエ・プレッセ』紙の主筆を描きながら示している。ここで注目すべきは、この人物の性格描写が、本書からもっとも頻繁に引用される箇所のひとつだということである。モーリッツ・ベネディクトは汎ゲルマン主義者にして、猛威をふるうドイツ信奉者であり、オーストリアで屈指の影響力ある人物として、いかなる意味でも無責任な一九一四年の「戦争への道」に責任を負うひとりであり、怪物的人物だった。フックスは記す。「彼の論説スタイルは、自由主義と上級ラビとのそれぞれの情熱が融合して、異様に一体になったものだった」。アルベルト・フックスは、このまったく不可思議なオーストリア自由主義の章を、アルフレート・ベルガーという、文学者にして教授・批評家、最後はブルク劇場支配人だった人物で締めくくる。「我々はベルガーを例として、どれほど多くの才能と文化が、オーストリアの自由主義ブルジョア層に隠れていたかを学ぶことができる。文学と芸術は、たっぷりこの所有者層のお蔭を被った。だが、そのうちのわずかの部分しか政治生活には流れ込まなかった。それは我が祖国にとってたいへんな損失だった」。状況はいまに至るも変わらない。

アルベルト・フックスは、アルフレート・ベルガーとヴィルヘルム・ベルガー兄弟の追憶『父の家にて』（ウィーン　一九〇一年）を参照するように言う。アルベルト・フックスは父の家に居て、精神的に決して父の家を立ち去らなかった。ウィーンのガルニソンガッセにあった家である。父の家とも言うべきオーストリアは、彼の中で作用を続け、彼に命を吹き込み、彼自身と彼の創作とを活性化した。彼はオーストリアの愛郷者であり、その思いには稀に見る深さがある。オーストリアの愛郷主義は稀な現象で、アルベルト・フックスがオーストリアで暮らしていた頃には、この「意志に反する国家」、「共和主義者のいない共和国」では胡散臭い代物だった。この共和国は政治の面で、歪められたさまざまな反動形態の「愛郷主義」をつくり出しただけであり、また併せてそれを引き継ぎながら、社会民主党指導者たちのドイツ贔屓とともに、互いに敵対するドイツ民族主義者とナチス支持者のドイツかぶれを生み出した。

さらに偶然といえないのは、アルベルト・フックスが、自分のオーストリア愛郷主義を大きく父に負っていると考えることである。父はドイツのバルト海沿岸で休暇を取ったとき、いつもは黙って口に出すこともないオーストリア意識を、この地の「ドイツ人」との対決のなかで口にした。

アルベルト・フックスを追憶するにあたって、併せて思い起こすべき人々がいる。それはオーストリアのユダヤ人たちである。彼らはオーストリアで、さらには亡命地でオーストリアの存在を具現していた。そして生ける者として、生き延びた者として今日なお具現していて、逃げ場を見つけた国々で信用できそうな、信頼に値する者という印象を与えている。信用できそうで、かつ信頼に値するオーストリアの存在を証明するものは、精神的生産性と人間的率直さであり、その存在はオーストリアの批判的、自己批判的な自己意識を基にしており、オーストリア・ショーヴィニズムやオーストリア根性からは程遠い。この根性は今日では、人間的、政治的内実を欠く証拠として有効であり、オーストリアのスキー選手やサッカー選手の勝利・敗北のときに挙がる歓喜と悲嘆の声に表明されている。

アルベルト・フックスは自伝の中で、ショッテンギムナージウムの「ベネディクト会修道士」と、後に通った学校のピアリスト修道会会員を追想している。このふたつの学校は、カトリックの学校組織の中で対極の存在だった。「ショッテン」は、貴族の子弟や大ブルジョアの子息が通ったが、その親たち自身がしばしば「ショッテン卒業生」だった。ピアリスト会の学校は自由主義で有名で、ユダヤ人や「無神論者」、非キリスト教徒の親が少なくなかった。若いアルベルト・フックスはこれらの学校で、その反政治的性格――なによりも幾人かの優れた教師たちが体現していた――を意識的に、おそらくはそれ以上に無意識のうちに、たっぷりと自分のなかに取りいれ、それは彼に、早すぎる死を迎えるまで影響を及ぼし続けた。アカデーミッシェス・ギムナージウムの生徒だった私自身が思い出してみて、今なおこれらの教師たちが生き生きとよみがえってくる。ひとりはヴィツェンツ・ブラハ師という君主然とした人物で、ショッテンの教師であり、もう一人は、後年、アカデーミッシェス・ギムナージウムに赴任してきた、ピアリスト会会員で古典語学者のラッケンバッハーで、高潔なユダヤ人の古典文化研究家だった。ふたりとも私の師である。

私はこれ［反政治的性格］を「宗教的感情」とか、特段のカトリック主義、「キリスト教精神」と呼ばない。しかし、それは「ある確かなもの」である。生まれつき、あるいは生涯にわたって決して「厳格な信者」でも「聖職者」でもなく、「信者」とも言えない者たち、政治的カトリック主義から大きく遠ざかった者たち、また、聖職者たちを「黒黄警察」［黒黄は皇帝の象徴色］として使用し役立てたハープスブルク帝政の遺産である政治的カトリック主義から距離を置いた者たちに対し、「ある確かなもの」は、生涯にわたって影響を及ぼした。

ところで、アルベルト・フックスの通ったこうした学校を考慮に入れなければ、たいそう重要なオーストリアのカトリック主義、具体的にはウィーンのカトリック主義に対する彼の深い関心を理解できない。本書の「カトリック主義」の章では、カトリックの人物や教会関係者のうちで「教会史」や、オーストリア・カトリック主義を扱う特別な著作の中で言及されることがなく、その名をまったく見かけない者たちを扱っている箇所、またそうした者たちに注意を向け、彼らとの関連に言及する箇所が見出される。この点で、高位聖職者でルエーガー・キリスト教社会党を指導するひとりだったシャイヒャーに対するフックスの評価に注意を喚起しておこう。このヨーゼフ・シャイヒャーは熱狂的な反ユダヤ主義者であり、一九〇〇年にザンクト・ペルテンで刊行されたユートピア「小説」の『一九二〇年より』で、「ユダヤ人が排斥されたウィーン」や、とりわけガリシアで起きるポグロムで「ユダヤ人が絶滅した」（後のナチス用語）オーストリアを描いたが、今日読んでみると不気味である。このシャイヒャーは優れた演説家で「赤」の断固たる敵でありながら、レンナーやヴィクトール・アードラーを称え、自党「キリスト教社会党」のひどい腐敗を公然と非難してはばからなかった。この高位聖職者をアルベルト・フックスは次のように記す。「しかし、彼は、崩壊に瀕した帝国が用意したよりも有利な条件のもと、ととのった環境であれば、重要なカトリックの民主的指導者になりえた資質を備えていた」
アルベルト・フックスは、ルートヴィヒ・フォン・フィッカーを中心とするインスブルックの「ブレナー」グループに筆を進めて、カトリック主義を扱う章を閉じる。このグループは、その活動期間中、ほとんどのカトリック教徒がまったく知らないままだったし、今もって知られていない。アルベルト・フックスは言う。「インスブルックの評論誌が宗教問題を論ずるにあたって心得ていた人間としての高みに、我が国ではその他の場合、決して達することがなかった」。人々が個々に、尊敬に値する努力を重ねたにもかかわらず、この高みには、いくつもの点で今日に至るも達していない。

たとえ簡潔とはいえ、一冊の本のすべての章に言及することは、短い序文の課題とは言えまい。書は自らのために語らねばならない。しかしながら、テーマの選定に現れる、ひとりの著者の実存に関わる観点をここで論ずることは、おそらく有意義だろう。アルベルト・フックスがここで提示するものは、言葉のもっとも適切な意味において自画像でもある。「労働運動」、次に「社会改良」（しばしば「看過」ないし過小評価されるヨーゼフ・ポパー、別名ポパー＝リュンコイスをとくに考慮する）を描き、ナチズムの温床である「ドイツ民族主義」と並べて、「観念論哲学」やエルンスト・マッハ、ボルツマン、ヨードル、ブレンターノ等の思想家たちを非常に詳しく紹介し、著書の最後の二章を精神分析、具体的にはジークムント・フロイトとオーストリアの平和主義に充てる。

フロイトを称える追悼の辞は言う。「もっとも賢明なフロイトの弟子であるトーマス・マンが、フロイトを偉大な啓蒙家のひとりに数えたのは正しい。フロイトが『未来の基礎づくりに貢献し、解放され教養溢れる人間たちの住居の大切な礎石をひとつ据えた』と、トーマス・マンが彼を称賛したのは当然のことである」

未来の土台、解放され教養溢れる人間たちの住まい。ここで自らが礎石のひとつになろうというのは、この人物、アルベルト・フックスという人間の背中を押した内心の衝動、強く高潔な衝動だった。そこで彼は一九四六年、ウィーンにやっと戻ってきて、この地で亡くなった。ひとつの礎石（Baustein）――「建立」（Erbauung）という言葉がもともと示唆するのは、義人こそ、天のエルサレムの壁の礎石になることである。アルベルト・フックスは、「天のエルサレム」をこの地上に、若き共産主義者として、人道主義者、オーストリア人、ウィーン人として共に実現しようとした。彼はウィーンで深い孤独や荒涼とした孤独、まったくひとりの存在を、ことに父母の死後に経験した。「何百万という都市ウィーンの真っただ中で孤独を覚えた」。カール・クラウスが、彼にとって長く愛した精神的・政治的父親でなくなって以降、今やここで、若き共産主義者たちと一緒に運動をすることによって、初めて共同体を体験した。「共同体」という言葉は、反動的な者たちが使う言葉の罠として、多くの人々に耳障りに聞こえるかもしれない。こうした者たちは、現実と未来から逃避し、政治的ロマン主義やおぞましいものへ、ちょうど若きフックスが一九三三年のウィーンで経験したように、まずはとりあえず「ファシズム」の残忍な神話群に逃れた。フックスにとって若き共産主義者たちとの運動は、良家の子息である彼をファヴォリーテンへ、陰鬱な貧困の真っただ中へと運び、抵抗運動の闘士に鍛え上げた。

彼が樹立しようと努めたものは、自由な解放された人間の社会であり、平和の、偉大な平和の真のインターナショナルだった。それはちょうど、オーストリア平和主義の孤立した先駆者であるベルタ・フォン・ズトゥナー、アルフレート・ヘルマン・フリート、ハインリヒ・ラマシュやその仲間たちが実現しようと努力したものだった。彼らの活動と人生は成功を見なかった。このオーストリアが残した最良のものは、一八六六年のケーニッヒグレーツの破局によって先駆的に形成されていた（アルベルト・フックスは観察者の権利をもって、まったく当然のことながら、国民の状況に関する記録とも言うべき彼のオーストリアをめぐる著書を一八六七年から始める）。このオーストリアは、一九一八年の破局とともに終焉を迎え、この破局はまたすでに、第一次共和国の内部からの崩壊と第二次世界大戦とに至る破局を孕んでいた。このオーストリアが残した最良のものは、「もろもろの断片」にとどまる孤立した存在だった。こうした断片は、終わりのない苦悩、囚われの身を雄弁に語る。フィレンツェのミケランジェロのトルソのように、トルソ、断片、未完成なものとして、人間なるものが、ここオーストリアやその他の地でどのようなものであるかを、実際にどうであるのかを雄弁に証言する。多くの如才ない完璧な「完成された」実力者、有能な者、人生行路の熟達した御者たちという、特権や成果、現役時代の成功によって報われた者たちよりもはるかに雄弁に物語る。

アルベルト・フックスという人物とその作品からは、別のオーストリアが見えてくる。それは、創造的な人間たちの父祖の地、母の地でありながら、そうした人間たちを自分の懐にうまく抱えきれず、しばしば、彼らに我慢できずに排除し、ほうり出し、自分から遠ざけた。ときには、彼らが亡くなって初めて、自らのうちに迎え入れようとした。

ここにいま再び新しく刊行されるアルベルト・フックスの作品は、亡命者なら書きそうだと思われる嘆きの書でも告発の書でもなく、また恨みつらみの書でもない（「亡命者」はまだ、我が「国民」の言葉使いによれば、嘲弄の言葉である）。この書はロンドンで書かれ、冷静に回顧し、美化もせず、貶めもせず、オーストリアの内へ、今日なお多くの点で我々の目に映っていないオーストリアの内へ、しかし明らかに一八六七年から一九一八年のオーストリアの影響下にあるこの国へ向かう導きの書である。

本書は人物を、現存の人物たちを思い起させ、「精神的諸潮流」を、諸傾向を思い出させる。それらは、今日のオーストリアを奇妙な織物のように形作っている。その表では互いに対立して発言し、政治活動を展開する人物たちが、この生き生きとした敷物の裏側ではつながっているのが透けて見える。

慧眼の読者にお勧めしたいのは、旧オーストリアという舞台の最後の場に出演していた人物と著作に、またその「精神の諸潮流」に、今日の人物たちや諸状況、「諸傾向」を読み取ること、そして、こうした「再生」だけでなく、大きな欠落にも、つまり、継続と断絶に注意を向けることである。断絶、空虚、空っぽの空間について言えば、本書で紹介された何人かの思想家たち、何人かの創造的な人物たちに「代わりうる者たち」は、今日存在しない。

またアルベルト・フックスという人物に代わりうる者も存在しない。この若いウィーン子は、自由と寛容、人間性、率直さをもち、こうしたものをひとつの政治的特性によってまとめ上げ具現していた。彼はオーストリアの若者たちを、自分と同じようにこの国を真剣に考え、批判の目をもち愛する若者たちを引き付けることができるだろうし、必ず引き付けることだろう。アルベルト・フックスは一九〇五年一〇月二五日、ウィーンに生まれ、一九四六年一一月二九日、同地で亡くなった。

# 第I部

## 自伝　アルベルト・フックス

（一九〇五年一〇月二五日〜一九四六年一一月二九日）

ALBERT FUCHS

EIN SOHN AUS GUTEM HAUS

FREE AUSTRIAN BOOKS
AUSTRIAN CENTRE
124, WESTBOURNE TERRACE,
LONDON, W.2.

本書の著者フックスは、名を知られる前に亡くなった。したがって、本書をもって読者の皆様に、彼の生涯の仕事を部分的にでもお伝えしようとするのであるが、併せて彼の人物像――もしフックスが長く生きていれば、彼の作品や活動から自然にできあがったと思われる――もお伝えするのが当をえたことだろう。幸いこれは、考えうるかぎり最良の形で行うことができる。というのは、アルベルト・フックスが自伝『良家の子息』(Albert Fuchs, Ein Sohn aus gutem Haus, Free Austrian Books, London 1943) で自分の人生とともに、それを形作った自己の内外の状況を個性的に描いているからである。この薄手の書はロンドンで発行されたが、長い間絶版となっていた。

フックスの自伝のいくつか特徴的な箇所から、読者はこの非凡な人物の人となりと成長を知るだけでなく、そこからは第一次世界大戦前の、ブルジョアのウィーンがもった空気もまた、目の当たりにするように知ることになる。フックスが生き生きとした現実を切り取って示そうとしたのは、彼が自著で学術的に検討した「精神の諸潮流」が、どのように働いたかということである。[編者注]

[訳注：本訳書では、『良家の子息』(一九四三年) 全文を翻訳した。編者が『世紀末オーストリア1867〜1918――よみがえる思想のパノラマ――』初版 (一九四九年) で削除したほぼ半分は【　】で示した。さらに編者が本来の箇所から移動した部分は、元に戻した。ただし、煩瑣を避けるため、特段の注記は行わなかった]

## 【父の肖像】

【三〇年前のある晩、私たちは食堂のテーブルを囲んでいた。父が私に新聞を渡し、赤く印をつけた箇所を指して「声に出して読んでごらん」と言った。言われるままに、どうにかこうにか読み進んだけれども、読み上げた記事の一語としてわからなかった。文字を追うのに精一杯で、意味にまで同時に注意を払うことができなかった。私は数週間前に学校の授業を受け始めたばかりだった。両親は様子を察した。私が読み終わると、父が訊ねた。

「で、何が書いてあるか、わかったかな?」

私が頭を振ると、母が説明した。

「わかる、お父様が大学の先生におなりになったのよ」

この説明もまた、私にはさっぱりわからなかったが、両親のうきうきした様子から、何かすごいことに違いないと察知した。あとで私にわかるようにしてもらった。「人」はまず博士になり、つぎに講師、さらに教授になるということを知った。すぐに昇進の意味がはっきりして、母に訊ねた。「教授のつぎは、何になるの?」と。母が、つぎは宮廷顧問官だと言った。

「でも、お父様はけっして宮廷顧問官にはならないの」、「どうしてならないの?」、「ユダヤ人はなれないの」

こうした会話全体が特段に強い印象を残したとは思わない。ユダヤ人が冷遇されることについても、ショックを受けることなく心に留めた。私は自分に伝えられたことを、脳裡に焼き付いたその他多くのことと同じように、記憶に留めただけだった。長い年月をかけて私がやっと理解したのは、まさに父の経歴をめぐる話のなかに、両親の境遇が鮮やかに表われていることだった。

自由主義の一九世紀が過ぎゆくうちに、かつてポーランドに追いやられたユダヤ人のほとんどが、そこからオーストリア=ハンガリー帝国のオーストリア側へと舞い戻ってきた。この移動はたいていの場合、二段階で行われた。第一世代はボヘミア、モラヴィア、ハンガリーまでやって来て、そこに住み着いた。ボスコヴィッツ[ボスコヴィツェ]、ノイティチャイン[ノヴィー・イーチン]、プレスブルク[ブラティスラヴァ]、ラープには果敢で勤勉なユダヤ人の小規模な共同体が作られ、そのユダヤ人たちは蒸留酒を造り、「手芸用品」を商い、またときに高等教育を修めて知的職業に就く者もあった。帝国の地方都市における生活は厳しく退屈であったが、情勢は安定し、ヨーロッパ大陸全域の経済が興隆して、多くのユダヤ人家庭が仕事に明け暮れ、かなりの蓄えを作った。そうした市民の男と女が幾人か集まるところではどこでも、祭日の食事の折、あるいはコーヒーを飲みトランプ遊びをしながら、あこがれと賛美をこめて帝都ウィーンを話題にした。ウィーンは、展望することのできる世界の燦然と輝く中心であり、当時、実際にもヨーロッパの中心地のひとつだった。ボスコヴィッツの住人なら誰でも、何日間かウィーンに一度は滞在したことがあり、誰もがもう一度行こう、ひょっとしたらそこに移り住んでしまおうと目論んだ。父親たちには生涯の夢であり、思いをもてあそんだだけのことが、息子たちには思いの外うまくいった。続く世代の相当の者たちがウィーンに移り住んだ。［一八］六〇年代からは何千という若者たちがポールリッツ［ポホジェリツェ］、プロスニッツ［プロスチェヨフ］、ブリュン［ブルノ］、コリン［コリーン］から首府に押し寄せた。彼らは大学にあふれ、さまざまな分野——商業、銀行業界だけでなく、ジャーナリズム、弁護士業務、医療——で地位を手に入れた。これは地方出身者がウィーンの同世代の者よりも、しばしば粘り強さと知性で遙かに優れていることを示すものだった。ハンガリーとボヘミアの地は、驚くべき才能を輩出する、汲めどもつきぬ泉の観を呈していた。一再ならず起きたことは、どこかの取るに足りない巣から飛び立ったふたりの兄弟、いや三人あるいは四人の兄弟がウィーンにやって来て、何年かしたらみなが有名に、しかも別々の分野で有名になっていたことだった。この移住者たちのせいで、ウィーンはすでに一九〇〇年ころ、すっかり「ユダヤ化」していた。ハンガリーやモラヴィア生まれの者たちが、いわゆるウィーン・ユダヤ人の中心をなしていた。彼らは、少し後になってはじめてガリシアから直接、寄り道をせずにやって来たユダヤ教徒全員を見下し、「ポーランド人」と呼んで一段と低い人間カテゴリーに分類した。一八九〇年ころ起きた地方人の大移動の波に乗って、私の父もまたボヘミアのユングブンツラウ［ムラダー・ボレスラフ］からウィーンにやって来た。父は二〇歳そこそこで、とても貧しくドイツ語も片言だったが、素晴らしい人生行路の出発点に立っていた。

それから二〇年ほどして、私が五歳か六歳のころ初めて、いくらか父の印象を心に留めた。私は母と窓辺に立って、父が来るのを今か今かと見張っている。父が病院の方から「旧い」ガルニソンガッセをやって来て、家への近道を進む。父はがっしりした体格で、肩幅が広く、背はやや低め、髪とひげは黒々として、黒い衣服をまとい、手には黒い散歩用のステッキをもっている。いたるところで通りがかりの人々に挨拶され、礼を失しない程度に黒いシルクハットをもち上げて挨拶を返す。父は「新」ガルニソンガッセを横切って、母と私の視界から消える。建物の入り口を入ったからである。母は急いで調理室に行き、声を掛ける。

「お食事を！　旦那様のお帰りよ」

同時に三度呼び鈴が鳴る。「旦那様」の癖で、住まいの扉の前で待たなくてもよいように、建物を入ったホールから鳴らす。一分後には食堂にいて、スープが出され、父は自分を迎えたみなのわずかな緊張を、なごやかなおしゃべりの中で解く。私は一生懸命、眼差しを父の唇の動きに注ぐ。父はもっとも賢く、もっとも強い力をもつだけでなく、世界一見栄えのよい人というイメージである。もちろん母を別にしての話だが。父は、実際には美男とはほど遠い。眼窩の奥深くにある、並外れて大きな茶色の目が、おそらく顔に超俗の表情を作っているようだ。だが、若干無骨そうであり、そうでないとしても、少なくともぶっきらぼうな様子である。その上、頬には醜い痘瘡の痕が残る。父の両手は、その幅広さといい、褐色の手の色、そして力強さといい、間違いなく父性をそっくり包み込んで、その象徴のように思われるが、優美な形とは言いがたい。爪はほんとうにきれいに磨かれ、しかもわざと「マニキュア」されていない。そうした爪をもった指は、中くらいの太さで長くはない。がっちりした体つきは置くとして、父は均整の取れた成長を遂げていない。左肩は右より心持ち高い。全体として眺めると、体型の面で自然は、父に大した取柄を与えなかった。だが、この無骨な人間から、その最盛期、温かな優れた人間性があふれ出し、話し相手はそれから逃れられず、父は自分の人間性のおかげで職業上の成功を数多く成し遂げた。他方、成功による穏やかな自信が逆に、さらなる昇進をもたらした。

「仕事」、それは父の生活にある三つの部門のひとつだった。部門という表現は、厳密さに少し拘泥するような響きがあるかもしれない。だが、これは、彼のきわめて几帳面な人柄にぴったりだった。ほかのふたつの部門は「家族」と「文学」である。しかし「仕事」はずば抜けていて、もっとも大きく、もっとも大切な部門だった。【父はときどき誇りを込めて、自ら自然研究者と称した。だが、彼のありのままの特性から言えることは、これとは別のタイプ――ユダヤ系でオーストリアの国家官僚タイプ――を代表していることだった。このタイプは、フランツ・ヨーゼフ［皇帝］の治世後半に蔓延した。ユダヤ人が国家官僚の職務に就くことは阻まれなかった。ただ、よろこんでユダヤ人を大幅に昇進させることがなかっただけである。原則として、ユダヤ人がある地位にたどり着こうとすると、キリスト教徒のほぼ二倍の業績を上げねばならなかった。これがフランツ・ヨーゼフ時代における反ユダヤ主義の特殊な形態である。同じ社会状況の下で暮らす他の人々と同じように、ユダヤ人の国家官僚は、一連の共通する属性によって際立っていた。状況のしからしめるところ、それは望ましい属性ばかりではなかった。この手の人々は、さまざまの好ましくない、あるいは、ばかばかしい特徴によって共通性をもっていた。父もこの点で例外ではない。もちろんこれは、自分には長い時間をかけてはじめてわかったことだった。父においては、優れた才能とばかげた弱点とがない交ぜになっていた。彼は「精妙に調和の取れた人間」などではなく、「矛盾を抱えた人間」だった。】

父は自分の仕事を愛していた。それを通して何か有用なことを成し遂げられたからである。それだけでなく、自分の個性を仕事で発揮できたからこそ、それを愛していた。だが、何よりの理由は、自分の燃えるような功名心を満足させる機会を与えてくれたからである。この功名心の向かう先は、学者としての名声と少しの権力である。もっとも権力といっても、それは国家機構に集中する巨大な権力のほんのわずかなかけらにすぎなかった。そうした権力や類似のものに向けられる功名心を、父は優れた資質と見なした。彼は、私たち子供を体系的に教育して功名心に導き、多くの不安を生むこの衝動が、私たちのうちに動き始めたのを察知して、私たちを誉めた。我が家では多くの本能的な衝動を口にすることを嫌ったので、代わりに「栄達」という言葉を躊躇せずに用いた。何度も何度も言われたのは、あれやこれをすれば父の栄達に傷がつく、あるいは、私たち子供も栄達をはからねばならない、ということだった。ただ、父は、正当な功名心と不当な類縁の出世欲との間に一線を画そうと多大な努力を払った。その違いはあいまいだったが、父は明確に区分できると信じていた。実際に官位を手に入れようと努力することは、功名心として承認された。単に官位が欲しいというだけであれば、それはまずまずのことだった。これに対し、貴族の称号や勲章を狙うのは、明らかに出世欲だった。四〇歳のころ、父はある官位に到達した。正確には「員外教授の称号及び資格をもつ私講師」と称するものである。この上の官位は「正・員外教授」（あるいは「正式エクストラ・オールディナーリウス」）である。父は当時、病院勤務で好成績を挙げていたので、上司の宮廷顧問官、ヴァーグナー＝ヤウレックから、フランツ・ヨーゼフ勲章申請リストに自分の名が「載る」ことを望むか、と訊ねられた。父はそれを断固断り、その代わりに正・員外教授に昇進することを望んだ。その後じきに、この昇進は行われた。父は後にこの一件を私たちに繰り返し語り、功名心に富む人間が出世の誘惑に対してどのように振る舞うべきかを、私たちに教え込もうとした。正・員外教授の地位は、父が亡くなるまで大きな満足をもたらした。父は長期のきわめて苦痛に満ちた病で亡くなったが、死の数日前、次のように私に漏らした。苦痛の中で少しだけ慰めになったのは、自分がすばらしい栄達を成し遂げたという思いだった、（ここで、二三歳上の同僚の名を挙げて）「これらの齢を重ねた人々はみな、自分よりもずいぶん後に正・員外教授になったんだよ」と。その昔、オーストリア＝ハンガリー帝国官僚の序列が、死なんとする者を慰める働きをもっていたならば、それは無駄ではなかったと考えざるをえない。

【ローベルト・ムージルは、『特性のない男』でひとつ注釈を付けた。真の出世主義者とは、冷徹な計算をもって重要人物に接近する人間ではなく、逆に、自分に役立つと思われる人間なら誰でも、心から敬愛する人間である、と。これが正しければ、父は間違いなく真の出世主義者だった。その崇敬は貴族全体を包含し、帝国の影響力をもった人物たちをみな崇めて、父の知性が物笑いの種になりそうだった。その崇敬は貴族全体を包含し、高級官僚に及び、また高位聖職者を含んでいた。さりとて、財界の重鎮を排除するものでもなかった。貴族の地位が神の恩寵に基づくものだという考えは、父の世界観になじまなかった。だが、貴族に生まれた者はふつう、謎に満ちた事情のおかげで傑出した人物でもある、と考えた。そうでない場合も伯爵等は、洗練された生活様式と教育のおかげで、まだ抜きんでていた。万事がこんな調子で、さらに医学部の正教授全員が、診療を行っている限り、大いに尊敬を集めた。［医学部の］その他の正教授たち、いわゆる「理論家たち」は、他学部の教授とともに尊敬度が若干うすれた。こうした者たちの金銭的な待遇は劣っていた。というのは、彼らの収入が国家からの俸給に限られていたからである。父の考えでは、こうした点を考慮すると、そのような教授職に就くことは、よりたやすいことであり、結果として価値の低いものだった。

職業とそれに伴うさまざまなことは、父の人生で否定しようもない最重要の事柄だった。それは、すでに父の日程に示されていた。父は早朝から仕事を始めて、わずかな休憩の後、午後遅くまで働いた。それができる間は、父は満ち足りた円満な人物だった。病が父のさまざまな活動（診療、教授その他）を順々に阻んでいくと、父は体調の不良を嘆くよりも、無為を強いられることに苦しんだ。自分に配偶者があり、子供がいることは、このとき慰めにならなかった。大戦前の良き時代には、事情は別だった。仕事で自分を十分に生かすことができたからである。当時、家族と過ごす夕方の数時間は、父にとって昼間の忙しさを埋め合わせる自然で望ましい時間だった。

父は若くして二七歳になったばかりで結婚した。母との結婚は三〇年続き、ほんとうに幸せだった。両親がつっけんどんな言葉を交したことはまったくなく、一度としていらいらした言葉を使うこともなかった。お互いにとても満足していて、ふたりとも他人との婚外関係を結ばず、そうしようとも思わなかった。ふたりとも間違いなく、不義を働こうなどとは一度として思ったことがなかった。長年にわたりずっと、ふたりは寝室をともにした。ほんのわずかな余暇もともに過ごした。私なら、そんな風に一緒にいることは一週間たりとも耐えられないだろう。けれども、父と母はいつも本心から言っていた。三〇年は、自分たちにとってまるで心地よい夢のように過ぎ去った、と。

［午後］六時半から八時半ないし九時までが、父にとって家族の時間だった。一〇時半にはもうサイドテーブルの灯を消した。それまでの時間はたいてい読書に充てられた。父は熱心な読書人だった。文学の領域では好悪がとてもはっきりしていた。もっとも強い愛着を覚えていたのはシェイクスピアだった。シェイクスピア劇には繰り返し感激し、長い章句を暗記していて、やろうと思えば、『冬物語』の第一幕あるいは『ヴェローナの二紳士』の最後の幕の進行を、すらすらとそらんじることができた。シェイクスピアに次いで賞賛したのはゲーテとシラーだった。ギムナージウムの生徒のとき、父は『［タリウスの］イフィゲーニエ』をチェコ語に翻訳し、その上、それがユングブンツラウの地方紙に掲載された。古典作家の何が気に入っていたかと言えば、言葉が踊り、性格描写が精妙だったことである。『イフィゲーニエ』や『ファウスト』あるいは『群盗』で展開された思想を、父はまったく理解していなかった。気づいてすらいなかった。古典作家をとても好んだのに対し、同時代の文学は、ほぼすべて軽んじていた。同時代といっても、父にとって現代文学は、すでに一八五〇年ころに始まっていた。偉大なロシアの作家やスカンジナヴィアの作家には、ずばり憎悪を浴びせた。父が言うには、トルストイや

イプセンの主人公の名を覚えられなくて、不快感がつのったからである。他方、父は風変わりな例外をいくつか設けていた。ジョルジュ・オネは忘れられて久しい［仏］第二帝政期の小説家だが、父には大事な作家だったようだ。『鍛冶屋の親方』を書いた素晴らしいフランス語を、褒めそやして止まなかった。ドーデの『若いフロモンと兄リスレール』も評価した。自分と同じ世代の作家たち、たとえばハウプトマンやシュニッツラーなどは三文文士とみなした。同世代で例外だったのは、父が個人的に出会った二三の作家だった。その中にJ・J・ダーフィット（『路傍に死す』、『ジギタリス』）とアルフレート・ベルガーがいた。後者は男爵でブルク劇場支配人として、現代文学の枠外にいた。書籍商がふつうなら間違いなく手放すことのないベルガー全集が、我が家の本棚に鎮座していた。

父が個人的に知る作家たちに与えた例外的な地位は、彼の素朴な自尊心をちょっぴり露わにしていた。父は、芸術と芸術活動に距離をおいて生きることをあたりまえとしていたが、新聞で頻繁に報じられる人々と付き合うことで、自尊心がくすぐられ、この点で自分の幸運な経歴が追認されるように思った。だが、その満足は、こうした人々がうぬぼれた無能者に他ならなければ、半減したことだろう。そこで彼らは少し下駄を履かせてもらった。もちろん、これは父が意識的にやったことではない。

著名人たちとの交流は、それが社交の偶然の出会いでなく、自分の仕事に起因するものであれば、特に自慢の種だった。父は食卓でこんな風に語った。「今日、……さんが、しかじかの様子で私の診察室にやって来たよ」と。こうして、たとえばブルク劇場の女優、ロッテ・メーデルスキには大いに敬意が払われた。おそらく別の機会に彼女と［シャーロッテ・］ヴォルターとが厳しく比べられただろうけれど。父は定期的に彼女たちの訪問について話題にした。一度こんなことを言った。こういう人たちを相手にするとき、お支払いは結構です、と言うのがよいのだ、と。謝礼の請求書を出して欲しいという願いに、父はこう言って応じた。「奥様、こんなに長く素晴らしいお時間をありがとうございました。私こそ、奥様に恩義がございます」

こうした例からわかるように、ブルク劇場が父の感性の世界に占める位置は相当のものだった。これは、父が若いときにゾネンタール、レヴィンスキー、シャーロッテ・ヴォルターの演技を見た体験に主に基づいていた。他の多くのウィーン市民と同じように、父はこうした名優たちが去ったことを嘆いた。彼らとともに「ブルク」の栄光の時は過ぎ去った。もっと若い俳優たちは、みな注目に値したけれども、たいていは亜流にすぎず、かつての名優たちの足下にも及ばなかった。

父の劇場や文学に対する興味が、いくばくかの言語の才能と関連していることは間違いない。父は本物のオーストリア官吏として、帝国の広い国土で話される数多くの言語を習得することが何よりも大切だと考えた。実際に父は、フランツ・ヨーゼフ皇帝と同じように、スロヴァキア人、ルテニア人とその母語で話ができた。チェコ人、ハンガリー人、ポーランド人との会話は言うに及ばない。そのうえフランス語も堪能で、英語はまずまずだった。父がどんな言葉をしゃべっても、注意深い聞き手は、いつもかすかにチェコ語のアクセントに気づいた。ドイツ語でも、このアクセントは生涯消えなかった。たとえばゼメリングという言葉——私が子供の頃、日々使われた言葉——は、父が言うと「セメリング」と柔らかく聞こえた。父のドイツ語の文体は洗練されたものとは言えず、実に個性的だった。ときおり学術論文に役所の言い回し、つまり、役所同士の連絡に使う言い回しを差し挟んだ。これには父の人生観が反映していた。彼はまず官吏であると自覚していて、作家としての存在なぞ思ってもみなかった。そこで文体では、国家が文学に優先することをはっきりさせた。言語批評家が逆転の「und」を批判することは、間違いなく父にわかっていた。それにもかかわらず「……そこで訴えた、患者は。腹部の痛みを」(“……und klagt Pat. über Schmerzen in der Magengegend”)と書きつけるとき［文法上正しくは、“……und Pat. klagt……”］、帝国の教授は、文学者風情に処方箋なぞ書かせないぞ、という意思を慇懃に仄めしていた。

どんな人の場合も、その人が自分と自分の仲間のもつ本質的な特性のうち、どれを高く評価するかによってもまた、その人の性格を描くことができる。父は、すでに述べた特性を別にして、「エネルギー」と「洗練」と名づけられるふたつの特性をもっとも高く評価していた。

我が家でエネルギーとして理解したのは、まったく風変わりなもの、すなわち「何も我慢しない」という性癖である。エネルギーに満ちあふれている、というのは、ほんの些細なきっかけから揉めごとを引き起こし、苦情の申し立てをできる限り大袈裟に行うことを指す。エネルギーが好んで活躍するのは、レストランに出かけたり、電話で話したり、鉄道に乗ったりするときだった。レストランで父は、自分の気に入らない料理を、大声を上げて調理場に下げさせるのが常だった。マネージャーをテーブルに呼び寄せ、料理が「まずい」あるいは「食えたものじゃない」とまで仄めかした。ウィーンの電話が自動化していなかったころ、ときおり起きたのだが、電話局の女性が何か間違いをした、たとえば希望した電話番号を正しく復唱しなかったとき、父は大声で電話機に向かって叫んだ。「電話に交換手嬢を呼んで！　あなたは電話ができないのだから」と。あるとき列車の中で同じコンパートメントの乗客が、自分に席を取っておいてくれるよう頼んで席を離れた。ほんのしばらく後、見知らぬ者が顔を出して、席が空いているか、と訊ねた。父曰く「ふさがっております」。乗客「どうしてです。まだ衣服も何も置いてないじゃないですか」。父（乗客をキッとにらんで、ゆっくりと、どこまでも員外教授風に）「貴方はいかなる権利をもってお疑いになるのか？　えー、貴方。貴方に申し上げているではないか、ふさがっている、と」。乗客（困惑し、言葉もなく、逃げるように後ずさりする）。エネルギーが勝ったのだった。こうした勝利は私を驚きで満たし、似たような状況で似たように振る舞おうとした。だが、未成年者に対しては、たいてい相手の出す「エネルギー」のほうがはるかに強いので、じきにこの習慣をやめてしまった。この習慣は、いまでは子供じみたものに思える。

洗練の概念は、部分的にはエネルギーの概念と矛盾していた。声高に話さなければ、エネルギッシュとは言いがたかった。他方、洗練は、生活のどのような状況でも穏やかに語ることを命じていた。それにもかかわらず、我が家ではふたつの理想が追求された。父はむしろエネルギーを重視し、母は洗練に重きを置いた。けれども、あらゆることが、ふたつの価値を前提にしていた。不作法の範囲は広く多様だった。たとえば、私たち子供が街頭で口笛を吹いたり、歌ったり、バターをつけたパンを口にしたりすれば、行儀が悪いとされた。際だって不作法だったのは、ウィーン方言を使うことだった。ただ、もっとひどいのは、イーディシュなまりで話すことだった。もし朝食、昼食、ヤウゼ［間食］のときに、それぞれ異なったテーブルクロスが掛かっていなければ、また、小間使いが午前も遅い時間からは黒い衣装に白いエプロンを掛けていなければ、我が家の家政は洗練されたものとは言えなかった。例外的に女性の料理人が給仕する場合も、彼女に同じ衣装が命じられた。併せて大事だったのは、小間使いたちは髪を短く切らないこと、スカートから脚をあまりに長くのぞかせないことだった。このふたつの問題は、戦後モードの影響があって焦眉の急となった。さらに、日中一緒に働いて夜は部屋をともにする小間使いたちが親称の du（ドゥー）で呼び合うことを禁じた。ドゥーの一語が母の耳に入れば、間に入って厳しく叱責した。母は家族に出来事を説明して、ここには生まれつきの下品さの証拠が見て取れると言った。

これまでの話で上品さの規範の主なものは、小間使いに関わる規則だと思われたかも知れない。だが、そうではない。むしろ洗練の度合いは、家族の会話、しかもテーマがなんとなく性の問題に近づきそうな会話の場合に最高度に達した。こうした場合、洗練はまさに猛威を振るった。（この表現をお許しいただきたい）。我が家には定式化されることはなかったけれども、禁忌があった。それは、ホモセクシャル、梅毒、そしてはるかに無害な言葉、たとえば関係とか妊娠さえ口に出してはいけない、というものだった。誰もが禁忌に触れた後にやってくる、みなの愕然とした沈黙を恐れて、決まりをきちんと守った。禁じられたテーマにもっとも好んで挑むのは、やはり父だった。だが、父もできる限り調子を落とした。そのとき、父にはお役所風の用語が役立った。たとえば父は、ある大公の踊り子との付き合いを「恋愛関係」と称したが、それによって尻軽の気配もまたぬぐい去られ、関係という言葉だけではまだ欠落している距離感がつくりだされた。ところで、次のようなエピソードを覚えている。兄弟の長男、フェーリクスが昼食の席で、当時よく名前の挙がっていた某女優出演の映画を見た、と話した。父が映画のタイトルを訊ねた。私は緊張して、次に何が起きるか待った。というのは、映画のタイトルが『春をひさぐ』だと知っていたからである。フェーリクスはしばらく言いよどんでから、おずおずと言った。「タイトルは忘れました」。この頃、彼は二四歳、その場にいた一番若いゲーオルクは一四歳だった。

さて、もしかするとこれまでの説明から、我が家ではだいたいにおいて、堅苦しくて単調な時が流れた、と結論づけられるかも知れない。それは間違いである！　現実は複雑で多面的だ。ときに両親の倫理妄想が萎縮を生み出し、ふたりがつまらないことを、くどくどと論ずる特有の癖もまた不快を催すことがあった。けれども、多くの日には、我が家の様子はまったく異なっていた。数々の夕べ、食卓では機転のきいた活発な会話が交わされて、話題は多岐にわたった。和気あいあいとしていたけれど、白熱した議論が展開され、当意即妙と知識を試す機会が豊富に提供された。自信をもって会話を主導するのは、たいてい父で、その賢さと人生経験が会話の型と内容を決めた。会話がいつも大まじめ、ということは決してなかった。父は、家族のみなと同じように笑うのが大好きで、心の底から笑った。滑稽な場面では、父の本質の一面が現れた。もっともこれは、洗練を優先して普段は隠されていた面、つまり、ユダヤ人の側面である。父はある種の機知をそなえ、それはユダヤ人だけに見られるものだった。また、意地悪な発言を、ある隠語で強調することをためらわず、そのたびに母はすこし身を固くしていた。父は、表面的な付き合いではわからないほど、自分に対して皮肉な見方をすることができた。間違いなく父は、私が今し方したような、自分を貶めるコメントを深刻に受けとめて私に気を悪くしたりはしないだろう。父がもし何か言うとしたら、何と言うか、すっかりわかっている。私には、父が「うれしい息子だよ」と言う口調まで聞こえてくる。

父が亡くなって［一九二七年］、もう一五年ほど経つ。亡くなったとき、私は自分と出自のブルジョア世界とをつなぐ、もっとも強い絆が断ち切られたようで暗澹たる思いだった。私はこの世界そのものが、つまり、私がよく知っていて、見かけはまだしっかりしていた世界が、いかにたやすく血と混沌の中で没落していくかを予感もしなかったし、想定もできなかった。私はその世界を悼みはしない。その時間が尽きたとき、崩壊したのだった。けれども、その世界のいくつかの記憶、とりわけ父の記憶が、かけがえのないものとして残ったことに変わりはない。父は矛盾を抱えたひとりの人間、彼の時代の誤謬と不確かさに深く巻き込まれた人物だったが、それでも活力に満ちた人であり、力の限り、自分の運命を意味あらしめようと努力し、その努力は成果を生まなかったわけではない。今日、一五年経って、父は完全に死んだ。その名前、その業績は忘れられ、埋もれてしまった。この間、父の生きていたことが何らの痕跡も残さないほど、あまりに多くのことが起きた。彼の肖像が自分にまだ生き生きとしていて、それが自分の記憶の中でも色あせないうちに記録しておこうと、ここに書き留めた。】

# ウィーンのブルジョア家庭　一九一〇年

その家は世界の真ん中にあった。そこには、中心のさらに中心をなす、ひとりの子供が暮らしていた。世界は、窓の向こうでざわざわと音をたて、自分のもつ宝物を運んで来て、小さな子供の大きく広げた手の中に置いた。世界は遠くまでは見通せなかったが、間違いなく優しかった。家庭とその中で暮らす人々には、これまで変わりがなく、これからも変わらないように思われた。時が移り変わっていくなどということは、理解を越えていた。時は一時間単位で、せいぜい一日単位で計られ、それ以上の単位はなかった。ちょうど小さな店で大量の取引がないのと同じである。子供はもたらされるかもしれない変化を見いだすために、変化のことを思わねばならなかったが、そんな気にはなれなかった。一度思ってはみたが、すぐに居眠りしてしまった。目覚めて思い浮かんだのは、まったく別のことだった。

子供は五歳だった。彼の考えは、いつも的を射ていたわけではない。だが、ものを見る目をもっていた。そして彼が見たものは、今もなお、いや、まさに今こそ再現する価値がありそうである。

もちろん実際には、あの家は決して中心にはなかった。両側を堂々とした立派な建物に囲まれた通りであるガルニソンガッセの一角にあった。辺りを知る年配の人々は、建物の様子を「通りに沿って曲がっていて、古い武器工場の向かい側にあった」と語ったが、私は小さすぎて、古い武器工場を記憶に留めなかった。ガルニソンガッセは、ヴォティーフ教会のすぐ裏を走り、シュテファン広場から歩いて三〇分ほどのところにあった。

家は五階造り、ブルジョアの建物で［一八］八〇年代に建てられ、静かな玄関の間があって、広く明るい階段と、天井が高く明るい部屋とを備えていた。全体で六ないし七家族が住んでいた。我が家は階全体を占め、本当は三階だったが、「二」階と称していた。ウィーン風の数え方では「中二階」を省いていたからである。部屋数は両親の気分によって少し異なっていた。自慢げに七部屋と言うこともあり、少し謙虚になると「六部屋と小部屋ひとつ」と言ったりした。費用は年四八〇〇クローネで、両親は自分たちにふさわしいと考えていた。ちょうど所得の一〇分の一になり、最適の割合と見なしたからである。

住居の家具調度は、両親が結婚した当時、多くの費用がかかった。がっしりしていて、当時の平均的な好みにぴったりと合致したものだった。つまり、両親は好みについて、とやかく言わなかったということである。在ってあたりまえとされた、さまざまな大物家具と装飾はすべてそろっていた。食堂には「クレデンツ」と呼ばれる、ばかでかい食器棚が置かれていた。天井からは、ごてごてと飾り立てた重そうな「シャンデリア」が下がっていた。壁に掛かった絵画は、心をこめて選ばれたものとは見えなかった。まずまずの出来の模写された絵画のわきには、へたくそな本物が掛かっていた。その多くは父の患者たちが自ら描いたもので、絶えることのない感謝の念を表すものとして、クリスマスに贈られてきた。父は多少文学を解し、母には音楽のたしなみがあったが、ふたりとも造形美術には心得がなかった。

【しなければならない有益なことがないとき、私はときどき、自分が忘れてしまったことを考える。食堂の調度には五つか六つの普通の椅子の他に、ふたつの肘掛け椅子があって両親用だった。日常の営みの中で肘掛け椅子は、誰か別の者が使うことは許されなかった。だが、賓客が我が家のテーブルに着いたときは、どうしていただろう？　思い出せば、母は自分の肘掛け椅子をそのまま使い、父は自分の椅子を客人に譲って、普通の椅子で満足していた。ひょっとすると、そうでなかったかもしれない。いずれにしても、やり方はきちんと定められていた。

母は、部屋の中を歩いて人差し指を机や箪笥にさっと這わせ、その指を光にかざしてチェックすると「ほこり」と言った。すぐにベルを鳴らして小間使いを呼び、目の前で実験を繰り返した。たいてい小間使いはうちひしがれて、わざわざ叱る必要はなさそうだった。

もちろん、そうでない場合、使用人たちはきつく叱られた。使用人たちに注意を払うことは母の主な務めのひとつで、彼女はこれを厳しく行った。こうして母が買う不人気は、父が博する人気と好対照だったが、母は、不人気を有能な主婦の避けられない運命と心得ていた。

使用人は数が多く、そのうえ、序列のあることが傍目にもわかった。最下層にいたのは家政婦、料理女、小間使いだった。家政婦（ふつう中年の女性で、毎日働いていた）は、注目されない存在だった。料理女と小間使いは、調理場の隣にあるみすぼらしい部屋に住んでいた。そこには暖房設備がなく、それを正当化するために、調理場からいつも温かい空気が十分に入り込んでくるから、という愚にもつかない言い訳がされた。ふたりの女は呼び捨てにされた。食事はふたりとも、家政婦と一緒に調理場で取った。料理女は、母が朝食を取る間に食堂に顔を出し、会計報告をするとともに、一日の献立を話し合った。その途中、母が考えごとに長くひたると、料理女は沈黙したまま立ち尽くし、待たねばならなかった。最下層の使用人たちには、両親の前で席に着く、あるいは座ったままでいることは許されなかった。料理女はほとんど信頼されていなくて、食料貯蔵室（「食蔵」と呼んだ）は、料理女には閉ざされていた。たまにほんの数分だけ、彼女に鍵が委ねられた。それ以外、鍵は母の手元にあるか、より正確に言えば、手元になければならなかった。母は週に三回ほど鍵を置き忘れた。「食蔵」鍵を大騒ぎで捜索することは、我が家でしょっちゅう催される行事だった。

女たちに要求される労働の厳しさに比して受け取る賃金は、まったく釣り合いが取れなかった。さらにひどかったのは、女たちの自由時間の乏しさだった。隔週日曜日の午後「外出」が設けられていた。それ以外は無きに等しかった。後に法律で定められた平日の自由な半日は、まったく消化されなかった。料理女は、少なくとも仕事で買い物をするとき、新鮮な空気に触れた。小間使いは平日、家を出ることがまったくなかった。かろうじて夕方、通りを走って父にビールを買ってくるだけだった。

序列の一段高いところにはふたりの養育係の女がいた。料理女や小間使いと違って、養育係は呼び捨てにされず、肩書きで呼ばれた。「家庭教師」（私の養育係）とか「養育係」（弟の子守）である。ふたりの養育係は食堂での食事に同席した。両親と言葉を交わすとき、両親自身が立っているときだけ、立っていなければならなかった。

ピラミッドの頂上には「執事」と呼ばれる、長兄の養育係がいた。法学生あるいは医学生である養育係は、両親から自分たちとほぼ同等に扱われた。執事が我が家を離れても、しばらくの間、父の側からの庇護を当てにすることができた。（庇護は関連する出世と同じように、世間の秩序を形作る、異論の余地のない構成要素と見なされた）

必要に応じて投入される数多くの手伝いは、正規の使用人たちを補佐した。「主婦の右腕の女」がいた。彼女は母が病気や疲労困憊のとき、代役に立った。「主人の料理女」は、客人の訪問が予告されたときに呼ばれた。その他、専属お針子、専属仕立て嬢、洗濯女、女アイロンかけなどがいた。さらに、常勤の使用人として貧しく年老いた人物を上げなければならない。彼女は毎朝やって来て、母の髪をくしけずり、鏝（こて）を当てた。ひとりの美容師が存在することは、両親にとってなんとなく見栄を張っているように思われたので、私たちにはこんな説明をした。美容師を抱えているのは、ただ、母がリューマチの痛みで髪を自分で整えることができないからだ、と。実はそれは真っ赤なうそだった。

平和な時は今述べたように、使用人はこれで十分だった。［第一次］世界大戦が勃発すると、両親はそのように少ない使用人では、もはや間に合わないことに気づいた。食糧の不足や何やかや、家政をやりくりする困難のため、もっと人手を入れなければならなかった。父はこの問題を解決するため、ふたりの兵士を我が家の家政に組み込んだ。兵士たちは、軽傷者として病院の父の部門に送り込まれた者たちだった。ひとりはザイフェルトという名のドイツ・ボヘミア［ドイツとボヘミアの国境に接して、ドイツ系オーストリア人が居住するボヘミア地域］出身の配線・配管工で、もうひとりはイージドール・ベルガーという、ガリシア出身の仕立て職人だった。ふたりは喜んで数クローネの小遣い稼ぎをした。もしかすると、父はふたりの入院治療を、どうしても必要とされる期間以上に長期に診断したかも知れない。ふたりはパン屋や肉屋の前で行列に並び、また、列車の席を確保するなどという任務を引き受けた。加えて両人の特別の能力を見込んで、特別の任務が加わった。ザイフェルトは、電気がショートしたり、配管が壊れたりしたときの修理に投入され、ベルガーは、配給表に載っていない物品の購入が必要なときに差し向けられた。

使用人はひとりひとり決められた自分の務めを担い、それぞれこの観点から監督された。「家庭教師」は、私の水兵服のネクタイがきちんと結ばれていなければ、監督不行届きとされた。それ以上に困ったこととされたのが、私の手にインクのシミが付いていることだった。また、料理女の料理は食卓でこと細かに話題にされ、その細かさそのものが、大事な目的のひとつになっているようだった。両親はきわめて「好みにうるさく」、ほとんどどんな料理でも、堅すぎる、柔らかすぎる、塩気が強い、焦げていると評した。食後、母は調理場に行って最終的な判定を下した。母はまれにしか、よいと言わず、「旦那様はご満足なさいませんでした」あるいは「旦那様はご立腹です」とまで頻繁に言ったものだった。母がこのやり方を選んだのは、父が家のことすべてに距離を置いて暮らしていて、父の意見が、使用人たちにとって母の見解より重みをもったからである。父自身が使用人に叱責の言葉を投げかけるのは例外的なことだった。小間使いが父と直接、簡単に揉めごとになることがあった。その出来事とは主に、先に触れたビール買いが、いつものように滞りなく行われないことだった。いつものように滞りなくとは、夕食の準備が終わる五分前に小間使いは、磁器のジョッキ（表面にくねったゴシックの文字で「ホップと麦芽、神のご加護あらんことを」と読める）を手に取り、階段を駆け下りて通りを渡らねばならなかった。「店」での滞在は一分が限度で、食事とビールが同時にテーブルに置かれるために、ジョッキを上辺まで一杯にして、帰りも同じように小走りしなければならなかった。この決まりが数え切れないほどさまざまに守られず、ほとんど毎日、小間使いは違反を犯した。あまりに早く出かければ、父が一口飲むときは生温くなっており、店の若い衆とおしゃべりしていれば、届ける時機を逸した。さらにまたジョッキを開けてみると、泡が多すぎてビールがたっぷりと入っていないことが判明する……。父はそうしたことをきっかけにときおり、ほんとうに立腹し、小間使いにいくつか激しい嘲弄の言葉を投げかけて、平静を取り戻すのに何分も要した。私は一再ならず自問する。私の日常生活の中で、父がビールの件に与えるほどの意義を私が認めるような、何か瑣末な出来事があるだろうか、と。私は、そうしたものを見つけられない。ただ、私が息子をもてば、おそらくすぐに息子は私に父と似たようなものを指摘するだろう。

両親の家庭について書いたことを、もう一度通読して気づいたが、そこには少し好意的でない色合いがある。これは、本来私の意図するところではなかった。自分の育った環境に関する私の考えだが、まったく否定的だということは断じてない。もしこれと別の印象が生じたのなら、私は訂正したい。自分にとってとても大事なことは、すべてをありのままに描くことだ。しかも、ひとつの角度からだけでなく、さまざまな角度から描くことである。

両親と使用人たちとの関係は、今日ではまったくあり得ないように思われる。けれども、両親が示した厳格さ、行った要求は、当時の慣例を逸脱していない。使用人たちの生活条件は、平均して悪かった。両親がふつう以上に厳しさをつけ加えたわけではない。その反対である。両親はあちらこちらで、少しだけ緩和を図ろうとした。たとえば我が家が、他の家庭と異なって慎重に留意したことは、子供たちが小間使いを「煩わさ」ないこと、あれこれと命令しないことだった。全体としてみれば、使用人の誰もが、自分の役目がまずまずのものであり、「支配」がちゃんとしたものだったことを認めただろう。

両親が暮らして亡くなった住居を、あまりにもひどいものとして想像しないで欲しい。現代の建築家の立場からすれば、ひどく厭わしいものだった。アードルフ・ロースやその弟子たちの主張が、多くの細部をめぐって正しいことを、誰が否定しようか？　他方、ある住居の調度は、美的原理の基準とは異なる基準で評価できる。あえてこの別の基準、つまり、全体としての印象、住み心地という基準に照らせば、我が家は長い間、美的原理が言うほどにひどくなかった。我が家の六つないし七つの部屋は、まじめで正直な人間たちが、そこで自分たちのブルジョアとしての運命を全うすることができ、同時に子供たちが満ち足りて無邪気に幼少の経験を集めるようにしつらえられていた。こうしたことをプラッシュ張り［ビロードに似た毛長の絹・木綿布張り］とマホガニーの豪華さが邪魔しなかったのであれば、私が「ガルニソンガッセ一〇番地二階」を嫌々回想する理由などあろうか？否、私にはまったく違った考えをする理由がある。】

数ある部屋のひとつは、装飾がまったくないことで目立ち、それは子供部屋だった。味も素っ気もない部屋で、白く塗られ、現代風の考えに沿ったような代物だった。その窓は、何本かの木々が彩る広い中庭に面していた。さほど遠くない先にヴォティーフ教会がそびえていて、その時計が一五分ごとに時を打つのが聞こえ、一日に何度も鐘が鳴なった。その部屋は朝日がさしこむので、もとから子供部屋にすると決められていた。私にはとても明るかったという印象が残る。

今ではあってはならないとされる様式の欠如が、もっともはっきり現れていたのは食堂だった。そこにはタブーとされた、ほぼすべてのものが揃っていた。マホガニー、プラッシュ、飾り立てたソファー、刺繍をほどこしたクッション、金色のレリーフ、ロッキングチェアーである。そうしたものを無視すれば、とても居心地のよい場所だった。いとわしい細部は、時代遅れとはいえ、居心地のよい雰囲気の中にすっかり消え、その空気は、すべてをすっぽりと覆っていた。そこは活発な議論や読書をするにも、ぼんやり座って瞑想するにも最適の場所だった。できることなら、もう一度、父が食堂で世界情勢について語り、その日のデザートについて一言添えるのを聞いてみたいものである。

なんといっても父の仕事部屋は、古色蒼然たる雰囲気を残していた。そこは診察室と「男性たちの部屋」とを兼ねていて、巨大な書き物机や、がっしりした本戸棚、祖父母から受け継いだ途方もなく大きなソファーが置かれていた。装飾用のソファーカバーは、かつて色鮮やかだったが、もう久しく色あせていた。ソファーの上のほうに掛かっている写真もまた、黄色く変色していた。父の先生だったビルロートやノートナーゲル、クラフト＝エービングのものである。ほかにも多くの写真が木製、革製の枠に収められ、それらは親戚、友人、貴族のパトロンたちの写真だった。男性たちの部屋のおもむきは、多数の喫煙テーブル、喫煙用具、灰皿に現れていて、いつもかすかに煙草のにおいが漂っていた。またこの部屋は、静寂と即物性、さわやかな知的関心とを吸い込み、父がその中で育った雰囲気を醸し出していた。ここで父は患者たちに話しかけ、蔵書のシェイクスピアを読み、官位の不可解さに思いをめぐらした。この部屋に立ち入った者は誰でも、ここの主人が、どんなに安定した確かな基盤をもった人物であるかを感じ取った。またそうした人物が備える家長の心地よさにとらわれたものだった。

【我が家はこんな風だった。付言すれば、ここでは矛盾はしていても、当たり前のように、まったく対立する諸要素が統一されていた。】

一九一〇年のウィーン・ブルジョアの暮らしを正しく思い浮かべようとするならば、そこにどれほどの安定、確実、平穏が孕まれていたかを、はっきりと理解しなければならない。両親はその死に至るまで、［第一次］大戦前の年月を、ずばり「平和の時代」と呼んでいたが、理由がないわけではない。両親は、あのゆったりとよどみなく過ぎる時代と似ている時を、その後二度と経験しなかった。一九一〇年という年にふたりの関心を引いたのは、父が医長職に就くのは今年なのか、それとも来年なのか、ワーグナーの「トリスタン」と「ニーベルンゲンの指輪」のうち、どちらが先に上演されるか、今度の夏はスイスに出かけるべきか、それともバルト海にすべきか、というような事柄だった（その際「歩いて出かける」（gehen）という言葉が使われた。広い世界も、それほど狭く感じていたのである）。広範に広まってはいたが、口に出されることのなかった見方によれば、世界史は一世代と半分前のケーニッヒグレーツ［一八六六年のプロシア・オーストリア戦争］で終焉を迎えていた。もうこれ以上に大きな変動がこれから起きることはない、とされた。戦争と革命は今後もありうるけれども、それはどこか遠くの一角の出来事にすぎなかった。ヨーロッパでは、すべてが今のままにとどまり、オーストリアでも、その危なっかしさにかかわらず、現状が維持されるはずだった。こうした状況下でウィーンのブルジョアたちは、自らを現状と伝統にうまく適合させることが、自分たちに定められた運命だと考えた。この課題は自分たちの気持ちにぴったりしていて、彼らはうまく解決してみせた。自分たちが帝国の何千万という臣民の中で、ほんのわずかの恵まれた少数派である事実を見て見ぬふりをした。そのうえ、こうした境遇を生かす術、すなわち、古代の詩人［ホラティウス］が言うような、今日という日を楽しむ術を心得ていた。オーストリアで栄えたさまざまな技の中で、人生の技は並々ならぬものだった。当時の生活様式は、優れた長所をいくつももっていた。労働と休養は、賢明に振り分けられた。精神的なものに覚える喜びが提唱・奨励された。倫理的な洗練は、少なくとも排除されなかった。もしブルジョアが思い煩うこともなく、まったく安穏に暮らしていたと考えるならば、それは、彼らを不当に扱うことになる。勤勉と職業上の真面目さは、周知の美点だった。もっともそうはいっても、その生活は長い平和の中で育まれ、平和にくるまれた、とても穏やかなものだった。それが平和よりも長続きするなどということはなく、平和が壊れるとともに砕け散ってしまった。

【私のような良家の子供は当然のことながら、大人たちよりましだった。どんな過酷さも経験せずに済み、それどころか、不愉快なものを目にすることすらなかった。それが教育の原則だった。子供たちは、できるだけ長い間、美しいもの、楽しいものだけを見るべきだとされた。したがって、ゲーオルクと私は、種々の汚濁と貧しさを抱え込んだ大都市ウィーンのわずかな断片しか知るに至らなかった。私たちにとってウィーンは、ガルニソンガッセ、旧市街、市役所界隈であり、さらにはプラター、ウィーンの森だった。「ギュルテル」［リングよりもう一回り外の環状道路］の外側にある貧しい通りを子供の目に入れることなく、どうやってうまくコーベンツルの［ウィーン郊外の展望台］へ子供を連れて行ったのだろうか。私には分からない。でも、人はそれをうまくやってのけた。子供の頃、私はオッタークリングやヘルナルスを幾度となく通り過ぎたが、何も目に焼き付けなかった。行楽地に行くのに通ることのない他の郊外地区に、私はまったく立ち入ることがなかった。私の人生で後に決定的な役割を演ずることになるファヴォリーテンには、二四歳ないし二五歳になるまで足を踏み入れたことすらなかった。】

旧市街へ出かけたのは、たいてい母のお供だった。母は午前中、週に三回か四回、買い物あるいは母の用語で言う「用足し」に出かけた。私が学校に上がる前、母はよく私を連れて行ったものだった。特にうれしいとは思わなかったし、父にくっついて行くときほどにうれしいと長らく思わなかった。母は節約家だった。一度として賃貸馬車を呼ばず、乗ったのはオムニバス、いわゆる乗合馬車だった。乗合馬車は、私にはちっともおもしろくなかった。なんといっても楽しかったのは一頭立て馬車である。

乗合馬車は中世の乗り物で、狭くがたがたして、二匹の老馬が引いていた。ガルニソンガッセとアルザー通りが交差するところで乗って、シュテファン広場まで二〇分以上かかった。つまり、速度は壮健な歩行者とほぼ同じだった。馬車がのろのろ進むから、とは言わないまでも、乗り降りしたいときは、どこでも止めることができた。先に触れた道筋の途中で、いつものことながら八回から一〇回、そのような停車があった。私が唯ひとつ面白いと思ったのは、道が少し上り坂になっているところ（「ハイデンシュス」と呼ばれる通り）に差し掛かった瞬間である。そこには一頭、別の馬の手綱を引いたひとりの男が陣取っていて、乗合馬車が坂を上っていくのを助けるのが役目だった。どうどうという掛け声とともに、この馬が馬車につながれ、三頭立て馬車が坂を上りきったところで、もう一度二頭に減らされた。私はこの追加の馬に同情を覚えた。というのは、この馬はいつも「ハイデンシュス」を登ったり下りたりしかできなかったからである。母は私を安心させるように言った。この馬には別の日に普通の乗合馬車勤務が割り振られて、別の馬が助ける仕事をするのよ、と。

買い物は一時間ないし二時間かかった。終わり近くなると、もう手には数え切れないほどの小さな包みが溢れていた。大きなものを買ったとき、母は家への配送を頼んでいた。店員に父の肩書を告げるのが母には心地よいことを、私は見逃さなかった。まだ昼食に時間があるときは、喫茶のデーメルかスルーカに立ち寄った。じきにやってくる午餐を考えて、焼き菓子をほんの少ししか食べさせてもらえなかったが、それでも私はこの寄り道で「用足し」の退屈さを晴らした。

午後、私の面倒を見たのは家庭教師だった。天気が許せば、彼女は私と市役所公園に出かけた。養育係とゲーオルクも一緒にやって来た。ゲーオルクが就学年齢に達したとき、養育係の役目はなくなり、私たちふたりは、家庭教師に面倒を見てもらった。公園では子供の遊び場を遠目に見るだけで避けた。そこは子供が多すぎて、百日咳きをひろう恐れがあったからである。家庭教師は噴水近くのベンチに腰を下ろした。たいてい、すでに他家の何人かの仲間が待っていた。私たちには、まあまあの自由が与えられたが、ひとつだけ制約があった。上品な子供たちとは遊んでも、路地の腕白どもと遊ぶことは許されなかった。

公園の規則は、もともと遊び一般を禁じていて、それが許されたのは、私たちが避けた場所だけだった。そのため、ときおり園吏と争いになった。私たちは芝生の上を駆け、茂みをはい回って不運に遭遇した。公園監視に採用された［一八］七八年か六六年［ボスニア・ヘルツェゴヴィナ占領やプロシア・オーストリア戦争］の廃兵が、その格好のまま近づいてきた。軍隊調に叱りつけ、「住所氏名を書きとめる」と脅かした。これはかなり厳しい措置に該当した。園吏が実際にノートを取り出すと、もちろん援軍がやって来た。遠くから成り行きを見守っていた家庭教師が駆け寄って来て、「こちらはフックス教授のご子息ですよ」と紋切り型のとりなしを言い、私たちを国家の追跡から引き離して、手をつかみ立ち去った。

監視人よりもっと手ごわい敵は、路地の腕白ども、つまり、プロレタリアの子供たちで、彼らと交遊してはならなかった。他のブルジョアの子供も同じ決まりにしたがったので、公園にははっきりとした階級区分が存在していた。ここから生じた階級闘争は、ブルジョアの子供に有利な展開とはならなかった。確かに、他所であれば下層の子供に有利に働いた数の上の優勢はなかった。市役所の付近に立っていたのは官公庁の建物ばかりで、プロレタリアの子供は、もっぱら用務員の息子たちから成っていた。だが、この少年たちは「お上品」な子供よりはるかに強くて攻撃的だった。坊ちゃんたちの戦況がさらに不利になったのは、家庭教師たちが親の指示にしたがって、大規模な喧嘩をできるだけ阻止したからである。これは士気をそいだ。用務員の子供が優位を確保したのは無理もない。

その公園に潜む危険にもかかわらず、それは街の中で大好きな場所だった。どのベンチ、どの茂み、どの木立もおなじみだった。時間はあっという間に過ぎ去った。もう帰宅の道すがらで、明日あるいは明後日、またやって来たら何をしようかと相談したものだった。

日曜日には市役所の公園に行かなかった。両親が私たちを連れて、リング通りの先のシェーンブルンとかプラターに出かけたからである。

街を馬車で巡るのは、富裕なウィーン人のごく普通の楽しみだった。

父のような人間は本来、自家用馬車と馬を所有していて当然だった。ただ、父は節約したお金を別に使うことを優先した。もっとも、馬車に乗った優雅な外出を大事にするしきたりに逆らうことなど、父には思いもよらなかった。機会あるごとに、人目に恥ずかしくない馬車を雇った。二頭立て馬車を駆ることがまったくできない場合は別にして、一頭立て馬車は考えられなかった。二頭立て馬車は、車体がニスでぴかぴかして、馬にブラシのよくかかったものが選ばれた。また「ゴム車輪」付きが優先された。

ひとつだけ、父は習わしにしたがわなかった。馬車を速く走らせる好みは、父の泰然たる性格と相いれなかった。どの御者にも「ゆっくり、気をつけて」走るように言い聞かせた。一頭立ての御者を相手にするときも、同じ指示を与えた。その御者がゆっくり走らざるをえないときも同じだった。

プラターは他のどんな行先とも比べものにならなかった。第一次世界大戦後、味気ない場所に変貌してしまったが、それとまったく異なり、当時、人々で満ち溢れていた。ウィーンの多くの者が余暇の大半をそこで過ごした。屋外レストラン（第一・第二・第三カフェー、コンスタンティンヒューゲル、クリオー）は、暖かい季節にはいつも満員だった。少なくとも外から眺める限り、多彩な人々が訪れて屈託なげな印象だった。ハウプトアレー「中央通り」はきらびやかな様子で、両側の歩道のマロニエの下には人々が「行列（コルソ）」をつくってひしめいていた。わきの乗馬道も少なからず利用され、車道では二頭立ての車列が途切れなかった。高低差がなく、まっすぐな車道は、ついつい速度を出したくなる。二頭立ての馬は鉄道橋の下を潜り抜けると自然にだく足になり、ルストハウス（園亭）のところで停まる。父があくまでゆっくり進もうとしても、この区間は容易でなかった。

日曜日の外出が「遠足」に代わることもあった。すなわち、ハイキングである。ウィーンとクロスターノイブルクの間、ウィーンとバーデンの間で踏破しなかったハイキング・コースを思い出そうとするのだが、まったくなさそうだ。ヘレーネンタール、アイゼルネストーア、アニンガー、はたまたカーレンベルク、ヘルマンスコーゲル、ゾフィーエンアルプス［すべてウィーン近郊の散策地］に何回くらい出かけたか、後になって数えられるものなら、驚くべき回数になるだろう。ウィーンを囲むなだらかな丘陵の魅力は、私には漠然とわかっていただけだと思う。散策で気に入ったのは、何よりも空気と体を動かすこと、そして遅い朝餐である。目的地に着いてからとる、たっぷりした朝食は、ほどほどの疲れを癒してくれた。両親も同じように感じたと思うのだが、確証はなく、どうもはっきりしない。

ウィーンの森よりももっと強い印象を受けたのは、［一日で］到達するのが少し難しい地方で、二日続きの祭日（復活祭や聖霊降臨祭、ペトロとパウロの日）に訪れたライヘナウ地域、ゼメリング地域である。ここ数年、私は自分で、ある実験をしてみた。どんな気持ちとイメージが私の中で「故郷」という言葉と結びついているのか、見つけようというのである。すぐに繰り返し浮かぶ連想がライヘナウ渓谷のものであるのは、決して偶然ではない。パイアバッハ付近で、高原のはるか向こうに始まるこの渓谷を思い浮かべてみる。徐々に幅が狭まってエートラッハを過ぎて高くなっていき、グロースアウとクラインアウに分岐して針葉樹の森の中にあるプライン壁で終わっている。ライヘナウあたりの柔らかな空気が、荒涼とした樹脂のにおいの混じる空気に、つまり、ラクス山塊から降りて来る空気に変わるのを感じる。幅の狭いシュヴァルツァ川と呼ばれる流れが音をたてているのを耳にする。上流に向かって進むにつれて、流れがだんだん狭くなって気ぜわしげな音をさせる。こうしたものすべてが生き生きと蘇って、まるで昨日のことのようであり、いちばん古い体験だけに染み込んだかおりを、同時にかぐ心地がする。ある場所を故郷と名づけると、思ったり、あるいは連想したりする感覚的なつながりが、このように裏付けられそうである。

【思いを馳せるのは、ラクス山塊に沿って拡がる谷だけでなく、ラクス山塊そのもので、それはジーベンブルネンヴィーゼやホイクペ、雪原とともにある。私は六歳になったばかりで、初めてシュランゲンヴェークを歩いてカール・ルートヴィヒ・ハウスまで登った。私の成し遂げたことは、非常に驚かれ、将来、偉大な旅行家になるだろう、と言われた。もっともこの予言は、当たらないままに終わった。ラクス山塊への遠出は、私には特別にうれしかった。喜びがわき起こる理由はふたつだった。ひとつは子供っぽいスポーツに関わる野心で、海抜二〇〇〇メートルに登るのは自慢だった。けれども、山々の力強い息吹が、私の中にまた別のものも巻き起こした。樹木生育限界を越えるような瞬間、私の血は急速に渦巻いた。太陽は熱く燃え、樹木のない地帯に来ると、岩石と草は、谷の色よりも強い色合いで輝いていた。頂上に達すると、激しい風が私を襲い、喜びと不安が混じりあった奇妙な状態に陥った。

訪れるたびに、ラクス山塊が新たな感動と冒険に満ちていたとすれば、ゼメリングはまったく正反対だった。私にはすでに当時、ゼメリングが昔からの大好きな知人のように、また、いろいろの意味で「知己」のように思われた。私は［ラクス山塊の］ホイクペ山頂［二〇〇七メートル］に立ち、少し優越感をもって一〇〇〇メートルのゼメリングを見下ろした。そこは、今、私がいるところのほんの半分の高さに過ぎないと思った。だからといって、両親が提案するゼメリング行きを大声で歓迎しない理由はなかった。すでに往路が大好きで、実にかなりのものが目の前に現れた。パイアバッハを過ぎると、コンパートメントの窓から目にする見慣れた地点の名前や、列車が滑り込むトンネルの名前を私たちは互いに言い合った。いつも言い争いが繰り返された。「ヴァインツェテルヴァント」トンネルと「カルテ・リネ」陸橋とで、どちら長いか、と。ゼメリング駅からホッホシュトラーセへ私たちを運ぶ自動車の中で、この前来てから起きた小さな変化について話題になった。両親は普段よりも若く陽気に見えた。その昔、婚約後はじめて遠出してゾンヴェントシュタインにやって来たことを忘れずに話して聞かせた。

祝日だけが、ゼメリング・ライヘナウ地区に滞在する唯一の機会ではなかった。何度かの夏にも、父の休暇の前後の数週間を当てて、そうした滞在を行った。父の休暇は八月に取られ、本格的な旅行をするために使われた。だが、子供たちが一か月だけ田舎で過ごすのは適切ではないと考えられたので、母が子供たちを連れてすでに六月に避暑に出かけ、九月になって初めて帰宅した。母が子供たちと出かける場所は、父が週末に私たちのもとを訪ねることが可能なところでなければならなかった。つまり、ウィーンから列車で二三時間以上離れていてはいけなかった。もっと近ければ、父にはさらに好都合だった。父は自分の立場からヒンターブリュールかバーデンを主張した。何度も父の希望が通った。そうでないときは、新鮮な空気を求める母の希望が勝ち、エートラッハ、プライン、ゼメリングが優先された。

八月の旅行で滞在がホテルになるのは当然のことだった。それと異なるは、八月の前後に田舎に滞在するときだった。その際、ふたつの可能性があった。ひとつはホテルで、もうひとつは「やりくり」あるいは「自前」と呼ばれるものだった。母が「自前」を決定すると、田舎の民家に住まいを借りた。家具付き住居と呼ばれるものだったが、その調度は実際にはいつも不完全だった。そこでウィーンの調度のかなりの部分、具体的には小型の家具、寝具、調理器具が、それぞれに合った大きさの箱に詰められ、運び出された。料理女が私たちと行を共にした。母がウィーンで明けても暮れても行っている献立表作り、買物、料理、精算の儀式が田舎に移植された。小間使いは一緒に来なかった。父がウィーンの住居を引き続き使っていたからである。田舎の住居を切り盛りするために、現地でひとりないしふたりの女性が雇われた。手続き全体が桁外れに複雑で面倒だったが、母はそれを厭わなかった。彼女には若い頃、それが夏の過ごし方として当たり前だったので、「自前」が性に合っていて、必要な骨折りは幸いに経験済みだった。

私は母のこの偏愛をまったく共有しなかった。快適と言えない夏の住居は、納得しがたかった。硬いベッド、ギイギイと音を出す扉は、私には厭わしい限りだった。他方、優雅なホテルは、私をすっかり魅了した。私は、単によいというだけでなく、それ以上の贅沢を受け入れる感受性をもっていた。

多くの場合、私は満足していた。「やりくり」は結局、例外に過ぎなかったからである。特にゼメリングでは、ホテルに滞在することを常とした。ゼメリングに数ある豪華ホテルの中から正しい選択をするのは、母には容易でなかった。あれかこれか迷ったあげく、決然と「パンハンス」ホテルを選んだ。そこに出入りする人々を考えてのことである。母の考えでは、他の一流ホテルには富裕なユダヤ人が訪れるが、「パンハンス」は、貴族を含めた本当に洗練された人々が出入りした。私たちは、上流社会と付き合わずにいるべきだったろうか？　答えは自ずと明らかである。この場合、母の決定を私は是認した。母の理由付けを理解したからではない。そんなことは、私にはどうでもよかった。だが「パンハンス」は、私にとって理想のホテルだった。あらゆることが、まさに私の好みにぴったりだったからである。ホールには回転扉があり、光はほの暗く、絨毯は足音を消した。リフトは制服を着た若者が操作していた。清潔で静かな部屋は、最新流行のしつらえだった。ホールにはさらに、特別に私を引き付けるものがあった。肘掛け椅子である。それは低いもので、私でも床に足が着いた。それだければ、私を感激させた他のすべてのものがなくても、私は「パンハンス」が大好きだったろう。】

父が私たちと一緒に行った旅行先は、ゴッセンザス、トーブラッハ、メンデル峠〔以上、南ティロール〕、アーレント湖〔ドイツ、ザクセン・アンハルト州〕、ビンツ、ザスニッツ〔以上、バルト海のリューゲン島〕だった。普通は一か所に一週間ないし二週間滞在し、その後、両親は場所を替える気になった。

ドイツで過ごした何週間かは、私の民族的・政治的理解の地平を大きく広げた。ドイツ人とオーストリア人との間にある違いを知った。父の流儀はすべて、すっかりオーストリア風だった。国にいるときは、それを特に強調することも「使用」することもなかった。ところが、一度国境を越えれば、話は別だった。私たちはバルト海に出かけた。砂浜があり、空気はアッバツィーア〔イストラ半島のオパツィヤ?〕よりも新鮮だったからである。だが、バルト海の海水浴場を好むからといって、父がドイツ帝国の至らなさ、あるいは至らないと考える事柄を忘れるわけではなかった。ドイツの制度・慣行をけなして、オーストリアの同じものを褒める理由に事欠かなかった。ドイツのレストランで目の前に出されたコーヒーが、カップの底が見えるほど薄いコーヒーだと薄ら笑いを浮かべ、ウィーンの「メラーンジュ」コーヒーに比べて品質の劣ることは一目瞭然だと語った。両友好君主国の甘いデザートを比べれば、他の面では弱体の同盟国〔オーストリア〕の優位にごく自然に話が及んだ。ホテルのドアマン、ボーイ、御者とのやり取りは、「プロシアの傲慢」と闘って「エネルギー」を発散する種々の機会を提供した。まるで芝居のような出来事がビンツで起きた。父がビンツの郵便局から、たいして重要でもない電報をトラウテナウ〔現チェコのトルートノフ〕に打とうとした。用紙にこの町がボヘミアに在ることを書き忘れた。窓口の係員はトラウテナウという町を知らないと言い、どこに在るか書き足すように電報を突き返した。父を憤激させるには、それで十分だった。プロシアの厚顔無恥の典型例を目の当たりにしていると思い、叫んだ。「一八六六年のプロシアじゃ、トラウテナウがどこに在るか、正確に知っておったぞ」。これは、一八六六年、オーストリア軍がプロシア軍を相手に唯一勝利をおさめた戦闘をあてこすったものだった。係員はそれが何を意味するか、おそらく理解できなかったろう。彼の受けた歴史教育が、地理の教育よりはるかに深いものでなければならなかったからだ。だが、彼は、自分の祖国を貶めようとする意図は正しく察知して、警察を呼ぶと威嚇した。父はかろうじて官憲の介入――父曰く「厄介」――をやり過ごした。

両親は夏という概念を引き延ばして解釈したけれども、夏はいつか終わりを迎えた。九月も半ばになれば、バーデンにいようとプラインにいようと、田舎は涼しくなり、霧が出た。私たちはウィーンに戻った。田舎と別れるのはいつもつらかった。その一方で毎年、ウィーンへの帰還は心地よく感じられ、印象深い体験だった。すでに数週間前にウィーンに戻っていた父が、私たちを駅に迎えてくれた。馬車が一台、たいていは四人乗りの「ランダウアー」が、私たちをガルニソンガッセに運んだ。トランクとか大きなカバンは、後ろのトレーラーに乗せられて運ばれた。通りの騒音が耳には珍しいものに響いた。夏の日々、街のざわめきからすっかり遠ざかっていたからだった。建物の入り口には小間使いたちが待っていて「お帰りなさい」と叫び、鞄や箱を取り出して階段を上がっていった。住居は、迎え入れのためにきちんと整えられ、窓のカーテンは、きれいに洗濯されて、子供部屋の白い家具にはニスが新たに塗られていた。電灯という電灯に新しい電球が輝き、すべての花瓶に花が挿されていた。食堂のひとつの卓の上に、薄紙で包装された贈り物を見つけた。何気なしに欲しいと漏らしていた、大きな、あるいは小さな願いがかなったのだった。食卓の上には大きなトルテが載っていた。普段であれば誕生日にしか見かけないものだった。鉢には果物――初物の木の実や葡萄の房――がいっぱい盛られていた。両親はワインを飲み、子供たちは年齢に応じて、グラス四分の一から半分のワインをもらった。これはお祝いであり、人生の新しい区切りが始まるのを祝った。食事の後、父が子供たち一人ひとりにキスをして「家に戻ってよかったかい?」と訊ねた。私たちは「はい」と答えたものの、日雇い労働者のように疲れていたのでベッドに向かった。

九月とともに始まる時期は、気分が天候に左右される者にとって、さほど幸せなときと言えない。私は大人になってから、いつも繰り返しこの感覚をもつ。子供のとき、こんなことは感じもしなかった。晩秋も初冬も他の季節と同じように、季節ごとの楽しみがあったからである。天候のせいで遠出ができなければ、代わりに映画館へ（映画は新しい驚異の発明）、劇場へ（ウィーンのいくつかの劇場は、日曜日午後、子供用の演目を上演していた）、はたまたカイザーパノラマへと出かけた。こうしたものが全部一緒になって、キャンセルせざるを得なかった楽しみをすっかり償ってくれた。

カイザーパノラマってなんだろうと訊く、若干の読者の声が聞こえるようだ。今となっては大したものではない。ウィーンのたいていの学童が知っていて、入場料は安かった。それは、シュトゥーベンリング［シューベルトリング？］の市立公園の向かい側にあった。暗くした部屋で、ステレオスコープを通して色付きの風景を見せてくれた。スペイン、イタリア、そして何よりもボスニア・ヘルツェゴヴィナの風景があった。この施設は一九一〇年には時代遅れになっていて、映画の時代に、ちょうど自動車時代の一頭立て馬車のようなものになっていた。カイザーパノラマで最高に思えたのは、観覧開始を待つロビーだった。会計係として働いていた敏捷な金髪の女の子は、私にはどうでもよかったが、彼女の頭の上のほうにある高い止まり木に緑青色のオウムが止まっていた。オウムとしてはまったく不格好な一羽で、しゃべり、大声でわめき騒いだ。このオウムを眺めて声を聞くのが好きだった。この鳥のほうがボスニアよりも面白かった。

それから二〇年ほどした一九三〇年か三一年、私はシュトゥーベンリングを歩いていて驚きとともに発見した。カイザーパノラマが、まだそこにあったのである［一九五五年まで存続］。一頭立て馬車や乗合馬車、その他多くのものが消えたけれど、カイザーパノラマは存続していた。皇帝［カイザー］も消えたので、名称がヴェルト［世界］パノラマと変わっていた。もう観客が殺到することもなくなっていたのは明らかだった。ロビーをちらりと眺めると、すたれて埃っぽかったが、その他はあまり変っていない様子が目に入った。プラッシュ張りのソファーや金髪の会計係の女性、緑色のオウムは同じだった。おそらくまだ、ボスニア・ヘルツェゴヴィナを上演していただろう。オウムは相変わらず、力の限り大騒ぎしていた。オウムのもとで、二〇年という時間は痕跡をとどめることなく過ぎ去った。会計係には、そうはいかなかった。もっともこれは自然の理である。

【ここまで私は、自分の子供時代を通じて、明るい色合いの帯のように連なった心地よい諸場面を詳しく描いてきた。これとの釣り合いをとるため、同じ年月に起きたいくつか影の部分にも触れる必要がある。影はひどく暗いわけでも、また長く続いたわけでもない。けれども、きちんと思い出すことによって、「中年」にさしかかった多くの人間が陥りやすい誤り、つまり、子供の頃、自分はずっとことごとく幸せだった、という思い込みを免れるだろう。

小間使いたちが私の面前でやりとりした馬鹿げた話が、私にひどい不安と、ときに抑鬱までも引き起こした。それは、突然に目が見えなくなる、口がきけない、狂気になるという事柄だった。小間使いたちは、なんとはなしにこうしたことに引き付けられ、それが稀な悲劇ではなく、まるで日常茶飯事のように話した。小さな子供への影響は、有害としか言いようがない。私は強迫観念に取り付かれ、特に夕方と、夜中に目覚めたときに思い込んだものだった。明日の朝、あの恐ろしい病気のひとつを診断されるのではないか、と。自分の恐れを大人に話す気にはなれなかった。どうしてだったか、私には分らない。［話していれば］大人は、私を安心させるために、きっとあらゆることをしただろう。ただひとつ、助けが期待されたのは神様に思われた。もっぱら、私の健康をお守りください、と祈願しながら、六歳か七歳ころから毎日、天に向かって祈った。

もうひとつ、乗り切らねばならなかった苦悩は、今なら笑ってしまう類のものである。だが、当時は笑うどころではなかったことを、いまだにはっきりと覚えていて忘れられない。

生きている限り、私は自分をとらえた憤りを忘れないだろう。私がせいぜい四歳か五歳くらいの頃だった。あるとき建物の玄関ホールから、ひとりで自分の住居に上がっていくことを許された。しかし、住居が見つからない。私は二階ではなく、三階のベルを鳴らした。住人が扉を開けて、私の住居は一階下にある、と親切に教えてくれた。降りる途中では、まだ涙をこらえていたが、下に着くと床に身を投げてバタバタし、恥ずかしさのあまり大声で泣いた。一生の汚辱にまみれてしまった、と信じたのだった。

これは一回限りの出来事だったが、この頃、恒常的に続く苦痛の原因もまた存在していた。それは弟、ゲーオルクとの暮らしである。今、彼は優秀な放射線科の医師で、物静かな分別のある人物であり、私が彼に含むところはまったくない。けれども、私が七歳で、彼が（ほぼ）四歳の頃、ゲーオルクは私にとって悪魔の化身だった。それは、こんな具合だった。ふたりは同じ部屋に暮らして、いつもくっついて互いに依存していた。（兄のフェーリクスが気さくに付き合ってくれることは、ごく稀だった）。私は、ゲーオルクと自分との間に明確な上下関係があるべきだと考えていた。つまり、ゲーオルクは無条件で私にしたがうべきだった。年齢の違いによって、他のどんな解決策も排除されていた。

だが、ゲーオルクは納得しなかった。彼は反抗し、自分の四歳の人格を、私の七歳の人格に大胆にも対置しようとした。私は怒った。

私が何か考えを述べると、ゲーオルクは多くの場合、断固として違う考えを述べた。彼をぶん殴ることは、厳しく禁止されていた。したがって、私は彼と議論しなければならなかった。これは独裁者になりたい者の立場からすると、うんざりさせられる事態だった。独裁と議論は、周知のように両立しない。おまけにゲーオルクの議論は見事で、私よりもはるかにうまかった。彼は恐ろしいほど要領が良く頑固だった。私が言い負かされると、それは二重の屈辱だった。ひとつは、自分が負けたこと、もうひとつは、対等と認めない敵に敗れたことだった。

ふたりのもっとも激しい論争は、一緒に読んだ本が原因だった。読み物はアンドレーアス・ホーファー［ティロールの対ナポレオン抵抗運動指導者」について。もっと正確に言えば、「家庭教師」がふたりに、章ごとに読んでくれたのだった。イーゼルベルクの戦いが描かれたところで、反乱の農民たちがフランス軍めがけて「一斉射撃した」、というコメントが入った。この箇所でふたりは興奮した。その意味は明瞭ではなかったが、それが言い争いの原因ではなく、問題は「今もなお戦争で一斉射撃をするかどうか」だった。私が「する」と言い、ゲーオルクは「しない」と言った。ある朝早く、ふたりはまだベッドにいたが、論争は危険水域に入った。私は自分の主張を何十回目かに述べた。「今も一斉射撃はするのだ」と。ゲーオルクは「しない」。私（少し声を高めて）「一斉射撃するのは、当たり前だ」。ゲーオルク（同じく少し声を上げて）「しないのが、当たり前だ」。応酬が続き、ふたりの声はますます大きくなっていった。ついにふたりは、問題を最終的に解決することにした。私はベッドから飛び起きて両親の寝室に行き、父を揺り起こした。「今も一斉射撃する?」。父は私が何を訊いているのか、さっぱりわからず、「する、する」とつぶやくと寝返った。完璧に明確な勝利が得られたという思いで、私は子供部屋に戻った。ゲーオルクは私に頭を下げねばならないだろう。だが、信じられないことに、ゲーオルクは窮地からの脱出口を見つけた。彼は言った。「確かに一斉射撃［Salven］はするさ。だけど、お兄ちゃんは軟膏［Salben］と言ったんだ。そりゃ間違いさ」。私はもう返答の仕様がなかった。ゲーオルクの厚かましさは、再び打ち負かしようがなかった。できれば、ゲーオルクの首根っこをつかみ、首を絞めてやりたいほどだった。

私にとって反抗よりもはるかに不快だったのは、ゲーオルクが私を忠実に後追いすることだった。私をそっくり真似することを、彼は突然に思いついた。私と同じようにしゃべり、同じように歩き、座り、同じ好き嫌いを露わにした。後追いが始まって、私は大人たちに助けを求めた。家庭教師のところへ、母や小間使いのもとへ走り、「ゲーオルクが、そっくり僕の真似をするんだ」と訴えた。私は、さっぱり理解を得られなかった。母と家庭教師は言った。「かまわないでしょ」。料理女は言った。「全部、特許を取っちゃったら」。大人たちは、私が自分の比類なさ、オリジナリティーを失うことが、私にどんなに苦痛をもたらすかを理解できなかった。

私たちの読み物には、アンドレーアス・ホーファー伝の他にプリンツ・オイゲン公伝記や、ニーベルンゲンの歌を散文風に改めたものが含まれていた。こうした本によって、自分も何か書いてみようという考えが私に生まれ、家庭教師に短編を書き取ってもらった。（私は、まだ字が書けなかった）。短編は子供っぽく、注目に値しなかったが、家族からはコメントが活発に寄せられ、才能が褒められた。後追い時期の真只中にあったゲーオルクは、間を置かなかった。彼も同じように家庭教師に短編を書き取ってもらった。私の短編では少年用の本でお定まりのように、劇的な状況の中で、ひとりの人物が詩を朗誦し始めるということが何度も起きた。ゲーオルクも同じスタイルを用いた。しかし、ここで運命に見舞われる。彼はまだ四歳で、詩がどうあるべきかを理解する能力がなく、まったく馬鹿げたことを詩にした。彼は戦いを描いた。フランツ皇帝が戦場にやって来て（これは「アンドレーアス・ホーファー」を思わせる）、明らかにニーベルンゲンの歌に似ているけれども意味をなさない言葉を発した。

どよめきは収まった
これは高貴な淑女の行い
それは我らを勇猛にした　盾と剣をもって
バラバラになった　打ちかかって　あの高貴な女が

これは文字通りの再現である。誓ってこれを言う。この詩のごとき噴飯物は、やっとのことでゲーオルクの敗北につながった。みな、ゲーオルクのことを嗤った。これに対し、私はまじめに受け取ってもらえた。

ゲーオルクが別の芸術分野で私と競おうとしたときも、うまく行かなかった。私はよい耳をもち、声もまずまずで、いくつもの民謡と多くの「流行歌」を習い覚えた。誰か私の歌を聞いてみたいという人がいるところでは、ところ構わず歌って聞かせた。市役所の公園には何人かの老人たちがいて、毎日、同じベンチに座っていた。老人たちは私の友達で、私のできることを自分たちに見せるよう促した。私は盛んな拍手を浴びて「伊達の駆け足」を歌った。「跳んでごらん、お嬢さん、うーんと高く」。もちろん、ゲーオルクもその場にいた。当然、彼もまた歌を覚えた。彼は音感が悪く、メロディーはでたらめだった。だが、歌詞こそが最大の弱点だった。それは構わなかった。聞き手たちは、ほんのわずかで、突然それが暴露された。ある歌の中でフィアンセ（Bräutchen）というような言葉が登場した。フィアンセがなんだか訊かれて、ゲーオルクはためらうことなく答えた。「小さなパン」です［パン Brot の縮小形、Brötchen からの連想］。これで少なくとも私の目には、ゲーオルクの負けと映った。彼の出し物は、私のものよりはるかに劣ることが明らかになった。

なんという旧い話をしたことだろう！　太古の話だ！　自分の思い出をひっかき回し、そうしたものを取り出すことは難しくなかった。私はあらゆる色調と陰影をもった話をいつも準備していた。難しいのはただ、それらが三〇年も遡ることを実感することだ。現在の友人である、多くのすっかり成長した人たちの人生よりも長く遡るのである。いまだ私は「家庭教師」の手をつかんで、市役所の公園を歩いている。私の頭上にはまだ、ウィーン・一九一〇年の明るい空が拡がっている。そして早くも一九四三年のロンドンに身を置く。四〇歳になり、外面的には、かつての小さな子供のわずかな面影すら見られない。（内面は、また別の話である）。辿って来た行程はすっかり、私が本書の執筆を始めたとき、はっきりと私の意識に戻った。私がこの初めの章で意図したのは、齢を重ねた人々を懐かしい思い出に誘い、若い人々にとってはもはや伝説となった時代を、彼らに生き生きと紹介することである。おとぎの国から今ここへとつながる小道が、どのように続いて来たのか、これ以降の章でうまく描けていることを願う。】

## 変転

【私が自意識に目覚めたのは、一四歳ないし一五歳頃、すなわち、いろいろ錯綜してざわざわした一九二〇年の頃だった。それまでの私は、身の回りにある物事を子供らしく、無邪気に何も深く考えず理解していた。物事を整理し評価することを、私はある偉大な著作家に学んだ。その著作の最初の数行を読んだ途端、私はこの人の虜になった。彼に導かれ、何年もの青春の全期間を通じて、荒れ狂う現実をやり過ごした。もっぱら精神的なことに注意を向け、陰鬱な偶像に心服した。幸いなことに、ついに現実が私の防護装置を圧倒した。現実が私の神秘主義的な理論を破綻させ、私を孤立から引き離して、私の生命を何十万という仲間の生命と結びつけた。】当代のもっとも勇敢で親密な人間共同体が、私を迎え入れて別の人間にしてくれた。あるいはひょっとすると、初めて人間にしてくれたかもしれない。私は今の自分——子供時代に夢に描いていた存在に比べれば、たとえ卑小な存在であろうとも——があることを労働運動に負っている。自分の人生の一時期は、労働運動のお陰である。この間、青春期に手にしていた多くのものを、なしで済ませねばならなかったが、かつてもたなかった貴重なものを手にした。私の前途に横たわる年月を労働運動に捧げよう。労働運動に負ったものを、言葉と行動を通し、全力を挙げて返すまでは死にたくないと思う。

## 【神秘主義】

一九一八・一九年の冬にウィーンで起きたことは、ごくありふれた騒々しさとして私のところに届いた。決してかまびすしい騒ぎではなかった。私はギムナージウムの三年生で、ラテン語と古典ギリシャ語の翻訳に取り組んでいた。自分が主に何を通じて「革命」を意識したかと言えば、「革命」が、予定外の学校休暇があるかもしれないという望みを生みながら、結局適えてくれなかった、という成り行きだった。

フックス家の暮らしに革命は起きなかった。父の給与は少し減ったが、まだ生計に影響を与えるほどではなかった。相変わらず七部屋ある住居に住み、多くの使用人を雇っていた。

戦前のたいして重要でない習慣は改めるか、放棄せざるをえなかった。もはや、さほど頻繁にゼメリングに出かけなくなった。列車は不規則にしか走らなかったからである。プラターにはもう、まったく出かけなかった。二頭立て馬車の馬たちが屠殺されていたからである。

両親が私を送り込んだ学校はショッテンギムナージウムだった。【両親のことを知っていて、ウィーンの学校事情にも通じていた人ならば、両親がこの学校を選択するだろうと、あらかじめほぼ予測することができた。九区の住人として、本来、私はヴァーザギムナージウムに入学するはずだった。だが、ヴァーザギムナージウムは一流ではなかった。生徒の大半がユダヤ人だったからである。貴族のたいていの子弟が通う学校はテレジアーヌムだった。けれども、テレジアーヌムは超一流と受けとめられた。正当な功名心が度を過ごすと、軽蔑されるだけの、がつがつした努力に転化するように、一流も過ぎると、「ひけらかし」に変わりうる。そこで適切な学校は、一流二番手のショッテンギムナージウムだと思われた。そこには幾人か貴族の息子の他に、高級官僚やキリ

スト教社会党に所属する政治家の息子たちが通っていた。】

ここの教師たちは、ベネディクト会修道士で教養豊か、勤勉であり、中には優秀な教育者たちもいた。彼らは、生徒に無理をさせないことを大切だと考えていた。礼儀正しさが、豊富な知識と同様に評価された。

政治的に修道士たちは、もちろん確とした考えをもっていた。共和国をでき損ないと見て、じきにハープスブルク家が戻ることを望んでいた。

反共和国の扇動といえば、数学教師のヴィンツェンツ・ブラーア師は露骨に振る舞った。最初の共和国建国記念日である一九一九年一一月一二日、集まった生徒を前に演説を行った。だが、それは皇帝の誕生日にふさわしい代物だった。共和国当局はまったく関心を示さず、彼の責任を問うことはしなかった。

利口で強情だが、申し分のない外貌をもつこの人物は、後に校長となり、ドイツがオーストリアに侵攻した一九三八年にも、まだその地位にあった。彼の名誉のために言っておかねばならないが、「褐色」〔ナチス〕に対する態度は、以前の「赤色」への対応と同じように距離を置いたものだった。もちろん、これが今度は災厄を招くことになる。再び演説をすることになった。今回は「大変革」の祝いである。言うまでもなく「ヒトラー、万歳」で締めくくらねばならなかった。ブラーア師が演説の最後に差し掛かって物忘れを装った。「では、これで終わります。万歳……、えーと、あの方の名はなんと言いましたっけ？　あー、そうそう、ヒトラーでした。では、ヒトラー、万歳」。事件はナチス官憲のもとに告発され、ブラーア師は逮捕・強制収容所送りとなり、そのまま亡くなった。

四年生が終わって、ショッテンからヴァーザへ転校させてくれるように両親を説得した。ふたりを説き伏せるのは、なかなか骨が折れた。私の願いがどうして生まれたかといえば、「大親友」が一流度では劣る学校に通っているというのが主たる事情だった。

ヴァーザギムナージウムは、ショッテンギムナージウムと根本的に異なっていた。ヴァーザでは、教師たちの多数は社会民主党員だった。授業の水準はといえば、修道会の経営する学校よりも高かった。校長のヴァレンティーン・ポラクは歴史、ナタンスキはドイツ学、ラッケンバッハーは古典語学で卓越していた。ヴァーザの教師たちは、誇らしげにアードルフ・カペルマッハーを仰ぎ見ていた。彼は自分たちの同僚だったが、ウィーン大学でラテン語の正教授に上り詰めていたからである。礼儀の良し悪しは、ヴァーザではさほど重視されなかった。それどころか、教師たちに「あなた（Sie）」と簡単に呼びかけることが許された。ショッテンでは「先生（Herr Professor）、お望みですか」とか、「先生、お持ちですか」という呼びかけをしないと、恥ずべき行為とされた。

あの「大親友」はフリッツ・ブルーメンフェルトといい、自由思想家で強い倫理観をもち、社会主義者だった。彼は自分の考えを私に植え付けようとしたが、無駄だった。

【私より上の学年にいたエルヴィン・シャルガフが、一九二二年から二三年にかけての冬に、フリッツを親友の地位から押しのけた。シャルガフは親友であり続け、今もなお親友である。ただし、四〇歳の者たちの友情は、一七歳の友情とまったく同じではない、ということである。（だからと言って、友情の度合いが少ないわけではない）。残念ながらもう長いこと、彼には会っていない。彼は一九三六年以来、ニューヨークにあるコロンビア大学の化学の教授である。

ヴァーザギムナージウムの際だった特徴は、女子生徒がいたことである。そこは共学制だった。エルヴィンと同じ学年にエスター・Tがいた。彼女はしばしば私とおしゃべりし、とても愛想が良かった。七学年の女の子なら誰でも、六学年の男子生徒と口をきいたわけではない。ふたりの会話から学校でさらに親密な関係が生まれ、長年にわたり続いた。エスターはその後医学を学び、学術論文を書いて、これは平均以上に優秀だったという。

彼女は現在、女医としてパレスチナに暮らしている。

私とエスターのような男子生徒と女子生徒の関係はよくあることだった。友人のひとりは、もう第五学年で「共学だった」とうれしそうに語る。】

フリッツが私を無神論と社会主義に夢中にできなかったのは、私が別のことに、つまり、文学の歴史に夢中になっていたからである。私はエードゥアルト・エンゲルの分厚い著作をほとんどそらんじていた。この手堅い中庸の学者に導かれて、私はドイツ文学に、特に一九世紀のものに沈潜していった。世界観にかかわる事柄は、私にはどうでもよかったのである。

そうした事柄に私が関心をもつようになったのは、カール・クラウスという、ウィーンの偉大な風刺家、抒情詩人、作家を知ったときだった。この出来事は、私にとって突出した、ギムナージウム時代のもっとも重要なことだった。

【知ったと言っても、まったく作品を通じてであり、直接の面識があったわけではない。それももともと偶然だった。当時、私は手にするものは何でも目を通していた。あるとき、食堂で『ファッケル（炬火）』を一冊見つけた。誰かが半分ペーパーナイフを入れて、そのままほったらかしにしたものだった。私は少し興味を引かれて手に取った。［兄の］フェーリクスがしばしばカール・クラウスを引き合いに出していたので、私も喜んで兄に倣った。ちょうど弟が私を真似したようなものだった。『ファッケル』の冊子は一九一九年春の一冊で、評論や数多くの詩が掲載されていて、こうした類の内容に対する興味は尽きなかった。ひとつの精神的な冒険、いままで一度も経験したことのない冒険が始まった。私はもう途中で読むことをやめることができなかった。開いた窓際に腰を下ろし、早春の暖かい夕べ、ページを繰り続けた。もっとも洗練された、深い思索を行う思想家が個人的に語りかけるようで、その声を聞くような心地がした。私はすぐに虜になった。そして一二年もの間、囚われたままだった。

クラウスはちょうど名声の頂点にあった。彼は以前に戦争を断罪し、帝政が今にも崩壊すると予言したりしていた。その後の展開は、彼が正しかったことを証した。それが彼に、後にも先にも享受したことのない権威を与えた。】

カール・クラウスとは誰なのか？　彼が主張した世界観は、どんな特徴をもっていたのだろうか？　私の成長をわかってもらうためには、少し詳しく語らねばならないと思う。クラウスは、新しい世代には名前しか知られていない。その上、存命中でさえ、彼を正しく理解していた者は限られていた。

彼は自由主義の社会がときおり輩出するすばらしい独行者たちのひとりだった。【彼の他人と世間に相対する立場は、たとえばアンドレ・ジドあるいはクヌート・ハムスンと比べられる。】かつてさかんに読まれ、さかんに議論された作家だったが、普通の文学活動からは大きく距離を置いていた。ウィーンのどんな文筆家も「コネ」を追い求めた。クラウスはそんなものはもたなかったし、求めもしなかった。彼が言語芸術の神髄と見なした「言葉と本質」のコネクション（連関）を除いて。文字通り独行者で、街路を散歩するのもひとりきり。背の低い華奢な男性であり、きちんとひげを剃って近視眼、高貴な目鼻立ちで凛とした容貌を備えていた。誰か見知らぬ人間が挨拶しても、そのまま無視して歩を進めた。そのような馴れ馴れしさをウィーン人にやめさせることが、彼の使命の一部だった。

彼は若い頃、すなわち、私が問題にしている時代よりもずっと前のことだが、『ファッケル』というタイトルの小評論誌を創刊した。これは、［プラターの］大観覧車、ゼツェシオーン［分離派展示館］、あるいは『ノイエ・フライエ・プレッセ（新自由新聞）』のようにウィーンのひとつの風物となった。『ファッケル』の目的は、まさに『ノイエ・フライエ・プレッセ』をはじめ、大新聞の信用をとことん失わせることで、できることなら完全に叩きのめすことだった。諧謔と真摯な志操が、この闘いの武器となるはずだった。新聞批判は、徐々に文化一般の批判に移る。もちろん日刊紙は、その後も存続し、しかも発行部数の増加を享受した。クラウスは初め、かなりの数の優れた協力者をもっていた。だが、一九一〇年ないし一二年からは冊子を、最初から最後までひとりで書くようになった。彼は概ね風刺作家といえる。『ファッケル』には詩も書き、これが作品の主要部分を占めたが、芸術評論その他も書いた。『人類最期の日々』(Die letzten Tage der Menschheit) を含むいくつかの劇作を、本の形で出版した。

彼の特異性のひとつは、異論の余地のない自分のアウトサイダーとしての立場を、さらにもう少し強調したことである。実際には、彼は決して完全に孤立していたわけではない。このことは、『ファッケル』が、彼の作品だけを載せていた年月の間も変わらない。傑出していたけれども、どことなくアウトサイダー気味の作家たち（フランク・ヴェーデキント、ペーター・アルテンベルク、テーオドール・ヘッカー）や、ほぼ同じような特徴をもつ音楽家、造形美術家（アルノルト・シェーンベルク、アードルフ・ロース、オスカル・ココシュカ）との間に親密な関係が存在した。クラウスを読んだ者は、間違いなくこうした人々にも注目し、彼らの作品と取り組んで、その思想世界に入り込んでいった。それは視界の広がりを意味した。もっとも、取り上げるには慎重を期すべき思想群もしばしば含んでいたのだが。

文芸分野におけるクラウスの光輝をさらに上回ると思われるのは、彼の役者としての才能である。彼は第一級の朗読の芸術家だった。毎年二〇回あるいはそれ以上の朗読を行い、題材は自分の作品やシェイクスピア、ゲーテ、ネストロイ、オッフェンバックから取られた。彼は何も小道具を使うことなく、気魄と言葉、身振りだけで、ひとつの悲劇を最初から終わりまで、あるいは道化芝居やオペレッタを聴衆の前で演じて見せた。彼がその気になれば、いつも会場を満杯にして聴衆を沸かせることができた。怒り狂った敵対者でさえ認めざるをえなかったのは、クラウスが役者として舞台の上で名演技を披露したことだった。

本当のことをいえば、クラウスは、政治よりも文学と演劇のことを書くのがはるかに好きだった。それにもかかわらず、彼は多くの時間と情熱を政治評論に振り向けた。時の移り変わりとともに、彼は何度も自分の立場を替えた。最初は自由主義者、次に、まだ戦争前だったが、超保守主義者、戦時中は平和主義者、その後、社会民主主義者に近い立場になり、一時、共産主義者に共感を表明し、人生の最後には、ドルフースやシュターレムベルクの支持者にさえなった。彼がもう少し歳を重ねていたら、いったいどこに向かっていたのか、誰にもわからない。残念ながら、彼が亡くなったのは、六〇歳を少し上回ったところだった。

大事なことは、彼が私のような若者を納得させたときはいつも、彼のその時々の政治的見解のために若者の同意を得たのではなく、彼の世界観の故に同意を得たことだった。この世界観は、一九〇五年頃から三〇年を経ても、その周縁部分で起きたあらゆる変化にもかかわらず、核心では変わらなかった。それは強い個人主義的色彩を帯びた神秘主義的・観念論的哲学だった。【試みに、クラウスの基本的な考えを再現してみたいと思う。その際に困難が生じる。クラウス自身が、自らの考えをはっきりとわかりやすく展開しなかったからである。それは何百という記事、詩、アフォリズムの中に散りばめられ、一部は謎めいた言葉で綴られていた。しかしながら、私はクラウスをしっかりと読み込んだので、彼の体系を概説できる、少なくとも、できるつもりでいる。

私はその主要点が、人間の霊魂（menschliche Psyche）の二分化、つまり、低劣な力と高貴な力への分化のテーゼだと考えたし、今もそう考える。高貴というのは、精神、心、魂である。生を生きるに価するものにする文学、芸術一般、宗教、一言で言えば、文化は精神の創造物である。低劣な力は、悟性、知性、知能という名をもつ。知能の産物は、科学、技術、文明全体である。「大事なことは、この世の野獣である知能にとどめを刺すこと」とクラウスが言う。よく知られたゲーテの箴言がある。

科学と芸術をもつ者は、また宗教をもつ
このふたつをもたぬ者は、宗教をもつ

クラウスは、これをもじる。

芸術と宗教をもつ者は、また科学をもつ
このふたつをもたぬ者は、科学をもつ

精神的ないし知的行為は、認識だけを目指すのではない。たとえば、文学は認識ではない。しかし、認識は精神とか知性が顕現する、ひとつのもっとも大切な形式である。認識はさまざまに成立する。その様式は、認識が精神に発するか、知性に発するかによる。精神的認識を媒介する方法は、感覚、直感、信念である。悟性的認識に到達するには、論理と経験を通してである。ふたつの力が働く領域もまたさまざまである。重要性に劣る問題は、悟性によって検討される。人間存在の根本的な問題は、精神に委ねられる。これに該当するのは、何よりも価値の問題である。文学が重要かどうか、行為が高貴かどうか、理想が崇高であるかどうか、はたまた、ある人間が尊敬に値するかどうか、こうした点について、知性は我々に教えることができない。そこには直感が介入しなければならない。感じるところがなければ、捕まえることができない。

当然のことながら、とびきりの問題である、神の存在という問いに答えることは、精神に、そして精神だけに委ねられた事柄である。神学の議論は退屈で、むしろ害を及ぼす。というのは、それがまったく不十分だからである。深い信仰の行為によって、そして情熱的な霊感によって、我々は創造主の本質と意思を直接に捕まえる。そのようにして生まれる確信が、唯一本物の確信であり、論理的な推論がそれに代わることはできない。

この点で精神は、最高の人間類型を具現する芸術家において、もっとも生き生きとしている。特段に優れた芸術的天性は、天賦の才（Genie）と言うことができる。これに対し、才能（Talent）ということが言われる。それは精神的な事柄において、誰かがある程度、見た目の巧みさをもっていて、それが知性によって給養されている場合である。それ故、天賦の才と才能は、量的な違いではなく、本質的に対立するものである。才能ある人間は、才能をもたない人間よりも、その地位ははるかに低い。才能ある人間が天賦の才の人を真似ることで、後者を貶めるからである。才能をもたない人間は、そうした冒涜に染まらずにいる。ただ才能がない、というだけであるとしても。

霊魂（Psyche）の低劣な諸力は、高貴な諸力について絶えずあしざまに言おうとする。知識は、意識する・しないにかかわらず、精神を無力化し、押しのけようとする。現代世界で戦われる決戦があるとすれば、それは、まさにこれだろう。おそらく同じ戦いが、以前の歴史にもあったことは証明されようが、ただ、同じ激しさでは決してなかったろう。精神の支配は、以前はしっかりと根拠づけられ、知識は、神の予定にしたがって与えられる下位の位置に局限されていた。現代の発展、そして諸科学と技術の発生、生活の合理化・商業化は、事態を変貌させた。精神は、暗い諸力に屈しそうな危険の真只中にある。もっとも強力で差し迫った脅威は、ある機関から、特にここ三〇年ほどの間に影響力をもった機関から生まれている。すなわち、新聞雑誌（Presse）である。これは非精神、反精神をもっとも純粋に示している。精神が打ち負かされれば、人類は救いようもなく道に迷うので、クラウスは、差し迫った「黒魔術による世界の没落」（これは、論説集の題目でもあり、その中の論説の題でもある）について語る。「『人類最後の日々』の」「最後の夜」の場面では、著名な新聞発行人に「アンティクリスト［悪魔］がいる」と言わしめる。

なぜクラウスは新聞雑誌にこそ、そのような恐るべき影響力を見たのだろうか？　それは、劣った人々によって執筆されるからである。そうした人々は、せいぜい知識人であり、またその多くは、知識人でありたいと願うだけである。編集者の至らなさは、何百万という読者に感染する。もっと重要なのは、新聞雑誌が言語――性格上、この誰もが関与する繊細な産物――を解体するからである。新聞記事は粗末なドイツ語で書かれている。これは瑣末なことのように思われるが、非常に大きな意味をもつ。平凡で素朴な人は、誠実にきちんと考え、適切かつ明解な言葉で表現することを心得ている。こういう人が長い時間をかけて新聞記事を咀嚼しようとすると、そうした能力を失うことになる。新聞雑誌の毒に侵され、言語とのつながりは緩んでしまう。それとともに、精神とのつながりも弛緩し、想像力が萎え、倫理的な力が衰える。こうした、大規模な現象として現れるすべてのことが、明らかに恐るべき結果をもたらさざるを得ない。ここにはとりわけ、現代が罹った社会病の原因も存在する。新聞雑誌は文化の荒廃をもたらす。文化の荒廃は、それ自体の内に大衆の道徳的退廃を孕む。道徳的退廃は、不健康で不当な社会状態を生み出す。

人類の没落をくい止めるために、一個人に何かできるだろうか？　もし非凡な人間で、なかんずく芸術家であれば、いろいろとできよう。ちょうどクラウス自身が生涯を通じて行ったように、説明し、訴え、警告を発することができよう。もし個人が凡人に過ぎないのであれば、できることははるかに少ない。だが、間違いなく、精神に敵対する企てに巻き込まれないようにすることはできるし、また、そうしなくてはならない。これは倫理的義務である。だから、たとえばジャーナリストになってはいけない。学問活動は許される。ただその条件は、科学のもつ当然の限界に注意を払い、精神の領域に踏み込まないようにすることである。次に積極的に為すべきことを述べよう。凡人は誠実に絶え間なく修養すれば、自分にできることを成し遂げるだろう。自分が瑣末なことで取る態度が、神の意思に叶っているかどうか、と毎日・毎時間、自問するだろう。内々の発言でも、慎重には慎重を期して言葉を取り扱うだろう。しかるべき尊敬をこめて、精神の優れた創造物について学ぶだろう。状況の改善をめざす、何か公的な措置を支持したとしても、大して役立ちはしない。役所の弊、貧困、抑圧、戦争の起源は精神的なものであり、それらに対する闘いは、何よりも精神的なものにならざるを得ない。改良ばかりでなく、革命ですら、内的な沈潜（innere Einkehr）が伴わなければ、その成果は知れている。これがあれば、たいていの改良は自ずと成就する。内面化（Verinnerlichung）が神によって我々に示された道であり、この道を恩寵（天分）に恵まれた思想家が、我々に先んじて進む。政治生活への参加、特に組織への参加は、必然的に外面的なことに集中することを意味する。精神的な人間は、ここで自制する。内面化は、ブルジョアの環境の中での暮らし、あるいは無味乾燥な職業（商人とか、その他類似の職業）によって妨げられはしない。俗物的になる危険は存在するが、長期的に見れば、その危険は、たとえば才能・知識の方向に向かって退化していく危険ほど大きくない。精神との結合の意味するところは、すなわち、非ブルジョアということである。

おそらく読者はがっかりしたことだろう。私の描いたクラウスの哲学は、読者に感銘を与えることはないと思う。私に限らず、ウィーン・ブルジョアの息子のある世代が全体として、なぜ、それほどに強く感動したのか、読者には分らないだろうと思う。】それが何かといえば、一九〇〇年以降、かなりの数の「青年保守主義」ないし「新ロマン主義」の著作家たちが、一人ひとりは独自性を保ちながらも唱えた世界観に他ならなかった。【ここまでは正しい。】しかし、【次のことを忘れてはならない。】クラウスは、自分の神秘主義をそれだけで唱えたのではなく、他の多くの思想、すなわち、非常に賢明でうまく適合する諸思想と密接に結びつけて唱えた。帝国主義戦争、新聞の腐敗、性の世界の偽善、現代の言葉の荒廃、文学の拙劣さに対する闘い、他方、社会生活の精神化を求め、過去と現在の卓越した芸術家たちを擁護し、司法機構の無実の犠牲者の回復を図る闘い、こうした闘いはすべて、ひとりの独立した思想家の見事な仕事だった。彼の書きぶりはウィーンで並外れていただけでなく、ドイツ語圏でも卓越していた。彼の書くどんな文章も熱く真剣で、彼の詩は明晰さと深みで人々を魅了し、彼の寸評は才知にきらめいていた。自分が手を付けたものは完璧に実行した。新しい論争は、それが初めてで最後の論争であるかのような意欲をもって開始した。朗読における彼の気迫は、まるで大旋風に巻き込まれたかのような感を聴衆に与えた。要するに、彼が私を虜にしたのは不思議でも何でもないことである。

クラウスの影響力が先に述べた諸要素だけでなく、まったく別の要素にも基づいていたことを考えれば、驚きはもっと少なくなるだろう。彼の哲学が与える心理的影響力は、ある社会基盤を有していた。この哲学は、私という存在の中で、ある特定の社会的機能を果たした。それはブルジョアとしての存在を、つまり、私の両親が私に予定していた存在を続けながら、自己批判せずに済むことを私に許した。

父は多くの点で善良な人間だった。けれども、父の俗物性はわずかだったとまで、私は父を良く言うことができない。【父の若い頃、一般に認められた社会秩序に父を結びつけたものは栄達――まずは、それを望み、後にそれを実現すること――だった。最初は「大学付属病院の助手」、そして講師、教授になるのは、オーストリアにおいて自由主義を信奉する帝政支持者の典型だった。それから外れた考えをもつためには、精神的に自立していることが前提となり、それは珍しいことだった。そうであるためには政治的な関心が前提であるが、それは父に欠けていた。

オーストリアの愛郷主義者の例に漏れず、父はすでに一九一〇年頃には、絶えず祖国の没落を予言していた。「この国家は没落するに違いない」というのが、午餐の間、あるいはケーキとコーヒーを楽しむ時間の口癖だった。だが、父は自分の言うことを信じていなかった。それどころか、自分の決まり文句について何も考えてはいなかった。「今朝はいい天気だね」と言う平均的な英国人が何も考えていないのと同じように、間違いなく、父は何も考えていなかった。

父の患者の中に多数の貴族がいて、父はたいそう喜んでいた。同僚たちは「質の高い診療」だ、と羨んだ。その貴族たちは、私的な会話の中で、帝室が公式に表明するほどに憲法に忠実とは言い難かった。彼らは、危機のときは議会抜きのオーストリアを考えるのにやぶさかではなかった。父にとって伯爵や侯爵が自分にそっと洩す意見は大変に重要だった。こうして父の自由主義には、まったく保守的な考えが少なからず紛れ込んでいた。

帝政が崩壊したとき、父は、考えを改めるには歳を取り過ぎていた。そして、以前には見られなかったある種の頑固さが人柄に現れた。それはひょっとすると、当時発症して、その後何年も続いた父の病に関連していたかも知れない。父は、必要以上に自分の年齢を強調し、また、あらゆる機会を捉えて保守主義を鼓吹した。ひいきの仕立て職人には、コートや背広を一九一二年ふうに仕立てるように注文した。父の読み物は、もっぱら前世紀に出版されたものからなっていた。かつては、ときに新しい著作が混じっていたものだったが、今や父はたいてい、何度も読んだものを読み返した。戦争が終わってからも長く、父はクローネではなく、グルデンでお金を数えていた。一九二五年にシリング通貨が導入されて、徐々にクローネに移行していった。

共和国は父にとって最初から好ましいものではなかった。貴族との関係は、今や価値をもたなくなった。診療もいろいろの理由から減少していった。ただ父は、その主な原因が政治的変動にあると思っていた。自分の社会的地位も、オーストリアの国土面積と同じように縮小したと考えた。毎朝読む『ノイエ・フライエ・プレッセ』紙の論説は、社会民主党がすべての不幸に責めを負う、と父に教えていた。社会民主党は皇帝を追い出し、今や「市民階層を滅ぼした」、「召使いどもを焚きつけた」等々。社会民主党員は、父にとって唾棄すべき代物だった。もっと厭わしいのは、もちろん共産主義者だった。父はボルシェヴィキという言葉を、まさに罵倒語として使用した。列車の中の典型的ないざこざをきっかけに、父は、私たちのコンパートメントに座ろうとしただけの他意のない人に向かって「あんたはボルシェヴィキだ！」と叫んだ。この人物は告訴して、父はかなりの額の罰金刑に処せられた。法廷が審理したのは事実だけだった。父が使った表現が客観的に見て名誉毀損に当たるというこ

とには、一切疑念が差し挟まれなかった。】

父のまったくの保守主義にもかかわらず、彼は十分民主主義者であり、私に（他の家族にも）自分の信条を押し付けるようなことはしなかった。もっともそれは、できるはずもなかった。私は一五ないし一六歳で、信条のどんな押し付けも撥ねかえせるだけの十分な自立性を確保していたからである。だが、父が穏やかに自分の立場に同調させようとしたときはいつも、事は別だった。その場合、もともと彼には成算があった。父が私にそそいだ愛にふさわしい、私の父への愛、彼が引き続き享受していた名声、これは私には（本人以上に）誇らしいものだったが、こうしたものが相まって、彼が説得を始めようとすれば、その立場は有利だった。【だが、ひとつ障害を克服しなければならなかった。私が強くはないけれど、少し抵抗したからである。

この抵抗は、社会民主党の上げた具体的な成果に根拠を置いていた。同党は大規模な建設工事を進めた。病院、住宅、子供用のプールを建設した。ウィーンの人間ならば、こうしたものすべてを無視できなかった。多くの同級生は社会主義組織（「中高生」、「大学生」、「青年労働者」に分かれた組織）の活動家で、彼らが挙げた成果について私に話してくれた。ときおり私は、彼らの活動に加わろうかと思った。まさにそこで、クラウス哲学が顔を出したのである。

私が社会主義思想と取り組み、毎日、自宅で二度も三度も紹介される見解を検討し始めるやいなや、次の事実にぶつかった。それは、クラウスが、あの熱烈に愛好したカール・クラウスがあらゆる者でありながら、ただ社会主義者ではなかった、ということである。ただし、彼は、父の「赤」に対する素朴な嫌悪を共にしなかった。彼は帝政を嫌ったし、社会主義者が議会に提出した「労働者」保護の諸法を認めた。そもそもクラウスにとって、社会民主党は既成政党のうちで、もっとも悪弊の少ない党だった。けれども、彼にとっては、それだけだった。社会民主党が依拠するマルクス主義理論は、彼の哲学と真っ向から対立した。マルクス主義は、あらゆる問題を科学的に解こうとする。クラウスは、もっとも大事な問題を信仰に則って解決しようとする。マルクス主義は、世界の事象の原因を物的なものと想定する。クラウスの想定は、精神的なものである。マルクスは、勤労者が世界を一歩前進させることができると主張する。クラウスにとって、組織は機械的・表層的なものである。こうした基本的な問題で、クラウスと父が完全に一致していたわけではない。だが、ふたりはそれでも、クラウスと、社会主義を信奉する私の友人たちとの共通性に比べれば、はるかに一致点が見られた。

さらに次のことがある。父は、よく価値判断について語った。それはまるで『ファッケル』から取り出してきたかのように聞こえた。あらゆる保守主義者と同じように、父はジャーナリストを軽侮していた（しかし残念ながら、それは『［ノイエ・フライエ・］プレッセ』から忠告を引き出す妨げにはならなかった）。父は政治家を軽蔑していた。文士を軽く見ていた。父はクラウスを読んでいなかったが、まるでクラウスの精神・才能学説を部分的に承認しているように私には思われた。これでますます私の内で、父のその他の見解の信用性が増した。】

このような事情の下で、決定をあいまいにすることはできなかった。私は労働運動に距離を置いた。これによって、父を肝心の点で満足させた。クラウスの教えは棄損されなかった。私は純粋文学の世界に沈潜し、自分の心に神を探した。これによって私は、クラウスの教えにしたがったのである。父がこの点に関して知る必要もなかった。私の精神の構えを基にすれば、クラウス哲学の立場からは、私は非ブルジョアであり、それは自分の望むところだった。父は満足して、当然のことながら私をブルジョア的と見なした。クラウスは私にひとつのイデオロギーを授けた。それは父と協調して生きるという、もっとも安易なことを私に許した。

【父の影響力はクラウスの思想によって補強され、私を政治活動から遠ざけたが、父は同様に、私の職業選択にも決定的な役割を果たした。

私のギムナージウム修了が近づいた一九二三・二四年頃、父は深く失望した人だった。その頃、父は五〇代半ばで、大成功した経歴にもかかわらず、金銭的な憂慮が彼を追い詰め始めた。心臓疾患の進行と歩調を合わせるようにして患者が減っていった。戦前に蓄えられた財産は、父の若い頃の「確かな腕」のおかげだったが、大して多くはなく、インフレによって目減りした。彼は苦い思いで考えた。自分が昔、医師の職ではなく商人を選んでいたら、そして教授の名声の代わりに株券の束を集めていたら、今よりもどれほどうまく行っていただろう、と。父の父、つまり、私の祖父は、（金融界で活躍した親族のことを考えて）息子をこの方向に導きたかった。だが、解剖室のほうが、帳場よりも父を引き付けた。父は、二〇年にわたって幸運に働く年月を保証してくれた職業を、思いがけず、今さらのように嘆いた。ちょうど女性が、若い頃、愛した男と行を共にしながら、後に理性的な結婚をしなかったことを悔やむようなものだった。息子たちは、自分より賢くなければならないし、過ちを繰り返さず、経済界への道を進むべきだった。フェーリクスについては、最初からこの計画は失敗だった。彼に医学を学ぶことを翻意させることはできなかった。父は良くも悪くも、もっとも儲かる診療科の外科にフェーリクスを誘導することで満足した。ゲーオルクについては、この問題はまだ熟していなかった。それだけに私の場合、この問題ははっきりしていた。私は商売人に、つまり、銀行の頭取とか会社重役になるべきであった。運命の気まぐれに左右されない自立、父があらゆる専門書籍を以てしても手に入れられなかった自立を、小切手帳を手にすることで獲得すべきだった。父は最晩年、ロートシルト（ロスチャイルド）男爵が言ったという箴言に含まれる人生の知恵を熱心に信奉していた。「金銭は人を幸せにしない。けれども、そこそこの静穏を確保してくれる」

私のような性格の若者を促して商業界に足を踏み入れさせることは、もともと、途方もなく難しいことだったに違いない。ふたつの言葉の韻をうまくふむことや、散文作品の文章を組み立てるほうが、証券取引所と為替市場を併せたよりも私には興味があった。けれども、クラウスがまたもや、父の物言わない助っ人であることが明らかになった。クラウスは私に教えていた。政治の問題は、文化の問題ほどに重要ではない、また、非精神的職業は、中途半端に精神的な職業よりもましである、と。純粋の芸術活動の才は、私にはなかった。ジャーナリズムや学問はまた、中途半端でまがい物の精神的なものだった。父が言い続けた望みを叶えることが最善ではないか？　営利企業の真っ只中で精神的な人間であり続けるためには、内面で自分を営利から隔離するだけである。私には詩歌は、株よりも大切であり続けねばならなかった。この考えに私は自信をもっていた。（株を詩歌よりも優先することは、はるかに難しかった）。そこで私は、父が望む以上に早々と父に譲歩した。私は商売人になって金を稼ぐ、と宣言した。父は、私から贈り物をもらったように喜んでいた。

これ以降の年月について、私は多くを語らないことにしたい。語ることが多々ある、とは思われないからである。一九二五年あるいは三〇年のウィーンのブルジョアの存在は、一九一〇年のものに比べて、興味を引かれることがはるかに少ない。これを大まかに描いてみても仕方がないだろう。私の個人的な運命について言えば、出自と先述の精神的影響とが定める軌道の上を進んでいった。この面からも同じように、詳しく語るべき話題があるわけではない。ただ、二三の事実と特徴的なエピソードだけを記録しておこう。

私が父に告げていた決意をどうするかは私次第だったが、それは実行に移された。】

一九二四年の秋、ギムナージウム修了試験（マトゥーラ）の数か月後、私はある小さな銀行の会計係として働き始めた。と同時に、［ウィーン大学］法学部への入学手続きを取った。父は、いずれにしても私が博士号を取得すべきだと考えた。いつか役に立つかもしれないからである。

先述の小さな銀行は間もなく倒産して、私は別の仕事を探さねばならなかった。お金を自分で稼ぐという約束は、わずかしか果たされなかった。ひとつには、私が凡庸な職員だったからである。凡庸以下でも、かといって、凡庸以上でもなかった。私の興味がさまざまな方向に向かったことから分かるだろう。もうひとつは、銀行業界でデフレの危機が色濃かったからである。企業が職員を長く雇用すればするほど、支払いは減っていった。ついには銀行閉鎖がやってきた。私がもっと勤勉に働いていたとしても、富を蓄えることはなかったろう。

こうした理由から、私はますます勉学に集中した。父が特別に喜んだ風はなかった。状況からすれば、こうするしかなかった。ところで、父は当時重病を患っていて、自分の体のことで精いっぱいであり、他のことを気に掛ける余裕はなかった。父が亡くなって（一九二七年）、私はすっかり法律の勉強に転じた。修了試験に合格し、法廷実務と弁護士実務を済ませて、一九三三年、刑事弁護士として仕事を始めた。

私は勤め人の資質よりも法律家に適した資質をもっていた、と言っても許されよう。論理的・体系的に考えることは、昔から自分の家系のもつ得意技だった。ギムナージウムの生徒のとき、クラウスの諸思想の体系化をやり遂げたことは、その表れである。よい記憶、学習するときの尽きることのない忍耐は、大いに勉学の役に立った。勤勉な学生であれば誰でもそうだが、私は満足感とともに試験を思い出す。特にもっとも重要な「司法国家試験」についてそうである。商法の分野で私は明らかに、私を試験した愛想のよい顧問官よりも精通していた。

法学部は二〇年代、優れた教師たちに恵まれていたとはいえない。司法科目はなべて、凡庸な教師たちが担当していた。学部のもっとも有能な人物は、国法学の教授であるハンス・ケルゼンだった。彼は、ひとつの学派を作り上げた唯ひとりの法学者だった。私は博士号を取得した後、ケルゼンの個人セミナーに入れてもらい、彼に見てもらいながら、いくつか論文を書いた。

ブルジョア民主主義者のハンス・ケルゼンは、学問上の概念をめぐって激しい論争を二人の教授と続けた。ひとりは社会主義者のマックス・アードラー、もう一人はファシストのオトマル・シュパンである。私は特段、この論争に心を動かされなかった。というのは、これはかなりあからさまな政治論争であり、私は「ノンポリ」

だったからである。私がケルゼンの何に惹かれたかといえば、その法哲学の学説だった。「純粋法学」は、私にとってその反対の学説、つまり、ケルゼンがいつも少し軽蔑気味に「伝統理論」として一括していた学説よりもはるかに明晰であり、首尾一貫していると思われた。私は、セミナーによって出版が可能になった『法の有効性』(Die Rechtsgeltung) と題する小冊子の中で、伝統的な法概念の批判を、ケルゼンの立場を超えて押し進めようとした。私は一種の法的ニヒリズムに陥り、私には珍しいことに、これをフッサール哲学の言い回しで飾った。『法の有効性』で私が主張したことは、概ねナンセンスだったことを恐れる。ただ、おそらく私は、いくつかの方法的な、さらに膨らますことができそうな思考を展開できたのではないかと思う。

法律分野で活動する間、私はいつも『ファッケル』を読んでいた。学問と職業が、私とクラウスとの精神的絆を弱めたと考えるのは間違いである。そのようなことは、まったくなかった。

【私は、気が利いた表現とは言えない「クラウス信奉者」と呼ばれる人間類型に他ならなかった。

この手の人間は、どのカフェーにもいた。

私たち「信奉者」は、師匠の講演に顔を出していたので、主にそこから互いに顔見知りだった。ただ、個人的に交友することは稀だった。クラウスは孤高の人として生きており、したがって、群れを作ることは私たちにふさわしくなかった。講演の聴衆の顔見知りが道で私に挨拶したとしても、私は応えることなく通り過ぎただろう。

クラウス信奉者は概してブルジョア出身者だった。たいていの者の年齢は一八歳から三〇歳の間で、その時々、全体で一〇〇〇名くらいだったろうか。私は本物の信奉者だけを数え、同調者や単なる［『ファッケル』の］読者を算入していない。以前の信奉者もまた繰り入れていない。つまり、かつては魅了されながら、自らの政治的な飛躍をきっかけに『ファッケル』の購読を停止した人である。こうした人々は少なくなかった。クラウスは、すでに『ファッケル』第一号発行後、信奉者が減少したことで有名だった。

組織はなかったもののクラウス信奉者は、疑いもなくセクト――この言葉を広い意味で、つまり、信仰共同体の意味で使用する限り――まさしくセクトを成していた。彼らは哲学の同じ基本的な確信を持ち、同じ言語を使用し、事件には同じように反応した。実際にはこれはふつう、何の反応もしないことを意味した。彼らは、世の中で何が起きているのか、まったく気づかなかった。彼らのエネルギーはすべて、教義に則って文体あるいは文法の問題に向けられていた。私が信奉者だったときの、数少ない例外のひとつは、一九二七年七月一五日の殺戮［偏向裁判に抗議するデモ隊への、警官隊の発砲事件］だった。クラウスは即、激しい、この手のものとしては大々的なキャンペーンを行った。残念ながら彼は、警察のテロに対する自分の闘いを大きく損なった。彼は道路にあまりに簡潔すぎるポスターを掲げさせたのである。

「ウィーン警視総監に告ぐ　辞任を要求する［fordere…auf, abzutreten］　カール・クラウス」

次号の『ファッケル』では、ポスターの auf と abzutreten の間になぜコンマが挿入されたのか、詳細な説明が行われた。

しばらくして、クラウスの行った文化キャンペーンをきっかけに、多くの信奉者の間で、哲学的な憂慮はあるものの、ひとつ組織を作りたい、という要望の声が上がった。銀行員のケーニッヒとかいう者が、それまでまったく目立たなかったが、カフェー・アルカーデンの地下ホールで設立集会を行うよう呼びかけた。（このホールこそ、再び少し後に文芸小劇場「ABC」が、忘れがたいユーラ［姓はゾイファ］の作品を上演したところだった）。集会には二〇〇人から三〇〇人が集まり、盛況のうちに進行した。何人もの弁士が組織活動の非精神性を指摘して、会の一時停止を要求した。私の記憶が正しければ、私も弁士のひとりだった。いずれにしても、弁士たちは一時停止の見解を表明した。ケーニッヒ氏は、この抗議を覚悟していたものと思われる。というのは、彼が断固反論したからである。「協会を設立します。けれども、会長を置かず、規約も設けません。そうしたものは忌まわしいからです」。こうした師匠の哲学との半分だけの和解を、集会は承認した。

嘆かわしい兆候は、ひとりの黒髪の美しい若い女性が行った提案だった。私は彼女を数年来、講演で見かけており、もし私の世界観と、それ以上に内気さとが妨げになっていなければ、とっくの昔に彼女に話しかけていたことだろう。さて、彼女はその提案によって、私が声をかける努力をそれ以上しなくても済むようにしてくれた。提案は、クラウス信奉者が「クラウス礼拝」をできるように、会は具体的な措置を取るべきだ、というものだった。さすがに私は、そこまでのめり込んでいなかった。】

父に続いて、母が一九二九年に亡くなった。唯一残った財産は、七部屋の住居だけだった。ゲーオルクとフェーリクス、私の三人は死者に対する崇敬の念もなく、住居をすぐに売り払った。その結果、私はその頃、それ以前にも以降にももったことのない数千シリングという資産をもっていた。ふところの金は、私の企業家精神を旺盛にした。仕事の同僚で友人でもあったロータル・メッツルがすばらしい脚本と詩を書いたが、発表の機会がなかった。ふたりはカフェーで弁護士見習いの退屈さをかこちながら、彼の書きものと私の「財産」とを併せたら「文学カバレー」を開くことができるのではないか、という目論見に思い至った。【私たちは計画をいい加減に推し進めただけなので、これは冒険的な企てのように思われた。それでも徐々に八人から一〇人の若者が周りに集まった。皆、作家や俳優になりたいとか、その他、演劇に関わりたいという野心をもっていた。このうち何人か（ハンス・ヴァイゲル、パウル・リンデンベルク）は、後にわかることだが、単なる野心をはるかに超えるものをもっていた。「コネ」によって私たちは、ウィーン市当局から必要な認可を手に入れた。そしてカフェー・ドープナーに手頃な場所を見つけた。やっと真剣にカバレー（「小芸術」）の演目編成に取りかかった。非常に強い懐疑が私たちを襲った。誰にとっても、こうしたことをするのは初めての試みだったからである。中でももっともひどい悲観論者は、舞台装置画家でシュタイナという名のハンガリー人だった。シャンソンについて彼の意見をいつ訊いても、こう言うだけだった。「もしかしたら、ハンス・モーザーが別の歌詞と新しい根本理念でやった方が、もっといいんじゃないか」。】私たちは、上演初日に手が届きそうなところまでいった。ところが、すべて吹っ飛んでしまった。告白すれば、責任は主として私にある。いくつかの台本が、私には気に入らなかったのである。私は、言葉使いができ損ないの場面や歌の上演を支援することができないと宣言した。こうして企ては挫折した。

うれしいことに、永遠に挫折したままではなかった。同じ若者たちのグループが、一年後に同じ場所で「ナッシュマルクト文芸座」を開き、ほどほどの評判を取った。私はそれに参加しておらず、小劇場と再び縁ができるのは亡命を待たねばならなかった。

共和国の時代、それは私の二〇代の頃だが、私は多くのことをやった。法律事務所員、ケルゼンの弟子、クラウスの信奉者、劇場の創設者である。けれども、実際には時間を無駄にしたように思う。私の多様な活動には、制御し調整する力、いってみれば人生の**意味**が欠けていた。意味が自分の人生に初めて登場したのは、労働運動が私の人生を変えたときだった。労働運動は、かつてクラウス哲学もまた与えようとすればできた意味を、さらに徹底して与えてくれた。

以前から視野の片隅にありながら、見ないようにしてきた労働運動に、今やっと私が加わったというのは、おかしなことではないだろうか？　これは奇妙に思えることかもしれないが、きちんと説明できることである。試しに原因を探ってみよう。

ひとつは、ごく一般的なものである。

一九三一・三二年には、途方もない政治変動が差し迫っていた。ファシズムの完全勝利か、民主主義を求める大衆の完全勝利か、というものである。目が曇っていなければ、誰にでも決断のときが近づいていることがわかった。私の目はカール・クラウスによって多少曇らされていたが、近づきつつある出来事の重大さのため、だんだん詩人［クラウス］の与えた処世訓の効果が減じつつあった。クラウスだからこそ、繰り返し宣言することができた。彼は、

「地の崩落に際しても変わることなく、文章の一行の改変に身を捧げる」

と語っていた。私の中では、地の崩落に目を向けようとする欲求がうごめいた。戦う勢力のどちらに正義と人道があるか、これについて、最初から私に疑問の余地はなかった。

さらに別のいくつかの原因は、私を取り巻く身近な環境の中にあった。

子供の頃享受した豊かさと、自分がその中で育った大ブルジョアの安穏は、一九三〇年には跡形もなくなっていた。両親は亡くなり、大した財産も残さなかった。弁護士見習いの月給は三〇〇シリング。私の所得が飛躍的に増加するチャンスは、何ら見つからなかった。社会主義者の経済にまつわる考え方は、かつては退屈極まりなかったが、今や私の興味を呼び覚ました。

その昔、私と労働運動との間に立ちはだかった父は、もう生きていなかった。そのため、カール・クラウスもまた少し影響力を減じた。もともと影響力は、クラウスの見解と父の望みとが一致を見たために生じていたので

ある。

何よりも強く作用したのは精神的危機で、これは二〇代の終わり頃に私を襲った。少なくとも自分が思い出す限り、これが主観的には最大の要因だった。もっとも客観的には違っていたかもしれない。危機は、徐々に昂じていったある意識に由来していた。つまり、自分の若い頃を振り返ってみて、これまでの人生は内容が乏しく空疎だったのではないか、という意識である。時間を無駄にしたのではないか、と思うのは、今に始まったことではない。当時すでに、いやまさに当時、気づいていた。自分から最善のものを引き出して、自分の才能を生かす義務があるのだ、とそれまでつねに思っていた。それは適わなかった。私は職業を遂行したが、ほぼ誰の目から見ても、それはなりわいに堕したものだった。私は法哲学や言語哲学の諸問題に思い悩んだが、それは今日解決しなくても、きっと明日には解決できる代物だった。緊張や情熱がすっかり欠落していた。このふたつは、もし私の人生が子供の頃念頭にあったイメージに近かったら、人生に満ち満ちていなければならなかった。私はまさにブルジョアだった。そうありたくなかったブルジョアだった。

一〇〇万都市ウィーンの真っただ中で、私は孤独をかかえていた。もっともそれは、仲間がいない、というような孤独ではなかった。私はひとりの聡明な娘と付き合ったり、同僚たちと、ときおり会っておしゃべりしたりしていた。だが、時代の諸力を映し出す諸事件と私とを架橋するものがなかった。自分たちの運命を探り始めた群衆との繋がりがなかった。**精神的な**孤独、考えられる限り、最悪の孤独が私を取り巻いていた。

カール・クラウスが私に教えた哲学は、結局、無為に行き着いた。その哲学が求めたのは、私がきちんとしたドイツ語を話すことであり、その他に求めるものはなかった。そのような状態が私の心の負担を軽くすることは、とうの昔に終わっており、逆に重荷に変わっていた。私は自分の中に使われないままの、いろいろな力を覚えた。私は臆病ではなく、安逸をむさぼってもいなかった。愚か者の極みでもなかった。他の人間は何かをしていたが、もしかすると間違ったことや、不十分なことだったかもしれない。しかし、彼らは自分を甘やかさず、私に言わせれば、「向こうを張っていた」。私は何もしなかった。これは、正しいことではあり得なかった。他人が犠牲を払っているのに、私にはいかなる犠牲も強いない世界観は、真理を孕みえなかった。今や自分の物の見方を修正し、活動の姿勢を改める好機だった。私はそろそろ三〇歳に手が届きそうだったが、人生は永遠に続くわけではない……。

ときおり青年や娘たちが私を訪ねてきて社会主義文献を売りつけ、集会のための寄付をもっていった。二度三度訪問するたびに一度は、一緒にやらないかと訊ねた。私はいつのことだったか、「僕は組織向きの人間じゃないよ」あるいは「時間がないんだ」と言う代わりに「よし」と言っていた。

一九三三年三月のことだった。

## 現実の世界

それから数か月の間、私はまだ運動の周辺にとどまっていた。

三三年夏、大挙オーストリアに押しよせたドイツ人亡命者のための救護所設置に参加した。うまく行けば、それは、禁止されたばかりの「赤色救援対策部」に代る予定だった。

九月に、何か月も滞在する予定でパリに向かった。目的は、ウィーンで始めていた研究を終わらせること、マルクス主義の理論を「静穏のうちに」学ぶこと、さらに、パスツール研究所で働いていた友人のシャルガフと一緒に過ごすことだった。この旅行で露わになったのは、私の運動へのかかわりが、はっきりした決意に基づいていたものの、まだ緩やかな性格のものだったことである。

もともと［翌年］二月の終わりまで留まるつもりだった。けれども、ウィーンの二月闘争のニュースが飛び込んで、私は——とうとう——いたたまれなくなった。ウィーンの闘争が人を必要としているのは、今、まさにこのときだった。私は列車に飛び乗り、故郷へ向かった。

国境を越えた頃、すでに政府は「事態を掌握」していた。ブクスとインスブルックの区間で新聞記事を見て、ヴァイセルとミュニッヒライターに続いてコロマン・ヴァリッシュが絞首刑にされたことを知った。

ウィーンではまだ鉄条網の残骸が見られた。路上は護国団のメンバーがパトロールして、いくつかの屋根には［護国団の］緑・白の旗がはためいていていた。

私は、組織ともう一度連絡を取るのは難しいだろうと思った。ところが、まったく簡単なことが分かった。私にいつも赤色救援対策部の依頼事項を届けてくれた、女性の同志で医師のM・K（「ミッツィ」）が、自分の住いに暮らして患者の面倒を見ていた。警察はこの女性にまったく関心を払っていなかった。その名前は間違いなく、いくつものファイルに入っていただろうが……。こんなことが時折起きた。

ミッツィは私を迎えてくれたが、あまり歓迎している風はなかった。勧誘して苦労の末に獲得した知識人が、少し活動しただけで何か月も外国に行ってしまっては、彼を大いに尊敬したくても仕様がなかった。私は彼女に新しい活動の指示をくれるように頼んだ。と同時に、共産党入党の意図を伝えた。それを機に彼女の顔つきが明るくなり、早急にこの件を処理すると約束した。

長く待つ必要はなかった。ミッツィは、私を再び自分の住まいに招じ入れ、私の入党が認められたこと、活動がすぐに始まることを告げた。「詳細はカールから聞けるでしょう。住所は……」

その時から二年間、ずっと毎日、ファヴォリーテンに出かけた。そこは養育係の娘が、私を決して連れて行かなかった地区のひとつだった。

市の立つ大きな広場がある。人込み、叫び声、市電ががたがた音を立てて通り過ぎる。広場の近くに「ましな」食堂があり、歩道に客席をしつらえている。けばけばしい看板を掲げた映画館。周りの土地にはプロレタリアの住む通りが走り、それらの通りは、まっすぐ長く、煤で黒く汚れている。工場が点在し、巨大なアマーリエン浴場があり、ふたつみっつ、教会が立っている。光がともって堂々とした明るい建物群の公共住宅が、そこここにそびえている。またあちらこちらに、ウィーンでは箒公園と呼ばれる小公園がいくつもある。その木々は、立てた箒の太さくらいしかない。こんなところが、私の覚えているファヴォリーテンの風景である。どの窓の内側、通りのどの角の先からも貧しさが覗いていた。一五万の地域住民のうち、どれくらいが失業していたか、私は知らない。非常に高い割合だったに違いない。多くの工場が休止していて、操業している工場も従業員の数を減らしていた。もっとも貧しい地区は「クレタ」と呼ばれ、ジマリング方面に広がっていた。正確に言うと「後クレタ」である。そこの失業者はまだ貴族といえた。住民の大多数は「失業保険受給資格喪失者」からなり、長引く失業に、もはや支援の得られない人々だった。

ファヴォリーテンのひとつの特徴は、チェコ人マイノリティが目立つことだった。その一部はヴィーナーベルクにある瓦工場群の傍らに住み、他は区の中心、コメンスキ学校の近くに住んでいた。この学校は、彼らがプラハ政府の支援を得てつくったものだった。【この人たちは、きれいなドイツ語を話さなかった。非チェコ系のファヴォリーテン住人によれば、彼らは隣接区のチームを相手にサッカーをするとき、次のように叫ぶのが常だった。

ファヴォリーテンが勝つぞ（gwunna［=gewinnen］）！
血が流れるぞ（runna［=rinnen］）！

だが、チェコ人の中からは、多くの非常に有能で信頼に足る同志が生まれた。

私はミッツィに教えられたカールという者の住居の呼び鈴を鳴らした。住まいは公共住宅の建物のひとつにあった。カールが扉を開けた。背が高く、肩幅が広くて、日に焼けた男だった。「ミッツィにここに来るように言われたけど」。驚いたことに、カールは万事心得ていた。私は初めの頃、非合法の組織が機能していることにいつも驚いていた。それにもだんだん慣れていった。後で知ったことだが、カールは地区指導部の一員だった。彼はあらかじめ、私が何に使えそうか考えていた。

「第三細胞に情宣活動家が要るんだ。あんたが適任と思うけど。やってくれるかい？」

私は情宣なる言葉が何を意味するのか、ぼんやりとしか分かっていなかった。だが、頷いた。

「じゃあ、俺と来てくれ。アナのところへ連れていく。細胞リーダーだ」

さほど遠くまで行く必要はなかった。第三細胞のリーダーは、同じ階段を上った、カールの二階上に住んでいた。リーダーは若い金髪の女性で、かなりひ弱そうに見えた。私たちは台所に腰を下ろした。話し合いの最中、ふたりの小さな子供が隣の部屋から出てきて、彼女のスカートを引っ張った。彼女はいらいらして、子供たちに引っ込むように言った。

「これがホフマンだ」と、カールは私を紹介した。「我々に話のあった新しい同志だ。細胞の情宣活動家にどうだろう」

アナはうれしそうだった。

「重宝するわ。早速、細胞の新聞を作ってもらうわね。ここにタイプライターがあるのよ」と、少しいらいらしながら付け加えた。

カールは驚いて、不快そうな顔をした。

「どうしてここに？　無用心じゃないか。どうしてミッテラーのところに置いておかないんだ？」

「私がミッテラーのところから、もって来なきゃならなかったのよ。あのひと、今日か明日、サツに挙げられると思ってるの」

いまだ二月闘争の絡みで逮捕が行われていた。ミッテラー某は、二月闘争の参加者ではなかったが、共和国防衛同盟員たちと友達だった。その何人かが前日「パクられた」。そこで、自分がいつパクられてもおかしくないと覚悟した。そうした場合の党の方針に沿って自宅にとどまっていた。警察は何も証拠立てできないだろうから、再び釈放するしかない、というわけである。

この話は全部、カールが去ったあと、アナから聞いた。彼女は私の質問に答えながら、部屋のテーブルの上にいろいろな紙切れをきちんと並べていった。タイプライターと何枚かの謄写版原紙もあった。

「あんたが四頁の細胞新聞を編集するのよ」とアナが言う。「記事の材料はいっぱいあるわ。あたし、二時間ほど出かけてくるわね。同志と打ち合わせなの。子供は連れて行く。そうしないと邪魔するものね。帰って来たら、あんたが書いたものに一緒に目をとおそうよ。そいで謄写原紙を作ろ。あんた、二時間でそこまでできると思う？」

やってみる、と私は約束した。

「あんた、これまで新聞なんか作ったことないでしょ？」

「ない」

「構わないわ。できるわよ。あんた、なんたってインテリなんだから」

アナは行ってしまった。

私は仕事に取りかかって、思ったよりも易しいことが分かった。アナが取りそろえた紙の束の中に、細胞新聞『赤い灯』のバックナンバーが一部入っていた。これを見本として利用できた。そこで最初の面に短い記事を書いた。二面と三、四面には、アナがいくつかの日刊紙から切り抜いておいたニュースの一番面白そうなものを載せようと思った。どれにするかは難しかったが、アナが帰ってきたときには、かろうじて終わっていた。

アナは私の記事を読んで満足した。

「『社会民主党の友人たちへ』——これはいいテーマね。今、すごく大事だもの。あんたが書いてる内容もいいわ」

これに対し、アナにはニュース面が気に入らなかった。見本では、一部のニュースだけが広く通用する性質のもので、残りはファヴォリーテンか、あるいはまったく特定の地域、つまり、細胞組織の所在地である「ヴァルトミュラーパルク」に関するものだった。「今度もそうでなくちゃだめよ」とアナは言う。「そのために細胞新聞があるんだもん。そうでなきゃ、初めから『赤旗』を読めばいいのよ」

私たちはこの考えに沿って、一緒にニュース面を直していった。アナの「材料」には一連の手書きの紙片が含まれていて、私はそれを脇によけていたが、まさにそこに新聞に取り込むべきことが書かれていた。稚拙な表現でひとりの同志が、巡査のヴァルター・ハービヒルの粗暴さについて書いていた。別の同志は、ヴァーグナー&ゾルマン工場の一時間の時限ストを報告していた。この工場は残念ながら大工場ではなく、「吹けば飛ぶ」ような零細工場にすぎなかった。その他にもニュースはあった。私は［元の］あちこちの表現に修正を加えずにはいられなかった。アナは明らかに余分な作業だと考えているようだったが、私がやりたいようにさせてくれた。それが終わると、謄写版原紙をタイプライターに挟むやり方を私に見せてくれた。そして私の脇に座るとテキストを口述し、私がタイプライターのキーを叩いた。

そうこうするうちに夕方になっていた。アナの連れ合いが帰って来た。かなりがさつな男だった。彼は私に注意を払うこともなく、上着を脱ぐとラジオをいじくり始めた。

「あのひとのことは気にしないで」と、アナは低い声で私に言った。「党員じゃないけど、私のしてることは知ってる。でも、干渉しないの」

私たちは仕事を終えた。アナはタイプライターと資料を手にし、ふたつとも家から持ち出した。アナの説明によれば、「都合のいい場所」にある家で保管する、とのことだった。彼女は私に、翌日の午後二時に、ある別の住まいに来るように言った。「そこで私たち、新聞を刷るの。その後、細胞会議に行くわ。きょうはうまくいった。じゃ、また明日。気をつけて帰ってね」。彼女はこころを込めて私と握手した。

こうして私の党における最初の一日が終わった。

今や私は、自分がこれまで知っていたのとはすっかり異なる領域に入り込み、まったく異質の活動を開始した。新しい存在の形態は、長年にわたって私の心にのしかかっていた圧力を、わずか数か月のうちに取り除いた。他方、この新形態のために、私は多くの新しい疑問と困難に直面した。だが、それは、いわゆる当たり前の困難で、多少努力すれば克服できるし、自然に解消される部分もあった。全体として言えば、水の中を魚が泳ぐように、自分が運動の中を泳いでいるという感覚を、私は亡命に至るまでもっていた。

もちろん初めは、プロレタリアの環境にまったくなじめなかった。その後、私が継続的に訪ねることになるひどい家々、共同井戸の「バッセナ」と廊下の先の便所とを備えた賃貸住宅は、かつてはひと伝《づて》に耳にしていただけだった。「平鍋」からじかに食べてナイフを口に入れるような人たちと、同じテーブルに席を占めるなどということは金輪際なかった。また、同志の多くは物言いがつっけんどんで、これには驚かされた。あれやこれや、慣れるまでに多少の時間を要した。

労働者たちは、思ったよりも早く私に慣れ親しんだ。彼らにとって私のブルジョア知識人という属性は、付き合いの妨げにならなかった。私はどこでも最大の親しみを込めて受け入れられた。私が知識人として希少価値をもつという事情が、おそらくファヴォリーテンでは助けとなっただろう。私は何百人というプロレタリアの同志の間で唯一の知識人だった。それに私のもつひとつの性質、それはしばしば他所ではまったく不利だったけれども、私の内気な性格が役立ったかもしれない。

最初に出会った深刻なむずかしさは、私がもともともたない能力をもっているものと、人々が決めてかかったことである。私がマルクス主義理論を一から十まで知っているものと信じて疑うことがなかった。第三細胞は、私の紹介がすむやいなや、学習講座を開催してくれるよう私に頼んだ。「僕は知識が足りないから……」と言っても、誰も耳を貸そうとしなかった。「あんた、知識人じゃないか。できるに決まっているよ」というわけである。確かにパリで『資本論』を勉強して、幸い第二巻の半分まで進んでいた。だが、それで何かが始められるものでもない。同志たちが望んだのは実践講座であり、「階級闘争の戦略と戦術」の類だった。私はそんなことは何も知らなかった。途方にくれてお手上げ状態のまま、ミッツィのところへ相談に出かけ、何ができるだろうかと尋ねた。彼女はひとつの解決策を見つけてくれた。私をある人物に紹介してくれたのである。それは、ふだん夜毎に私と同じカフェーにいて、よく訓練された同志ではないかと、昔から思っていた人物だった。彼は「超過労働」を引き受けるよ、と笑いながら言って、ときどき短い講義をしてくれた。ただ、問題が生じるたびに彼のところに駆け込むわけにはいかず、多くの問題をひとりで処理しなければならなかった。きっとときおり、まったく間違ったことを主張しただろう。

だんだん状況は改善されていった。党中央の教育部門が機能し始めた。ひとつ、あるいは複数の地区の講座主催者自身が教育講座に集められた。また書いた資料が発行されたりした。私が四苦八苦して、できる限り体系的に進めた講義の成果も取り入れられた。

エーベンドルファー通りにある労働会議所の図書館は、政治関係の書籍が読めるよい場所を提供していた。またここは、大陸で屈指の規模の社会科学関連の図書館だった。書店に置くことを禁じられたマルクス主義の文献を、ここでは二月闘争の後も長い間、何の問題もなく手にすることができた。

私が活動を始めて数か月の間、運動の非合法性には多少いらいらさせられた。だが、ドイツやバルカン半島の同志たちが掻い潜らねばならなかった非合法性に比べれば、はるかにましなものだった。もっとも、きわめて深刻な非合法性に変わりはなかった。逮捕は止むことなく続き、政治犯の虐待は頻繁に行われていた。私はパリを出るとき、こうしたことを覚悟していた。とは言え、初めての「集まり」にはドキドキしながら出かけていった。一九三四年の春と夏、組織した小規模な路上デモを繰り広げる間、私はうまく隠しおおせたとはいえ、不安を抱えていた。やがて活動にさらに深く関与するにつれ、不安は消えていった。半年後、まっとうな目的のためにファヴォリーテンに姿を現したかのように装って、そこに引っ越した。この移動を強く後押ししたのは、プロレタリア同志たちのもつ冷静さだった。彼らは長期にわたる自由の喪失を予測しながら、ときに命を失うことすら想定されるにもかかわらず、信じられないほど自若泰然としていた。危機的な状況でも冷静さを保つことは、彼らにとって名誉にかかわる事柄だった。これでちょっとした出来事を思い出す。ある同志とラクセンブルクガー通りを歩いていて、尾行されているのではないかと急に思われた。後になって判明したのだが、ほんの偶然で一人の無害な人物が、しばらく私たちの後ろを歩いていただけだった。だが、そんなことを知る由もない。ある角を曲がって、さらにもうひとつ曲がる。「追跡者」は私たちから離れない。私はあたふたと思案する。鞄に入れている非合法資料をどうしたものか。たまたま半端な量ではない。わきの同志が、まったくのファヴォリーテン訛りで言った。「奴がすぐ消えねぇちゅんなら、ふり向きざまに訊いてやらぁ。おめえ、変態けって?」

党内で誰も、私たちの行為に科される懲罰をさして重要視しなかったことは、よからぬ結果もまた招いた。私たちはいつも、必要な慎重さをもち合わせていたわけではない。警察が検挙の実績を挙げえたのは、私たちの側の軽率さのせいだった。それにもかかわらず、党が活動を継続できたのは、プロレタリアートの中にしっかり根を下ろして、そこから人材を補充できたからである。


党活動の展開を制約する外的諸条件に、私は一歩一歩適応していったが、それと軌を一にして、ギムナージウム時代から引きずってきた哲学もまた、労働運動に浸透した世界観へと徐々に変わっていった。

もちろん私が一日にして、神秘主義的な基本信条から唯物論的確信に乗り換えることはあり得なかった。私の世界観の修正——これは、ドイツのファシストによる政権転覆のときに避けられないと認識した——は、それから一年経っても終わらなかった。私はすでに数か月、ファヴォリーテンで具体的な細々した任務に取り組んでいながら、なお、マルクスとクラウスとの間に妥協を成り立たせようと試みていた。【私が心の内で対話を繰り返し、ふたつの「出会いの場」、たとえばクレタ島と「ファヴォリーテンの小高い」ラーアベルクとの間を、ただひとり、さまよって打立てようとした理論は次のようなものだった。

神秘主義的な省察だけが、**おそらく**決定的な認識に道を拓くことができる。**いずれにしても**倫理的に要請されるのは、労働運動を支援することだ。運動の目的を、信頼の置ける感性が是認するからである。こうした目的を実現する道を、マルクスとエンゲルスは、疑わしい前提(無神論と唯物論)から出発しているとはいえ、指し示している。宗教的な人間は、この点を不快に思うべきではない。そうではなく、プロレタリアートの解放闘争のために、あらん限りのことをすべきである。ひとたび反動が打ち倒されて、社会主義とともに、全員のために一定程度の自由と豊かさが達成されたならば、誰もが絶対の請求権をもつこの自由と豊かさは、人類の世界計画が予定する最終・最高のものではないことが明らかとなろう。**そうなれば**、宗教的人間は唯物論者と袂を別ち、自分と同類の人間たちとともに、内面化、精神化の道をおそらく進むことだろう。この道は今日、ひどい社会状態のために、ただ物的に恵まれた者だけが辿ることができる。

この理論によって私は、クラウスの神秘主義から大きく離れた。その主要な教義は、今や私の世界観のなかで純粋の仮説として存在し、装飾としての様相を呈した。ただ、いつのことかわからないが、「革命後の」将来、こうした教義は本当の意義を獲得すべきであると考えた。ただ、私の旧い信念は、自分が階級闘争の申し分ない闘士に成長するのを妨げていた。この信念は、新しい、これまでよりもはるかに弱々しい姿であっても、自分がマルクス主義を正しく理解する妨げとなり、私たちの運動内部で議論が政治的問題から原理的問題に及んだ途端、曖昧さをつくり出した。またこれは、必然的に生まれざるを得なかった。この曖昧さは再三再四、半年もしないうちに現れた。当時、さほど意識していなかったが、今はっきりわかるのは、その後の私の人生が、ひとつは、この神秘主義的残滓を払拭できるかどうかに掛かっていたことである。】

私がカール・クラウスの世界観を実際に克服できたのは、実践活動と理論研究との相互作用――幸いなことに一九三四年から三六年にかけて可能になった――のお陰だった。ファヴォリーテンや工場群、プロレタリアート、警官たちは、目に焼き付いて実在の重みがあったので、私の神秘主義的な諸観念は、かつての強みを保持しえなかった。こうした諸観念は、これまでのようにそれ自身と異なる諸観念と切り結ぶのではなく、実生活の断片と対峙するやいなや、私の意識の中で色あせ始めた。また同じく、同志たちが実在しないすべてのものに対して取る厳しい態度は、自分の身を神秘主義から引きはがすのに大いに役立った。私は自信がさっぱりなかったので、自分より優れた多くの人々と自分との間で意見の食い違いが起きた場合、自分こそ正しいに違いない、とあたりまえに思うことができなかった。私が方法と用語の面で困難を克服し、ついに唯物論哲学をはるかによく理解できるようになったのは、マルクス主義文献を読んだおかげだった。ある日、マルクスの世界史像がその幅広さと豊かさをもって眼前に湧き上がったのは、感激する出来事だった。史的唯物論を一九三四年以前にまったく知らなかったわけではない。私は終始「教養人」で、ずっと昔から史的唯物論をおおよそ知っていた。けれども、それが私に何かを伝えたり、与えたりすることはなかった。歴史は私には近寄りがたく、したがって、さっぱり面白みがなさそうだった。自分の歴史の知識を学校で習った以上に増やそうなどと、私は、まったく望みもしなかった。自分のこれまでの世界観が歴史的でなかったというだけで、それがいかに貧弱な産物だったか、マルクスのお陰で自分にもやっと分かってきた。以前の世界観が解決したはずの諸問題は、私が付与した絶対的［非時間的］枠組にもかかわらず、現在の諸問題だった。現在を歴史過程の一段階として理解できない者には、現在に対して理性的な態度を取ることができなかった。私は倫理的な考慮から労働者階級に接近した。この接近は、ファシズムに立ちはだかる最重要の勢力が労働者階級だと考えたからであり、そして自分も「何かしたいと思った」からである。私が何度も耳にしながら、たわごととしか受け止めなかったことが、マルクスによって私の中で明白になった。それは、労働者階級のあらゆる闘争は昔も今も、ヨーロッパ文明の進展の道程をずっと辿っている、ということである。ひとつの賢明な経済秩序や自由、教養は、ファシズムが否定しようとしているが故に、今日我々が擁護しなければならない素朴で暫定的な諸価値というのではなく、動揺と誤りにもかかわらず、人類が長い時間をかけて追い求めてきて、いつか達成されるはずの真の永続的な諸価値である。このことは、諸賢の言葉と、もっとも勇気ある抵抗者たちの犠牲的行為とによって保証されている。人類は自らの原則にしたがい、外部からの助けや指導もなく道を拓いてきた。方向を示す神もいなかった。克服しなければならない抵抗は、主に外部の物的なものだった。外部世界を根本的に変革できれば、神秘主義者が夢想した精神化の時代、唯物論者たちも熱望した深い思考と高貴な創造の時代が開かれるはずである。マルクスはまさにこれを念頭に置いて、階級社会の廃絶により人類の**前史**が終わる、と力強い一文を書き付けたのだった。

言うまでもなく、こうした諸思想を自分のものにするやいなや、それは、私の周りで起きること、私自身が行うすべてのことをその輝きで満たした。私たちの党は当時、オーストリアをナチスの攻略にさらした政府と闘う中心部隊だった。私たちの活動の本来の意義は、郷土とそこに暮らす人々、その良風を、機械化軍団をもつフン族［ヒトラー・ドイツ］から救うことだった。この活動そのものは、重要性の低い目標というわけではなかったが、さらに包括的な構想の枠内で中途の目標として認識されていた。私が党のためにかなり長い間、ひたすら細々した仕事をこなさなければならなかったことについて、こうした事情の下では特に思うところもなかった。私は自分の能う限りの仕事をし、自分の背丈に合わせて大義のために尽力しているのだ、と思いながら活動した。何千という同志たちも、まったく同じように行動していた。私たちはプロレタリア軍団の無名の戦士たちにふさわしい存在でありたかったし、彼らが私たちを隊列に加えてくれたことを誇りに思った。

【党が私に要求して、私が主に遂行した任務は、技術的な理由から昼間しかできなかった。そこで私は、自分本来の仕事を大きく控えた。これに直結する収入の減少は甘受した。少ない家賃で済む狭い部屋を借りて、安い食堂で食べ、衣服は着られる限り身につけ、靴は履ける限り履いた。こうして私は、本当にわずかな金で暮らすことができた。

私の小さな部屋はケルントトナー通りに近いアンナガッセの古ぼけた建物にあった。以前は使用人の部屋で、薄暗く、空気も通わず、ここの設備は、両親の使用人がかつて住んでいた部屋よりもはるかに悪かった。ただ、暖房だけは良かった。隣の居室に付属する暖炉の煙突から暖気がやって来て、一銭も掛からなかった。

少し心配したのは、部屋がフランツィにどんな印象を与えるか、ということだった。その頃、フランツィは私の女友達で、ブルジョア家庭で育ちブルジョアの暮らしをする、とてもかわいい娘だった。幸い、ふたりの関係は始まったばかりで親密だった。私が謝ったとき、彼女は私を笑い飛ばして言った。「私、貴方を訪ねて来ているのよ、部屋じゃないわ」

女性の貸し主はとても変わったタイプの人間で、それまで会ったこともないような人だった。旧男爵夫人で、間違いなく昔は美しかったろうし、人のよい人物だった。彼女はフランツィが訪ねてくることに何ら反対せず、逆に私に訊ねた。フランツィを私の部屋ではなく、はるかにきれいな夫人の部屋に招き入れるつもりはないか？そうした夕べ、自分は喜んでカフェーで過ごすのだが、と。彼女は使用人に対し、マリア・テレージアが臣下に話しかけたのではと思われるような、三人称単数形の話し方をした。依頼は「ミッツィは、私にパンをひとつ取って来るぞよ！」となった。彼女の収入はもっぱら、三人から四人いる又借り人の払う家賃からなっていた。月末にお金がなくなると、彼女は短い物語をひとつ書いて、『テレグラーフ』紙の編集部に持ち込んだ。そして一〇シリングを報酬として持ち帰り、戦果を誇示した。

諸般の事情によって強いられた、ありとあらゆる節約にもかかわらず、私はひとつだけ贅沢にこだわった。それは、一日に少なくとも一度はカフェーに行くことだった。ウィーンにこの施設があったことは天の恵みだった。暇な時間を自分の部屋で過ごさねばならなかったとしたら、うつ病になっていたことだろう。行きつけの店は、大学の向かいのカフェー・ショッテントーアだった。そこではいつも、おしゃべりできる人たちを見つけた。そこは本当の意味でウィーンの知識人カフェーであり、学生、教師、ジャーナリストたちが訪れた。多くは、私と同じように何時間も居座った。おそらく彼らも、自分の部屋の居心地が悪かったのだろう。（思い起こすべきは、若い知識人たちの間で貧困が猛威を振るっていたことだった）。本を読み、紫煙をくゆらせ、議論し、また試験勉強をしたり、あるいは新聞記事を執筆したりする者も少なくなかった。こんな冗談があった。常連客が時々しばらく席を外すとき、給仕に指示した。「僕がいないか、誰か訊いたら、一〇分で戻ると言ってくれ。ちょっと家に戻って、コーヒーを一杯飲んでくるだけだから」

常連客の中に、活動している二三の同志だけでなく、かなりの数の同調者がいた。給仕もまた好意をもっていた。怪しい人物がカフェーに入って来ると警告してくれ、そこで政治的な会話を中断するのが賢明だった。私が拘束されている間、彼らは私のためにカンパを募り、果物や焼き菓子の入った大きな包みを贈ってくれた。

私は一九三六年春に逮捕され、秋まで拘束された。まずロッサウアーレンデの警察収容施設に、次いで州裁判所第一拘置施設に収容された。私が数か月で釈放されたのは、シューシュニク［首相］が一九三六年夏に発した特赦令のお陰だった。一九三七年夏、再び逮捕され、その年の終わりまで拘束された。再び同じ拘置所だった。最後はさらにヘルマンガッセの警察拘置施設に移された。

誰も私を、ドルフース＝シューシュニク体制の支持者ではないかなどと思わなかった。愚かであると同時に反動的な体制だった。労働者組織の迫害は、労働者に対する犯罪というだけでなく、オーストリアに対する犯罪でもあった。頻繁に起きた収容者の虐待は、恥ずべき仕業として歴史に記録されるだろう。この事実にかかわらず、私がシューシュニクの拘置施設で虐待されなかったことを言って置かねばならない。逮捕という基本的な不当性を別にすれば、私が特段の苦痛を味わうことはなかった。言うまでもなく、ドイツの強制収容所で日常茶飯の残虐行為を堪え忍ぶ必要はなかった。

ウィーンの拘置施設は、一九三四年から三八年の間、常に満杯だった。独房に想定された空間に三人も四人も詰め込まれた。ふつう、ひとりの「赤」とひとりのナチ、そしてひとりの犯罪者を一緒に放り込んだ。当然のことながら、ぎゅうぎゅう詰めで、足を伸ばすこともかなわなかった。房は就寝と日中を過ごす空間というだけでなく、排泄の空間でもあり、これが何よりも我慢できなかった。

ロッサウアーレンデで私たちを監視する看守たちは、その低級さで何度も私たちをびっくりさせた。たとえば、収容者に手渡される書物の検閲の仕方に表れていた。社会主義の文献は、タイトルに社会主義あるいは革命という言葉がなければフリーパスだった。エンゲルスの『反デューリング論』は、さっさと私に手渡された。一方、看守は無害の探偵物を、タイトルが「反逆的」だと思えば没収した。『警察はいらだつ』という題の探偵小説は差し止められた。

低級、あるいは素朴と言ってもよいけれども、看守たちのさらにひどい態度は、ある奇妙な出来事に表れていた。私はある晩、もう寝ようと板張り寝台に横たわっていた。するとドアが開いて、見知らぬ警官がひとり現れた。私は、尋問のために私を迎えに来たのだ、と思った。国家警察は、夕方あるいは夜間、好んで尋問を行った。だが、そんな話ではまったくなかった。彼は、私がそのまま横たわっているように促すと、私のそばに座って法律相談にのってくれるよう切り出した。彼は財産を少し相続したのだが、課された税が高すぎると言う。政治犯である私に、看守である彼の、国家を相手にした訴訟で助言してくれ、と言うのである。私は喜んで、頼まれた「訴状」を起草していたことだろう。これは弁護の歴史で、実に珍しいことになっていたのではないだろうか。しかし、実現しなかった。おそらく私の顧客は、そんなふうにして報酬の安い弁護士を雇うことができないことを、誰かに教えられたのではなかろうか。

多くの仲間は、先に述べたような拘禁と、運動や新鮮な空気の不足により、ひどく衰弱させられた。私はといえば、それほど衰弱しなかった。どうやら、私の拘束があまり長期に渡ることがなかったせいである。また、私を含めたカフェーの常連タイプの人間は、スポーツマン・タイプの人間より、こうしたことに抵抗力がありそうである。これに対し、私がいやだったことは、意味もなく無為に過ごすことだった。私は拘束された何か月間かを社会学の勉強に使おうとしたが、あまりうまく行かなかった。早朝から夜まで結局は読書できず、毎日、何時間もつまらないおしゃべりをして過ごすか、あるいは何もしないで、時間だけが過ぎていった。

州裁判所の拘置所では、多くの房の収容者が一緒に散歩したが、私はそこそこの知識の範囲で外国語を教えた。ときに散歩の途中、政治的な討論を催した。

多くの者が参加する政治学習は、独房構造のためにできなかった。私が言うのは、尋問勾留の環境についてである。拘留刑の者が過ごす共同房では学習の余地があった。だが、私は多くを見聞きしなかった。私がほとんどの時間を未決監で過ごしたからである。

境遇が同じ者同士の関係は、たまさかの例外を別にすれば、仲間という感じだった。私自身は、ナチとも、また犯罪者ともうまく付き合った。他の者は、この面でまた別の経験をしたことだろう。

私たちは、ナチと議論しようと繰り返し試みた。だが、たいていは無駄だった。高級幹部たちは、議論にまったく乗ってこなかった。「上」から、そのように強く勧奨されていた。小者は、自分たちにも適用される規則に縛られなかった。けれども、彼らは自分たちの考えに凝り固まって、「指導者」にすっかりいかれていたので、単純極まりないことも理解しなかった。しかしながら、おそらく東部［ロシア］戦線で何か教訓を得たことだろう。

犯罪者のことは［弁護士の］仕事柄、昔から知っていた。言うまでもなく、刑務所ではさらに深く付き合った。彼らのもつふたつの特徴が、とりわけ私の注意を引いた。ひとつは空想的な楽観主義、あるいは迷妄と言ってよい。彼らはこれによって、自分の現状と将来を推し量った。現行犯で捕まった者たちは、何も証明できゃしないさ、と自分で自分に言い聞かせた。自白したある強盗殺人犯は、後に絞首刑になったが、私に向かって刑を占って見せた。七年は食らうだろうな、でも、それ以上長くないぜ、もっと短いかもな、と。「だって、そいつぁ［自白は］与太話だからよ」というのが、彼の理由だった。犯罪者のもうひとつ際立った特徴は、彼らのプチブル性だった。多くのアナーキストが言う理論――犯罪者は、その性格からして非ブルジョアにきまっている――は、こうした人間たちを単に知らないことによると思われる。いずれにしても、私が話した犯罪者たちは、一貫して裕福な暮らしと恵まれた家庭にあこがれていた。ある窃盗常習者は、私の暮らしぶりについて細かに訊ねた。私はざっと語って聞かせた。ただ、党に関わることだけは伏せて置いたが。刑務所にたっぷり二〇年いる、やつれ果てた人間が、私の話を注意深く聴いて頭を振った。「そりゃ、どうしようもないね。やっぱり、暮らしを立てなくちゃ」

自分が刑務所に入るはるか昔、刑務所暮らしの話をたっぷり読んだ。たとえばローザ・ルクセンブルクの手紙とか、ヴェーラ・フィグネルの回想録である。それを材料に想像した。囚人にはじきに、戸外の自然に対する非常に強いあこがれが生まれ、獄窓から見える二三の木とか、近くに巣をかけたスズメやツグミに対する優しいつながりが生ずる、と。私自身が自分とその他の者を観察する限り、この想像は当たっていなかった。私が判断できる限りで言えば、囚人たちはひどく乱暴な若者たちで、何か短くものを言えば、卑猥な言葉をふたつみっつ差し挟む手合いだった。彼らに何らかの情感を見ることはできなかった。フィグネルとルクセンブルクという、ふたりの偉大な女性は、その著作で凡人とはいえない例外的な人間の体験を記したのであって、それは、ふたりを間違いなく際立たせた。私が囚われの身だった一〇か月ないし一二か月の間に、たった一度だけ、強く心を揺さぶられたことがある。それは、州裁判所［の拘置所］に「移送」された晩だった。ガルニソンガッセに住まなくなって、もう長い時間が経っていたが、夜のしじまの中でヴォティーフ教会からなじみの鐘の音が自分の方へ響いてくるのを耳にしたとき、不思議と心が震えた。昔いつも自分の子供部屋に飛び込んで来たのと同じ、あの鐘の音だった。それは、非常に変わってしまった境遇で起きた再会とでも言うべきものだった。私は変貌をそのままに受け止め、必然的なものと理解し、私の置かれた現状にもかかわらず、その変貌を貴重な収穫物だと考えた。最近の何年か、私は多くのことを考え、目にし、行ってきたが、何が起きようとも、それらを放棄しようと思わなかったからである。

一九三八年の二月・三月、私は直近の逮捕からまだ半分しか「回復」していなかった。同じ状況に置かれていた多くの仲間と同じように、反ナチスの諸組織が展開する熱を帯びた活動に参加しようとしていた。活動は、まさに熱心さのあまり容易でなかった。うまくいきそうに思えたとき、三月一一日の大惨事［ヒトラーによるオーストリア侵攻命令］がやってきた。それは大きな希望を打ち砕き、その後の展開の中で多数の命を奪った。もろもろの重大な結果と並んで、私もまた、もはやオーストリアに留まれない事態に立ち至った。まして政治活動など、とんでもないことだった。幸い私は、三月一一日から一二日にかけての夜、自分の部屋で眠っていなかった。後で知ることになるが、私はすでに当時、警察から追われていた。そこで私は数週間にわたって、逃れる望みもほぼないままにウィーンをさまようことになる。私はあまりに多くの警官、密偵、ナチに顔を知られており、逃亡の機会はないに等しかった。自らに危険の迫っていない数少ない友人たちは、せいぜい一晩、二晩、宿を貸してくれたが、その後、ＳＡ［ナチス突撃隊］の家宅捜索のような、おなじみの災難が襲った。私がこの数週間、不安の中で過ごしたことに触れないのは適切ではないだろう。以前と同じように、不安をできるだけ意識しないようにしていたが、それでも気づいていた。つねに不安があって、私の喉元に、そしてみぞおちに居座っていた。私が強制収容所に収容されたら、生き延びられないことは確かだった。ついに、ひとりの仲間に行き当たった。彼は私に一四日間、昼夜を分たず宿を提供する勇気を奮い起こした。ＳＡはこの建物にも、それどころか、私が留まる住居にもやってきた。だが、二三質問しただけで、再び立ち去った。

四月半ば、チェコ国境を越えて私を逃す可能性を党が見つけた。私を含めた一行三人は、フロリッツドルフ駅から小さなX村へ向かった。労働者ひとり、婦人ひとり、そして私の三人で、みなボタン穴にハーケンクロイツを付けていた。当初、X村では企てが失敗したように思われた。私たちを案内するはずの農夫が現れなかったからである。私たちが村人にいぶかしげに見られながら、なおも中央広場に立っていると、突然、御者の鞭を手にした農夫が現れた。彼は、付いてくるように合図して先に立った。道を少し進み、林へ続く脇道に入った。林で腰を下ろし、夕闇の迫るのを待った。非常に知的な正体を現した農夫は、切れ味のよい逸話を私たちに語って時間をつぶしてくれた。彼が話している間、私たちがちょうど通ってきた道を、ＳＳ〔親衛隊〕のパトロール隊がやって来るのが見えた。私たちは少し神経質になったが、農夫は私たちを落ち着かせた。パトロール隊が私たちを目にすることはなかった。茂みの背後に隠れていたからである。辺りが暗くなるとすぐに、私たちは再び出発した。ハーケンクロイツはそこで捨てた。農夫が指示を与えた。再び自分に付いてくること、一列縦隊で進み、しゃべらないこと、彼がするように、走る、立ち止まる、あるいは伏せるという、すべてを行うこと、だった。長い道のりじゃない、三〇分ほどだ、と彼は言った。私たちがしばらく行くと、農夫が道の左の一箇所を指さすのを、私は目にした。彼が何を言いたいのか、私にはわからないままに、一行はそのまま先へ進んだ。何事も起こらなかった。一時間ほど過ぎた頃、私は二三歩足を早めて農夫に追いつき、そろそろ国境ではないか、と声を潜めて訊ねた。そこで判明した。先に彼が指さして注意を向けようとしたのは、国境の標識だった。私たちはとっくにチェコの地を踏んで、ほぼ安全地帯にいた。私が仲間たちにささやくように伝えても、彼らは初め信じようとしなかった。

私たちは、家の中へ慎重に入れてくれた農家で数時間眠った。数日前、亡命者たちが通りかかり、飲食代を支払わないままに立ち去っていた。私たちは翌朝早く、近所の駅に行き、軽便鉄道でブルジェツラフに向かった。チェコの地にある駅のレストランで、私たちはコーヒーを飲んだ。このレストランは寒く、床は汚れていて、私もまた汚れて、ひげも剃らず、寝不足だった。けれども、私の正面の壁にT・G・マサリク［チェコスロヴァキア共和国の初代大統領］の写真が掛かっていた。

自由に息のできる幸せを心の底から感じ、自分に誓いを立てた。これから自分の身に何が起ころうとも――亡命中、さまざまのことが起きることはわかっていた――これまで我が身に降りかからなかった出来事を思って、落ち着いて受け止めよう、と。私はこの誓いをきちんと守っているわけではない。けれども今日、さほど重要でない不運を、昔より少しだけたやすく耐えられるのは、過ぎゆく年月のお陰もあろうが、私の意識に焼き付いたあの死の危険から解放されたことも与っている。

## 過ぎ行く年月

年月は、確かに過ぎ去っていった。この自伝のどこかで、自分は四〇歳だと言ったが、まだ四〇歳にはなっていない。現在、三八歳だ。しかし、大差はなかろう。

けれども、これから自分の最良の年月――これは決まり文句ではなく、文字通り最良の年月――が待っていることを想像する。

人の年齢は、外の世界が用意する。長い間、容赦なく私たちに相対した世界は、やっと私たちみなを、かなりの程度に若返らせるだろうと思う。

私たちは、ヒトラーの野蛮が終わるのを見届けるだろう。髪の白くなるのが早すぎた人が、もう一度、金髪や褐色になるのを自然が許すかどうか、私は知らない。だが、そんなことが可能だとしたら、野蛮の終焉こそ、間違いなくそんなことが起きる瞬間だ。

やって来るはずの世界の転機は、私たちのような、もう若くもない者に、すでにひとつ贈り物をくれた。それは、若者の典型的な属性である計画の策定だ。私たちはもう一度、来年の今頃、自分はどこにいるのだろう、と思案する。曖昧な考えしかもてない者が多いだろうが、はっきりと分っている者もいる。

私は後者だ。私は知っている。自分はウィーンにいるだろう。昔、計画が私をウィーンから連れ出し、外国へ、素晴らしい彩りに輝く英国、米国、それどころかインドまで連れて行った。今や計画は、もっともよく知っている、もっともありふれた場所へ連れていってくれる。それはガルニソンガッセであり、ショッテントーア、ファヴォリーテンだ。こうしたところに華やかなものは何もない。私がそこをもう一度眺めたら、痛ましいほどに傷だらけだろう。

私をここ［ロンドン］から連れ出して、そこへ連れて行くのは、私の第五感、第六感に過ぎない。英国への反感は、私にはほど遠いものである。否、それはない。私は英国を、その多数の風変わりなものの故に大好きである。だが、オーストリアからは、どんな外国も与えることのできない何かが招く。それは民主的な共同体の建設である。私は平等な仲間のひとりとして、それに参加することができよう。

私は三八年の間に、大したことはまだ何もしていない！　私が書を読み、非合法に活動し、ヒトラーの手の者による死を免れたのは確かだ。けれども、すべてそうしたことは、平和裡に活動する存在に最終的に合流しないのであれば、どのような目的があったと言えるだろう！　いくつもの時代と社会階層をくぐり抜けた、一風変わった私の経歴が何かに役立つかどうか――ウィーン・ファヴォリーテンにある、でこぼこ道の経験、私の場合はさらにフロリッツドルフからの［逃避行の］経験を含めて――いずれわかるだろう。

私は、今が、私にとって正念場であるように、他の多くの人にとっても正念場だと考えている。】

---

戦争が終わって、それとともに亡命も終了し、フックスはウィーンに戻った。一九四六年八月のことである。その三か月後、悪性の病に襲われ、わずか数日後に彼の命は突然の終わりを迎えた。享年四一歳、一九四六年一一月二九日のことである。

ロンドン亡命中に、まず自伝の『良家の子息』ができ、その後、一連のオーストリア文学史についてのモノグラフが書かれた。これまで一冊の小著*――『世紀末オーストリア１８６７～１９１８』の重要な補遺をなす――が、それを使って刊行された。そして最後に出版されたのが本書である。

＊“Moderne österreichische Dichter”, Essays, Tagblatt-Bibliothek, Wien 1946.

著者の計画では、本書に続いて第二巻が、オーストリア精神の諸潮流を今日に至るまで追いかけるはずだった。ブルジョア思想のデカダンスと「人工の闇」――フックスが、非合理で神秘主義的な諸概念の流布を、好んでこのように名づけた――の到来、ファシズム・イデオロギーの発生、社会民主党系労働運動指導層における純粋ブルジョア観念の出現、他方、労働運動左派へのマルクス主義世界観の浸透と共産党の高まる役割、最後にオーストリアの文学・芸術活動の矛盾に満ちた出来事の熟考――こうしたことが、もしフックスがそれほどに早く亡くなっていなければ、第二巻で描かれた題材だろう。

本書の価値は、オーストリア史の決定的な半世紀の間に現れた精神の諸潮流を、資料豊かに描いたことにあるだけではなく、慎重に配慮し、最高度の責任をもって下した価値評価にもある。何よりもその価値は、叙述の方法にある。肯定的側面と否定的側面との入念な区分、心のこもった理解、だが、扱われる人間や書物、流派が自分の身近にある場合にも容赦ない批判を伴った理解、これが文化批評家としてのアルベルト・フックスの方法である。

彼の文芸知識は包括的であり、その記憶は信頼の置けるものである。カール・クラウス作品を愛するフックスには、言葉の洗練が醸し出す、わずかな薫りをも感ずる感覚が備わっていた。法律学で鍛えられた理解力をもって、思想の精神的源泉を追い求めることに習熟していた。長期にわたる勉学、鋭い思考、非情な懐疑によって、彼はマルクス主義に到達した。そして自分の人生を根底的に変革し、自分が正しい道だと認識するやいなや、その人生を労働運動に捧げる能力を有していた。

こうしたすべてがアルベルト・フックスの方法を形作り、彼の活動に方向性を、つまり、オーストリアの過去を批判的に検討することこそが、現在をして未来を形成させるはずだ、という方向性を付与した。［編者注］

第Ⅱ部

# 世紀末オーストリア1867～1918
## ――よみがえる思想のパノラマ――

# 自由主義

自由主義はオーストリアで長い歴史をもち、何度か栄光のときを経るとともに、喜ばしからざる時期を数多く経験した。それは一九世紀初頭にさかのぼり、もともとはさらに一八世紀後半の「自由主義」という言葉すらなかった時代にたどり着く。一八六七年から一九一八年にかけての時期は、自由主義の時代そのものとよく言われる。我々がまずここで扱う時期は、全体としてこの時代にあたる。ここからすぐに明らかになるのは、自由主義がオーストリアにとってどれほど大切かということである。それは現代オーストリアの精神・社会構造に、他のいかなる思想潮流よりも強い影響をおよぼした。ただ、オーストリアが特別というわけではない。ヨーロッパのほかの国々でも事情はほとんど同じである。

自由主義の歴史をざっとながめようとすれば、ちょうど水平線が空と海を隔てるように、政治グループの歴史とイデオロギーの歴史とのふたつに分けて考えるのがいいだろう。イデオロギーは政治なるものに由来し、芸術・学問のあらゆる分野に浸透した。政治とイデオロギーの展開は、もちろんかなり長い間並行してみられた。ただ、両者の乖離も多く、しかも大幅であることが認められる。

政治運動は盛期を一九世紀半ばにむかえた。一八四八年三月革命の前、革命期、その後の反動期に、自由主義は多方面で進歩的な傾向をみせた。ただ見逃せないのは、自由主義もまた当時、スラヴ人の民族要求と下層階級の社会・経済要求とに耳を貸さないという欠点をかかえていたことである。自由主義が、ある少数派、つまりドイツ系オーストリア人［以下、ドイツオーストリア人と略す］のブルジョアジーの階級利害を代表していたことは、誰の目にもはっきりしていた。しかしながら、当時の状況でこの利害は、ほかのさまざまな階層の利害と広く一致する結果になった。絶対主義を排除することは、ほぼすべてのオーストリア臣民にとって共通の大きな関心事だった。自由主義の指導者たちがこれを目指して尽力する限り、みなの代表者だった。指導者のなかにはフィシュホーフやベルガー、クードゥリヒのように、演説や行動によってすぐれた政治家であることを示す者たちもいた。彼らがメッテルニヒとバッハを相手に自由と正義を求めた闘いは、西ヨーロッパに生まれた市民革命の伝統に沿うものだった。オーストリアを長引いた中世から救い出し、立憲主義の大道に導くことに自由主義者は大きく貢献した。一八六七年以降もりっぱな仕事をなしとげた。時代に適した行政と司法、良質の教育制度をうちたてた。一九〇〇年ころにみられた文化の隆盛は、その一部を自由主義の働きにも負っている。

ところが［一八］六〇年代は、自由主義の歴史において転換点を意味した。自由主義をかかげる階級は憲法制定以降、オーストリア支配階級の一員になってしまった。このため、さまざまな重要問題に対する態度は、徐々に大きく変化せざるをえなかった。自由主義者の進歩を目指す動きはもともと、とくに大胆なものとはいえなかった。いまや自由主義者はますます保守グループに転化し、自分たちに有利な現状を、好ましくない侵害から守るということしか頭になかった。文化政策の問題や一八八〇年代から注目されたユダヤ人問題では、自由主義者は民主主義的な考え方を守った。だが、その他ほぼすべてのことがらでは、帝政末期の数十年、反動勢力となっていた。独占資本が登場してからは、自分たちよりも強力なドイツ帝国主義に従属したオーストリア帝国主義の担い手のひとつだった。

自由主義の運動を検討するには、政党［としての自由主義］と、他方、権力の一要素としての自由主義とを再び区別する必要がある。

自由主義政党の歴史は、分裂と再結集、再び分裂という絶え間ない事情のために見通すことがむずかしい。政党らしきもの、ないし疑似政党が一八四八年に結成されたが、復活した反動勢力によって排除されてしまった。［一八］六〇年代、帝政の改革が始まるとともに、自由主義者たちは「立憲党」（Verfassungspartei）の名のもとに登場した。一八六七年、立憲党は数多くの分派に分裂する。一八八四年、規模の大きな「左派連合」（Vereinigte Linke）が成立した。一八八八年、「ドイツ左派連合」（Vereinigte Deutsche Linke）に衣替えする。一八六七年の憲法は、ドイツオーストリアの上層階級とともに自由主義勢力にも強力な地位を与えた。憲法の意図するところは、帝国のオーストリア側の半分で今後、「帝室」と呼ばれる皇帝とドイツオーストリアのブルジョアジーが権力を分かちあうことだった。帝室の地位は法的には、組閣に及ぼす影響力、両院議会制度、そして議決の承認に基礎をおいていた。ドイツオーストリアのブルジョアジーの地位は、身分選挙制度によって守ろうとした。これによって議会下院の相当数の議席は、富裕な工場主と商人に確保された。富裕な、というのは、何よりもドイツオーストリアの、という意味である。立憲制の時代が到来するとすぐに、憲法上不利な取り扱いを受けた階層が、選挙権の改正を求める闘いを始めたのは至極当然だった。闘争はまず、主として「民族」ごとの諸政党が担い、続いてドイツ民族主義派とキリスト教社会党、社会民主党が加わった。ドイツ民族主義派とキリスト教社会党はドイツオーストリアの小市民利害を代表し、社会民主党者は労働者のために闘った。さまざまな内政・外交上の理由から、一八七〇年ころ、皇帝はドイツオーストリアのブルジョアジーが議会で優位を確保することに興味を失いつつあった。こうした事情にくわえ、人々がしばしば非難するように、自由主義者には現実感覚と先見の明が欠けていたため[1]、自由主義の党は議会下院で一歩一歩抑え込まれていった。［一八］九〇年代にはすでに凋落がはっきりする。ただ、党は憲法制定以降、二度、安定した政府を形成した。そしてターフェ内閣の時代、野党にまわる。一八九三年にはまだ十分力をもっていて、ターフェの罷免を促進した。後継のヴィンディシュグレーツ内閣にはエルンスト・フォン・プレーナーとヴルムブラント伯を入閣させた。しかし、たいして重要でもないツィリの学校問題をめぐってヴィンディシュグレーツ内閣を倒したことは、その後、党のためにはならなかった。一八九七年の選挙では深刻な敗北を喫する。またしても党は多くのグループに分裂し、反目しあった。それ以降、とくに普通選挙権が導入されてからは、議会下院の自由主義勢力は、もはや重要勢力には数えられなかった。皇帝がすぐれた自由主義者たちを何度も貴族院議員に任命したが、失った勢いを取り戻すには至らなかった。

議会会派の歴史は、政治勢力としての自由主義の歴史を反映してはいるが、必ずしも正確な反映ではない。会派としては消滅したが、自由主義を信奉するブルジョアは、実質の権力をその後も長くそっくり保持できた。［一八］九〇年代から議員の数は減ったが、それでもまだ数多くの者が大銀行や大企業の経営陣に名をつらねていた。自由主義を信奉する専門家たちが重要な国家機関で働いたり、大学で講義したりしていた。自由主義の新聞、とくに『ノイエ・フライエ・プレッセ』（新自由新聞）と『ノイエス・ヴィーナー・タークブラット』（新ウィーン日報）は、世論に大きな影響を与えていた。皇帝は組閣に際して、こうした事情を十分配慮した。一九〇〇年から一九〇四年まで首相を務めたエルネスト・フォン・ケルバーの信条は自由主義である。ただ、党には所属しなかった。(2) 首相のシュテュルク伯（在任、一九一一〜一六）と外務大臣チェルニーン伯（在任、一九一六〜一八）は、党人として栄達を始めている。専門実務を扱う省（Fachministerien）の運営は、しばしば自由主義の官僚あるいは大学教授にゆだねられた。たとえばベーム＝バヴェルクが、首相キールマンスエクとガウチュ、ケルバーのもとで財務省を預かり、フランツ・クラインが、ガウチュとベックのもとで法務省を、ヴィーザーが、ザイドゥラーのもとで商務省を所管した。ケルバーが見出した「若者」のルードルフ・ジークハルトには、入閣こそなかったものの、たいていの大臣の権限をもしのぐ地位が用意された。(3) 重要な決定を下されねばならないとき、皇帝あるいは政府が著名な自由主義者に意見をもとめるのはごく普通のことだった。とくにクルメッキはくりかえし諮問された。* またエルンスト・フォン・プレーナーは、一九〇八年にボスニア併合準備が進められているとき、外務大臣のエーレンタール男爵に招かれて意見をもとめられた。** こうした例は枚挙にいとまがない。自由主義者が確保した枢要ポストを一覧表にしてみれば、それは、彼らを支持する有権者がもはや優勢ではなくなったときも、まだかなり長いものだった。

＊R. Sieghart, "Die letzten Jahrzehnte einer Großmacht", S. 92.
＊＊E. v. Plener, "Erinnerungen", 1911-1921, 3. Bd., S. 387.

自由主義のイデオロギーは、おおざっぱに言うと、どのような経緯をたどっただろうか。「思想は自由」というのが、その基本線である。世界観としてみれば、自由主義が人々の思考を支配することは、政治運動が国家権力を握るよりもはるかにたやすかった。世界観としての自由主義を、三月前期、すっかり抑え込んでしまうことはできなかった。それは一八四八年秋に打ち負かされることもなく、またソルフェリーノ［の戦い、一八五九年］を待つまでもなく復活を祝うことができた。すでに一八世紀の終わりから、オーストリアの文学と学問のあらゆる場で、仏・英のブルジョア哲学を感じさせる表現が顔を出していた。著名なオーストリア人は誰もが、その影響下にあり、多くの者が傾倒した「ヨーゼフ主義」の基本的な諸要素もそれに由来する。もちろんオーストリアが立憲体制に移行したことで、西ヨーロッパで優勢な原理がますます広まった。一八九〇年ころ、自由主義の党が凋落しても、さしあたり、そのイデオロギーが大きく損なわれることはなかった。［イデオロギーが損なわれたために党が凋落したと］逆の因果関係を主張することもまたむずかしい。議会における自由主義の影響力が小さくなったのは、別の世界観が人々の間に浸透したからというだけ**にとどまらず**、大きくは、帝国議会の選挙権が拡大されて、これまで議会で声を挙げられなかった階層、まったく自由主義に縁のなかった階層の信条が表明されるようになったからである。別の考え方、とりわけキリスト教保守とドイツ民族主義派、社会主義の世界観が広がったことは否めない。(4) それにもかかわらず、自由主義のイデオロギーは存続して、オーストリアの精神生活にことのほか大きな意味をもち続けた。自由主義は、多くのグループ、とくに教育のある層が、たんなる意見ではなく、自明のことと見なした見解を提供した。これは、ひとつのイデオロギーがもつ力を明白に示す好例だろう。自由主義は、さまざまな公的機関に顔をのぞかせた。大学では学部を問わず教授され、ときに神学部ですら教えられた。新聞や政治的著作において、さらにこともあろうに、しばしば社会民主党の著作でも喧伝された。自由主義のイデオロギーは、政治的自由主義がもう長らく不毛な反動的なものに変質した局面でもまだ、創造力と独創性を発揮した。ジーグムント・フロイトの思想体系への影響とか、シュニッツラーやツヴァイクの作品への影響は見逃せない。［一九一八年以降の］共和国時代になっても、多くの非凡な人々への影響力は失われなかった。一方、政治的自由主義は凡俗を支配し続けた。今日に至っても、自由主義のイデオロギーは決して死んでいない。

当然のことながら、自由主義者たちは他国の仲間とまったく同じように、一連の基本的な問題に答えを提供する。そうでなければ、おそらく自由主義者と呼ばれることはないだろう。啓蒙主義の継承者として、その多くは合理主義者である。この人々は、認識の問題はそもそも解決できるし、それもたとえば直観ではなく、科学的な方法で可能である、と信じている。また古典経済学の継承者として、物的な豊かさは善、貧困は悪と説く。生産手段の私的所有は、文明社会の唯一可能な基礎と考えているようだ。彼らの大多数は、世界史の進行はこれまで人類に進歩をもたらしてきたし、今後も変わることはない、と想定する。人道という考え、自由という考えを原則的に肯定する。選ばれた代表が立法を行うことは、すぐれた制度だと考える。オーストリアの思想家たちが、ただ単に自由主義思想の一般的な路線にしたがって思考する限り、その見解をここで詳細に取り扱う必要はない。全ヨーロッパの潮流を描くためには、まったく別の構成をもった一書が必要になるだろう。むしろ課題は、何よりも自由主義の特別の形態を、つまり、オーストリアの諸条件から生まれた形態を描くことである。本章では限定をひとつくわえる。自由主義に関連する潮流ではあるが、ある程度の独立性を示す、たとえば精神分析や平和主義はあとの章で別に論ずることにする。

対象とする時期のオーストリア自由主義でとくに興味を覚えるのは、民族問題と国際問題への独特の対応である。つまり、「愛郷主義」及び「よきオーストリア人」と「ドイツ人意識」との結びつきである。加えて興味深い思考法として、自由主義が国民経済学の分野で発展させた限界効用学説が挙げられる。

「愛郷主義」と「ドイツ人意識」は簡単な概念のように思われるが、詳細な説明が必要になる。

当時のオーストリアの状況を知らない人はひょっとすると、自由主義者の「愛郷主義」はオーストリア固有の民族意識（Nationalbewußtsein）を意味する、と考えるかもしれない。しかし、それはありえない。ドイツ語を話す特別なオーストリア民族なるものが存在するという考えを、当時すでに幾人かの著作家たちが明快な言葉で語り、また別の者たちがあいまいに述べていたが、どの政党の支持も得ることができなかった。自由主義の政党だけでなく他の政党にとっても、ドイツ語を話すオーストリア人は、その言語からいってドイツ人だった。自由主義者たちが自分たちをよきオーストリア人と呼んで言わんとしたのは、ハープスブルク帝政の維持・強化を望むことであり（この点で「全ドイツ派」とは異なる。同派は帝政の廃止をめざす）、他の民族と共生するために民族的寛容を示す、つまり、幅広く非民族的に考える、[5] 少なくとも彼らの主観に即する限り、そう考える用意があったということである。しかしもちろん、よきオーストリア人を額面どおりに受け取ってはならない。それは著しく制約されていたし、自由主義者のもつドイツ人意識によってほぼ帳消しになっていた。ドイツ人意識から導かれる結論は、帝政の枠組みの中でドイツオーストリア人の優位は存続すべきだ、というものである。一八九三年に自由主義者がポーランド人や保守主義者と連立してヴィンディシュグレーツ政権を樹立したとき、その前提は「民族の資産内容」をまったく変更しないということだった。したがって、連立の内部で**ツィリの学校問題**がもちあがったとき、自由主義者たちは大騒ぎしたのである。

この出来事は、自由主義者の考え方を明るみに出した。経過は次のようなものである。

ツィリは当時、南部シュタイアマルクのスロヴェニア人地区にあり、民族的に問題の場所だった。一八九〇年の住民調査で、この町には四四五二人のドイツオーストリア人と一五七七人のスロヴェニア人が居住していたが、司法管轄区としては三万六二九九人のスロヴェニア人と九六五人のドイツオーストリア人を数え、ツィリ管区、つまり、周辺地域も含んだ地区のスロヴェニア人は一二万四八九一人、ドイツオーストリア人は三九九一人だった。スロヴェニア人はすでにターフェ内閣時代、ツィリの下級ギムナージウム（Untergymnasium）にスロヴェニア語の併設学級を設けるか、あるいは授業言語としてスロヴェニア語を使う別の下級ギムナージウムを設置するよう要求していた。これにターフェは同意を与えていた。ヴィンディシュグレーツ内閣は、再び同じ要求に直面した。スロヴェニア人の立場は連立内で支持されたが、ドイツオーストリアの自由主義者は異議を唱えた。この件をめぐって、いつ果てるともしれない交渉が続けられた。ドイツオーストリア人が受け入れ可能な譲歩案が模索されたが、合意できなかった。ツィリの問題で世論は沸いた。一八九五年、『ノイエ・フライエ・プレッセ』は、復活祭のころの記事で述べる。「ツィリは、スロヴェニア人の小グループと『ドイツ左派』との力比べの様相を呈している。最大の力を注いでやっと、同左派は敗北を免れるのではないか」。扇動記事が続いた。［議会の］予算委員会でスロヴェニア語のギムナージウム予算が採択されたとき、「左派」は連立からの離脱を宣言、所属の大臣は辞職し、ヴィンディシュグレーツを辞任においこんだ。ここには寛容は見られない。逆である。不寛容が強すぎて、政治の叡知を働かせることは思いもよらなかった。

自由主義のふたつの民族原理が、内政だけでなく外交でも幅を利かせた。外交で「愛郷主義」は、まったく平和を愛好するものではなかった。愛郷者としての自由主義者は、帝政の帝国主義政策を推進し、領土の獲得や新たな影響圏の確保を通じて帝国の国際的地位を高めようと努めた。彼らは東欧を、オーストリアがごく自然に膨張する先と見なした。また「ドイツオーストリア人」の本性からして、この膨張はドイツ帝国に背後から支えられて行われるものだ、と考えた。オーストリア外交政策全般の基礎をなすとされたのは、一八七九年に締結された［ドイツとの］同盟だった。こうして戦争前の勢力図ができあがった。これがまさしく一九一四〜一八年の同盟関係である。

戦争は、オーストリアのセルビアに対する無謀な最後通牒で火が付いた。戦争が勃発したとき、自由主義者たちはドイツ路線を強化した。彼らはまた、シュテュルクによる議会排除と並んで、オーストリアに暮らすスラヴ人とロマン語諸民族をいっそう抑圧することを承認した。一九一六年から一八年までオーストリアを治めたオトカル・チェルニーン伯は、自由主義者たちから全面的に信頼されていた。チェルニーンは、ドイツとの同盟をますます緊密にしていった。こうして帝国は、いっそう同盟者の臣下と化した。チェルニーンはドイツの支援により、東欧を犠牲にして帝国の利を図ろうとした（ルーマニアとの和平、ブレスト・リトフスク講和を見よ）。チェルニーンは、オーストリアと協商国との単独講和構想に断固として反対した(6)。

※

ある思想潮流を抽象的に説明しても、しばしば部分的な理解にとどまるだけである。潮流を代表する人物像が示されることで、読者ははるかにしっかりと理解できる。したがって、ここでは優勢だった自由主義を代表する幾人かについて述べておこう。出自と影響力が大きく異なる人物を意図的に選んだ。

**エルンスト・フォン・プレーナー**（一八四一〜一九二三）は、自由主義者のなかで屈指の帝国議会議員だった。すでに政治活動を始めるにあたって名前をよく知られていた。父親はイグナーツ・フォン・プレーナーといい、ひとつ前の自由主義者の世代に属していて、シュメーアリングとアードルフ・アウアスペルク政府で財務大臣を務めた。エルンスト・フォン・プレーナーはもともと外交官だったが、一八七三年、エーガーの商業会議所に推されて帝国議会入りした。そこで二〇年以上議員を務め、党首にまで登りつめる。しばらく財務大臣を務めた後（一八九三〜九五）、下院議員を辞任した。その後、オーストリアとハンガリー両国共通の会計検査院の総裁を務める。一九〇〇年、貴族院議員に任命された。

プレーナーの浩瀚な『回想録』（Erinnerungen、大型の厚い三巻本、一九一一〜一二）は、彼の時代の議会史資料として最良の部類に入り、同時に彼の人となりを伝えるすぐれた資料である。この回想録だけでなく、友人たちが出版した演説集（一九一一）や初期の著作（一八七一年の『英国工場法』Die englische Fabriksgesetzgebung と、個人的に出会ったことのあるラサールの伝記）でも高い精神性を備えた人物であることがわかる。華やかなところはまったくなく、活発さに欠けていて、ユーモアもなかった。さらに、彼には「庶民派」と呼びうるような要素もなく、本人もそうありたいと願わなかった。旧いタイプの本物の自由主義者として大衆を見下していたからである。プレーナーは言う。「私の能力はもっぱら議会活動にむけられ、私は大衆集会や団体の集会で大言壮語して人々の人気を博す政党指導者ではなかった」*。交友のあった多くの者に無愛想だと思われ、自分でもそれをとりつくろおうとしなかった**。しかし、そうした魅力に欠ける性格は、一連のすぐれた資質により埋め合わされ、勤勉、公正、徹底の点で、議員たちの平均をはるかに超えていた。もともと国民経済学をきちんと学んでいて、帝国議会で長く活動する間に、あらゆる分野の政治活動について百科全書的な知識を得た。行政の諸問題、とくに財政問題解決のために貴重な貢献を行った。民族問題では、まったく柔軟性を欠くということはなかった。ツィリの件では、党の狭量な戦術に不承不承したがったが、まさにそのために帝国議会下院から引退した。(7)

＊"Erinnerungen", 2. Bd., S. 372.

＊＊"Erinnerungen", 3. Bd., S. 283.

『回想録』を見る限り、旧いオーストリアがもった最良の伝統をいくつも身につけていたこの人物が、当時の重大な政治的出来事にまったくよそよそしく対応したことは嘆かわしい限りである。彼の考え方が妨げとなって、こうした事態を身近なものとして捉えることができなかった。帝国主義の時代にあって階級対立、民族対立に付きものの暴力の噴出をきちんと理解しなかった。プレーナーの考えによれば、みすぼらしく、頻繁に侮辱され、憲法すら継子あつかいするオーストリア議会こそが、ドイツオーストリア・ブルジョアジーの特権的地位を守るにふさわしい手段だった。プレーナーがそのために必要と考えたのは、少しの忍耐と聡明さだけだった。彼の長い経歴の中でもっとも大事な時期に起きたのは**ターフェ**との対決であり、これは最後に、彼の勝利に終わった。ターフェとは馬が合わなかったのである。そつなく、少し軽はずみなところがある貴族は、杓子定規の自由主義者とはほぼ対極の存在だった。しかし、個人的な事情はたいして重要ではない。自由主義者たちはターフェをひどく嫌っていた。というのは、「お茶をにごしながらやってゆく」ターフェのやり口によって、自由主義者たちは政府から締め出され、しかもそれが一四年にも及んだからである。ついにターフェは危険な領域に踏み込む。彼は大衆の圧力に屈するとともに、保守陣営によくみられる、ある種の戦術的な思惑に導かれて選挙権の拡大を提案した。自由主義者たちは自分たちの時代が到来したと考え、他のふたつの大きな党派であるポーランド人、ホーエンヴァルト・クラブと協調してターフェを辞任に追い込んだ。当時、自由主義者たちは選挙制度改革に反対するキャンペーンを精力的に展開した。それから一〇ないし一二年後、改革を押しとどめることはもはや不可能となり、大多数の自由主義者たちは状況に適応して、他の諸政党といっしょに普通選挙権に賛成した。しかし、プレーナーは異なっていた。彼は［一八］九〇年代、制限選挙権擁護のために闘って、一九〇五年には貴族院で同趣旨の演説を行った。一九二一年に回想録の第三巻を出版したときもまだ、自分の旧来の立場を正しいものと見なしていた。

普通選挙権に反対する三大政党の一致した声は注目すべき表れであり、所有諸階級が当時まだ保持していた勇気と、普段は見せない抵抗の力とを示していた。持てる者たちは、労働者が数多くの集会で行った脅迫するような意思表示にも動揺しなかった。……自由主義を奉ずる党にとって、健全な政治的見解を、民主的なスローガンの美辞麗句に対抗して表明するのは容易ではない。こうした華麗な言葉は、自然権とフランス革命の時代から数多くの知識人を魅了してやまなかった。民主主義と普通選挙権が実際にもつ効果は、これを理論的に支持する者たちにも十分認識されておらず、彼らは、すべての市民の平等という原則に固執して、これを啓蒙のドグマや自由愛好と同じように評価した。……しかしこの場合、中産上層階層と豊かな農民とをふくむ左翼が、伝来の急進理論を無視できたのは、民族問題を考慮したからだった。民族問題のために普通選挙権がドイツ人にとって孕む危険を、どのドイツ人議員も意識した。ボヘミアとそれ以上にモラヴィアで、さらにはシュタイアマルク南部では、生え抜きの都市住民の上層はドイツ人であり、周辺から流入した庶民・労働者はスラヴ人だった。普通選挙権は否応なく多数の者に付与され、旧来の指導グループを押しのけずにはおかなかった。……オーストリアのドイツ人が影響力の大きな地位を保持することを望んだ者は、旧い選挙制度維持に腐心せざるを得なかった。二月憲法［1861年］に規定された利益代表組織は、確かに多くの批判にさらされた。……その基本的な政治思想をあからさまに言えば、ドイツ民族の歴史的、政治的立場を確保することだった。ドイツ民族は周知のように、オーストリアでは多数派を形成するものではなく、歴史的な営為、教育、豊かさ、納税額によって他の民族を凌駕していた。したがって、急進的なドイツ民族主義者が、この選挙制度の基礎のあら探しを続けたのは愚かなことだった。逆に言えば、国家の中でドイツ人の指導的立場を守ることを重視する者には、この選挙制度を可能な限り保持することが賢明だった。*

＊"Erinnerungen", 3. Bd., S. 90ff.

プレーナーがここに引用した文章を書いた一九二一年には、それはまるで墓場から立ち上がる声のように響いた。しかし、その内容の責任を彼だけに押し付けるのは正しくないだろう。彼はただ老人特有の頑迷さで、自分の若いころに自由主義者たちが一般に信奉していたことを放棄しなかっただけである。

**ハインリヒ・フリートユング**（一八五一～一九二〇）はモラヴィア出身で、ウィーンのショッテンギムナージウムで教育を受けた。後に「限界効用説」を唱えたフリードリヒ・ヴィーザーと同窓である。フリートユングの職歴は注目に値する。ウィーンとプラハ、ベルリンで歴史を学んだが、歴史家として職を得たのは短期間で、しかも、ぱっとしないものだった。彼は一八七三年から七九年にかけて、ウィーン商業アカデミーで教える。これに対し、もう若くもない歳になってから、いくつか才能あふれる著書によって学問上の名声を得た。なによりも『ドイツにおける覇権をめぐる闘争　一八五九～一八六六』（Der Kampf um die Vorherrschaft in Deutschland 1848-1860、二巻、一八九七～九八）と『クリミア戦争とオーストリアの政策』（Der Krimkrieg und die österreichische Politik、一九〇七）、『一八四八年～一八六〇年のオーストリア』（Österreich von 1848-1860、二巻、一九〇八～一二）が挙げられる。名声は海外までとどろいた。その他、プラハ大学は教授職を提供し、科学アカデミーは会員として受け入れた。また、政治家としての運命も尋常ではなかった。若いころ、ヒトラーの先駆者であるゲーオルク・シェーネラーと友達付き合いをしていた。彼といっしょに（またヴィクトール・アードラーも加わって）フリートユングは、いわゆるリンツ綱領を作成した。この綱領については後ほど触れる。ドイツ民族主義派の息のかかったグループ――まだアーリア条項を掲げてはいなかった――が、彼を自分たちの機関紙である『ドイツ新聞』（Deutsche Zeitung）の編集長に招いた。後に自由主義に転向するが、彼は極端にドイツかぶれで、スラヴ民族への嫌悪は、彼にとって命取りになるはずだった。この嫌悪のために、彼はセンセーショナルな裁判に巻き込まれ、それは彼の名を冠して歴史に残るとともに、名声を大きく損なった。晩年の政治的著作は、旧作と同じ前提から出発している。

帝国の内政・外交に対するフリートユングの態度は、以下の文章でとくにはっきりするだろう。彼が、友人のプレーナーが一八九〇年ころに挙げた業績を論評したものである。

二〇年を経た現在、あの闘いの歴史的・政治的意義を概観することができる。初めはヘルプストのまわりに、続いてプレーナーのまわりに集まったドイツオーストリア人の世代が成し遂げた畢生の業績は、チェコスロヴァキア国家がヨーロッパの真只中に樹立されるのを阻止したことである。ハンガリーと同じように、ボヘミア王冠の地が統一国家を離れて、分離した独立の共同体になる危険が何十年にもわたり存続した。この国家は間違いなく少数派のドイツ人を抑圧し、同時に新生のドイツ帝国と対立して、ロシア・フランスとの同盟政策を推進したことだろう。作用した他の政治的要因を軽視するわけではないが、なににもましてボヘミアのドイツ人による勇敢な抵抗が、中欧地図の変更を防いだことは言っておかねばならない。これにより、ボヘミアのドイツ人はドイツ民族全体に大きく貢献した。それはオーストリアが中小の国々に分裂するのを阻止したことでもある。こうした危険が、プレーナーと友人たちを強い抵抗に駆り立てたのだった。オーストリアを愛する者として、母国を最悪の事態が襲うことを心配したのだった。*

さきに触れたフリートユング**裁判**には、次のような事情があった。*

---

＊Einleitung zu der Sammlung der Reden E. v. Pleners, 1911, S. X.

＊フリートユング裁判は、しばしば文献に取り挙げられた。バルカン政策にとってたいへんに重要だったからである。詳細な説明は、R. W. Seton-Watson, "The Southern Slav Question and the Habsburg Monarchy", 1911, S. 209-287を参照。

ボスニア併合後、オーストリアとセルビアの間には強い緊張が続き、ともすれば戦争に転化しかねなかった。エーレンタールは、内外の世論を戦争に誘導しようとした。そこで外務省がフリートユングに、証拠にもとづくとされる情報を与えた。それは、セルビアの王と政府が［オーストリア］帝国議会のセルビア人、クロアチア人議員と共謀して、オーストリアの国防に関わる「策動」を行っている、とするものだった。議員の買収等が主張された。

フリートユングはこの情報を、容赦ない言葉があふれる記事――一九〇九年三月の『ノイエ・フライエ・プレッセ』に掲載――の中で公にした。記事はいう。オーストリアが武器を手にベオグラードに秩序をもたらすならば、それは大きな価値をもつ文化的行動である、と。攻撃された議員たちは、この弾劾に抗議した。ところが、フリートユングは非難を撤回せず、むしろ、すべては立証できると主張したため、五二人の議員たちが名誉棄損の訴えをおこした。審理は一九〇九年一二月にやっと開かれ、すでにその時点で、諸国はボスニア併合を承認していて、戦争の危険も当面は去っていた。ことがうやむやに終わるのが外務省には望ましかった。しかし、もはや止めようがなかった。裁判はフリートユングにとって望ましくない経過をたどった。告訴代理人はドクター・ハルプナーで、後の特設裁判でフリードリヒ・アードラーを弁護した人物である。フリートユングの弁護人は、ドクター・エトムント・ベネディクトだった。フリートユングは初日、三時間にわたる陳述を行い、その最後はセルビアとクロアチアに対する弾劾となり、大言壮語する者といった印象を残した。＊その後「証拠書類」が提出されたが、大部分は謄本で、一部は複製写真であり、原本はひとつもなかった。告訴人たちにとって、証人と鑑定人の助けを借りて、それがお粗末極まりない偽造であることを立証するのは難しくなかった。証人のなかではマサリク教授が際立っていた。ベオグラードのオーストリア公使館は、書類を疑わしい人物から入手し、その一部は公使館内部で作成された。＊＊フリートユングは、ここであっさりと言うことも可能だった。記事を書くよう勧めた部署が部署だったので、偽造の可能性をまったく疑わなかった、と。しかし、彼は不可解な理由で自分の言い分にこだわった。その理由とは、書類を精査し、かつ歴史学の厳密な方法を適用した、というものだった。これはますます馬鹿げたことだった。彼はセルビア語ができず、そのうえ、セルビア語のアルファベットすら読むことができなかったからである。*** 審理が長々と続いた後、フリートユングは収拾のつかない状況に陥り、マサリクとベルンライターというふたりの議員が和解を成立させた。フリートユングが、自分の主張の間違いを認めることを供述して記録に残し、セルビア人とクロアチア人は、供述を信じて告訴を取り下げたのである。

*R. W. Seton-Watson, a. a. O., S. 211.

**R. W. Seton-Watson, "Masaryk in England", 1943, S. 17.

***R. W. Seton-Watson, "The Southern Slav Question and the Habsburg Monarchy", S. 287.

フリートユングを、現代の我々が正当に評価することは難しい。彼は政治的にまったくあわれな役回りを演じた。しかしながら、尋常ならざる才能をもっていた。世界中で彼の著書に寄せられる賞賛には理由がある。少なくとも『ドイツにおける覇権をめぐる闘争』に関する限り、そう言える。ここでは彼の博識だけでなく、冷静な判断、過去を呼び戻す並外れた力、明白で生き生きとした言葉に出会う。なるほど、ときにドイツかぶれが現れてはいるが、それも二三箇所のことである。**歴史家**フリートユングには尊敬を払わざるを得ない。誤解を恐れずに付け加えれば、**政治家**フリートユングは容赦されない。

帝政が存続した最後の数十年、誰が実際の支配者だったかを突き止めたいと思う社会学者は、多くの政党指導者や二三の首相を無視しようと思えば、安んじて無視することができよう。しかし、**モーリッツ・ベネディクト**（一八四九～一九二〇）を無視することはできないだろう。ベネディクトはその生涯をつうじて、オーストリアで最強の一〇人ないし一ダースの人物に含まれていた。新聞人が現代社会で手にする影響力からいえば、ベネディクトは少なくともノースクリフやハーストに匹敵する。*

＊ベネディクトについては次を参照。Nagl-Zeidler-Castle, "Deutsch-österreichische Literaturgeschichte", 3. Bd., 1930, S. 878 及び『ノイエ・フライエ・プレッセ』一九一四年八月三〇日記念号の数多くの記事。

一八六四年からウィーンで『ノイエ・フライエ・プレッセ』は発行されていた。創立者はマックス・フリートレンダーとミヒャエル・エティエンヌというふたりのジャーナリストである。ふたりは旧い『プレッセ』紙で働いていたが、〔発行人の〕アウグスト・ツァングに反感をいだいて独立した。ベネディクトはエティエンヌに「発見」され、一八七二年、まだ日も浅い新聞の編集部に入った。一八八一年にはすでに主筆となる。長年、エードゥアルト・バッハーとともに紙面の政治論調に心配りした。ついに（一九〇八年）、新聞社の唯一の支配者となり、その紙面は公的生活の広範な分野に影響力をふるった。

『ノイエ・フライエ・プレッセ』がその特別の地位を得たのは、さまざまな事情が一緒に作用したからである。重要なのは、金融資本、とくにロスチャイルド家やオーストリア信用銀行との密接な結びつきだった。それによって、他の新聞が直面した財政的苦境を経験せずに済んだ。洗練された技術設備を備えることができて、早くも一八七三年の〔ウィーン〕世界博覧会で驚嘆を引き起こした。当時としては想像を絶するほど費用効率の良い完全な情報網を整備した。政治面では、定期購読者が獲得できる社会層、つまり、金融界や商工業界、恵まれた知識人の利害を精力的に代表した。専門テーマの欄、とくに「エコノミスト」と名づけられた経済欄では一流の権威者たちが発言した。卓越した文芸欄並びにそれと同等の高い水準をもった文芸付録が作られた[8]。客観的に見て、オーストリアで編集が最良の新聞というだけでなく、ヨーロッパでも有数の新聞であった[9]。愛読者たちは、この新聞にふさわしいと思われる以上の尊敬をはらった。エードゥアルト・ヘルプストはプレーナーに語っている。『プレッセ』の文芸欄にはしばしば、分厚い本一冊分を超える知識と精神が含まれている、と。*

*E. v. Plener, "Erinnerungen", 2. Bd., S. 7.

シュテファン・ツヴァイクは一九四一年になってなおも記す。

もともと［一九世紀・二〇世紀の世紀転換点に］ウィーンにはただひとつの高級な新聞紙『ノイエ・フライエ・プレッセ』があるだけであった。それはその高貴な態度と文化的努力と政治的威信によって、たとえば英語世界に対する『タイムズ』、フランス語世界に対する『タン』と同じような意味を、オーストリア＝ハンガリー君主国全土に対して持っていた。……無論のこと、その世界観においては『進歩的』で自由主義的であり、その態度においては堅実で慎重であったこの新聞は、模範的なありかたで、古いオーストリアの高い文化的水準を代表するものであった。*［原田義人 訳］

*St. Zweig, "Die Welt von gestern", Bermann-Fischer, Wien, 1948, S. 143f., 1. Ausgabe (engl.), London, 1944.

ベネディクトは間違いなく、偉大なジャーナリストを作る資質をいくつももっていた。勤勉さと知識、手際の良さが並外れていることは、彼の敵対者たちも認めていた。何十年にもわたって編集者の本来の仕事をこなすだけでなく、毎日、長めの政治記事を書いた。さらにその傍ら、余裕をもって「エコノミスト」欄への気配りを怠らなかった。ベネディクトは徹底的な訓練を受けた経済学者であり、政府は数々の機会（一八九二年の外貨調査、一九〇七年の株式制度調査）に助言を求め、彼の提案を採択した。彼はまた何度も『プレッセ』を大センセーションのメディアとすることに成功した。ひとつ世界的なセンセーションとなったのは、ビスマルクが一八九二年にベネディクトに許したインタヴューだった。憤懣やるかたないドイツ帝国の前宰相は『プレッセ』を利用して、ヴィルヘルム二世の政府に対するきびしい批判を表明した。もっとも『プレッセ』は後になって、同じヴィルヘルムにあらゆる宣伝サービスを提供して尽くしたのだった。ビスマルクは自分をインタヴューした人物が気に入って、冗談めかして言った。「ベネディクトは立派に語った」(Benedictus bene dixit.)

しかしながら、ベネディクトは一級のジャーナリストとは言えなかった。しかも、彼には性格の特性がなかった。その活動に道徳が働いているとは感じられなかった。彼の厳しさや支配欲、所有欲は、ウィーンでは周知のことだった。『プレッセ』の職員には最悪の暴君であり、身近なスタッフからは嫌われ恐れられた。

さらにいえば、彼のジャーナリストとしての才能は、はっきりとわかる欠陥を抱えていた。それは、彼の論説スタイルが、自由主義の情熱と上級ラビの情熱とを融合して異様に一体化したものだったことである。カール・クラウスは自分の雑誌、『ファッケル〔炬火〕』(一八九九年に刊行開始)で、ベネディクトの文体を嘲弄し貶めることを課題にして、若い知識人たちの喝采を浴びた。

多くの陣営から、とくにカトリックと社会主義の陣営から『プレッセ』に向けられた論争によっても、同紙がオーストリアで有数の重要な政治機関であることを妨げられなかった。それはオーストリアの人々にとって不幸なことだった。あるかなきかの例外を別にすれば、『プレッセ』は政治問題に対して、自由主義の内部でももっとも右寄りの、つまり、ぎりぎり可能ではあっても最悪の立場を取った。『プレッセ』が、どのようにしてツィリの些細な学校問題をドイツ人の死活の問題に変えたか、あるいは、フリートユングの書いた記事を発表することで、一九〇九年のバルカン危機をいかに悪化させたかはすでに説明した。オーストリア帝国主義の他国を挑発してやまないあつかましさは、一九〇〇年ころに載ったベネディクトの記事で不朽のものとなった。しかし、もっともひどい行き過ぎは、まさに戦争〔第一次世界大戦〕が勃発したときに行われた。ドイツ帝国のブルジョアジーは、いまや世界支配をもとめる戦争の只中にいた。ベネディクトによれば、それは好機が到来したことであり、オーストリアのブルジョアジーも、彼らにしたがって勝利の成果にあずかるべきだった。この考えは四年にわたり、『プレッセ』で他の一切の配慮を背景に押しやった。同紙はもはや全ドイツ主義の新聞と見分けがつかなかった。ドイツに賞賛を浴びせるだけでなく、ベネディクトは特別の罪を犯した。それは、さらに特別な賛辞を用意していたことである。ドイツが小国の中立ベルギーに襲いかかり、リエージュが占領された。ベネディクトは書く。

……この知らせが届いて、今日、ウィーン全体がいかに沸いたかを記すのはむずかしい。ひとりが事態を別の者に伝え、みな同じことを感じた。ドイツ民族はいまだ変わらないのだ、［ドイツ］統一の権利を、剣をもって闘い取るべく、かつてフランスに赴いた民族のままだ、と。意志の力は、長い平和の時代や富の増大、商業・交易の発展によって弱められはしなかったし、筋肉と神経は、軟弱になりはしなかった。若人の気分がほとばしって年長者を満たす。彼らはいまだ、四〇年以上昔の、栄光に満ちた八月の日々を思い起こして感じることがある。ドイツ軍の跳躍力は当時とくらべて劣っていないし、諸国民の中でもっとも平和を愛する国民は、敵のねたみと悪意が激しい怒りを呼び起こすならば、まるで自然の力のように前進し、勝利を獲得するまで前進し続けるだろう、と。……この輝かしい行為が我々に何かを告げる。それは、約束のように我々に働きかける。……それは老モルトケでも、これ以上にうまく考え出せないだろう。……*

*"Neue Freie Presse" vom 8. August 1914.

こうした調子で四年が過ぎた。ツェッペリンがロンドンを爆撃し、「ルジタニア号」が沈められ、ブレスト・リトウスク講和が［ロシアに］押し付けられたときも、この調子は変わらなかった。一九一八年三月には、中欧諸国の敗北が間近に迫っていることは十分明らかだった。ドイツ人は、新しく建造した巨大砲で一二〇キロ離れたところからパリの民間人を砲撃することにより自分たちを防衛することが可能だと信じた。『プレッセ』のコメントは言う。

巨大砲の効果は、パリでは秘密にされている。我々は、個々の報告から、巨大砲が人々の意気を大きく挫いたと結論する。パリの住民は砲撃が始まった初めのころ、地下室に逃げ込んだ。授業が地下室で行われる。……金融市場が地下室に移された。……パリの住民が、爆弾は飛行機から投下されるのではなく、遠方の大砲から飛んでくると確信したとき、パリに恐怖が広がったことは当然だった。……しかし、この大砲にはさらに特別なことがある。いつも野蛮人だといわれてきた敵が、突然に技術的な有能さを示し、人間の自然支配力について従来の考え方をすべて変化させ、ひっくり返した。ドイツの科学とドイツの工業は手を携えて、敵をびっくりさせることに成果を挙げた。こうした諸力は、フランス人が敵についてもっていた考え方に跳ね返らざるを得ないだろう。大砲はおそらく、現在の戦場で軍事的というよりも心理的に重要だろう。大砲のもつさらに大きな意味を、いまは留保しておくが、将来、付け加えることができるだろう。*

*"Neue Freie Presse" vom 26. März 1918.

これが可能だと考えたくもない。しかし、ベネディクトは信じる。まさにVワン、Vトゥーの先駆である巨大砲が助けとなって、ドイツ人が野蛮人の悪名から逃れられる、と。彼はもう少しのところで躊躇なく、オーストリア人に同じ悪名を献上するところだった。『ノイエ・フライエ・プレッセ』の文芸・学芸欄に載っていることが、政治面の記事を忘れさせてはくれない。まさに逆のことがいえる。ここでは芸術・学問が表看板として、深刻な反文化的企てに悪用された(10)。

これまでに述べたすべてのことから明らかなように、民族問題をあつかう自由主義の著述家たちの思考過程は単純なものである。ドイツオーストリア人がスラヴ人等に比べて優秀であるという仮定から、実践的な結論が導かれる。これがすべてである。これに対し、経済問題に関心を向けた著作家たちには、抽象的な熟考への強い傾向がみられる。彼らは「限界効用学説」により、国民経済学にとどまらず現代の文献に現れる難解さで有数の学説を創造した。

**限界効用学説**はオーストリアで、**カール・メンガー**（一八四〇〜一九二一）により創始された。メンガーは学説をまず、一八七一年に刊行された『国民経済学の諸原理』(Grundsätze der Volkswirtschaftslehre) で展開した。彼とほぼ同時期にしかも独立して、フランスの経済学者のレオン・ワルラスと英国のW・St・ジェヴォンズが、きわめてよく似た考えを発表した。新しい学説は、何よりもオーストリアで精力的に発展させられた。したがって、それは一般に「オーストリア学派」の学説として知られている。メンガーの直接の弟子でもっとも優れていた者は、フリードリヒ・フォン・ヴィーザー（一八五一〜一九二六）とオイゲン・フォン・ベーム＝バヴェルク（一八五一〜一九一四）である。また学派のよき体系家としてオイゲン・フォン・フィリポヴィチ（一八五八〜一九一七）が育った。三人の研究者はともに、メンガーと同じようにウィーン大学教授を務めた。［一八］八〇年代から限界効用学説は、高まる国際的な注目を浴びた。学説は多寡はあるが、イタリアのM・パンタレオーニやL・コッサ、G・マッツォーラに継承され、オランダではN・G・ピアソン、フランスではCh・ジードやM・ブロック、米国ではS・N・パッテン、J・B・クラークに受け継がれた。今日でも、たいていの国々で支持者をもっている。同学説を扱った文献は、論駁書も含めて膨大な量に膨れ上がった。

オーストリア学説の誕生は、ある特有な状況と密接に関連している。それは経済学が、マルクスの登場によって前世紀［一九世紀］末ころに陥った状況である。この学説史に関わる状況を理解してはじめて、［限界効用］学説を把握・評価できる。

一七世紀初めより一九世紀初頭まで、経済事象に取り組んだ著作家たちのうちで最良の人々は、経済学の「古典学派」と名づけられる。古典学派がもたらしたものは、彼らの眼前に展開する資本主義体系の分析である。古典学派全体にとって、財の交換価値概念や、商品が経済取引においてもつ価値概念が根本的に重要である。古典学派が徐々にはっきりと主張することは、当該の商品に含まれる人間労働の量によって価値が決められるということである。*

*K. Marx, "Zur Kritik der politischen Ökonomie", 1859, 2. Neuausgabe von K. Kautsky, 1907.

アダム・スミスはいう。

あらゆるものの実質価格、すなわち、あらゆるものがそれを獲得したいと思う人に真に負担させるのは、それを獲得する上での労苦と手数である。それをすでに獲得していて、それを処分し、あるいは、なにかほかのものと交換したいと思う人にとって、すべてのものがもっている真の値うちは、それによって彼自身が節約でき、またそれによって他人に課することができる労苦と手数である。［杉山忠平 訳*］

*A. Smith, "Inquiry into the Nature and the Causes of the Wealth of Nations", 1776, 1. Bd., 1. Buch, 5. Kap.

リカードはこの文章を自分の主著にそっくり引用して、自己の学説の不可欠の要素として受け入れた。*ふたりの思想家は自分たちの理論的洞察から、資本主義にはあらゆる発展の自由が許容されねばならない、という結論を導く。つまり、ふたりは、経済自由主義の綱領をまとめる。さて、スミスもリカードも、ふたりを際立たせる洞察にもかかわらず、ある一点において首尾一貫していない。労働が価値創造の機能をもつという学説は、ふたりによって最後まで貫徹されない。リカードは、スミスよりこの方向でずっと先へ進むけれども、目標の二三歩手前で立ち止まってしまう。古典学派が立ち止ったところから、一九世紀中葉、社会主義者たちがさらに先へ進んだ。彼らは自由主義の政治思想や自由の理念、平等の理念を、下層民衆の利害に対応する結論にまで推し進めるとともに、自由主義の経済学説も同様に先へ進めた。カール・マルクスは労働価値説から出発して、資本主義の内的構造を示した。

＊D. Ricardo, "Principles of Political Economy and Taxation", 1817, Kap. I, Abschn. I, Paragr. 6.

生産手段（素材、機械等）を所有しない労働者は、企業家に労働力を売る。企業家のために働くことによって、その素材に一定の価値量を付加する。自己の労働の対価として得る賃金は、自己の労働力の維持、更新、つまり、日々の「再生産」を可能にする。しかし、それは、労働力が企業家の素材に働きかけて生み出す価値よりも少ない。この差、つまり、「剰余価値」は、企業家のもとに流れ、その利得を形成する。

このように考えて、マルクスは資本主義秩序の搾取の性格をあばく。それは賃金労働者を雇って富裕になることを資本家に許すものである。経済学理論は、かつて封建制度と闘うブルジョアジーの有数の重要な武器だったが、社会主義哲学者の手の内で、ブルジョアジーに**対する**イデオロギーの武器に転化した。

学問の発展が、知識への渇望だけによって決定されるのであれば、一八六七年にマルクスの『資本論』が刊行されてから、経済学者全員が社会主義者にならねばならなかったろう。古典学派の価値論を前提にする限り、マルクスに反論できなかったし、また、その前提も反駁できなかった。しかし、我々は『資本論』の著者に感謝しよう。彼は学問上の思考が本質的に、非理性的な諸要素の影響を受けるものであることを教えてくれた。ひとりひとりの研究者のうちに息づく、出身や置かれた場にもとづく望みや恐れに思考は喜んでしたがう。そこで経済学は、その大多数の主唱者たちが政治的に拒絶した立場に移行することを回避した。なんとか社会主義をやり過ごそうとして、新しい道を模索し、ついに見出した。たとえばドイツの教授たちからなる強力な「歴史学派」は説明した。すべての理論が基本的に無意味であり、ある特定の時、特定の場所の具体的な経済的制度とである。こうして敵を倒すのではなく、敵をうまくやり過ごしたのである。
オーストリアの教授たちが歩んだ道は、別の経路をたどった。彼らは古典学派と社会主義者の演繹的方法を受け容れたが、可能な限りその価値理論を壊し、別の考え方に置き換えた。そこからは、まったくの対立物が演繹された。限界効用学派は、歴史学派に対して方法的混乱という批判を向けた。

**限界効用**とは何か？　わずかの言葉だけで言うことは容易くないが、やってみよう。労働価値説は「客観的」学説である。商品価値を、客観的に確定され測定可能な量に、つまり、商品に含まれる労働量に還元する。これに対し、「オーストリア学派」は、経済価値の主観的、心理的性質を強調する。価値は「評価である。この評価は、経済人が自己の生命の維持と厚生のために利用しうる財の重要性に下すものである。したがって、価値は、経済人の意識の外には存在しない」*。「経済的価値は、……重要性である。この重要性は、我々が（言葉のもっとも広い意味で）財に付与するもので、その際考慮されるのは、厚生の増進が、この財に依存していることを我々が知っているということである」**。経済財が客観的交換価値をもつというのは、おそらく正しい。つまり、それは交易において他の財の一定量、とくにある貨幣量と交換できる能力をもつことである。しかし、交換価値の基礎も主観的な価値評価であり、経済人たちが財に対して行うものである。財の価値評価に際して、我々は何を基準にするだろうか？　つまり、我々がある財に高めの価値を、あるいは低めの価値を付与するのは、何に依存しているのだろうか？　メンガー派は答える。それは財の効用に依存している、と。決定的なのは、財が「それそのものとして」もつかもしれない効用ではない。財の一定量の効用こそ決定的である。この効用は、一定の需要水準を前提に量られねばならない。たとえば食料は「そのものとして」非常に有用である。しかし、経済人が大量に食糧を保有していれば、有用さは減少する。

*C. Menger, "Grundsätze der Volkswirtschaftslehre", 1871, S. 86.

**E. v. Philippovich, "Grundriß der politischen Ökonomie", 1. Bd.: "Allgemeine Volkswirtschaftslehre", 14. Aufl., 1919, S. 242.

「食糧の……追加量を意のままにできることによって増大する効用は、新たに付け加わる量とともに減少する。しかし、これが意味するのは、個々の部分量の効用もまた、我々にとって減少するということに他ならない。もし食糧、衣類等に対する我々の需要が一定程度まで充足されれば、我々の需要をこうした財へといざなった需要喚起は、もはやそれほど強くなくなり、重要度の低い別種の財に対する需要［喚起］と同じになる。別の物、たとえばタバコ、酒、その他嗜好品の**具体的な**効用は、先述の財の追加部分量がもつ効用よりも大きくなる」*。ここからもう少しで、限界効用の意味がわかる。

*E. v. Philippovich, a. a. O., S. 248.

こうした事情が、財に対する我々の価値評価を規定すると理解される。我々が財のストックの一定部分量に付与する価値にとって決定的なのは、この部分量に関わる効用である。小麦を集積した農業者は、次の収穫まで、それでしのがねばならないが、彼の食糧、家畜の飼料、種もみ等の需要は、利用できる小麦量に依存するので、彼は、そうした需要すべてを充足することは、小麦の総量に依存していることを理解する。その総効用は、食糧、飼料、種もみ等に必要とされる部分量すべての効用を併せたものと同じになる。しかし、部分量を観察するとき、事情は異なる。理性的な人間は誰もが、まずはもっとも大事な需要を、財のストックから満たす。次に、重要度のより低い需要をみたし、続いてさらに重要度の落ちる需要を満たしていく。小麦のストックが、ある部分量だけ増加するとしたら、この新たに付加される部分量によって、これまで数え上げた需要よりも重要度の低い需要がさっそく満たされる。つまり、新たに付加される部分量の効用は、恒常的に低下する。一方、全ストックの効用は増加するが、増加率は低下する。

かの農業者は、部分量、たとえば一〇〇キロの小麦を、どのように高く評価するか問うてみよう。それは諸需要の数と大きさ、そして小麦量に依存する。たとえば、いちばん強い需要を一〇とし、いちばん弱い需要をその一〇分の一としてみよう。需要を満たすために必要な大きさをもった一〇個の部分量があるとすると、ひとつの部分量の使用に依存するのは、ただ、需要のスカーラの限界にある、つまり、もっとも少ない需要の充足だけである。この部分量が提供する効用が、「限界効用」である。これは財ストックの部分量を評価するのに決定的である。［複数ある］部分量は、その種類と量においてみな同じである。そのひとつの単位が利用されねばならないとき、重要度の高い需要を満たさずにおくことはできないので、ストックが満たすべきすべての需要のうち、効用がもっとも少ない需要が満たされずに残される。ここから次の法則が生まれる。財のストックと諸需要が与えられると、財一単位の価値量は、最後に使用しうる財の部分量が与える効用によって決まる。この効用が限界効用と名づけられたので、財ストックの価値は、限界効用にしたがうという公式が生まれる。*

＊E. v. Philippovich, a. a. O., S. 248; vgl. C. Menger, a. a. O., S. 98ff.

これによってまず説明されるのは、もちろん主観的価値だけである。客観的交換価値ではない。しかし、「オーストリア学派」はすでに述べたように、主観的価値に客観的交換価値の根源をみる。さまざまな経済人たちは、同一の財を主観的にさまざまに評価する。この財に興味をもつ者すべてが、市場で売り手として、あるいは買い手として出会う。この多様な主観的諸評価から、メンガーが詳細に述べる計算に基づいて、市場である種の平均、つまり、客観的価値が形成される。*

＊C. Menger, a. a. O., S. 172ff.

限界効用の考えを習得しようとする者にとって、それが誰であっても一連の疑問がわいてくる。たとえば、消費財（メンガーは「低次財」と名づける）の評価と生産手段（「高次財」）の評価との間に根本的な相違が存在するかどうか？

ウィーン学派はいう。否、相違はない、と。消費財Aを生産することのできる生産手段グループの価値は、Aの限界効用と同じである。生産のために必要な労働も、生産手段のひとつと見なしうる。たとえば、一定量の小麦、一定量の燃料、一定量の労働が一〇個のパンを焼くのに十分であれば、小麦、燃料、労働全部で、ある価値をもち、それは一〇個のパンの限界効用と同じである。*

*C. Menger, a. a. O., S. 123ff.

さらに湧いてくる疑問を列挙しようとは思わない。というのは、メンガーの支持者が答えねばならないことを、ここで要約して言うことはできないからである。もしそれをやったら、何十ページにもわたる記述にならざるを得ないからである。我々にとって、［オーストリア］学派がその基本概念をどのように説明するか、またそれに由来する困難をどのように克服するかを知ることは、それほど重要ではない。もっと大きな興味をひくのは、経済学の重要問題を解決すべき場面で、限界効用という概念がどのように使われるかをみることである。一例をベーム＝バヴェルクの**企業者利得説**が示している。この説をざっと見てみよう。

ベーム＝バヴェルクは『資本と資本利子』(Kapital und Kapitalzins)*という大部の著書第一巻で、企業家利得を扱った学説史を示す（第一巻、『資本利子諸理論の歴史とその批判』Geschichte und Kritik der Kapitalzinstheorien）。彼は諸理論をことごとく不十分であると考える。第二巻のタイトルは、『資本の積極理論』(Positive Theorie des Kapitals) である。『積極理論』では、まずメンガーの価値説がていねいに展開される。その後、ベーム＝バヴェルクは本来の問題に取り組む。企業者利得がどこからやってくるのか？　彼が我々に与える回答は簡潔である。

*著書は最初、一八八四年～八八年に出版された。ここで引用する大幅に拡大された第三版は、一九〇九年～一四年に出た。ベーム＝バヴェルクと彼の見解については以下を参照。St. Grabski: 'Böhm-Bawerk als Kritiker Karl Marxens' in "Deutsche

Worte", XV. Jahrgang, 1895, S. 149ff.; R. Hilferding: 'Böhm-Bawerks Marx-Kritik' in "Marx-Studien", 1. Bd., 1904, S. 1 - 61.

一般経済法則にしたがえば、目の前の財は、将来の財に比べると、より高い限界効用と、したがってより大きな価値を有する。企業家の営みは、現在の財を将来の財のために犠牲にすることである。結果として、その差は企業家の懐に入る。

もちろんベーム＝バヴェルクは、この見解を補強するため、現在財と将来財の価値の差を根拠づけねばならない。さまざまな理由が挙げられるが、決定的なのは次のものである。

現在財を所有する者は、長い「生産迂回路」を辿ることができ、将来、より大きな所有物を確保できる。技術的な経験が教えるところによれば、生産財を早急に消費財に転換することを断念して、長時間を要する生産方法を選択する者は、豊かな利得をもって報われねばならない。「生産迂回は利益を生む」*。私が将来財をもって、つまり、一年後にはじめて使用できる財をもって、今日すぐに生産迂回を始められないことは明らかである。したがって、まったく一般的に言えることだが、将来財の評価は、同種で同数の現在財よりも低い**。

*E. v. Böhm-Bawerk, "Positive Theorie des Kapitals", S. 15ff.

**Ebenda, S. 453ff., 521ff.

さらにベーム＝バヴェルクは、資本主義企業家の本質が、本当に現在財を将来財と交換することにある、ということを示さねばならない。またその証明は、まったく演繹的に行われる。ベーム＝バヴェルク自身に語らせてみよう。企業家の行為は次の様相を呈する。

高次の諸財、つまり、素材、道具、機械、土地利用、そして主として**仕事遂行**（Arbeitsleistungen）という生産手段を購入し、生産過程を通じて、それらを第一次の諸財に、つまり、すぐに消費できる諸生産物に転換する。その場合、こうした諸生産物に……利得が生まれる。ある者たちは、それを「原初的な資本利子」あるいは「利潤」と名づけ、別の者たちは「剰余価値」と呼ぶ。

この利得は、どのように説明できるだろうか？

私はある大事な事実を確認することから説明を始めなければならない。高次の諸財は、物理的に目の前に在るといっても、その経済的性質からは**将来財**である。現在の状態では、需要を満たすには適さない。……周知のように、我々は、高次の諸財の評価を、すぐに消費可能な最終諸生産物の限界効用と価値によって行う。一〇〇ツェントナーの穀物を得る生産手段グループは、我々の需要を満たすにあたり、同グループが転化した一〇〇ツェントナーの穀物とちょうど同じ重要性をもつ。しかし、この一〇〇ツェントナーは……さしあたり、まだ将来の一〇〇ツェントナーであり、将来の諸財の価値は……現在のものより少ない。将来の一〇〇ツェントナーは、たとえば、現在の九五ツェントナーの価値しかない。ここから引き出される結論は、次のようなものである。**生産手段もまた、現在財と比べて評価すれば、生産手段がつくり出すことのできる、すぐに消費可能な最終製品の個数よりも少ない個数の価値しかないと見なされる**。一年後に一〇〇ツェントナーの穀物を生産する生産手段グループの価値は、**翌年**の一〇〇ツェントナーと同じ価値であるが、ただし、**現在**の九五ツェントナーの価値しかない。……これは、生産諸手段、とくに**労働**の「安い」購入の根拠に他ならない。社会主義者たちはこの根拠を、正しく資本利得の源と説明するが、あからさまに、持てる者による労働者の搾取の成果とするのは不当である。購入は、見かけほど安くない。安いという見かけはたいてい、価格を財以外の別の尺度で測るからである。……生産手段、ないし購入に当たって目的とするその利得は、将来財である。(11) より小さい価値の数多い将来財を、より価値が大きく数少ない現在財で購うことは、五〇グルデン鋳貨一〇〇個を四五グルデン鋳貨九〇個で得る「安さ」に比べたら、それほど「安く」ない。労働者たちが購入し所有諸関係の責任はわずかしかなく、人間の性質と生産技術という基本的な事実が、はるかに大きな責任を負う。*

なければならない将来財の価値が、資本家たちが提供しなければならない現在財の価値よりも少ないことに対して、

＊Ebenda, S. 502ff.

これで限界効用学説の考察を終えよう。その一貫性のなさ、不明確さ、諸矛盾をここで論ずることはできない。そのためには詳細な検討が必要だろう。しかし、二三、全般的な注解のための基礎は次のようなものである。

一、この学説は、その支持者が好んで言う非政治的なものではなく、政治的に明白な予兆を示す。同学説は、資本主義秩序の正当化を試みる。

二、この試みは「限界効用」という概念を手掛かりに行われる。同概念は、見解全体の名称になるだけでなく、論理的にその主要概念である。

三、限界効用の考えには、同学説の大きな弱点も存在する。ウィーンの教授たちは限界効用を、経済学革新の一種魔法の手段とみる。しかし、こうしてできる学説は奇妙なものである。古典学派とマルクス主義者は、客観的な諸関係を研究する。すべての社会的富の疑いえない根源である労働と、多様な経済現象、とくに所得分配との関係を検討する。これに対し「オーストリア学派」は、心的態度を探求する。心理的諸命題からの演繹は、必然的に再び心理的諸命題である。ベーム＝バヴェルクの資本利子の説明は、偶然ではなく必然的に、ある心理学的主張に行き着く。それは、たいていの人が、資本家と労働者との間に存在する所得の相違は、双方の業績の裏付けをもつと信じている、というものである。そうした価値判断に表われる「人間性の基本的な事実」が確かであるとしたら（もっともそれは不確かであるが）、それ

によって何が証明されるのだろうか？　経済学に関係することは何も証明されはしない、ということは確かだ。心理研究家にとっては、おもしろい立証かもしれない。経済学者が興味を覚えるのは、資本家と労働者による社会的厚生への実際の貢献であり、架空の貢献ではない。一言でいえば、メンガーが行った主観的なものへの転換は、学をまったく間違った方向へ追いやった。この道はどこにも行きつかない。基本的にそれは、観念的形而上学への転換だった。この転換は経済学とともに、その他の学問分野でも重大な結果を招いた。

メンガーのテーゼ、つまり、価値は「経済人の判断」だ、というものと、価値は「経済人の意識の外には存在しない」というものは、別のテーゼをはっきりと思い起こさせる。それは、我が窓辺の一本の樹とその樹のわたしの知覚とは同一である（樹はわたしの意識の外には存在しない）というテーゼである。化学分析によって商品価値の物理的存在は証明されはしない、という意味でメンガーはもちろん正しい。しかし、商品A二個の価値が商品B四個の価値と等しいということは、前者に含まれる人間労働と後者のそれが等しいということに他ならない。これは客観的事実であり、我が家の前に立つ樹と同じように、人間の意識から独立している。メンガーの定式化は、彼が観念論的認識論の「実証主義」版に影響を受けたことを明らかにしている。これは、彼が属する知識人世代のほぼ全体について言えることである。それがエルンスト・マッハの影響なのか、あるいはメンガーは、コントを中心とするより旧い著作家たちから発想をくみ取ったのか、ということは検討に値するだろう。

「オーストリア学派」の基本著作の出発点は、資本主義の秩序、しかも帝国主義以前の秩序である。無理からぬことだ。こうした著作は、帝国主義時代の入り口で、あるいはもう少し手前で書かれたからだ。しかし、同学派は二〇世紀の諸問題、とくに独占が生んだ諸問題に対し、態度を明らかにせざるを得なかった。独占の力を制約するために数々の提言が行われたが、これに対し原則的反対の態度を表明しなかった。今日も命脈を保つ限界効用学派第二世代になってはじめて、改良に絶対的に反対する極端な立場に自由主義を推し進めようとする傾向がみられる。

「オーストリア学派」が政治的、認識論的な立場を明確にすることを断固として拒んだことも、にわかには容認しがたい。学派の最良の代表者たち、なかんずくメンガー、ヴィーザー、ベーム＝バヴェルクという三人の父祖たちは、他に類例を見ない独特の多産な思想家だった。大学の平凡な活動に収まりきらず、三人は計りきれないほど抜きんでていた。広範な知識、明晰な頭脳、諸事実を整序し判断を伝える並外れた巧みさをもっていた。また明晰な書き手というだけでなく、わかりやすく人を引き付ける話者であり、優秀な教師であった。三人は、多くの者を講義に引き付け、後にまったく別の見解をいだくようになる数多くの学生たちに経済学的思考への興味を初めて呼び覚ました[12]。

これまでの説明で、ある事実に何度も出会ったが、今またこのことに遭遇する。それは、自由主義者たちの行動が、何ら進歩的な傾向をもたなかったにもかかわらず、個々にはかなりの「進歩の」水準を維持していたことである。しかも君主制の末期数十年には、自由主義ブルジョアの間に以前よりもすぐれた者たちがいた。本書ではこれまで、この階層の優勢な路線についてのみ語ってきた。しかしながら、これに反対する路線も存在した。この人々は反対派として、いつも自分たちの特色を意識していたわけではなく、また、まとまりにまったく欠け、しかも、彼らと優勢なグループとの間の境界は限りなく曖昧だった。しかし、反対派が存在したことは確かである。我々がここで思い起こすのは、社会領域で自由主義が遵守したコースを否認した人々ではない。ここで言う反対派は「急進的な[13]」原則を展開した。それは、多少の独立性とまとまりをもった見解である。ただ、個々のケースでは、その者が急進的な考えをしていたか、自由主義的な考えをしていたかを区別するのは、いつも容易というわけではない。（この区分がどれほどむずかしいかは、フィリポヴィチがその例を与えてくれる。彼は社会改良に関心を寄せ、それを実現するため、「社会政策党」を創立した。党が一八九六年の州議会選挙で集めた票は、ある程度に達した。しかし、フィリポヴィチは改良を目指しただけでなく、周知のように同時に、メンガー学派の信念を表明していた。同学派は、自由主義の優勢な指針に忠実に、改良をただ黙認しただけである）。我々がここで思い起こすのは、不満を抱えた別の人々であり、少数ではあったが見過ごすわけにはいかない。それは、民族問題で公式路線に反旗をひるがえした人々である。自由主義の運動が生まれてから、この問題を寛容の精神で解決したいと考える路線が、運動の内部に存在した。一八七〇年ころ、寛容の考えがはっきりと現れた。**アードルフ・フィッシュホーフ**と**ヨハン・ネポムク・ベルガー**が、帝国を連邦制に改造することを提案したときである。気丈な医師の前者と勇敢な弁護士の後者は、自由主義陣営がかつて擁したもっとも思慮に富んだ政治家だったが、孤立したまま、感謝されることも、また報われることもなくこの世を去った。ベルガーは比較的若く、フィッシュホーフは高齢で亡くなった。[14] しかし、彼らの考えは若い世代に生き続け、再び活力を取り戻した。一九〇〇年前後にも、フリートユングのタイプとも、ましてやベネディクトのタイプとも異なる人たちが、自由主義ブルジョアの間に見られた。彼らの強みは、スラヴ人を尊重したことである。それが、君主制のかかえた主要問題に向ける眼差しを鋭くした。実効性をともなう影響を世論に及ぼすことはなかったが、多少の注意が彼らに払われた。自由主義を描くにあたり、このグループの人々を考慮しなければ、記述が一方的だという非難を免れないだろう。

**ヨーゼフ・レートリヒ**教授の特徴を手短に述べる最良の方法は、『エンサイクロペディア・ブリタニカ』の彼に関する項を引用することだろう。

---

ヨーゼフ・レートリヒ（一八六九～一九三六）、オーストリアの歴史家、政治家。モラヴィアのゲーディング生ま

れ。……ウィーンで法律と歴史を学ぶ。長期にわたる旅を何度も行い、なかんずく英国を訪れる。一九〇一年、最初の著作、『英国の地方行政』（Die englische Lokalverwaltung）を発表（英訳版、一九〇三年）。ウィーン大学の教授となり、一九一一年まで国会議員として地元を代表。ウィーンの帝国議会とモラヴィア州議会で、チェコ人とドイツオーストリア人との協調の考えを推進するため、多くのことを行う。一九〇五年、英国政治情勢について二冊目の著作、『英国議会政治の法と技術』（Recht und Technik des englischen Parlamentarismus）を発表（英訳版、『下院の運営手続き』The Procedure of House of Commons 全三巻、一九〇八）。同書はこのテーマに関して定評ある参考文献であり、研究者には必携。［第一次］世界大戦中、政治活動を行う。一九一八年、ラマシュ内閣の財務大臣に任命される。その後、現実政治から身を引き、『オーストリアの国家・帝国問題』（Das österreichische Staats- und Reichsproblem、第一巻、一九二〇、第二巻、一九二六、オーストリア内政の一八四八年来の歴史）を著す。その他、『オーストリア地方制度の本質』（Das Wesen der österreichischen Communalverfassung、一九一〇）、『コモン・ローと米国法律大学院における事例研究法』（The Common Law and the Case Method in American University Law Schools、一九一四）、『大戦中におけるオーストリア政府と行政』（Österreichische Regierung und Verwaltung im Weltkrieg、英語版及び独語版、一九二五）、伝記、『オーストリアのフランツ・ヨーゼフ』（Franz Josef von Österreich、一九二八）。レートリヒの立場は、純粋歴史家のものというより、政治理論・実践分野の研究者のものといえる。諸作品は、読みやすさからいえば、適切と考えられるボリュームを越えがちだった。しかし、入念な形式で提供される百科全書的知識に裏打ちされて、著作は詳細を極める。

＊“Encyclopaedia Britannica”, 14. Ausg., 19. Bd., S. 24.

二点ほど追記しておこう。ひとつは、レートリヒが一九三一年、［第一次］共和国のブーレシュ内閣で再び財務大臣を務めたことである。さらに、『エンサイクロペディア・ブリタニカ』が、非英国人学者による英国事情の著作を「研究者必携」としたことは、稀有なコメントだということである。

実は我々が感謝しなければならないレートリヒのある業績について、『エンサイクロペディア』は触れていない。それは彼が、友人である**ヨーゼフ・マリア・ベルンライター**の政治日記を出版し、前書きでベルンライターの伝記を添えたことである。* ベルンライター（一八四五～一九二五）は、ボヘミアの富裕な家系の出身である。初め法律家の道をたどり、裁判官として、また司法部門の行政官として働いた。一八八三年、大土地所有者の選挙部門からボヘミア州議会に選出され、その後すぐ帝国議会衆議院に進出、一九〇七年には帝国議会貴族院に招聘された。二回にわたり大臣を務める。トゥーン内閣のもとで商務大臣、〔第一次〕大戦中は社会行政大臣だった。彼の生涯の業績は、三つの異なる領域に及んでいる。〔一八〕七〇年代に裁判官として活動した期間に、オーストリアの民事訴訟手続きがさまざまな欠陥を抱えることを思い知った。そこで外国での研鑽を通じて専門知識を増やすとともに、『一般オーストリア司法新聞』（Allgemeine Österreichische Gerichtszeitung）に載せた一連の記事で裁判の諸問題を記述した。後に議員として民事訴訟手続き改革のため、実務に即した提言を行う機会を得た。フランツ・クラインの改革法案は、オーストリアが当該分野で屈指の近代国家になることに寄与したが、その案が議会のすべての委員会と読会を無事に通過して比較的迅速に成立したのは、ベルンライターの貢献が大きい。さらに彼は、すぐれた社会政策家だった。すでに、彼のドイツ農業問題に関する著作（一八八二年）は大きな反響を呼んでいた。一八八六年、長期にわたる英国での研究を踏まえて第二作が続いた。『英国の労働者団体とその権利』（Die englischen Arbeiterverbände und ihr Recht）というタイトルで英訳もされた。一九〇〇年ころ、議会運営がますます機能不全に陥り、回復の見込みがないことを見て取ったベルンライターは、社会政策の研究に打ち込んだ。米国への旅行によって、『米国の青少年保護と刑法』（Jugendfürsorge und Strafrecht in Amerika、一九〇五年）の資料を入手した。この著書は丹念に書かれたみごとな作品で、画期的な意義をもつものだった。

ベルンライターは、一九〇七年にザルツブルクで開催された児童保護会議の中心人物でもあった。社会省の指揮を任されたベルンライターは、一九一六年・一七年に〔社会政策の〕いくつかの基礎を築き、この基礎の上にハーヌシュが革命後、さらに政策を実現していった。〔業績の〕三つ目は、ベルンライターが何十年もの公的活動を通じて、倦むことなくドイツオーストリア人とスラヴ人との融和を進めたことである。彼が示した手腕と変わらぬ配慮は、スラヴ側の少なからぬ信頼を生んだ。これがあったからこそ、たとえばフリートユング裁判でも仲介が可能だった。彼が左翼急進派でなかったことは、穏健なドイツ民族主義者と協力したり、一九〇七年に実現する選挙権の民主化を非難したりしたことからも明らかである。しかし、彼はシュテュルクの絶対体制を非とし、何よりもチェコ人指導者に対する措置を厳しく批判した。彼の全体像は、その紛れもない階級的制約にかかわらず、歴史的批判に耐える人物である。

*J. M. Baernreither, “Fragmente eines politischen Tagebuchs”. Herausgegeben und eingeleitet von Professor Josef Redlich, 1928.

自由主義のもっとも好感のもてる側面を知りたければ、**アルフレート・ベルガー**のいくつか理解しやすい著書に目を通すことを逸してならない。ベルガー（一八五三～一九一二）は、父のヨハン・ネポムクからさまざまな輝くばかりの才能を受け継いだ。弱冠二〇歳で書いた戯曲小品は、ブルク劇場で上演された。法学と哲学の博士号を取得後、哲学部の教授職に就く。詩、小説を手がけ、カール・グロッシとともに『オーストリア展望』(Österreichische Rundschau)を発行して、同誌やその他の文芸誌に多数のすぐれた書評、随筆を発表した。〔一八八〇年代、ブルク劇場の「芸術秘書」を務め、一八九九年、ドイツ・シャウシュピールハウス〔劇場〕監督としてハンブルクに赴いた。一九一〇年には、ブルク劇場支配人としてウィーンに招聘される。これは彼が長い間あこがれた地位だった。だが、彼の死は、監督の地位に長く留まることをゆるさなかった。おそらくベルガーは、努力した多くの分野で一級の業績をひとつとして挙げたわけではない。だが、彼は稀な、いかにもオーストリア的な魅力にみちた精神をそなえる個性だった。文字通りのウィーンの愛らしさを、ウィットや教養と結びつけるだけでなく、明晰な頭脳や強い正義感と一体化した。彼の自由主義は、父親譲りの真の自由主義であり、民族主義のおごりが微塵もなかった。ベルガーは、自分にドイツ人の血だけでなく、スラヴ人と少しハンガリー人の血、そしてユダヤ人の血も流れていることを喜んでいた。彼は、自分が「真のオーストリア民族」である保証をこの混血に見た。* 彼が編集に加わった評論誌は、多民族に冷静に対処して、各民族の文学作品を読者に紹介したりした。

*『父の家』(Im Vaterhaus、アルフレート・ベルガーとヴィルヘルム・ベルガー兄弟の回想録)、一九〇一年、五頁。

我々はベルガーを一例として、どれほど多くの才能と文化が自由主義のオーストリアブルジョア層に隠れていたかを知ることができる。文学と芸術は、この富の恩恵を大きく被った。だが、そのうちわずかの部分しか、政治生活には流れ込まなかった。それは我が祖国にとってたいへんな損失だった。

# カトリック主義

カトリック主義について述べるのに、歴史的に限定することは難しく、さらに難しいのは、同主義をいくつかの事柄に限定することである。カトリック運動は、我が国ではいつの時代にも存在したし、ある意味で「どんな場面においても」出会うので、その名［カトリック＝普遍］にふさわしいと言える。本章では、カトリック主義の歴史がもつ側面をいくつか取り上げる。ただ、この選択が恣意的過ぎないことを願う。取り扱うのは、教会と国家の関係、そしてホーエンヴァルトの党、キリスト教社会党、クラーリクの文化説、現代主義論争である。最後に手短に「ブレナー」サークルも扱う。

ハープスブルク家はずっと昔から精力を傾けて、教会を自分たちの支配下に置こうとした。この動向は、何かカトリック信仰に反対する態度に発したものではない。実はその逆で、王家の深いカトリック信仰と相関関係にあった。オーストリアは、カトリックのままに留まらねばならないし、ハープスブルク家が統治しなければならないと考えられた。したがって、教会を統制することが必要だった。ハープスブルク家が貴族を服属させるために何百年にもわたって争ったように、司教や高位聖職者と争った。この闘いは、マリア・テレジアのもとで熾烈に行われ、その息子のもとでさらに熾烈を極めた。聖職者の「フェブロニウス派」、つまり、司教フェブロニウス（ニコラウス・ホントハイム）の教説を受け容れた聖職者たちは、皇帝の諸改革を支持した。この教説は、教会組織の中心が教皇に在るのではなく、司教たちにあるとするものだった。マリア・テレジアの死とともにイエズス会が禁止され、教会財産に課税されるようになり、学校は国家の監督のもとに置かれた。当時の基準に照らせば、前代未聞の改革だった。ヨーゼフ二世は、さらに徹底的なオーストリアの制度改変を企図していた。啓蒙の理想を少しでも実現したいと考え、いくつかの点で自国を西側先進諸国に同化することを望んだ。国家の中の国家である教会は、その構想におよそそぐわなかった。ヨーゼフは聖職者のもっとも固有の領域に干渉し、「礼拝令」によって儀式、典礼を規制した。さらに重要なのは、純粋に瞑想を目的とする修道院を解体し、その財産を接収したことである。彼の行為は、カトリック教会から過酷と受け止められたが、それすら、宗教への敵対ではなかった。教会は圧殺されてはならず、絶対国家に従属すべきものだった。国有化された教会財産は、ただ国家管理のもとに置かれただけで、引き続き、教会の目的に合わせて利用された。

ヨーゼフが創りあげた状況は、一八四八年・四九年の革命まで基本的に存続した。聖職者の多くは、国家による教会支配体制に順応した。ヨーゼフ主義を受け容れた大司教のミルデは、三月前［一八四八年革命前］の政治の世界で傑出した人物だった。もちろん大多数の聖職者は、教会が反宗教改革の時代に位置した高みに復帰した姿を眺めたいという希望を捨てなかった。革命が勃発した当初、教会は、絶対主義の抑圧に抗する当然の要求をかかげた。しかし、革命の役割は一過性のものにとどまった。聖職者たちは、荒れ狂う年月がもたらした好機を素早くとらえ、革命に勝利した反動勢力が自分たちの要望を満たしてくれることを喜んで受け入れた。逆にシュヴァルツェンベルクとバッハは、自分たちの体制にカトリック勢力から支援が得られる限り、数多くの譲歩を行う用意があった。一八四九年、政府と司教たちとの交渉が始まった。後者の指導者ラウシャーは、当時、ゼッカウの領主司教であり、以前はフランツ・ヨーゼフ［皇帝］の家庭教師を務め、後にウィーンの枢機卿になる。長期にわたる交渉の成果が一八五五年の協約であり、前世紀［一九世紀］に大国が結んだ協定のうちで、教会にとって、おそらくもっとも有利なものだった。教会と国家の関係は新しい基盤の上に、別言すれば、非常に旧い基礎の上に置かれた。婚姻立法と婚姻裁定権は教会に委ねられた。カトリック教徒の通う学校の教師の監督は、教会が行うことになった。国家は財政手段を講じて、教会を支援する義務を負った。宗派の案件と宗派間の案件の規定は向後、国家が単独で変更するのでなく、教会の了承のもとに行いうるとされた。

協約が結ばれたとき、それはすでに時勢に合っていなかった。［首相］バッハの体制全体が時代錯誤だった。なかでも協約が、もっとも時代錯誤の部分だった。それはただ一〇年ほど有効で、六〇年代にはすっかり不人気となった。自由主義があらゆる方面から国に押し寄せた。その影響のもとで幅広い層が信じたのは、教会との協約こそ、ソルフェリーノとケーニヒグレーツの敗北に責任がある、というものだった。これは大げさであるが、若干の真実がないわけではない。皇帝は人々の思いに応えた。ここに帝冠への好意を獲得する機会があると考えた。まず一八六七年の憲法に、一八五五年協約の精神にもとる諸原則が盛り込まれた。次に外交面で、教皇に協約を放棄させようとする努力がなされた。無駄ではあったが……。さらに帝国議会は協約に公然と違反して、宗派間の諸関係を規定する法律を決議した（一八六八年）。皇帝は貴族院に同法を採択するよう促して拍手喝采を浴びた。ある［皇帝の］伝記が記すように、カトリック敵対者としての皇帝にささげられたただ一度の喝采だった。*一八七〇年、教皇は教皇座から語る限り無謬であるとするヴァチカン公会議をきっかけにして、オーストリアは協約を公式に無効とした。その少し後、教会に関わる国法を立憲君主制の社会的諸条件に適合させる一連の法律が公布された。聖職者たちがこうした法に反対して組織した抵抗は相当なものだった。それはしばらくの間、一般信徒の間に激昂を巻き起こした。［脚本家であり］もともと俳優だったアンツェングルーバーが演じた戯曲を読めば、その激昂ぶりがよく感じられる。

＊K. Tschuppik, "Franz Josef I.", 1928, S. 248.

オーストリアにおける自由主義の勝利は、教会の影響力を減殺した。しかし、排除したとまでは言えなかった。教会はその土地所有だけを見ても、すでに重要な経済勢力だった。何百万という信者が教会に心服し、その信頼はとどまるところを知らなかった。教会はハープスブルクの絶対主義よりもはるかに旧く、帝室よりも長く命脈を保つ資質も十分だった。憲法とすでにふれた法律群は、こうした事情を法的に表現した条項を含んでいた。教会は支配機能を一部失ったが、国家との分離は実現しなかった。

司教たちは、貴族院で多くの議席を保有していた。衆議院では部門別選挙制度が、自由主義者だけでなく、聖職者にも十分な議席を確かなものにしていた。教育は再び国家の事項だった。同様に婚姻立法と婚姻に関わる裁判は、国家の管轄事項となった。しかし、国家は公的に義務を負ったわけではないが、教会法の多くの原則、なかんずくカトリック教徒が離婚できない原則を承認した。自己の財産でやっていけない教区については、国家管理の宗教基金から支出して支えた。この宗教基金は、ヨーゼフ二世が国有化した財産と、豊かな教会付属機関が定期的に拠出しなければならない分担金とから成っていた。宗派間の関係を規制する法律は、一般的な税金を（非カトリック教徒から集めた税も含めて）教会のために支出することを禁じていた。しかし、オーストリアの実務は多くの場合、そうした支出を許していた。

フランツ・ヨーゼフもまた、本当に反カトリックになったのではなかった。協約政策の放棄によってハープスブルク家の伝統的な政策——教会に過大な譲歩を行わないけれども、可能な限り協働するという政策——に復帰しただけだった。憲法が発効してじきに、自由主義の党が国家の諸問題をたいして解決できないことが判明した。同党が参加した諸政府は命脈を保てず、危機が次々とおとずれた。フランツ・ヨーゼフは、明らかに喜んで方針の変更を決めた。皇帝は、自由主義の人々には痛みをともなう驚きの出来事となった内閣を、つまり、極端な教権主義者であるレーオ・トゥーン伯爵*の提案にしたがって構成された内閣を任命した（一八七一年）。首相はホーエンヴァルト伯爵**である。ホーエンヴァルトは一年もしないうちに、民族問題を解決しようという自分のかなりまともな提案につまずいた。その後、自由主義者の支配が一〇年続いた。しかし、ターフェが組閣したとき、ホーエンヴァルトの議会クラブ「右翼党」は、議会のかなめの位置を占めることができた。教権主義派は、これ以下はないという発展のどん底を脱した。

＊トゥーン伯爵は、一八四九年〜六〇年というまったく反動の時期に教育大臣を務めた。彼については以下を参照。H. Friedjung, "Österreich von 1848 bis 1860", 1908-12, 2. Bd., 1. Abt., S. 480ff., und W. Klopp, "Leben und Wirken des Sozialpolitikers Karl Freiherrn v. Vogelsang", 1930, bes. S. 73ff.

＊＊ホーエンヴァルトについては以下を参照。A. Schäffle, "Aus meinem Leben", 1905, 1. Bd., S. 206-18, 2. Bd., S. 78-88 usw.; A. v. Czedik, "Zur Geschichte der k. k. österreichischen Ministerien", 1917-20, 1. Bd., insbes. S. 219ff.

ホーエンヴァルトの党（Hohenwart-Partei）は、民族的に均一の党ではなかった。ドイツ系の聖職者のほかに、南部スラヴ人の議員、ブコヴィナのルーマニア人議員、一時的にはチェコ人議員を含んでいた。ドイツ系聖職者は一八八二年、アルフレート・リヒテンシュタイン公に率いられて分離し、独自の議会クラブを形成したが、ホーエンヴァルトとは緊密な連携を保った。後にドイツ系聖職者はホーエンヴァルトのクラブに復帰する。どのような層が、こうした諸クラブに自分たちの議会代表を送り出していたかと言えば、その答えは、基本的に貴族と教会である。「封建・聖職者」グループとも呼び習わされていた。「保守党」という言い方も同じように用いられた。何が貴族と教会を互いに引き寄せたかと言えば、容易に見て取れるように、両者は形而上学上の信念だけでなく、国家と帝室への対処の仕方や経済利害で一致していた。両者とも大土地所有者だった。農業分野の大土地所有と小土地所有では、利害はさまざまに異なっていたが、保守主義者たちは、幅広い農民層の支持を長く保つことができた。九〇年代にキリスト教社会党が登場したとき、保守党から「カトリック人民党」が分離した。

ホーエンヴァルトが政治生活を退いて（一八九七年）から後者はさらに拡大し、二〇世紀初め、ルエーガーの党［キリスト教社会党］と合同した。

保守主義者たちが議会と新聞雑誌〔とくに一八六〇年、トゥーンが発刊した『祖国』（Vaterland）という、もっとも重要な機関紙を含めて〕で擁護しようとした政治原則は、基本的に反動的なものだった。彼らは立憲体制に対して激しい嫌悪の念――それは極めてまれにしか公言されなかったが――を抱いていた。ターフェや後にはバデーニが犯した、憲法の精神と文言の数多くの侵犯は、保守主義者たちによって是認された。彼らは教育の分野でまったく頑迷だった。（アーロイス・リヒテンシュタイン公が一八八八年に提案した教育動議はおおむね、協約時代に優勢だった状態の復活を目論んでいた）。外交の分野では、勢力拡張の目標を正しいと見なした。彼らは一八七八年、占領させまいとするボスニア人に対して、夢中になって戦争、しかも不当な戦争をしかけた。また、ドイツと提携が結ばれるや否や是認した［一八七九年］。この提携によって、バルカン半島におけるオーストリアの立場が強化されることを望んだからである。

すべてこうしたことにもかかわらず、自由主義の偏見から自由になってみれば、保守主義者の政治活動にも見事な点がいくつかあったと言わざるを得ない。ひとつは「愛郷心（Patriotismus）」である。確かにこれは権力志向を表し、民主主義の内実がない。また、オーストリア国民（Nation）との関連が明確でない。しかしながら、一八七九年以降も強い反プロシア感情とまぎれもなく結びついていた。さらに、君主国を連邦制に改造しようという保守主義者の考えがあった。ホーエンヴァルトが首相として実現したいと考えた計画は、君主国の抑圧された諸民族の願いに寄り添うものではなかった。それは帝室領をウィーンのコントロールから切り離して、その地の貴族のコントロールに委ねようとするものだった。オーストリアに暮らすすべての諸民族の平等をもたらすものではなかった。けれども計画は、スラヴ人の立場から見れば進歩を意味した。スラヴ人に注意をはらい、理解しようとする用意があったからである。この注意と理解は、聖職者の党の構成にも表れていた。だからこそ、自由主義者とハンガリーは、計画に激しく挑み、挫折させようとした(1)。最後に保守主義者の一連の社会政策に触れておこう。ホーエンヴァルトの党は、八〇年代から九〇年代にかけて社会主義労働者組織に加えられた残酷な諸措置(「非常事態」等)の責任を免れない。忘れてならないのは、同党が労働者の問題について調査を行い、正常な労働日に賛意を表したとはいえ(2)、同党がまさにフランツ・ヨーゼフによる「ボナパルティズム」(3)の道具として機能したということである。しかし、社会問題に対するその態度をすっかり否定すべきではない。同党は社会政策を真摯に求める余地を党内に残していた。つまり、同時代の自由主義にほぼ欠落していた志向の余地である。ホーエンヴァルトの周りには何人かの人々が働いていて、彼らはキリスト教の要請とキリスト教国家オーストリアの現状との矛盾を耐えがたいものとして受け止め、それを克服することが重要な現世の課題だと考えた。こうした人々のうちでもっとも重要なのは**カール・フォン・フォーゲルザング**男爵で、一八七五年から九〇年まで『祖国』を編集した。彼は現代のカトリック教徒の政治的思考に直接・間接を問わず、長きにわたって影響を与え続けた。彼について少し詳しく述べる必要がある。

フォーゲルザングは、もともと［北ドイツ］メクレンブルクの騎士領主で、おおかたのメクレンブルク人と同じように新教徒だった。ほぼ三〇歳のころ、カトリックに改宗し故郷を去った。カトリックの環境で暮らしたかったからである。はじめドイツ西部に向かい、それからオーストリアにやって来て、ウィーン近郊の農場を手に入れた。けれども、経営に成功したとは言い難く、手元不如意のため、老いてから「マクダレーナ農場」を手放して職業ジャーナリストになった。トゥーンとその仲間たちがフォーゲルザングを『祖国』に招聘しても、金銭が思うにまかせない状態は続いた。就いたポストから得られる収入があまりに少なく、何千という（文字通り何千の）記事を書くことを余儀なくされ、そのうえ副業まで探さねばならなかった。一八七九年、彼は月刊誌

『月刊オーストリア社会科学』（Österreichische Monatsschrift für Gesellschaftswissenschaft、後に『月刊オーストリア・キリスト教社会改良』Österreichische Monatsschrift für christliche Sozialreform と改題）を創刊し、ターフェからわずかな補助金が与えられた。フォーゲルザングは、徐々にオーストリアで名声を博した。七〇歳の誕生日は、ウィーンのカトリック信者による祭りで祝われた（一八八〇年）。彼にとってはジャーナリストの仕事の負担が重すぎて、自分の考えを大著にまとめることが適わなかった。彼が書いた記事を集めた著書は、かろうじて彼の存命中に出版された。* これに対し、彼の社会政策は死後初めて、ひとりの支持者により学問的な体系にまとめられた。(4)

*"Gesammelte Aufsätze über sozialpolitische und verwandte Themata", 1880.

フォーゲルザングの考察の出発点は、福音の倫理だった。現世の生活は、死後に備えるためにある。経済や社会は、人間が神から与えられた課題を遂行できるように形成されねばならない。この原則にふさわしくない諸制度は、いかに目的に適っているように思われようと、許容されないし維持されない。維持されないもののカテゴリーに入るのは、まさに自由資本主義の全秩序――近代に出現した秩序――である。資本家が生産手段を自分の思い通りにして、高価格で消費者を、低賃金で労働者を苦しめるのは不当である。著しい不正は、利息をとって金銭を貸し出すことにある。まさに福音がはっきりと禁止した事柄である。資本主義経済が世界資本主義に拡大しようとする傾向は、自然に反する。自然は、同じ国に住む人間同士の緊密な経済関係を要請している。その他の諸関係は、絶対的に必要な場合にのみ結ばれねばならない。議会制をかかげる憲法は、自由主義者たちが制定したのだが、資本家たちが人々をしいたげることを許し、同時に扇動者が労働者を誤り導くことを容易にする。いまある弊害のうちでもっとも厭わしいものを排除するには、多くの根本的な改革を必要とする。生産手段の所有には共同体に対する義務が、ちょうど中世の有産者に課されていたように課されねばならない。それは管理義務である。国家は、資本家が市場にもたらす商品に適正な価格を設定しなければならない。労働者の企業家に対する関係は、ひとつは社会関係として理解される。

そうすれば、労働者に利益参加の権利が認められる。あるいは賃金関係としてである。そうすれば、労働者は、職業に就くために自分を鍛錬した時間に対応する補償とともに、老齢になってから困窮に陥らないために取って置ける金額を受け取らねばならない。利息商売の主な犠牲者は農民であるので、新たに大幅な債務減免、つまり、農民債務の寛大な免除が行われなければならない。抵当貸付は、もはや土地改良を目指す場合にのみ行われるべきである。世界経済への発展を阻止するためには、保護関税を創設しなければならない。議会を、同業者の代表団体、身分代表団体によって置き換えねばならない。

フォーゲルザングの社会政策体系は、多くの読者に周知のことだろう。それは少しの修正と省略を施されて、教皇の回勅「レールム・ノヴァールム」に取り込まれ、世界中で議論されるようになった(5)。この体系は、回勅によって与えられた形式のまま、一九三四年から三八年にかけて、なおもオーストリアでたいへん活発に論議されたテーマだった。フォーゲルザングの命題を正しく評価しようと思うならば、それを三つのグループに分けねばならない。最初のグループは、現実離れした内容の諸命題を含む。現実離れというのは、たとえば、生産手段の私的所有を存続させる社会が貸付利子を廃棄できる、という考えである。この考えは回勅でも認められなかった。ふたつ目のグループに属するのは、反動的な空理空論である。とりわけ、職能団体国家の空論がそれにあたる。ドルフースとシューシュニクは、職能団体国家のとくにひどい代物を見せてくれた。しかし、フォーゲルザングのもともとの案でも、職能団体国家は、勤労大衆を無力で無権利な状態にとどめ置く手段に他ならなかった。最後の三つ目のグループに入るのは、フォーゲルザングの理性的で有益な説明である。人々の困窮を良く理解していたことがわかる。ここには小農民の債務膨張の指摘が含まれる。この問題は、自由主義の経済学者も社会主義の経済学者も看過していた。そして労働者の貧困状況の指摘がある。これは、数多くの詳細な記述で補強されている。さらに正当な価格と正当な賃金の擁護がある。これによって、社会主義者ではないフォーゲルザングが、社会主義（計画経済）の構想に近づいている。彼は緻密な思索家であり、歴史を知悉し、司法の領域に通暁していた。新刊の経済学書籍に目を通し、またとくに労働運動の書を読んで啓発されていた。[6] 彼の書く記事はたいてい非常に印象深く、その力強い表現と、彼がもつ倫理的な真摯さとによって読者を獲得した。驚くべきは、フォーゲルザングが、自分で選び取った故郷にすっかり順応したことである。彼の記事を読んで、筆者がドイツ出身だとは誰も気づかなかった。ビスマルクのドイツ帝国を覆う、文化を軽んずる風潮を嫌悪して、フォーゲルザングはときおり強い調子の言葉を使った。

彼が訴えた諸原則は、我々の目にはさまざまな観点から議論の余地があるように思われるが、確かなことは、それらの原則が全体として、たいていの党友の見解よりもはるかに新しかったことである。たとえばトゥーン伯爵は、社会政策の考え方にまったく理解を示さなかった。一度、フォーゲルザングに向かって言っている。下層の人々のために火中の栗を拾うのは意味がない、と。フォーゲルザングが反論した。そうした努力こそ貴族の課題であり、今日の状況で、貴族が今後も生き残ってゆくことを正当化する唯一の理由だ、と。* フォーゲルザングは晩年、何人かの若者を自分の周りに集めた。彼らこそ、自分の社会政策構想を実現すべきだと考えた。意図的にさまざまな出身社会層の人間を養成した。気に入っていた弟子のひとりは、アーロイス・リヒテンシュタイン公であり、他に機械工のエルンスト・シュナイダーがいた。フォーゲルザングはこのふたりを協力させて、労働問題について自分が書く記事の必要な資料をまとめさせた。シュナイダーは大学図書館に勤める公務員のドクター・アルベルト・ゲスマンをフォーゲルザングのサークルに連れてきた。今度はゲスマンがルエーガーを連れてきた。若い労働者のレーオポルト・クンシャクもまた姿をみせた。こうした者たちは皆、数年後、オーストリアで屈指の勢力を誇る政党［キリスト教社会党］の指導者となった。

*レーオ・トゥーン宛て書簡（一八八六年一一月六日）。W. Klopp, "Leben und Wirken des Sozialpolitikers Karl Freiherrn v.

Vogelsang". S. 293f. に引用される。

キリスト教社会党が形成された初期段階（「統一キリスト者」グループ、一八八九年のカトリック教徒全国大会、初期の「鴨亭の夕べ」集会）[7]では、フォーゲルザングの参加がたびたび目にされた。彼が党を創立したわけでないが、創立者たちの精神的指導者だった。ルエーガーはあるとき、フォーゲルザングを運動の祖と呼んだ。* ちょうどフォーゲルザングが死を迎えたころ、党は権力への最初の足掛かりを得た。それは何よりもウィーン市議会の議席だった。ウィーンの自営業者を支持基盤にし、併せて司祭や教師、下級公務員も引き付け、しかも、際限なく反ユダヤのスローガンを使いながら、党はすでに九〇年代初めに、市議会多数派の自由主義者排除を目標に掲げることができた。帝国議会では、まだ十名ほどの議員を擁するにすぎなかったが、そのころ、何度も行われた［ウィーン］市議会選挙では勝利に次ぐ勝利だった。一番重要な選挙は一九〇五年のもので、家主たちがまとまって党に移った。ルエーガーが市長に選ばれた。自由主義者たちは皇帝を動かして、憲法で必要とされた皇帝の承認を出させないようにした。しかし、二年後、皇帝は承認せざるをえないことを知った。帝国議会でも成功をおさめた。部門別選挙制度が存在する間、進捗ははかばかしくなかったが、制度が無くなってからは、華々しい成果を挙げた。普通選挙権を導入して選出された議会に、キリスト教社会党は第二党として進出した。そのうえ、古くからの聖職者議員が加わって第一党となり、議長を出した。一八九四年からは『ライヒスポスト』(Reichspost) 紙が、党の中央機関紙として相当の部数で発行された。キリスト教社会党の勃興と時を同じくして、しかも党と手を携えながら、カトリック精神に満ちた幅広い文化運動が展開された。一八九二年、「レオ協会」が設立され、一八九六年には「オーストリア・カトリック作家同盟」が、そして一九〇六年には「聖杯同盟」が結成された。政治運動と文化運動は、逆に大衆の宗教意識に作用した。日曜日の教会は、一世代の長きにわたって見ることのなかった盛況を呈した。聖体行列には何十万という人々が参加し、力強い意思表示となった。キリスト教社会党のお蔭で、一八九〇年からカトリックは公の場で力を発揮し、その重みにものを言わせた。
＊フォーゲルザング宛て書簡（一八八八年八月八日）。W. Klopp. a. a. O., S. 342 に引用される。

キリスト教社会党が影響力と重要性を得るために歩んだ道は、たやすいものではなかった。自己の主張を貫く闘争は、立憲時代において有数の激しいもので、ときに民族闘争の騒々しさすら圧倒するほどだった。キリスト教社会党が、他の勃興する政党（社会民主党やドイツ民族主義政党）と自由主義の党を敵としたのは当然である。しかし、キリスト教社会党は、旧い聖職者グループ（ホーエンヴァルト・グループ）にとっては歓迎すべき新党だった。同党の初期の政治活動を知る最良の資料は、敵対者の目にどのように映っていたかを記した同時代の記録をおいて他にない。一八九三年から九五年までヴィンディシュグレーツが政権についていて、それは自由主義者とホーエンヴァルト・グループ、ポーランド人からなる連立政権だった。政府は、キリスト教社会党についてヴァチカンに警告することとした。かつてヴァチカンが同党に若干の政治的支援を行っていたからである。支援は二度と行われてはならなかった。首相はポーランド人指導者であるマデイスキ（教育相）と共に覚書を起草し、詳細に検討した後、閣議決定した。そしてプラハの枢機卿、フランツ・シェーンボルン伯爵が、それを教皇に渡そうとした。このメモは、「キリスト教社会党及びその活動、機関紙に関する説明」と題され、次のようなコメントを含んでいた。

オーストリアでは政治発展の過程で、六〇年代からカトリック保守の政党が形成され、他国の保守思想と同じく、公的生活における宗教的要素を強調し、君主制原理を前面に掲げるとともに、経済問題では、しばしば旧い経済生活の形態を継承しながら、下層大衆の興奮を呼び覚まさないようにした。その際、同党が常に努力したのは、司教の権威を、純粋の教会問題だけに限定せずに支え高めることだった……。

この間、社会問題が一層重要性を増しながら、公開討論の場に登場した……。

ある分子たち――彼らは七〇年代の保守カトリック運動の指導者たちにしたがわず、むしろ、ここ一〇年、一五年のあいだ、非を鳴らし不満を訴えながら、まったく異なる状況下に起源をもつ反対派を喜んで助長した――は、社会領域の対立を利用して、その地盤の上に扇動的な活動を展開した。地上の財産の大小を強調し、財産を獲得する仕方を批判し、動産への憎悪をあおり、社会民主党の議論を使って現在の社会秩序と闘った。その際、その指導者たちは、大衆の意見を明らかに意図的に惑わしながら、しばしば回勅の「レールム・ノヴァールム」を引き合いに出す。しかし、彼らは実際には、社会の平穏を訴える教皇回勅の結論に反対するとともに、最後には、正当に獲得された財産にも疑念を呈し、その財産を無産者の悪意ある嫉妬にさらす。このような教義は、下層大衆の共鳴獲得に適しているに違いない。こうして、北の隣人から学んだ反ユダヤ主義、しかももっとも攻撃的な反ユダヤ主義の危険な路線に行き着く。

このような運動では、反抗的な精神が、ますます助長されるばかりなのは明らかであるし、理の当然であると言わざるを得ない。実際、慎重な警告者の声に耳を貸さないし、そうした行状を断罪する司教の呼びかけは重みを失っている。事態はこれに止まらない。聖職者にすら手がつけられた。あくせくと働く「貧しい下級聖職者」対「豊かな高位聖職者」及び「政府に雇われ、職務熱心な司教団」というスローガンが掲げられた。これは、大衆だけでなく、若い聖職者に対しても、とくに下オーストリア州の若い聖職者にも影響を及ぼした。

キリスト教社会党による耳に心地よい改革の題目のもとで、帝国議会、州議会、地方議会という代表機関の若干の議員たちが、ある者は野心に突き動かされて、またある者は急進化して闘争を行い、その態度には礼節のなさと浅慮が際立った。帝国議会で権威に激しく抵抗する意図が露わになるときはいつも、キリスト教社会党の者が加わっていないということがなかった。……

こうして反ユダヤ主義のキリスト教社会党が、荒々しく公的生活の中に浸透してゆき、世俗の権威と司教の権威にとげとげしく逆らう。同党が手掛け、支持し、少しでも賞賛するものは、堅実な人々の間で信用を失うという危険を冒すことになる。

リンツの司教殿に、同党のひとりの指導者が昨秋漏らした。同党の活動が、いまや上オーストリア州にも拡大されるだろう、と。これに対し、その司教は、自分の不快を表明するのに遠慮しなかった。しかし、同党はそれにもかかわらず、集会を予告し開催した。

したがって、オーストリア全土の平静で穏健な考えの人々なら誰でも、その驚きは尋常ではなかったろう。自分たちにもっとも激しく敵対する者たちが、まさにリンツに進出するにあたって、教皇の祝福の温情に与かったのだから。ましてや、キリスト教社会党の機関紙、『ライヒスポスト』が、リンツの同じ司教によって当然のことながら、彼の主宰する司祭セミナーの取材を禁じられながら、教皇の祝福とともに表彰されたのだから。*

＊L. Brügel, "Geschichte der österreichischen Sozialdemokratie", 4. Bd., 1923, S. 260ff. より引用。

稀有なメモだ！ 文体のうえでも内容面でも秀逸とは言えない。しかし、キリスト教社会党が初めて勝利をおさめたころの活動に光を当てているし、同党の当時の政治に内在する深い矛盾を照らし出している。その政治には民衆的な傾向が見て取れる。プレーナーやホーエンヴァルトの言葉を借りれば、キリスト教社会党は、民衆の経済的欲望を呼び覚ました。別の言い方をすれば、一定の勤労者層の経済苦境を強く打ち出した。さらに、選挙権の拡大を求めることにより、政治への欲求を呼び起こした。と同時に、その扇動活動に、まったく非民主的で反民主的な諸方針を登場させた。そのひとつは、先の覚書が指摘する反ユダヤ主義である。ユダヤ人を経済生活から排除して社会問題を解決すべきだ、と主張する。この策は、キリスト教社会党の票田の核をなす手工業者や商店主の気に入るものだった。拡大する資本主義に存在を脅かされた小市民たちは、大企業がユダヤ人の発明であり、ユダヤ人こそ敵である、とやすやすと信じた。キリスト教社会党は、その他の点でも民主的な考え方から外れているが、覚書は、当然のことながらその点に触れていない。しかし、真の民衆の党であるならば、父祖伝来の支配家［ハープスブルク家］への絶対的な忠誠を、キリスト教社会党のように説いてはならなかった。ウィーンの手工業者と商店主たちは、ウィーンが大国の中心であり、華やかな帝室の所在地であることで利益を得ていた。しかし、それは特別の利益である。ハープスブルク家とオーストリア民衆の間に全般的な利益共同体はまったく存在しなかった。そして最後に、「小市民」の必要に応えるはずの党は、キリスト教社会党のように盲目的な教権主義を助長してはならなかった。同党が望み推し進めた、全教育と全文化組織を教会の統制下に置くことは、結果として、この国の精神の進歩を阻害しただけに終わった。

覚書は何ら成果を生まなかった。ローマ教皇庁は［オーストリア政府を］慰謝する声明を出したが、引き続き、キリスト教社会党を好意的に扱った。(8) 教皇が［同党に対抗する］防護の役に立たなかったように、間を置かず、皇帝も同様だった。皇帝は一八九七年に［ウィーン］市長選挙を承認した。旧い諸政党は、新しい党が帝国の首府を治めることを認めざるを得なかった。ホーエンヴァルトとその後継者たちは、キリスト教社会党が農村にまで進出し、農民層に働きかけることもまた黙認せざるを得なかった。覚書から推察できるように、初めこれがホーエンヴァルトの大きな懸念材料だった。キリスト教社会党は、譲歩の用意すら示した。(9) しかし、その後の進展は、活動のどんな地域分割もご破算にしてしまった。一九〇〇年ころ、シェプファーとシュラフルは、ティロール州をルエーガーの党に獲得し、ハウザーが上オーストリア州を手に入れ、ヨドーク・フィンクがフォアアールベルク州を席巻した。旧い教権主義者たちとキリスト教社会党の合同は、前者を退潮から救うのにちょうど間に合った。

キリスト教社会党を別にすれば、ある党が創立者の存命中に高度に「個人の党」だったことはない。そこで同党の政策と考えを簡単に述べるとすれば、併せてカール・ルエーガーという人物とその活動に簡単に触れないわけにはいかない。

**カール・ルエーガー**（一八四四〜一九一〇）*の出自は、ウィーン下層の庶民である。父親は、［ウィーン］工科専門学校の守衛だった。もっとも、ただの守衛ではない。というのは専門的な講義を聴講して、一連の試験を受けていたからである。母親とふたりの姉妹（ローザとヒルデガルト）は、ルエーガーがすでに上昇龍になったころも、まだ煙草屋を営んでいた。おかしなことに、後年の偉大な雄弁家は、四歳になるまで唖《おし》だった。だが、学校に入学するや、非凡な才を示す。優等でテレジアーヌム［有名ギムナージウム］と法学の勉強を終え、法律事務所で何年間か働いた後、自前の弁護士事務所を開設した。ルエーガー弁護士は、若いころの彼に特有な社会観にしたがって、小市民の案件を主に扱い、稼ぎはわずかだったようだ。一八七五年、［ウィーン］三区の自由主義市民クラブの候補として市議会に選出された。一八八五年、帝国議会議員となる。彼は、わずかな間だけ自由主義者だった。やがて参加した「民主主義」グループは、「反自由主義」を標榜していた。彼が教権主義者になるのは、後年のことである。まだ一八八七年には、フォーゲルザングを訪ねる折、目立たないようにしていた。教権主義の著作家を知己にもつことにより、自分の評判が傷つくことを恐れたからである。一八八九年のカトリック教徒全国大会で初めて登壇した。その語り口は、後年、キリスト教社会党員の語り草となるものだった。いまや民主主義者の痕跡はわずかだった。扇動政治家がその経歴を開始して、オーストリアに息つく暇を与えず、また、ヨーロッパ中を驚かせた。

*Vgl. Stauracz, "Dr. Karl Lueger. Zehn Jahre Bürgermeister", 1907; M. Beskiba, "Aus meinen Erinnerungen an Dr. Karl Lueger", 1911.

どのようにしてルエーガーは、このような出世を遂げたのだろうか？　これにはかずかずの事情が与かっている。もちろん、もっとも重要なのは、キリスト教社会党の政治構想がウィーン小市民を捉えた力である。さらに、これにまったく劣らないのが、ルエーガー自身の人となりがもつ訴求力だった。ウィーンの人間たちは、彼が語る話題を喜んで聞いたが、とくに好んだのはその語り口だった。ルエーガーは齢を重ねても、その生涯の最後まで「好男子カール」だった。肩幅が広く背が高く、額が上がり、美男の面を濃いひげが縁どって好男子だった。彼の語り口は、公式の場では異例のウィーン方言を用い、庶民の言葉で当たりが良く、飾らず、そのうえ、住居の管理人のよう［に気の利いたもの］だった。自由主義者の話し手たちは、古典から引用することはあっても、冗談を言うことは決してなかった。一方、ルエーガーは、誰もが知る「ぴったり」の決まり文句があったとしても、それを引用することはなかった。彼が冗談を思いつき、人をこき下ろすことは止まるところを知らず、敵を罵倒するやり方は、フィアカーの御者たちが客待ちのときにやる罵り方を多少思わせた。だからこそ、御者たちはルエーガーが好きだった。彼らにとって、こんなに垢抜けしてパリッとした男は他にいなかった。ルエーガーは、オーストリア人の愛想良さ、気軽さ、口達者を体現していた。ウィーンの人気者——後にも先にもいない——になったことがよくわかる。残念ながら、オーストリア人の典型的な欠陥である浅薄さ、無原則、情け容赦のなさもまた、ルエーガーに見られ、しかも非常にはっきりしていた。ルエーガーは、距離を置いた心理的観点あるいは美学的評価からすると、いかめしく構えないため、素敵な人物と思われる。ところが、進歩の観点から評価しようという歴史家は異なった見方をする。驚くほど資質に恵まれたルエーガーだが、低劣な反ユダヤ主義者で、民主主義の基本価値への冷笑、支配権力に対する無定見という汚点を抱える、と考える。

ルエーガーを認める多くの著述家たちは、あいまいに弁護する。曰く、反ユダヤ主義は、「本気」ではなかった、反ユダヤ主義の標語を、その人気の故に利用したのだ、ユダヤ人をそれほどひどく考えていたわけではない、と。(10) この説が当たっているかどうか、判断は容易でない。(11) しかし、これは、さほど重要な意味をもたない。確かなことは、反ユダヤ主義が、ルエーガーの主要な政治思想のひとつだったということである。そして次のような主張の演説を、しばしば行ったということである。

みなさんにお訊ねする。キリスト教徒の農民は、穀物取引がもっぱらユダヤ人の手中にあることに対して、何かできるでしょうか？　キリスト教徒のパン屋は、それに対し、何かできるでしょうか？　キリスト教徒は、高利の儲けと土地収益が、もっぱらユダヤ人の手元にあることに対し、何かできるでしょうか？　キリスト教徒の仕立屋は、既成服製造業者がたいていユダヤ人であることに対し、何かできるでしょうか？　……ウィーンの半分以上の弁護士と大部分の医師がユダヤ人であることに対して、キリスト教徒は何かできるでしょうか？　我々はこうしたことに対し、まったく何もできません。こうしたことすべてが一緒になって反ユダヤ主義が生まれざるを得ませんし、実際に生み出されました。……ユダヤ人は、……独自のドイツ語を創り出しました。我々にはまったく理解できない、いわゆるユダヤドイツ語――別名もありますが――です。ユダヤ人はこれを用います。こうして他人がわからないまま、お互いに話すことができます。これこそ、いわゆるユダヤドイツ語が使われる本当の理由です。いま私が申し上げたことは、キリスト教徒に関してはありません。皆様は、私が次のように申し上げることをお赦しになるでしょう。これこそ、ユダヤ人について言えることで、まさにユダヤ人の現実なのだ、と。*

＊一八九〇年の議会演説より。引用は Schnee, "Bürgermeister Karl Lueger", 1936, S. 20.

ここに現れた反ユダヤ主義は、もはや宗教的なものではない。といってまだ、人種主義の動機をもつものでもない。名づけるとすれば、経済的動機をもつ反ユダヤ主義とでもいえよう。どう名づけようとも、「本物」であることは間違いない。反ユダヤ主義の扇動によってもたらされた多くの人々の粗暴化は、後にナチスがオーストリアで獲得した大衆感化力の前提のひとつだった。

ルエーガーが煽って反感機運を醸成したのは、ユダヤ人に対してだけではなかった。自分と政治見解の一致しない者なら誰にでも、じつにひどい不寛容を示した。市長として、次々と恣意的な行為を繰り返した。人事はスキャンダルまみれで、自分と違う考えの者を計画的にウィーン行政から遠ざけるか、あるいは、すでに内部にいる者については、自ら辞めるように仕向けた。極端な思想統制が市の教師に対して行われた。法の前での市民の平等を命ずる憲法など無きがごとく、ルエーガーは、教職に応募するすべての者に、社会民主党員でないという誓約書を提出するよう要求した。* それにもかかわらず労働運動に加担する勇気をもつ教師に対して、懲戒の嫌がらせは日常茶飯に行われた。[12]

*下オーストリア州議会におけるヴィクトール・アードラーの演説（一九〇一年七月）を参照。“Aufsätze, Reden, Briefe”, Heft 8. S. 412.

全ドイツ党もしばしば、ルエーガーの激しい攻撃の的だった。[13] 同党に対する憎悪の根は、政治的な不一致とともに、彼がもった健全な愛郷心（der gesunde patriotische Instinkt）にあった。しかし、全ドイツ党の敵［ルエーガー］が、民族問題に対する自分の態度によって、他の案件で犯した過ちを償ったと考えるのは性急すぎる。そのように主張することはできない。ルエーガーは、ハープスブルク家が率いる統一した強力なオーストリアを追求した。この目的を達成するために必要なのは、帝国のハンガリー貴族と金融界が占める地位を突き崩すことだった。また、スラヴ人の民族要求をある程度配慮することも必要だった。こうして、ルエーガーは一時期、「三重帝国」構想[14]に、さらには、「大オーストリア」構想[15]に興味を引かれるようになった。後者は、キリスト教社会党のエッゲンブルク党大会で賛同を得た。両構想とも、はっきりした反ハンガリーの特徴をもつとともに、スラヴ人に慎重に肩入れするものだった。どちらかの構想が実現していれば、現存した二重帝国より、少しはまともな秩序ができていたろう。もっともどちらも役立たなかった。一世代前に一歩前進を意味していたもろもろの解決策は、帝国主義の時代状況にふさわしいものではなかった。ルエーガーが念頭に置いていた統一された強力なオーストリアは、帝国主義のオーストリアだった。統一は、［オーストリア＝ハンガリー］帝国が諸大国の間でさらに望ましい地位を占めて、ドイツ帝国と肩を並べるパートナーとして立つことを可能にするはずだった。すべては、これに尽きた。運命的なドイツとの提携が解消されることを、ルエーガーは望まなかった。彼はまた、ドイツオーストリア人とスラヴ人との間に民主的な合意が形成されることも望まなかった。彼はスラヴの友ではなかった。ときにそれを誓ったことはあるが……。彼の意見表明は、単に戦術的な工作にすぎなかった。スロヴァキア人のハンガリーに対する闘いを支援したのも、それが自分の構想に合致するからだった。それとともに、チェコ人に一発食らわせることも気に入っていた。そこで、ウィーンの少数派であるチェコ人に対して醜悪なキャンペーンを展開した。ウィーン市議会に、ウィーンの「ドイツ的特徴」を保持しなければならない、という決議をさせた行為は、完全にシェーネラー信奉者の精神に則っていた。もちろん、多少好意的な趣のエピソードをいくつか指摘することもできる。たとえば、「俺のボヘミア人をそっとしといてやれ!」という、自分の手には負えない運動を牽制しようとした発言である。しかし、これで明らかになったのは、ルエーガーの民族政策が、ありとあらゆる欲求、方法、心情を混淆したものにほかならない、ということである。民主的な内容をもっていた、とはとても言えない。

政治家ルエーガーを歴史の審判で救うことはできない。彼は数多くの災禍を引き起こした。政治家としてよりもはるかにましなのは、行政官ルエーガーである。ウィーン市政は長らく、後年のロイマンやザイツの［社会民主党］市政のように、あまり社会問題に関心を向けなかった。だが、活発でエネルギーに満ちていて、市民には得るところが大きかった。我々にとってあたりまえで、それがなければウィーンを考えることができない数多くの設備はルエーガーに由来する。ガスや電気が公有化され、市電も同様である。市電は、馬車から電車に切り替えられた。ラインツの老人ホームが建設され、フロリッツドルフがウィーンに編入された。市の外周の区には緑地帯がつくられ、急速に発展する街が石づくりの砂漠に変容するのを防いでいた。こうしたことをまとめてみると、かなりの成果が挙がったといえる。もっともこれによってルエーガーが、かつて崇拝者たちが思いこんだように、あるいは今も思っているように偉人というわけではない。けれども、彼は自分の生涯の仕事によって、故郷ウィーンから自分に示された好意の幾分かに応えた。

ルエーガーは政治家として、確かにキリスト教社会党で他の者を凌駕していたが、党には他にも指導者がいた。ある者は社会問題の洞察において、他の者は民主主義の信奉という点で、党首よりもはるかにすぐれていた。ここでは高位聖職者の**ヨーゼフ・シャイヒャー**を挙げる。彼は、一九〇〇年ころ政治活動をしていた聖職者のうちで、もっとも著名だった。* シャイヒャーは、シュタイアマルク州の貧しい小作の子に生まれ、神学を学ぶ。ヴァイトホーフェン・アン・デァ・イプスで助任司祭となり、ザンクト・ペルテンで教授を務め、州議会議員、帝国議会議員となった。有数の非常に熱心なカトリック・ジャーナリストとして、教会の機関紙に数えきれないほどの記事を書いた。一時期、フォーゲルザングが創刊した『社会レヴュー』(Soziale Revue) を編集したりもした。シャイヒャーの著作で注目すべき比較的大部のものを挙げておこう。数巻の民話、セバスティアン・ブルナーの伝記、「道徳・社会学」研究の『聖職者と社会問題』(Der Klerus und die soziale Frage、一八八四)、一九〇〇年刊行の『一九二〇年から』(Aus dem Jahre 1920) と題するユートピア物語 (ここで帝国は、連邦制の大オーストリア構想を実現したかのように画かれている)、そして最後に自伝の『体験と追想』六巻 (Erlebnisse und Erinnerungen、一九〇七〜一二、同時代の興味深い詳細な証言が数多く含まれる) である。歴史を振り返ってみて、シャイヒャーを進歩的人物とすることは間違っている。概して彼は、所属した党の誤った路線に忠実だった。とくに反ユダヤ主義がお気に入りだった。彼は、反ユダヤ主義のコメントを控えるくらいなら、自分の魂の至福を捨てたことだろう。もっとも、彼はいろいろな素質をもった人物で、その個性は対立物の混淆である。司祭でありながら喧嘩好き、温厚でありながら意地悪、粗野でありながら気が利く、まさに、武骨な農民の特徴と狡猾なイエズス会士の特性を併せもっていた。こうした混交の結果生まれたのが風変わりな人物だった。非常にはつらつとしていて、並みはずれてオーストリア的だった。彼はすぐれた演説者であっても、著述家としては並みだった。彼の著作のどの行を読んでもわかる。著作を読むと、まるで堅苦しい演説を聴かされているような心地がする。人々は、方言を使った弁論を聴いたようだ。少なくとも、方言のもつ活力から、もっとも大きな効果を引き出した演説だった。ルエーガーの弁論術と似ている。だが、シャイヒャーの素朴さは、ルエーガー以上だった。素朴さは、自分の出自の庶民であることへのこだわりを表していた。オーストリアを支配するやんごとなき人士を心底嫌い、そうした者の多くは、愚鈍と高慢だけから成っている、と考えていた。[**]

＊シャイヒャーについて Nagl-Zeidler-Castle, "Deutsch-österreichische Literaturgeschichte", 3. Bd., S. 937ff. を参照。
＊＊Scheicher, "Erlebnisse und Erinnerungen", 5. Bd., S. 303.

シャイヒャーは歯に衣着せず、キリスト教社会党に蔓延するへつらい、おべっかを批判した。[*] 社会問題は彼にとって、単に論じるだけでなく、解決しなければならない基本問題だった。[**] 初めのころ、彼は社会民主党に対して好意的だった。後に社会主義の敵対者となったが、カール・レンナー[***]や、さらにはヴィクトール・アードラー[****]にさえ、その後もつねに尊敬の念を表明している。もっとも後者に関しては、反ユダヤの傾向を併せて克服する必要があったのだが。シャイヒャーは、オーストリアが必要とする類の政治家ではなかった。彼のしっかりした基本信条は、あまりにもしばしば日和見主義のために引込められた。しかし、崩壊に瀕した帝国が用意したよりも有利な条件のもと、ととのった環境であれば、彼はカトリックの重要な民主的指導者になりえた資質を備えていた。

＊Ebenda, 5. Bd., S. 293.
＊＊さきに述べた聖職者の課題についての研究をとくに参照されたい。

＊＊＊"Erlebnisse und Erinnerungen", 6. Bd., S. 37 f.
＊＊＊＊Ebenda, 6. Bd., S. 24.

キリスト教社会党は［一八］九〇年代、守旧派が対抗上、教皇に助けを求めたころ、まさに小市民の党だった。同党は、反ユダヤ主義と教権主義によって民主的急進派と一線を画していたが、有意義な発展を遂げる可能性を内に秘めていた。望ましくない傾向を克服し、小市民層を自然の同盟者であるプロレタリアートに歩み寄らせて、働く者たちの統一戦線の基礎を作り上げることができたはずである。それはオーストリアの状況変革に想像もつかないほどの意義をもったことだろう。同党は党自身にとっても、また我が国にとっても残念なことに、ウィーンを支配した後、こうした可能性に賭けるのではなく、その逆の可能性を選んだ。いまや小市民の大衆基盤を保持して、さらに拡充しようとし、同時に「正当のお墨付き」を求め、目の前にあるハープスブルク国家に順応しようとした。フォーゲルザングの哲学は、有益な部分も無益な部分も一緒くたに消え失せ、社会改良の情熱は死に絶えた。多くの改革を可能にしたはずの市町村の財源は、大方のところ、有能な自由主義の行政官であればできそうな使われ方をした。党の政治は、支配勢力である金融資本や高級貴族とますます一体化していった。この動きがどこに現れたかといえば、市町村がオーストリアやドイツの大銀行と取引関係を結んだり、キリスト教社会党が、並みの自由資本主義体制を主導した諸官庁に協力したり、また、フランツ・フェルディナント大公と密接な関係を結んだことだった[16]。党の獲得した新たな上品さによって反ユダヤ主義は和らいだが、それが――ありえないことではあるが――完全に放棄されていたとしても、党が国の名誉に寄与することはたいしてなかったろう。ここでは、党が悩まされた小規模の腐敗現象や＊、ビーローラヴェークの不穏当な発言[一七]、さらにはヴェルガーニとゲスマンが公然と交わした悪意に満ちた言動＊＊には立ち入らない。

＊Vgl. J. Scheicher, "Erlebnisse und Erinnerungen", 6. Bd., S. 375, 390.

＊＊Ebenda, 6. Bd., S. 398ff.

こうしたことよりもっとひどいのは、帝政最後の一〇年間に同党が民族政策と外交政策の分野で演じた役割だった。ルエーガーが認可したウィーンのチェコ人学校は、彼の後継者たちによって閉鎖された。[＊] キリスト教社会党と南スラヴ人との間に結ばれた数多くの関係にもかかわらず、『ライヒスポスト』は、一九〇九年のバルカン危機で『ノイエ・フライエ・プレッセ』と同じ態度を取った。[＊＊] フリートユング裁判で『ライヒスポスト』の公式編集長（Sitzredakteur）は正式の共同被告だった。また、主筆のドクター・フリードリヒ・フンダーは、公には証人だったが、道義的には共同被告である。[＊＊＊] 一九一四年には、キリスト教社会党は、オーストリア帝国主義の、ひいてはドイツ帝国主義の従順な道具だった。戦争勃発の当初から『ライヒスポスト』は、偏狭な愛国主義を煽って飽きることがなかった。世界大戦のたいへん悲劇的な現象のひとつとされたのは、司祭たちが殺戮を煽る演説をしたり、また、カトリックの出版物で残虐な記事や詩を発表したりしたことだった。一九一八年半ば、キリスト教社会党のドクター・マックス・フォン・フサレクが首相になった。彼の政治は、ことさらにドイツ民族を強調し、有無を言わせぬものだった。しかし、出口のない状況と、これ以上の犠牲が無意味であることは、情勢に疎い者にも明らかであった。

＊R. W. Seton-Watson, "A History of the Czechs and Slovaks", 1934, S. 241.
＊＊R. W. Seton-Watson, "The Southern Slav Question and the Habsburg Monarchy", 1911, S. 200, 206.
＊＊＊Ebenda, S. 209, 228ff.

キリスト教社会党指導部の戦争政策は、国民の少なからぬ層に蔓延していた気分を間違いなく反映していたろう。しかし、教会に従順な人々**全体**の態度と一致したものとは言えない。当時のカトリックの政策「そのもの」として理解してはならない。カトリック教徒が、自分の外の世界からすっかり切り離されて生きていたわけではない。農民とその子供たちは塹壕で、産業労働者とまったく同じように、戦争に倦み疲れていた。最初に反乱を起こした帝国陸軍の部隊であるティロールの狙撃兵は、『ライヒスポスト』や『ティローラー・アンツァイガー』（Tiroler Anzeiger）の社説と明らかに異なる考えをもっていた。また、カトリックの知識人全員が、帝国主義の歯車に巻きこまれたわけでもない。そうならなかったのは、おもにアウトサイダーの枢密顧問官、**ハインリヒ・ラマシュ**のお蔭だった。この偉大だったけれども、現世代には忘れられたに等しいオーストリア人の像を、平和主義の章で描こうと考えている。ラマシュとは多少異なるが、**イグナーツ・ザイペル**の名も挙げられよう。ここでは、彼が一九一六年ころに発表した著書に少しだけ触れておこう。これは著書全体というわけではないが、いくつかの個所で賞賛に値するものだった。著者が後年、ヨーロッパ反動の屈指の人物になるなどということは、もちろんまだわからなかった。

この著書は『民族と国家』（Nation und Staat）といい、諸民族の平和な共生が可能になる条件を論じたものである。まず、オーストリア＝ハンガリーの共生の問題が検討される。ザイペルの考えによれば、ハープスブルク国家は、是が非でも保持されねばならない。この国家は偶然からではなく、歴史的必然性から生じたもので、つねに諸民族の役に立ってきた。それに止まらず、この国家は、世界の文化的芳醇化を意味する。というのは、この国家が実現している超民族原理は、純粋の民族国家原理よりも高度な原理だからである。この国家が今日、ある危険に脅かされているならば、その危険とは、少なからぬ市民にとって、愛郷主義（Patriotismus）が民族感情（Nationalgefühl）と齟齬をきたしていることである。この齟齬は、すぐにも解消できる。ただ、必要なのは、民族感情をその自然の範囲に抑えて、これが偏狭な愛国主義（Chauvinismus）〔ザイペルは、これを民族主義（Nationalismus）と呼ぶ〕に転化するまで亢進するのを防ぐことである。この法則にしたがえば、民族感情と愛郷主義は、ふたつとも正当性があり、まったく横並びで併存できる。*

＊"Nation und Staat", Kapitel, 'Vaterland, Nationalismus und Religion', S. 1-20.
偏狭な愛国主義は、国際関係にもひどい害をもたらす。近ごろ、それが力強く膨張したことは、ますます遺憾なことである。戦争を突然終わらせることはできても、戦争で生まれた憎悪の感情をなくすことはできない。戦端が開かれたとき、我が国で鬨の声を挙げたのは民族主義者たち（Nationalisten）だった。彼らにとって、外国の文化と関わることは、これまでいつも癪の種だった。誰であっても、国際的に考える者には、喜んで裏切り者の烙印を押したことだろう。民族主義者の群れは、愚か者と職業的悲観主義者によって膨れ上がった。こうした者たちの信ずるところでは、外国人が我々にもたらすものは、いつもよからぬものでしかなかった。数多くの良きもの、大切なものがもたらされたことについて、我々は他民族に感謝しなければならない。いま我々が戦争状態にある民族、たとえばフランス人も含めてである。偏狭な愛国主義の傾向を克服しなければならない。これによって諸民族との緊密な文化共同体が実現する。この共同体は、ここ数十年、数々の兆候によって到来が予告されていたものである。

ザイペルがハープスブルク国家について語ったことは間違っている。オーストリア＝ハンガリー帝政は、ザイペルが描いたような卓越した政体ではなかった。文化自治――彼はこれによって、帝政の下に集った諸民族の願望を執り成そうとした[18]――は、まったく不十分な譲歩でしかなかった。一方、彼の国際関係の説明は、キリスト教社会党全体が戦時中に到達した政治のレベルよりはるかに高いレベルで行われた。『民族と国家』の上記の章はとりわけ、ラマシュ教授が動乱の日々に主宰した内閣の大臣に就任する資格を、まだ無名のザルツブルク大学神学教授に与えたのだった。

カトリック文化活動は、九〇年代に展開されて、キリスト教社会党よりも困難な状況に遭遇した。カトリック勢力は、自由主義の時代にすっかり政治から締め出されたことはなかった。それどころか、ターフェ内閣が始まるとともに、大々的な取り込みが行われた。ところが、文化と学問の領域では状況は異なっていた。自由主義はその最高潮のとき、カトリック信仰を知識層からはるかに遠ざけることができた。一八七〇年ころ、特筆すべきカトリック文献はなく、すべての「大」新聞は自由主義志向で、大学の教授職は、圧倒的多数が自由主義の教授によって占められていた。[19] わずかに都市の若干の下層民と農村住民の間だけに教会への忠誠が保持された（本来のプロレタリアートへの感化はわずか）。したがって、文化活動は幅広く勢力を挽回しなければならなかった。これが比較的短期に成功したのは、何よりも政治情勢のお陰である。国際情勢についていえば、一九〇〇年ころ、ヨーロッパで重大な構造変化が起きた。また、資本主義が帝国主義の段階に達した。これと軌を一にして、イデオロギー上の解体が進み、あらゆる反自由主義的見解の登場が容易になった。オーストリアでは、キリスト教社会党の急速な進出が、密接に関連する文化活動を促進し、反対に文化活動が党の進出を容易にした。自由主義の時代が終わろうとするころ、オーストリアでは精神世界が根本的に変化した。いまや誰にも、とくに知識人には、自分がカトリックの国に暮らしている、ということが徐々に意識されるようになった。カトリックの文化組織、出版社、雑誌等の出版物、講座、講演、劇場上演が増加し、会員数、読者数、参加者数が何倍にも増加した。[20] キリスト教社会党による行政上の方策により、聖職者の小学校に対する影響が著しく強まった。高等教育機関の行政には、レオ協会や大司教区事務局等が深く関与した。カトリック学生団体と関係をもっても、高等教育機関で職を得ようとする者には、まったく障害とならなくなった。文芸、哲学の分野では、数多くのカトリック作品が生み出された。リヒャルト・フォン・クラーリク、エンリーカ・フォン・ハンデル＝マツェティ、ラウレンツ・ミュルナー等の作品を、知識人なら誰でも注目して読んだ。また、オトカル・ケルンシュトク、カール・ドマーニク、アーダム・トゥラーバト、フランツ・アイヘルト、エードゥアルト・フラトゥキも愛読者をもっていた。当時の指導的な評論家であるヘルマン・バールは、自由主義からカトリック思想に転向した。現代詩の無冠の帝王、フーゴ・フォン・ホーフマンスタールも同じような道をたどった。カトリック文化運動が我が国の発展全体に果たした役割を評価すると、プラス、マイナス双方の影響を及ぼしていることがわかる。カトリックの特性は間違いなく、オーストリアの精神的創造の多様性をさらに豊かなものとした。カトリック教徒はしばしば、高邁な倫理的見解の先駆者として登場した。たとえば、学生組合が愚かな決闘に反対を表明したときなどである。* バール、ホーフマンスタール、ハンデル＝マツェティが、半ば失われていたバロックを見出し普及させた。こうしてオーストリアの過去の栄えある断片が新たに命を与えられた。カトリックの著作家たちは、自由主義者たちが決してできなかったことを実現した。地方の活性化である。彼らの影響下に、ザルツブルクやインスブルック等の小都市で独自の文学サークルが生まれ、知られずに埋もれてしまったかもしれない才能の持ち主たちが姿を現した。このような喜ばしいことともに、まったく好ましくないことも忘れるわけにはいかない。文化運動が行った初等・中等学校から高等教育機関までの教権化は、我が国の教育制度の後退を意味した。学校はその種類を問わず、自由主義体制下ではるかに実り豊かな成果を生み出していたのである。叙事詩、抒情詩、劇作が文化運動によって人々の間に持ち込まれたが、一部はキリスト教社会党の政策が浸透していて、これに対し非常に厳しいイデオロギー上の批判が行われた。キリスト教社会党の原則が抱える弱みは、文化運動でとくにはっきりと現れた。ドイツ的なるもの（Deutschtum）に関わる曖昧さである。文化運動に携わる者たちがおしなべて、プロシアに親近感を抱いていなかったことは確かであるが、ドイツオーストリア人がドイツ民族の不可欠の部分である、とは信じていた。彼らにとって、オーストリアのカトリック教徒が南西部ドイツ人と緊密な精神的共同体を模索しなければならない、ということは自明のことだった。したがって、民族としてのオーストリア人という考えを定式化して突き詰めようとはせず、それに気持ちの上では魅かれながら、正反対の行動を取った。彼らのそうした態度は、オーストリアがドイツ連邦の枠内で、バイエルン［バヴァリア］やバーデン、ヴュルテンベルクと一緒にプロシアのヘゲモニーに対抗した時代の思い出に由来している。この過去に囚われた態度をうまく利用したのが、逆説的にプロシアドイツの帝国主義だった。カトリック文化運動によって、ハープスブルク家の国家とホーエンツォレルン家の国家との絆がより緊密に結ばれた。

＊Vgl. P. Molisch, "Politische Geschichte der deutschen Hochschulen in Österreich von 1848 bis 1918", 1939, S. 146.

文化運動から生まれた理論的指導者は、誰もが認めるように**リヒャルト・クラーリク・フォン・マイアスヴァルデン**（一八五二〜一九三四）だった。その博識、多面性、多産によって、クラーリクは興味深い人物である。我々の文学は、彼のいくつかの作品、とくに劇作、演劇論の故にクラーリクに感謝しなければならない。もっとも、作家としての彼の作品の少なからぬ部分は、書かれなくてもよかった、と思わないでもない。

＊Vgl. H. M. Truxa, "Richard v. Kralik. Ein Lebensbild", 1903; Nagl-Zeidler-Castle, a. a. O., 4. Bd., S. 1600ff.

彼の外面の経歴は、さほど記すことがない。ボヘミア森のガラス工場主の息子に生まれ、リンツとウィーンで育つ。生まれつき恵まれていて、勉学と文学活動に身を入れることができた。学問上の著作や評論の全体は見通せない。対象は、哲学、宗教、歴史一般、文化史、文学史である。クラーリクは、芸術家としても作品を生み出した。いくつもの詩集を発表し、ドイツの伝説を詩形式で広範にまとめ、多数の小説や劇作、キリスト降誕劇、祝祭劇を発表した。旧い聖史劇を新しい装いで舞台にかけるという考えは、後にホーフマンスタールやラインハルトが実行して成功をおさめたが、もともとはクラーリクに由来する。彼はレオ協会をはじめ、さまざまな組織と協力して、そうした一連の劇を上演したが、その際、必要な音楽をたびたび自ら準備した。クラーリクは、普通の自由主義の考えと異なって、創作は、それ自体が目的ではなく、人生のもっとも大事な目的に捧げられるべきだ、と考えた。したがって、さまざまな組織が論説や舞台、序曲を依頼してくれれば、いつでも提供する用意があった。そうしてできあがった作品の水準は、とくに高いとは言えなかったが、キリスト教諸団体の活動には大いに助けとなった。

今日、クラーリクの理論全体を見渡して興味を引かれるのは、三つの分野——文化論、ドイツ的なるものの評価、現代の文学形式への反発——である。

さまざまな潮流の哲学者たちが、新しい文化の基礎を見出そうと力いっぱい頑張っている。こうした努力は、すべて無駄であり馬鹿げたことだ、とクラーリクは言う。神の計画によれば、真の人間文化の本質はきちんと定められている。それは古典古代、キリスト教、ゲルマン精神の統合によって、有機的な構成をもって成立した。古典古代は神の摂理により、最高の文化やもっとも深遠な哲学を生み出すべく定められていた。カトリックの教義は、ギリシャとローマの創造物をキリストの教えと融合した。ゲルマン精神は、このふたつの要素の担い手になることによって、第三の要素である固有の民族的要素を加えた。こうして神の望んだ発展は完了した。クラーリクは、ゲルマン人がローマの世界帝国と接触したときからの文化史を次のように描く。

「……民族移動によって、**ゲルマン人**がますますローマ人に代わっていった。……キンベル人、チュートン人の侵入以来、カエサルのアリオウィストゥスとの戦い以来、アルミニウスとマルボドゥウス以来、マルコマンニ人のマルクス・アウレリウス相手の戦い以来、ゲルマン人は同盟と和平締結によって、ローマ軍の内部でますます地歩を固めていった。したがって、民族移動の戦いは、ほとんどゲルマン人同士の戦いだった。もはや長い期間にわたって、本来のローマ権力は存在しなかった。しかし、教会と同様、勝利を収めたゲルマン人も古典古代の文化を受け容れた。こうして今日まで我々の素養は、これら三つの基礎——**教会**、**古典古代**、**ゲルマン精神**——の上に成り立つことになった。教会のほかには、完全な世界観を与える真の宗教はない。古典古代の文化のほかに、第二の文化は不可能である。他の文化はすべて、ギリシャ・ローマの古典古代文化から派生したか、あるいは野蛮である。野蛮というのは、ギリシャ人が、別の高度な文明をもつペルシャ人やその他のアジア人、アフリカ人をそのように呼ぶことが許されたのと同じ意味である。第三に、民族移動以来、世界史的な意味をもつ生命が由来する民族は、ただ**ひとつ**である。つまり、さまざまな種族に別れたゲルマン民族である。世界史的に重要な国家はすべて、ゲルマン人によって建国された。ドイツとスカンジナヴィア諸国を別にすれば、英国はアングロサクソン人とその他のゲルマン種族によって建国され、フランスはフランク人の建国、スペインは西ゴート人の建国、イタリアは東ゴート人のほかにランゴバルド人によって建国された。ロシアは、スカンジナヴィアのヴァラング人が建てた。同じように、後に発見されたアメリカについても、ゲルマン人は重要な意味をもった。その他の帝国、すなわち、中国、ペルシャ、インド、モンゴル、アラブ、トルコなどを、間違った公平意識に駆られて、ゲルマン人の国家形成精神と同列に置くことは許されない。いかにこうした諸帝国の人口が多かろうと、あるいは、当時、一時的に保持していた衝撃力がいかに強くとも、さらには、諸帝国が創り出した文明がいかに独自であろうとも、それは許されない。こうした文明は、キリスト教諸民族の宗教・芸術・政治が一体化した文化と比肩しえない。世界観という観点から［この文化の］本質、諸連関を考えるだけでも、比肩は不可能である。したがって、一九世紀以降、他のすべての民族がヨーロッパ文明にひれ伏したのである。この文明だけから大幅な進歩が生まれた＊」

＊"Weltanschauung", 1921, S. 26f.

この説にしたがえば、文化史はふたつの特徴をもつ。ひとつは、先の三つの要素が決定的であり、もうひとつは、ゲルマン精神が、神意を実現する道具として強く前面に出ることである。これはその諸前提からして根拠薄弱で、危険な結論に導かれる説である。ほぼ同時期のヒューストン・スチュアート・チェインバリンの説と類似している。ただ、『一九世紀の諸基礎』（Grundlagen des 19. Jahrhunderts 一八九九年）の著者であるチェインバリンは、教会に重きを置く者では決してなかったし、その上、クラーリクが示唆したに過ぎない人種概念を具体化しようとした。しかし、チェインバリンは、文化を形成する諸力に言及するとともに、文化史の内的な意味がゲルマン精神の自己展開にあるとした＊。

＊Vg. H. St. Chamberlain, "Die Grundlagen des 19. Jahrhunderts", I. Teil, Kap. 1-3, 6, II. Teil, Kap. 9.

もちろん、文化史家であるクラーリクを一般史家のクラーリクから切り離すことはできない。前者が存分に肯定した箇所で、後者が否定的な判断を下すことはできない。先に引用した箇所で、ゲルマン精神に文化的主導権のほかに力強い政治的な主導権が付与される。恒久的な国家の諸機構はすべて、ヨーロッパに関する限り、ゲルマン人が創造した、とされる。これとともに疑問が浮かぶ。クラーリクのような文化理論は、チェインバリンが非常によく似た理論を唱えて到達しようとした結論に必然的に至るのではないか、ということである。つまり、全ドイツ主義（Alldeutschtum）［＝汎ゲルマン主義］という帰結である。結論を言えば、クラーリクの考え方のもつ論理は、彼をそのような方向に押しやったが、彼は、生き生きとしたオーストリアの感受性に導かれて、長年にわたり、流されまいと努力した。彼は長年にわたり、全ドイツ主義の敵対者だった。よく知られているように、全ドイツ主義は、実際には全プロシア主義である。クラーリクは、自身のもっとも重要な歴史書、『オーストリア史』（Österreichische Geschichte、一九一三年）の中で厳しいプロシア批判を行った。彼のフリードリヒ二世＊とビスマルク＊＊に関する見解は、通常の自由主義的な見解を真っ向から否定するものであり、これ以上ないというほど断固としている。オーストリアとドイツの同盟にまとわりつく不自然さ、強制性も併せて見ぬいていた＊＊＊。しかし、一九一四年夏は、彼のドイツ帝国主義イデオロギーに対する抵抗をすっかり吹き飛ばしてしまった。彼は露骨な戦争扇動者になってしまった＊＊＊＊。彼の考えでは、ヨーロッパの半分は、もともとドイツのものであり、併合されるべきものだった＊＊＊＊＊。帝政が崩壊した後、クラーリクは明らかにこの事態から学ぶことができなかった。彼の運命が改めて実証しているのは、汎ゲルマン主義と関わりをもつ者は、精神的にそれに躓いて没落してゆくという経験である。

*"Österreichische Geschichte", 1913, S. 207ff.
**Ebenda, S. 531ff.
***"Wien. Geschichte der Kaiserstadt und ihrer Kultur", 2. Aufl., S. 506.
****Vgl. "Die Entscheidung im Weltkrieg" (3 Reden), 1914; "Das Buch von unserem Kaiser Karl", 1917; "Die neue Staatenordnung", 1918; etc.
*****"Die Entscheidung im Weltkrieg", S. 20.

歴史家、政治家としてのクラーリクがかなり変節したとすれば、美学者としては不動の人物だった。それが明らかになるのは、彼が指導的役割を果たしたいわゆる**カトリック文学論争**の渦中だった。論争の経過を簡単におさらいしてみよう。

　クラーリクは、カトリック文献を刊行しようと懸命の努力をし、書き手として、また評論家として尽力した。そのころ、［ドイツの］ラインラント人、カール・ムートのふたつの冊子が出版された[*]。ムートは、これまでのカトリック文献はすべてたいして価値がなかった、と主張した。このように言う乏しい価値の原因として、彼はたとえば批評の分野の不毛と出版人の臆病等をあげる。ムートは主張する。大事なことは、カトリックの著作家たちが、ついに現代の技法（Technik）も取り入れ、現代の様式（Stil）を自分たちのものとすることである。傾向（Tendenz）があまりにはっきりと前面に出ることは避けなければならない。つまり、真の詩人は「この世で闘う者、争う者として立ち現れるのではなく、**その代わりに**観察者として創造者として登場することである」と[**]。クラーリクは、ムートの理論を誤ったものとして、論争で自分の立場をはっきりさせる。ムートのクラーリクに対する批判——クラーリクが、ムートの初めての著作を自分の創作活動への誹謗と受け止めたが故に[***]、クラーリクは無駄な論争を始めた——は、でっち上げである、と。予断をもたず観察すれば、クラーリクの説明からは、対立がまさに観念的、宗教的な動機に発している、と思われる。カトリックのふたりの美学者の批判・反批判は、長年にわたり遣り取りされた。それぞれに支持者のグループが集まった。ムートは一九〇三年、友人たちと『ホッホラント』（Hochland［高地］）という表題の評論誌を創刊し、ミュンヘンで発行した。クラーリクは、月刊誌、『グラール』（Gral［聖杯］）の創刊に影響を与え、また「グラールブント［聖杯同盟］」[21]という（ゆるい組織の）文化団体立ち上げの口火を切った。しばらくふたつの雑誌は、ミュンヘンとウィーンの論争の道具として大きな役割を果たした。クラーリクは文学運動に関する自著で、自分にとって大事なポイントは、傾向と様式の問題だ、と明らかにした。

＊冊子のタイトルは、"Steht die katholische Belletristik auf der Höhe der Zeit?" (1898) 及び "Die literarischen Aufgaben der deutschen Katholiken"（1899）．前者はVeremundusのペンネームで発表された。ムートについては以下の論集を参照。"Wiederbegegnung von Kirche und Kultur in Deutschland. Eine Gabe für Karl Muth", 1927, hrsg. v. Ettinger, Funk und Fuchs.

＊＊K. Muth, "Die literarischen Aufgaben der deutschen Katholiken", S. 4.

＊＊＊以下の論集のヨーゼフ・ナートラー（Josef Nadler）の論考を参照。"Wiederbegegnung von Kirche und Kultur in Deutschland. Eine Gabe für Karl Muth", S. 64ff.

「ヴェレムンドゥス［＝ムート］が言うように、真の芸術作品の課題が『生の芸術と生の叡知を教えること』であるとすれば、芸術は、この生の芸術と生の叡知を実行に移すにあたり、フリーメイソンあるいは仏教徒、超人、カトリック教徒よりもうまくできるかどうか、ということも併せて教えることが許されねばならない。もし真の芸術にこの教えを許さないのであれば、真の芸術の美の理想よりも、宗教をなくした生の叡知が優先する、ということになる＊」

＊R. v. Kralik, "Die katholische Literaturbewegung der Gegenwart", 1909, S. 30.

「ムートは……現代の様式、現代の**形式**（Form）（この形式は、現代の**内実**の型として必然的に成立した）を他の内容に転用しうる、と考える。私はこれまでしばしば、それが美学上の馬鹿げたことだと指摘した。形式と内実は相関概念である……。様式とは、本当の意味で人間である。様式は特性である。精神である。理念である。適切な言い方をすれば事柄そのものである……。

『**現代精神**』は、固有の哲学、美学、倫理学、世界観とともにある……。そのもっとも天才的な予言者はニーチェであり、もっともよく知られた先駆者はソフィストたちだ。彼らの原則は、すべては相対的で、永遠の真実はなく、絶対に真なるもの、善なるもの、美なるものはない、ということである。すべては発展し、変容し、反転する。権威はなく、義務もない。衝動が正しい。誠実は、本能生活の臆さない率直さに道を譲る云々……。この現代の『生の芸術、実践的な生の叡知』(Lebenskunst und praktische Lebensweisheit)は、美的な必然性にしたがって、『現代の』様式、現代の技巧を放射(emanieren)せねばならなかった。だからこそ、カトリックの文学運動に**現代の形式**——帰結とは切り離せない——を押し付けようとするし、**現代の内実**を押し込もうとする」*

＊Ebenda, S. 36.

クラーリクは非常に教条的な態度を取る。確かに芸術作品はある世界観を表現しうる。しかし、彼は世界観にかなり多くのものを求める。彼にとって、ハンデル＝マッツェティすら十分にカトリック的ではない！　どうしてカトリックの思想もまた、新しい様式を生み出せないのか、この点は、内容と形式の関係をきちんと認めるとしても、はっきりしない。それはそうとして、旧いクラーリク・ムート論争に四〇年後に決着をつけようとは思わない。両者の対立する見解をわかりやすくしただけで十分だろう。

クラーリクとムートの論争は、孤立した出来事ではなかった。これは一九世紀後半と二〇世紀初頭に、厳格にカトリック信仰を守る者とそうでない者との間で、そしてまた一部は異端者を相手に広く行われた論争のひとつのエピソードに過ぎない。見かけ上は確立された自由主義（実際には急速に衰退に向かっていた）の時代に、多くの国のカトリック世界、とくに聖職者の間でも、外観は宗教思想だが、実際には自由主義哲学や実証主義、カント主義に直接由来する思想が登場した。自然科学的思考がその暗示力により、観念的認識論のフィルターを通して宗教領域に浸透したのである。たいていは民族の色合いを帯びた新しい思想で、教会は、そのまっただ中で活動するそれぞれの民衆の民族性に適応すべきだ、と主張された。ときにはさらに一歩進めて、教皇が教会に対して行使する中央集権の統制を弱めるよう、率直に要求したりした。この種の考えを説いた運動には、たとえばミュンヘンの神学教授デリンガーが率いたものがあった。一八七〇年のヴァチカン公会議後、デリンガーの支持者たちは、多くの国で旧カトリック教徒の名で別個の宗派として地歩を固めていった。オーストリアでは初めから重要性をもたなかったが、ドイツの旧カトリック主義は、しばらく政府の庇護を享受した。ただ、「文化闘争」が終わるとともに、これも終息した。その後何年かして判明したのは、ほぼ全世界に聖職者の少数グループが存在して、カトリックの改革、何よりも教義の改革が必要だと考えたことだった。米国では、アメリカ主義として知られる考えをもったグループが注意を引いた。フランスではルワジ、英国ではティレル、イタリアではムッリが登場して、教会の世界観と現代の世界観を融和させようと試みた。似たような努力はドイツでは「自由主義の」カトリック教徒、「進歩的」カトリック教徒のグループが行った。オーストリアの聖職者たちはドイツに比べると、自由主義の影響に対する抵抗力が強かった。もちろんオーストリアのカトリック教徒は、ヨーロッパ各国で暫く新聞雑誌を埋めた議論に細心の注意を払った。彼らは何度か自ら議論に介入したが、その発言はいつも保守的な立場のものだった。『グラール』誌と『ホッホラント』誌の論争のほかに、アルベルト・エールハルトとヘルマン・シェルの理論が引き起こした論戦が注目に値する。

文学論争については述べたので、他のふたつの論議について二三の一般的な注を付すだけにしておこう。**アルベルト・エールハルト**はボンの神学者で何年かウィーンで暮らしたが、ここで一九〇一年、『カトリック主義と二〇世紀』（Katholizismus und das 20. Jahrhundert）と題する著書を出した。この書の中心の考えは、現代の「基本要素」とカトリック教会の「基本要素」との間には内的な絶対的な対立はない、というものだった。エールハルトは、過度に中世を評価すること──教会は当時、最盛期にあった──を諫め、教皇権至上主義──同主義自体は正しいものであっても──の行き過ぎに警告を発した。リンツ大聖堂の司教ドクター・ブラウンが『ドクター・エールハルトの提議への異議』(Bedenken über Dr. Ehrhards Vorschläge、一九〇二年)で反論し、さらに『祖国』が連載記事で、リンツの『神学・実践季報』(Theologisch-praktische Quartalschrift)とインスブルックの『カトリック神学雑誌』(Zeitschrift für katholische Theologie)が単発記事で反駁した。エールハルトは、大著の『自由カトリック主義とは?』(Liberaler Katholizismus?、一九〇二年)でこうした批判に答えた。彼は論敵が自分を告発するに当たって的はずれであることを指摘するのに成功し、自由主義の著作家たちが申し出た援助をいらないと退けた。**ヘルマン・シェル**について言えば、彼はヴュルツブルクの神学者で、専門家の間で名を成していたが、命ぜられた道を踏み外したため、二冊の専門書と二冊の一般向け評論は禁書リストに載せられた。彼はためらいがなかったわけではないが、ローマの決定にしたがう由の宣言をした。彼の死後、高位聖職者のドクター・**エルンスト・コマー**──ウィーン大学の教義神学教授で、『哲学・思弁神学年報』(Jahrbuch für Philosophie und spekulative Theologie)の発行者──が、シェルの見解をひとつひとつ反駁していった。コマーのヴュルツブルク大学教授に対する反論は次のようなものだった。シェルは言う。神は悟性によって完全に認識できる、と。これは神知論への顚落である。神はすべての存在の原因として自身は無原因である、というカトリックの教義を捨てて、神を神自身の原因(causa sui)として把握しようとした。同時にコマーは、すでに亡くなっているシェルの手紙に基づいて言う。シェルは、教会が教皇の権威に対して求める態度を取らなかった、と。[教皇]ピウス一〇世はコマーに書簡を送り、コマーが究明の作業を成し遂げたことを高く評価した。それからわずか数週間後、ヴァチカンはフランス、イタリア等の改革運動に壊滅的な打撃を加えた。一九〇七年七月三日の神聖ローマ及び一般審問教令と一九〇七年九月八日の教皇回勅によって、「現代主義」の本質が厳密に定義され、厳しく非難された。コマーの目には、シェルの見解も現代主義の概念に包括されるものと映った。クラーリクは、彼がムートに向けていた論駁が、回勅によってこれ以上ないほどはっきりと承認されたと考えた。* 確かにシェルの思考の全般的な方向性は、ルワジやムッリと似ていた。ムートもまた、現代主義からはるかに隔たっていたわけではない。それは、［ムートの］『ホッホラント』誌が有名な現代主義者であるフォガッツァーロの小説を連載していて、同小説が禁書リストに挙げられて** はじめて連載を中止したことから明らかである。しかしながら、コマーとクラーリクの出した結論は行き過ぎである。シェルの学説は、文献では現代主義と同一視されない。シェルは、現代主義と同じようにはっきり危険であると見なされなかったし、ある別の傾向を示すことも一再ならずあったからである。カール・ムートの仕事は大部分、教皇の回勅が狙った領域をはずれていた。『ホッホラント』誌は回勅後も刊行が続き、多くの読者を擁していた。

＊R. v. Kralik, "Die katholische Literaturbewegung der Gegenwart", S. 1.

＊＊Ebenda, S. 78.

論争においてドイツのカトリック教徒が、相対的に自由主義的な立場に立ち、オーストリアのカトリック教徒が、保守的な立場に立ったのは偶然ではない。国境の向こうとこちらでは、教会の状況が非常に異なっていた。ドイツでカトリックは、強力な常に拡大を続ける国家権力の圧力にさらされ続け、この国家権力は、プロテスタントの自由主義的なイデオロギーを利用することを心得ていた。自由主義の学説はプロテスタント教会に流れ込み、またプロテスタントの教義は自由主義に浸透して、両者のイデオロギーは一九〇〇年ころ、もはや引き離すことができなかった。両者が一体化して、カトリックの世界観に対する圧力は強力となり、この世界観を代表する者たちにとって、自分たちがただ黙認されただけの二流市民であるとの感を拭い去ることができなかった。ドイツのカトリック教徒は、自分たちの劣等感を言葉にすることをためらわなかった。彼らは考えた。劣等感を克服する手段は、時流に棹さし、教会の教えを支配的な俗論に合せて新しくすることだ、と。オーストリアの状況はまったく異なっていた。ここでは教会は、確固たる基盤の上に存在していた。教会は、知識人たちから何年かの間さげすまれようと、うろたえる必要はなかった。民衆の中核をなす何十万という者たちにとって、司祭は大学教授よりも高い地位にある存在だった。皇帝家は、教皇の政策をではなく、帝室の政策を大きな威信をかけて推進したが、おそらくそれが理由で、教会に額づくことをこれ見よがしに見せつけた。オーストリアのカトリック教徒にとって、自分たちが自由主義者と比べて劣っているという考えは、まったくばかばかしいものだった。ルエーガーやシャイヒャーらキリスト教社会党員が演説者として収めた大成功は、何よりも、彼らがこの自信を劇的に表現したことによっている。教会がオーストリアで具現する権力を意識しながら、オーストリアの神学者やその他カトリック思想家たちは、伝統の信仰を変更することを拒否した。

このことを遺憾に思う必要はない。そもそも必要なのは、陥りやすい誤りを避けることである。その誤りとは、自由カトリック主義自体が進歩的な現象であり、したがって、ドイツ帝国をこうした点で進歩の担い手のごとくに、オーストリアを反動の拠点であったかのように考えることである。自由カトリック主義を過大評価すれば、そのように考えることになる。確かにその主唱者たちは優れた人物だった。多くの点で彼らは、当時と異なる現代の思考に近い。しかし、自由主義とカトリック双方の根本思想を結び付けようとする企図はうまくゆかなかった。結果は、世界観の断片の寄せ集めにすぎず、互いに適合しなかった。たとえば、典型的な自由主義カトリック教徒としてのシェルを取り上げてみよう。彼の著作を読むと、ときおり賛成したくなるが、それよりもさらに頻繁に、その主張（神は自らの原因である等）には、論敵たちの説と同じように違和感を覚える。二〇世紀初頭には、カトリック教徒が一九世紀哲学の特定の命題を自己の体系に取り込んだか否かは、とうに重大ではなくなっていた。大事なのは、自分たちの時代の社会問題を理解して、それに立ち向かったかどうかだった。保守的なカトリック教徒は苦も無くこの点で、現代主義に傾くカトリック教徒よりはるかに（言葉の真の意味で）現代的でありえた。フォーゲルザング、シャイヒャー、ラマシュが好例である。オーストリアで自由カトリック主義が見当たらなかったことは、時代特有の傾向が存在しなかったということではない。相当数の実際の政治問題をめぐって、民主主義者や社会主義者と幾人かの指導的カトリック教徒との間には一致が見られた。この事実は双方からきちんと評価されなかったかもしれないが、教会を内部から自由化しようという試み以上に、客観的に見て重要だった。

さて、ある著作家グループに注目することで我々の考察を終えようと思う。このグループは「**ブレナー**」**グループ**といい、一部のメンバーは教会に所属はしなかったが、緊密な精神的つながりを保っていた。一九一〇年に創刊された評論誌の『ブレナー』（Der Brenner）は、ルートヴィヒ・フォン・フィッカーがインスブルックで編集し、自由信仰者やプロテスタント信者、カトリック教徒の寄稿者を擁していた。「ブレナー」グループの中心人物のひとりは、南ティロールの神秘主義者カール・ダッラゴで、あらゆる教会組織を断固拒否した。もうひとりの中心人物は、ミュンヘン在住の卓越した論客テーオドール・ヘッカーで、一歩一歩厳格なカトリックの立場に向かって進んで行った。寄稿者たち全員を結び付けたものは、宗教的な事柄において完全な誠実さを望む意志や、倫理的な動機だけに導かれた生活態度、キリスト教精神に則った現代生活革新の意志だった。『ブレナー』誌はゲーオルク・トラークルを擁護することによって、オーストリア詩に永遠の貢献をした。このトラークルの詩は、表現主義の初期の実り豊かな時代を切り開いた。最後に『ブレナー』誌は、オーストリアの人々にデンマークの神学者・哲学者セーレン・キルケゴールの名を知らしめた。彼は一九世紀のもっとも暗い著作家であろうし、多くの者にとってもっとも深い著作家でもあった。ヘッカーは倦まずたゆまず、同時代人に対してキルケゴールの回心を、彼のプロテスタントからカトリックへの苦悩に満ちた救済の転換を、まさに人々に警鐘を鳴らす例としてありありと浮かび上がらせた。インスブルックの評論誌が、宗教問題を論ずるにあたって心得ていた人間としての高みに達したことは、我が国では他に例を見ない。一九一四年の度を過ごした愛国主義の熱狂の中で、『ブレナー』誌は批判的な冷静さを失うことがなかった。この点をどんなに高く評価しても、しすぎるということはない。戦争が勃発してすぐ、同誌は発行を停止しなければならなかった。再刊できたのはやっと一九一九年である。

# 労働運動

メッテルニヒ時代から続いたオーストリアの経済成長が鈍化した結果、英・仏・独に遅れて、オーストリアで労働運動の全面的な展開が始まった。オーストリアの運動は、帝政の最後の数十年に遅れを取り戻し、複雑な国家機構の中で強い影響力を発揮した。公的生活で手に入れた影響力は、間違いなくブルジョア諸グループを併せた影響力にはかなわなかった。しかし、この国に計り知れない結果をもたらした。それは生活への意欲や創造的な考えであり、遠大な計画だった。［一八］九〇年代から帝政の没落に至るまでに達成された政治的、社会的、文化的進歩は、その重要な部分を**労働運動**に負っている。また、労働運動は共和国になってから積極的な関与を行い、共和国時代に意義と内容をもたらした。労働運動があればこそ、これを基に、限りない苦境に見舞われたこの国が将来に向かって希望をもつことができる。

オーストリア労働運動の誕生は、立憲君主制の成立とほぼ時を同じくしている。一八四八年の革命でプロレタリアートのまとまった活動が見られたが、しかし、ブルジョアが敷いた軌道から外れることはなかった。労働組合や労働者新聞が生まれたが、態勢を整えて自分たちの目的をはっきりさせられないうちは、反動の攻勢に押しまくられた。バッハ［首相の］政権はカトリックの職人組合だけを許可して、他のプロレタリアート組織を許さなかった。非合法組織を立ち上げる試みが行われた形跡はない。シュメーアリング［首相］の政府も、申請の出た労働者連合を許可しなかった。一八六七年に初めて**ウィーン労働者教育協会**が生まれた。ここからかなりの数のサークルが成長し、全体として政党の性格をもった。こうしたサークルからもう一度、闘争に継ぐ闘争の二〇年を経て、統一された中央集権の社会民主党が生まれた。

この二〇年にわたる闘争は二重に行われた。まず労働運動は、常に繰り返される政府や警察、支配勢力の攻撃を跳ね返さなければならなかった。それに加えて、自己の陣営内部で繰り広げられた敵対的な分派闘争を克服しなければならなかった。このふたつが重なって、若い運動はたいへん厳しい試練にさらされた。このような困難を克服したことにより、運動の内部に秘められた力と客観的な運動の必要性が、非常にはっきり証明されたと思われる。

ふたつの闘争のうち、より憂慮すべきは分派闘争だった。これがなければ、党、あるいはそのように名づけられた運動体は、国家機関の圧迫をもっと早期に無効にしていただろう。問題は急進派と穏健派の抗争に他ならなかった。状況は二〇年にわたって変わらなかった。けれども、運動が新しい発展段階に達するたびに、分派のイデオロギーと構成が変わった。もともとは、小市民の改革派であるシュルツェ＝デーリチュの支持者とラサールの支持者が対立していた。ラサール派（ハルトゥングとオーバヴィンダー）が他派を押しのけた。ラサール派が優勢なときに、普通選挙権を求める最初の大衆デモが起きた（一八六九年）。デモの直接の結果は、反逆罪による「首謀者」の有罪判決だった。ドイツ帝国のラサール派本部はオーストリアの同僚に忠告を与えて、注意深くことに当たり、可能であればブルジョアと協働することを勧めた。これに反対したのが、**アンドレーアス・ショイ**を取り巻くグループで、ショイはマルクス主義の数々の思想を我がものにしていた。何物にも勝る激しい闘いの後、ショイが優位に立ち、ラサール派は崩れ去った。しかし、これでマルクス主義が運動の標準になったわけではなかった。ドイツの革命家**ヨハン・モスト**――ロンドンに亡命し、そこで『自由』（Freiheit）誌を出していた――を通して、アナーキズムの考えがオーストリアの党に持ち込まれた。モストはかつてオーストリアで働いていて、労働者の間でよく知られ、彼の雑誌はよく読まれた。いまやアンドレーアス・ショイが、同じくロンドンに暮らして編集部に入ってから、雑誌の影響力はますます高まった。「穏健派」――その指導者にバルドルフ、カール・カウツキー、エーミール・カーラー＝ラインタールを数える――は、少数派としてかろうじて勢力を保った。八〇年代初め、「急進派」が暗殺と強盗襲撃を始めた（後者の目的は、党の資金調達）。国中が極度の憤激に駆られた。いくつかの無意味で残虐な行為は、労働者の間に急進主義の意義に対する疑いを生み出した。運動をつねに半ば非合法の状態に抑え込んでいた政府は、これ以上ないという厳しい措置で臨み、急進派と穏健派をまったく区別しなかった。両派の理性的に物事を考える人々は、内部対立が階級敵を利するだけであり、それどころか、敵が対立をあおっていることを理解し始めた。いまだ運動に長く関わっていないが、あらゆる方面から急速に尊敬を勝ち取った人物、**ヴィクトール・アードラー**が、和解のために努力を重ね成功した。アードラーは時間をかけた交渉を通じて、マルクス主義の考えを勝利に導いた。彼が手掛けた綱領はよく練られていて、**ハインフェルトの党大会**（一八八八年末から翌年初めにかけて）で反対一票のみで採択された。

ハインフェルトで決着のついた対立は、政治的にどんな内容だったろうか。それは、社会主義という運動の最終目標を巡る対立ではなかった。最終目標については、少なくとも「急進派」、「穏健派」ともに似たような考えをもっていた。対立点は、プロレタリアートが取るべき戦略及び戦術並びに採用すべき組織形態だった。急進派の見解は、アナーキストが多少の異同はあっても、全世界で表明したものと同じだった。

闘争は資本主義内部の改革をめざすものではない。ブルジョアジーの打倒である。唯一可能な闘争手段は暴力である。議会では何も成し遂げられない。とくに労働者が選挙権をもたないオーストリアではそうである。労働者の党にとって、テロ行為を遂行することが主要任務であるので、党の核となる部分は非合法でなければならない。この目的に照らして、党を緩やかに構成し、「連盟（föderalistisch）」組織としなければならない。

ハインフェルトでは、これとまったく逆のことを決議した。その内容は次のようなものである。

テロ行為は無益である。我々を後退させるばかりで、前進させることはない。改良は、我々が求める社会主義体制の代替ではない。しかしながら、何もないよりはましである。プロレタリアートのために経済、社会、政治を改善するには、幅広い合法的な大衆組織が必要である。この目的に照らして、組織は堅固に「集権的」に構築される。我々が現在達成できる諸改革のなかで、もっとも重要なものは普通選挙権である。続く我々の目標は、オーストリアの民主化である。

こうして穏健派は多くの点で主張を通したが、急進派がハインフェルト綱領に満足したのは、綱領が、今日改良主義と呼ばれるものではなかったからである。綱領は改良の効果が限られることを指摘するとともに、合法的な闘争手段しか認めない、と宣言することを明確に回避した。また綱領はマルクス主義の綱領だった（もっとも、すべての表現で理想的とは言えなかったが）。統一大会から生まれた党を全体として眺めれば、当時、各国で形成されつつあった社会民主党の典型的な特徴を帯びていた。こうした諸党は一八八九年、パリで第二インターナショナルに結集する。(1)

オーストリアでの統一はタイミングよくなされた。党を遅滞なく成長させ、帝政のひとつの有力な勢力として確立する諸前提が、まさに存在したからである。これがフリードリヒ・エンゲルスの判断だった。彼は八〇年代終わりからその死（一八九五年）に至るまで、ヴィクトール・アードラーと常に連絡を取り、あらゆる方法で支援した。エンゲルスがアードラーに宛てた書簡には、一八九〇年ころのオーストリアの政治情勢の分析が含まれている。書簡のこの箇所は、エンゲルスが書いた多くのものと同じように、明快で生き生きとしているので、今日読んでも、なおその魅力を楽しめるだろう。

僕が君たちの国と人民、政府を自分の目で見て[2]以来、ますますはっきりしたことは、オーストリアで僕たちは、特別の成果を挙げることができるだろう、ということだ。工業は高い成長を遂げているが、長年の高い関税の結果、たいていは劣った生産力で稼働している（ボヘミアの工場設備を見てそう思う）。大多数の工場主自身――大きめの規模の者を念頭に置いている――は、取引所と癒着し、工業そのものと一体化している。都市の小市民は政治にほとんど無関心で、安逸を楽しむ。彼らは、何よりも安穏と享楽を求める。農村では、急速に膨らむ債務が、小土地所有者をひとりひとり呑み込んでいく。真の支配階級としての大土地所有者は、より一層間接的な支配を保証する政治的地位に満足しきっている。大ブルジョアジー、すなわち、数は多くない大資本家（haute finance）と、それと手を携えた大工業家との政治権力は、**ますます間接的に**行使される。しかし、彼らは同様にすっかり満足している。所有階級、中でも大規模所有階級の間では、この間接支配を直接の立憲支配に転換しようという願望が無い。小所有者階級は、実際に政治権力に参加しようという真剣な努力をしない。その結果は、無関心と停滞だ。それを揺るがすのは、ただ、さまざまな貴族やブルジョアの間の民族闘争であり、ハンガリーとの同盟の行方である。……

このように国家が停滞した状態で、政府は各**階級**に対して非常に有利な立場に立ちながら、ずっと困難を抱えている。理由の一、こうした諸階級が多数の民族に分かれているので、通常の戦略と異なって、（労働者に対しては）一致して対抗するが、ばらばらになって（相互に）殴り合うから。二、永続する財政困難。三、ハンガリー。四、外交上の難問題。まとめれば、こうした状況で僕は思うのだが、綱領と戦術をもち、何をしたいのか、また、どのようにしたいのかを知っていて、十分な意志を備える労働者党、その上、陽気で敏感な気質をもち、ドイツ的要素が優勢ではあるけれども、幸いにもケルト、ゲルマン、スラヴの人種的混交のおかげを被った気質をもつ一個の労働者党が、素晴らしい成果を収めるためには、十分な能力をひたすら涵養しなければならない。何をしたいのか知らず、ただ騒々しいだけの諸政党とともに、何を望むのか知らず、その日暮らしを続ける政府を前にして、何をしたいのかを知り、しかも、粘り強く倦まずたゆまずそれを求める党が、ついに勝利するに違いない。オーストリアの労働者党が望み、また望み**うる**すべてが、オーストリアの休みない経済発展が要求することとまさに同じである限り、成功は間違いない。*

＊一八九三年一〇月一一日付け書簡。V. Adler, "Aufsätze, Reden, Briefe", 1922-1929, 1. Heft. S. 78ff. 所収。この書は、エンゲルスとアードラーの交わした書簡を載せるだけでなく、他にもエンゲルスの興味深い意見表明を多数集める。

国際プロレタリアートの教師［エンゲルス］が指摘した好機を、オーストリアの党が生かしたかどうか、と問うならば、答えは部分的にイエスであるにすぎない。社会民主党は一八九〇年以降、大きな業績を挙げながら、肝心のことは行なわ**なかった**。

ハインフェルト［党大会］に始まる初期の党史は、それ以前の時期と比べてはるかに静穏だった。党派闘争は何年もの間、ないも同然だった。アードラーは、やすやすと運動を率い続けた。他にユーリウス・ポップ、ペルナストルファー、シューマイアー、ロイマンが前面に立った。さらにザイツ、レンナー、アウスタリッツがいた。党大会で表明された意見の食い違いは、党の統一を危うくするほど大きくなかった。各大会では、先の大会以来達成された党勢拡大を確認することができた。党は、プロレタリアートの掌握しにくい層と周辺に存在する層（事務職員、低所得の知識人）とを取り込んで拡大した。さらに重要なのは、党と結びついた大衆組織が急速に拡大したことだった。それは一八九三年に最初の大会を催した労働組合、さらに協同組合、婦人・青年・スポーツ・教育組織である。* 社会民主党の新聞は目覚ましく発展した。一八九五年には、『労働者新聞』（Arbeiterzeitung、創刊一八八九年）が日刊化を大きく祝った。戦争［第一次世界大戦］直前、党は日刊紙を六紙もち、さらにさまざまな種類の週刊誌・月刊誌は約二〇を数えた。そのうえ労働組合が五三の新聞を刊行していた。もちろん、組織はそれ自体が目的ではない。組織は可能なすべての分野で、プロレタリアートのために状況の改善を勝ち取った。労働者団体を狙った例外規定が廃止され、身分制議会が廃止された。労働者集会や大衆示威行動の嵐、ゼネストの威嚇、とくにロシアの一九〇五年の出来事に触発された威嚇は、ついに旧体制で甘い汁を吸う者たちが押しとどめられないほどに大きくなった。社会民主党は、すでに一八九七年と一九〇一年の選挙で何人かの候補者を当選させていた。一九〇七年には、社会主義の議員団は一挙に議会の最大会派のひとつになった。労働者の立場が強化されたことにより、政府は不十分ながら社会立法の導入を迫られ、企業家は職場で数々の譲歩を強いられた。さらに社会民主党の活動は、優れた大衆教育の効果をもった。党はプロレタリア大衆に時の政治のイロハを教え、文化への興味を掻き立て、全国に広がった無数の団体で、民主的な行動をかなりの程度促した。また、数多くのきわめて才能に恵まれた人々を、最下層に見つけ出して責任ある地位に就け、その才能を実践の場で伸ばすことにより活用した。

＊Vgl. L. Brügel, "Geschichte der österreichischen Sozialdemokratie", 1922-25, 4. Bd., S. 383ff.; 5. Bd., S. 140ff.; J. Deutsch, "Geschichte der österreichischen Gewerkschaftsbewegung", 1. Bd., 1929; Adelheid Popp, "Der Weg zur Höhe", 2. Aufl. 1930.

社会民主主義者の活動がもっとも高い教育的効果をもったのは、その道徳的要素だった。課題に取り組む熱意、進歩を熱望する意志、善きことのために犠牲を捧げる各人の心の用意である。熱意は、幸い伝染する。古い同志の心意気は、具体的に示されることで、新たに入党する人々に伝わった。もっとも、古参のカール・ヘーガーの意見では、理想主義と犠牲の用意は、ウィーン労働者教育協会が設立された初期のようには二度と高まらなかった。[*] 彼は運動の初期に身を置いていたので、よく知っていたことだろう。けれども、ヴィクトール・アードラーの時代にまだ残っていた理想主義は、国を転換するのに十分だった。社会民主党はオーストリアの最良の人々に働きかけ、手にした成果は熱烈な共鳴だった。

*L. Brügel, a. a. O., 1. Bd., S. 99.

しかし、ハインフェルト以降の社会民主党の活動を検討するとすれば、どのような組織的・教育的・道徳的成果を生んだかという視点や、支配階級からどのような改革を奪い取ったかという観点からの討究だけでは済まない。社会民主党の歴史は、広い意味の政治史である。党史は、帝国主義時代におけるプロレタリアート階級闘争の理論と実践を論ずることになる。こうした視点から見た党史は、芳しくない特徴を示している。つまり、初めははっきりしなかったが、徐々にくっきりと姿を現した諸傾向、歴史の転換点で犯した壊滅的な失敗を準備した諸傾向である。それはまた次のような事態を招いた。第一に、一九〇〇年以降の党内分派闘争が、ドイツオーストリア人とチェコ人との間の闘争という形で復活した。ふたつ目には、党は一九一〇年ころ、民族グループに分裂した。三つ目には、党は一九一四年、帝国主義戦争を支持した。四つ目は、一九一八年、プロレタリアートが権力を掌握する好機を逸した。最後に、党は共和国時代の課題を果たすことができなかった。社会民主党を小市民の進歩的な党と考えるのであれば、すべてそうした出来事も穏やかな批判を引き起こすだけだろう。ハープスブルク帝国のブルジョア諸政党と比較するならば、社会民主党は自党が優れた政党であるところを見せた。社会問題に敏感に反応するという著しい長所とともに、ショーヴィニズムと帝国主義の悪弊には弱いという短所をはっきりと抱えていた。だが、社会民主党は、自己に高い目標を課していたのだった。それは、ブルジョアグループには思いも及ばないくらい高邁だった。党は帝国主義戦争を阻止し、ブルジョアジーを打倒し、人間の人間による搾取を終わらせようとした。一言で言えば、プロレタリア革命の党として登場した。プロレタリアの前衛が各地で掲げた大胆な諸要求を、社会民主党も掲げた。党をこの諸要求に照らして評価することは、歴史的正当性という観点から必要だろう。

オーストリア社会民主党は、第二インターナショナル全体と同じ運命を辿った。政治面では帝国主義時代の堕落作用にさらされた*。マルクスとエンゲルスは、プロレタリアートが資本主義秩序の枠内で搾取と抑圧から解放されることはありえない、自由になるためには政治権力を掌握しなければならない、と教えていた。ところが、先進諸国で社会民主主義の大衆政党が成立した一八九〇年ころ、経済・政治情勢は安定していた。ヨーロッパ社会の様相を決めたのは、景気、平和、議会政治の三つである。動揺する社会体制を前提とする権力闘争を、プロレタリアートの当面の課題とすることは不可能だった。目の前の課題として考慮されたのは、ただ諸勢力の糾合であり、いずれ到来する闘争への準備だった。したがってエンゲルスが、一八九五年まで助言した第二インターナショナルに対して、革命的言辞を弄すること――多くの社会民主党が行っていた――を固く戒めたのはまったく正しいことだった。たとえば、オーストリアの党がハインフェルト綱領で、当面の課題を大衆の啓蒙と組織化だと規定したのは正しかった。一方、諸勢力を糾合する政策には途方もない危険が潜んでいた。革命の党は、避けられない非革命的な環境でつねに埋没の危険にさらされる。実際、［一八］九〇年代から、そのような展開が見られた。諸勢力の糾合は、多くの社会民主党にとってますますお気に入りの政策となり始めた。労働者の諸政党が成長した。あちこちの国の議会が何らかの社会保護立法を行った。労働組合は、それにも増して迅速に成長した。組合はあちらこちらで、特定の労働者グループのために賃上げを獲得した。改革と企業家の譲歩が、社会民主党の活動の最良の成果だったのではないか？　その時機が到来しない、あるいは到来してほしくない革命について語るのではなく、さらなる改革にエネルギーを注ぐべきだったのではないか？　改革を重ねることで、ブルジョア社会秩序を一歩一歩、社会主義社会秩序に転換することが考えられないか？　このような考えは多くの労働者グループを捉えた。とくに労働貴族である。つまり、相対的に良い賃金を得て教育水準も高く、したがって組織の中で相当の影響力をもつグループである。ただ「改良主義者」は、二三の「小さなこと」を見落とした。新しく出現しつつある独占資本主義は旧い自由資本主義と同じように、危機を遠ざけておくことはできなかった。和平は続かなかった。全世界でみられる独占の勝利の行進は、帝国主義諸国の武力衝突を招いた。議会を権力闘争の道具として扱わなければ、それはプロレタリアートにとってたいして役立たない。改良主義者の考えは、まったくの幻想である。その幻想は現行秩序にとって明らかに有用なため、ブルジョアジーが組織的に育くんだ。社会民主党は、さし迫る戦争の災禍について労働者に警告を発し、長く待ち望んだ革命情勢が急速に近づくことを指摘して、権力闘争の準備をさせるため、あらん限りのことをすべきだった。それによって党は、二度の世界大戦と戦間期の二〇年の困苦を人類に経験させせずに済んだだろう。残念ながら、党は必要とされたことの反対を行ってしまった。ただ、修正主義と名づけられた改良主義のあからさまな形態が、勝利を収めることはなかった。(3) インターナショナルの大会や個別の党の党大会で、修正主義は票決の結果、繰り返し否定された。「忍び寄る」改良主義、「偽装された」改良主義が、ますます巧妙にプロレタリア組織を意のままにした。(4) インターナショナルの数々の宣言や理論家の著作は、迫りくる戦争と革命について絶えず語った。不幸はただ、誰もそこで言われたことを信じなかったことである。人々は何十年もこうしたことを耳にしたが、決まり文句になってしまって、運動がおざなりに掲げるだけの言葉にすぎなかった。実際、社会民主党の指導者たちは、自分たちが育った資本主義秩序が、はるかな将来まで存続するだろうという想定から出発した。そして労働者政党は、ますます多くの党員と議員を擁し、いつかドイツあるいはフランス、ベルギーの党が、ひょっとすると多数派を獲得するかもしれない、そうなれば、政府を形成して、いくつか大規模な改革に取り掛かれるかもしれない、と考えた。他方、インターナショナルには、党派がひとつ存在した。それは、おおっぴらな改良主義者や偽装した改良主義者のもつ俗物的な幻想と断固闘う党派である。レーニンが指導して、だれよりもカール・リープクネヒトとローザ・ルクセンブルクに近い党派だった。インターナショナルでレーニンが尊敬された理由は唯ひとつ、ボリシェヴィキの革命行為を自由主義者ですら無視できなかったからである。しかし、人々は本音を漏らした。「あやつは、ロシア人という欠陥を抱えている。あらゆることを、ロシア人の眼鏡を通して見ている。だけど、中・東欧はロシアじゃない。」……インターナショナルを内部から空洞化した堕落は蔓延し、オーストリア社会民主党もこれに捕まった。

＊Vgl. W. I. Lenin, "Der Imperialismus als höchstes Stadium des Kapitalismus", 1917; deutche erw. Ausg. 1920; M. Beer, "Allgemeine Geschichte des Sozialismus und der sozialen Kämpfe", 6. Aufl. 1929, S. 691ff.

ハインフェルト後の最初の年［一八八九年］、オーストリアの党活動は、基本的にマルクス主義の諸原則の影響下にあった。党は「全オーストリア」の党だった。つまり、ツィスライターニエン［ライタ川のこちら側＝オーストリア帝国］に暮らすすべての民族の労働者を包含していた。党は党組織構築の活動や、社会立法及び選挙権を求める運動を、大衆の教化——改革は限られた価値しかもたず、ブルジョア階級国家の議会は決して万能薬ではありえない、と教える——と結びつけることを心得ていた。しかし、すでに［一八］九〇年代、**ときおり**日和見主義の傾向が顔を出し、後にはますますひどくなった。一八九二年の党大会でヴィクトール・アードラーは、社会民主党が革命党か改良主義の党かという問題に対し、非常に巧妙ではあるけれども憂慮すべき説明[5]を行った。一九〇一年の全党大会で、ハインフェルト綱領は右派への譲歩——それはありえない、というあらゆる確約にもかかわらず——を含んだ新しい綱領[6]に代えられた。多くの同志たちは、綱領が政治権力獲得を目標として掲げるべきだ、と考えた。これに反対するアードラーは、理由を次のように述べた。「このスローガン」は（すべての権力を基本的に否定する）アナーキストとの闘争に由来する、もはやアナーキストがいない今となっては、自明のことをことさらに強調することは無駄である、と＊。実際には、ほんのわずかの社会民主主義者しか、権力闘争の必要性を認識していなかった。アードラーはと言えば、認識していた者に含まれない(7)。一八九七年のバデーニ内閣の危機のとき、党が民族問題についてはっきりした見解をもたないことが露呈した。** そこで一八九九年のブリュン［ブルノ］で開かれた全党党大会は、民族問題の解決策を見出そうとしたが、誤った方向を辿った。ドイツオーストリアの社会民主主義者は、帝国の抑圧された諸民族が分離権とともに独自の国家として存立する権利をもつことを、自明の理として認めるべきであった。ところが、そのようにはせず、民族問題を主として文化の問題として説明した。諸民族は文化自治を行い、学校、劇場等を思いのままに管理すべきだ、とされた。これによって事態は正常化する、と考えられた。**ブリュン民族綱領**には、プロレタリアートの正義感ではなく、ブルジョア民族主義の精神が顔をのぞかせていた。ブルジョア民族主義の精神こそ、紛争当事者が異口同音に語るように、統一を妨げるのであり、一九〇五年、チェコ人たちは、自立してウィーンから独立した労働組合を一斉に目指し始めた。これに対し、ドイツオーストリア人はインターナショナルを動員して、インターナショナルがチェコ人を排除することもありうる、という決議を通した。本当はドイツオーストリア人が宥和の態度を示すために、大きくメンツを捨てることが望ましかった。ドイツオーストリア人が自分たちの態度によって引き起こしたのは、民族対立の激しさが増したこと、チェコ人の社会民主主義者が一九一一年の選挙で対立候補を立て、ドイツ人の社会民主党候補を落選させようと頑張ったこと、選挙後、社会民主党議員は、民族ごとに（ポーランド人、ウクライナ人も）別々の議員会派を結成したことだった。***

＊V. Adler, "Aufsätze, Reden, Briefe", 6. Heft. S. 333.

＊＊ヨシフ・V・スターリンは、この意味で綱領を批判した。彼の『マルクス主義と民族問題』(Marxismus und nationale Frage) 一九一三年を参照。

＊＊＊この経過については以下を参照、L. Brügel. 5. Bd. S. 77ff. ブリューゲルはもちろん、チェコ人に分裂の責任をすべて負わ

せようとした。同 4. Bd., S. 338f. には、ブリュン綱領の文言が掲載されている。

ドイツオーストリアの社会民主主義者たちがチェコ人との論争に際して、また民族問題をめぐるその他あらゆる議論で呪文のように唱えた言葉があった。「国際主義」である。彼らの言う国際主義は奇妙なものだった。それは（どの民族であろうと、プロレタリアは共通の利害をもつ、という正しい理解とは別に）いかなる民族的立場も絶対的に否定するものだった。民族的思考はブルジョア的であり、すでに乗り越えられていて、前世紀の遺物であるとされた。このように変形された国際主義は、ドイツオーストリアの社会民主主義者にとって、ドイツに対する強い親近感の余地を残していた。ドイツオーストリア人のドイツ民族への帰属は、彼らにとって疑いの余地がなかった。そこでハープスブルク家の国家とホーエンツォレルン家の国家との同盟は、原則として抗うべきものではなかった。[8] こうしたすべてがないまぜになって、抑圧された諸民族の労働者に、自民族の将来をドイツオーストリアの同志に任せておけば安心である、と確信させることはかなわなかった。長年にわたって蔓延した日和見主義の重大な結果が、戦争［第一次世界大戦］の勃発とともに一挙に出現した。党は帝国主義の積極的な協力者に堕した。[9]『労働者新聞』に扇動記事がいくつも載り、それは自由主義の新聞でも恥さらしとなる代物だった。[10] 混乱は一時的なものに止まらず、党の多くの者にとってロシア革命まで続き、さらに幾人かの者には一九一八年になっても続いていた。帝国主義の考え方は、社会主義陣営でふたつの変種が出現した。ひとつは、大オーストリア主義の特徴をもつ（レンナー）ものであり、もうひとつ（ペルナストルファー、ロイトナー）は、ドイツ民族主義の色合いを帯びていた。[11] ヴィクトール・アードラーにも、かつてのドイツ民族主義が再び目覚めた。党の公式路線を非難する社会民主主義者のグループは、その息子の下に結集した。[12] フリードリヒ・アードラーの「左派」は、最初から立派な平和主義を奉じていたが、プロレタリアートにとって客観的に生まれた可能性と課題の重大さを理解していなかった。[13] フリードリヒ・アードラーによる一九一六年の首相、シュテュルク暗殺は、戦争とシュテュルク絶対体制に反対する一個人の示威行動だった。アードラーは長い心の葛藤を経て、この形の示威行動を決意し、誰にもその意図を洩らさなかった。アードラーにとって政治的に考えれば、その後の裁判の審理が、暗殺そのものよりもさらに重要なくらいに思えた。実際、彼は特別法廷で豪胆さを示した。彼を狂者に仕立てようとした父親の計画を無にして、自分の行為の政治的理由づけを堂々と行った。しかし、その後の進展によってわかったことは、この行為は、社会民主党の公式戦術から革命的階級闘争へ一歩進めようとするものではなく、一匹狼のテロ行為だったことである。一九一八年一月にも「左派」はなお、戦争の即時終結につながったかもしれない大規模ストライキの中断に動いた。「中断」決議は、激しい抵抗に遭った。[*]一九一八年一月の出来事は、ストライキを続行しようとした「急進左派」が「左派」から分離するきっかけを与えた。(「急進左派」は、オーストリア共産党の萌芽のひとつだった)。一九一八年の革命の日々、フリードリヒ・アードラーとオットー・バウアーが率いる左派は、誰もが認める社会民主党の指導勢力だった。左派はプロレタリア革命に反対して、オーストリアの問題をドイツとの合邦で解決しようとし、それが失敗に終わったとき、党を悲劇的な徒労の時代へと導いてしまった。見事な改革の業績にもかかわらず、共和国の社会民主党は日和見主義につまずいた。まさにその日和見主義のために、すでに帝政オーストリアの社会民主党は挫折していた。

＊いずれにしてもオットー・バウアーは、自著『オーストリア革命』(Die österreichische Revolution) 一九二三年、六五頁でそのように記している。

さて、その名が社会民主党の興隆と密接に結び付いた、幾人かの重要な人物について手短に述べよう。

**ヴィクトール・アードラー**[*]の出自は、他の多くの優れたプロレタリアート指導者と同じように大ブルジョアである。一八五二年、プラハで富裕な商人の息子に生まれた。何年かして家族はウィーンに移り、最初はデープリングの庭付き邸宅に住んで、その後リヒテンシュタイン通りの館に住んだ。ヴィクトール・アードラーはショッテンギムナージウムに通い、その後医学を学んで、父の館で貧民のための診療所を開く。医学分野では精神医学にもっとも興味を引かれた。一時期、アードラーはマイネルト病院の研修医だった。まだたいそう若いころ、偶然が自分と同じ世代の偉人たちとの出会いをつくった。マイネルトの講義では、ジークムント・フロイトと付き合いが生まれ、また、グスタフ・マーラーをよく理解する初期の聴き手のひとりでもあった。アードラーが医師の仕事に没頭することはまったくなかった。医学や自然科学の問題のほかに、いつも社会・政治問題と取り組んでいた。若いころの友人でかつての学友であるエンゲルベルト・ペルナストルファー、ハインリヒ・フリートユングと同じように、アードラーもシェーネラーのドイツ民族主義運動に加わった。当時、この運動は民主的な色彩をもっていた。シェーネラーと組んで、友人たちはドイツ人民党という名の党を立ち上げようとし、リンツ綱領と呼ばれる綱領も併せて起草したが、党は誕生しなかった。別の党がアードラーの関心を引いた。それは貧弱な統制のとれない社会民主党である。どうしたら自分がこの党の役に立つかを熟考した。自分の職業上の資格を生かすのが最善だろうと考えて、工場視察官の職に応募する決意をした。一八八三年には、工場の状態についてさまざまな国で資料を集めるため、長期にわたる旅行を行った。旅行は英国も含めて行われ、彼はこの機会を利用してフリードリヒ・エンゲルスを訪ねる。エンゲルスは、アードラーの職業上の意図を理解して述べた。党に扇動家は十分いるけれども、権力を掌握しようとするならば、党は専門分野に精通した人間を必要としている、と。だが、商務省が計画をつぶしてしまった。この奇抜な若者を採用しなかったのである。そこで、扇動家になるしか手がなくなった。アードラーは社会民主党に入党し、一八八六年、週刊誌の『平等』(Gleichheit) を発刊した。ちょうど同じころ、党内の「急進派」や「穏健派」と話し合いを始めた。容易でない課題［融和・統一］を自らに課したが、その慧眼と忍耐、人情の機微の心得、そして何よりも客観的な事情が追い風となって目標を達成できた。ハインフェルトはすぐさま、オーストリア労働運動史の転換点である、と世界中で評判を取った。

統一に着手した人物は、当然、党の指導者に任命された。アードラーは、指導者としての能力を示す。ウィーンのメーデー行進（他のたいていの首府のものを凌駕した）、無数の集会を開いて行われた選挙権闘争、見事に編集された『労働者新聞』、これらすべては、もちろん一個人の業績ではなかった。しかし、誰か他の者が成し遂げたものというより、やはりアードラーが挙げた成果だった。アードラーが公的生活を始めてから一〇年後、彼は全ヨーロッパに知れわたり信頼される、数少ないオーストリアの政治家だった。彼の経歴が外目にも頂点に達したのは、身分制［議会選挙］制度が廃止され、五〇人の仲間とともに帝国議会に議席を得たときだった。民主主義のための闘争基盤は確保された。社会民主党の影響力はこれまでにないほど高まり、アードラーの策が成功したのだった。党はいまや正しい路線を歩んでいるように思われ、この路線は、党を権力に近づけるはずだった……。

＊Vgl. M. Ermers, "Viktor Adler", 1932, und L. Brügel, "Viktor Adler", in: "Neue österreichische Biographie", 1. Abt., 3. Bd., 1926, S. 152-72.

先立つ成果が大きければ大きい程、一九一四年夏のアードラーの失敗は、いっそう暗澹たるものだった。これはまたおそらく、彼がこのころすでに重篤な疾患を患っていたことと密接に関係していただろう。戦争の続く年月、そして息子との争い、息子を救うための尽力は、彼をへとへとに疲れさせた。一九一八年にはなお、ほぼ一週間だったが、新生の弱小化したオーストリアの外相を務めた。一一月一一日、共和国が公式に宣言される一日前に、長年患った心臓病に斃れた。

同時代の人々はみな、アードラーが、いろいろなハンディキャップ（ぱっとしない外見や、若いころ、とくに目立った内気等）にもかかわらず、当時、屈指の印象的な人物だったことで一致している。医師・慈善家のもつ善意が、実践に向けられた明晰な知力や辛らつな機知と結びついていた。実行力と懐疑という、ふつうは反発し合う特性が、アードラーのもとでは均衡を保っていた。視野が広く多彩な教養を備え、目を通した歴史書は、それほど幅広くなかったかもしれないが、自然科学の知識が十分に補っていた。同時代の詩、音楽、絵画によく通じていた。アードラーがオーストリアの芸術家たちの創造活動を展望することは、彼らの多くが自分の友人だったからたやすいことだった。党活動は彼に相当の犠牲を強いたが、落ち着いて平然と耐えた。何度も留め置かれた拘留も些事と見なし、社会主義者が深刻に考えるべきことではなかった。もともと豊富にあった自分の資産から、すべて余分のものだけでなく、それを超えるものを党に注ぎ込むことは、アードラーにとって当たり前のことだった。そうすることで、あっという間に金持ちから貧しい者になってしまったが、思い煩うことでもなかった。折に触れてエンゲルスがアードラーを苦境から救った。エンゲルスは、マルクスとの付き合いで援助することに慣れていた。さて、極めて人間的なことだが、アードラーには優れた長所と困った短所が並立していた。もっとも厄介な悪癖は、妥協主義者だったことである。近しい友人たちは、それに気づいても容認して批判することはなかった。*アードラーは妥協できない、また、妥協が赦されない対立にいくども宥和を見出した。彼は当面の成果を悦ぶとともに、原則を損なうことは支払うべき対価であり、原則を貶めようとするものではない、とはっきり意識していた。このことは、彼が自ら強調する理論に背を向けることとも符合していた。しばしば非難される、オーストリア労働者の「実務一辺倒」――今に至るもぬぐえない――は、部分的にアードラーにまでさかのぼる。アードラーについてまとめて言えば、自信に満ち溢れていたからこそ、誤って数多くの失策を犯したように思われる。

＊Vgl. M. Ermers, a. a. O., S. 368.

アードラーは冊子より分厚い書を書かなかった。それをしなかったのは、他の理由をおくとすれば、おそらく大著を発表するだけの時間がなかったせいだろう。彼の記事、講演等は、社会民主党執行部が一一冊（五巻）に編集した。この選集で、社会主義者が陥りやすい（極左急進主義は別にして）あらゆる種類の誤謬を立証するのは難しくない。いちばんひどい逸脱が起きたのは、もちろん戦争［第一次世界大戦］中だった。たとえば一九一四年一〇月、戦争を遂行する諸国の社会民主党が、議会で戦争予算について取った態度を述べたくだりである。

それは嘘だったでしょう。もし、ドイツあるいはフランスの社会民主主義者が、［戦時］借款に反対の票を投じていたとしたら。その嘘は、ドイツの最長老の同志が、『自分は年老いた。欺瞞とともに死にたくないものだ』と語った偽りと同じです。彼は、本当は自分に向かって言ったのです。今や全国民の命がかかっているのだ、と。オーストリアという国家につきましては、我々に今押し付けられていて、そのもとで生きねばならず、現存する避けがたい形態であると、時折申してはおりますが、我々が実際に感じること、それは**ドイツ民族の運命**です。思い浮かべてみてください。フランス、イギリス、ロシア、おまけにポルトガルまで、また極東の国が活発化して、さらにインド人、黒人のアフリカ人と続いて、みな我々に敵対しています。疑いもなく、最後の力を振り絞らねばなりませんし、自分たちの行動の理由付けは後で見出すことでしょう。*

*代議員討論会での演説（一九一四年一〇月八日）。"Aufsätze, Reden, Briefe", 9. Heft, S. 107.

他方、オーストリアの労働者たちは、アードラーという代弁者を、すなわち、自分たちの日々の不安、困窮の代弁者をもっていたのだ！　もっとも反動的な敵対者すら、アードラーが普通労働日、社会衛生問題等について書いた記事の水準の高さを認めていた。また多くの国の政府は、アードラーが警察と裁判所の恣意的な行為を告発する厳しさを恐れた。彼が創造する言葉は、しばしば翼を得てヨーロッパ中に飛んでいった。インターナショナル創立大会の席上、オーストリアのいい加減さを述べるのに、他の誰よりも短く効果的な言い回しを編み出した。

オーストリアの自由は、ロシアの自由とドイツの自由の中間の性質をもつものであります。形態からはドイツ的であり、その行使はロシア的です。フランスとイギリスを別にすれば、オーストリアは全ヨーロッパでもっとも進歩的な法律をもち、大統領の代わりに君主を戴く共和国に似ております。ただ残念ながら、法の施行は文言通りにゆきません。事に当たる警部の恣意だけが基準です。彼は法的自由をすべて剥奪できる権限をもっております。間違いなく、この権利を行使し、乱用することでしょう。……これだけでも、なんと特異なことか！　オーストリア政府は、正義を実現することも、また、抑圧を徹底することもできません。いつも動揺を続けております。我々は専制のもとにありますが、それはいい加減さ（Schlamperei）のために徹底しません。*

＊一八八九年のパリにおける国際社会主義者大会演説より。“Aufsätze, Reden, Briefe”, 6. Heft, S. 18.

ヴィクトール・アードラーは、まったく首尾一貫しないマルクス主義者だったが、それでもマルクス主義者だった。彼は一度、自分のことを「革命担当の宮廷顧問官」と呼んだことがある。*ずいぶん謙遜したものだ。冗談のつもりだったろうが……。彼は「革命担当の宮廷顧問官」などではなかった。一八九三年、選挙権の絶対的な必要性を述べた冊子の中で断言する。

＊エンゲルス宛書簡（一八九二年八月二五日）A. a. O., I. Heft, S. 43.

投票用紙を手に資本主義を廃棄できるなどと思い込まないようにしよう。*

＊A. a. O., 10. Heft, S. 44. 小冊子のタイトルは、『オーストリアにおける普通、平等、直接選挙権と選挙不正』（Das allgemeine gleiche und direkte Wahlrecht und Wahlunrecht in Österreich）

アードラーはまた、一九一七年一一月、大衆集会で述べる。

東方からもたらされた合図を我々は歓迎します。我々が何十年と掛かって成熟するのを見てきたロシア革命を歓迎します。今、名の挙がる人物はみな、我々におなじみです。その多くの者がウィーンを通り過ぎていきました。ある者は難民として、またある者は追放者として！　革命を遂行した者たちが今日、前面に立っているというのは、世界が変わったということの象徴に過ぎないのです。……動揺してはいけません。へこたれてはいけません。いろいろなことが不意に起きて、今と異なるニュースがロシアからもたらされるとしても。ロシアのような帝国の革命は、単純ではないのです。……ロシアの人民は、敵対する外国の人民などではなく、我々の兄弟です。ロシア革命は勝利します。我々の課題はただ、油断しないこと、自分たちのもとで自分たちのことをすること、しかも、あらゆる可能なやり方で。もし可能であれば、議会を通して。もし必要であれば、議会以外のあらゆる場所で。*

＊［ウィーン］コンツェルトハウスにおける演説（一九一七年一一月一二日）。A. a. O., Heft 9, S. 229ff.

［本物の］宮廷顧問官たちも旧いオーストリアで業績を上げたものだった。ただ、彼らは、アードラーのように語ることに不慣れだっただけである。

アードラーのもっとも古く親密な友人は**エンゲルベルト・ペルナストルファー**（一八五〇～一九一八）である。*ふたりの出自はまったく異なっていたが（ペルナストルファーの父親は、豊かといえない仕立屋で、若くして亡くなっている）、ギムナージウムが早くも二人を結び付けた。その後、ふたりの進路が大きく離れることはなかった。ただ、まったく並列だったわけではない。アードラーがごく短期間だけ、社会問題に関心をもつドイツ民族主義者だったのに対し、ペルナストルファーはアードラーより七、八年長く、ドイツ民族主義者にとどまった。彼の志向の二面性は、哲学部に登録した学生時代、熱心な学生組合のメンバーであるとともに、労働者教育協会の会員でもあったことからわかる。一八八〇年ころには、シェーネラーのグループで活発に活動した。雑誌、『ドイツの言葉』（Deutsche Worte）の編集をするとともに、「ドイツ語学校連盟」（Deutscher Schulverein）を設立した。この同盟は、国境地帯の「スラヴ化やロマン化」と闘うことを目標としていた。シェーネラーが反ユダヤ主義に移行したとき、ペルナストルファーは袂を分かって、雑誌、『ドイツの言葉』を携え独立した（一八八三年）。彼は同誌に進歩的な色合いを従来よりも強く加え、もっとも重要な社会改良主義の機関誌とした。シェーネラーが出した対抗雑誌、『まぎれもないドイツの言葉』（Unverfälschte Deutsche Worte）は、さしたる重要性をもたなかった。一八八五年、ペルナストルファーはヴィーナー・ノイシュタット選挙区で帝国議会議員に立候補・当選して、「無所属」議員になった。彼は自分の見解に沿う穏健なドイツ民族主義グループに加入したが、再び脱会した。ここでも反ユダヤ主義が動き出したからである。ペルナストルファーが議会に議席をもっていたことは、社会民主党に大きな利点をもたらした。［身分］選挙制度のせいで、党がひとりも当選させられなかったころ、ペルナストルファーは議会の演壇を利用して、労働者擁護のために闘った。党はペルナストルファーの［議会］演説を冊子の形で出版することにより、演説だけに終わった場合よりも大きな反響を呼び起こした。これは、特例法の下でも没収することのできない唯一の冊子の類だった。当然のことながら、ペルナストルファーは、各方面から偽装した社会主義者と見なされた。一八九六年、彼は正式の入党を決意する。短期の中断を別にすれば、死去するまで議員にとどまった。また、一九〇七年からは議会副議長を務め、そのうえ社会民主党議員団の団長でもあった。彼はとくに文化事象に興味をもっていたので、『労働者新聞』の文芸欄編集を喜んで引き受けた。公民館（Volksheim）運動にも指導者としてかかわり、一九〇六年に創立された「自由民衆劇場」（Freie Volksbühne）協会を支援した。

＊Vgl. Robert Arthaber, "Engelbert Pernerstorfer" in: "Neue österreichische Biographie", 1. Abt., 2. Bd. 1925, S. 97-116; L. Brügel, "Geschichte der österreichischen Sozialdemokratie", 5. Bd., S. 325ff.

---

とりわけふたりの思想家が、若いペルナストルファーに影響を与えた。フリードリヒ・シラーとフェルディ

ナント・ラサールである。ふたりは、ドイツ流の理想主義哲学の目で世界を眺めることを教えた。ペルナストルファーは円熟しても、この見方を完全に捨て去ることはなかった。ここから思想と演説の美しい躍動が生まれ、プロレタリア革命家というイメージにそぐわない傾向、とくにペルナストルファーのドイツ民族主義もまた生まれた。［第一次］大戦中、この民族主義は、シラーでも賛同しなかったと思われる形態を取った。ペルナストルファーにみられる小市民の残滓を度外視すれば――もちろん、社会主義者の政治家に関わることなので、それは簡単ではないが――彼は、もっとも率直で勇気ある人物であり、労働大衆にもっとも信頼された友人だった。彼自身もまた、そのように思っていた。その生涯の数知れないエピソードは、彼の不屈の民主的心情を明らかにする。ギムナージウムの生徒のとき、追放された［一八］四八年の詩人フェルディナント・フライリヒラート（Ferdinand Freiligrath）のために、自分のクラスで募金活動を組織した。教師が募金を禁止したので、その後、クラスの募金は、ウィーン方言のスローガン、「適当に！」（Freili grad）で続けられた。ペルナストルファーは若いドイツ民族主義者として、ある集会の演説で次の言葉を発した。「人民の利益は、私にとって帝室の利益よりはるかに大切であります」。その結果、不敬罪の廉で起訴され、三か月の禁錮という判決だった。ただし、二審で無罪となる。

ペルナストルファーが［第一次］大戦前、民族主義とショーヴィニズムとの境界を越えないように努めたことも言っておかねばならない。反ユダヤ主義の宣伝を拒んだだけでなく、ドイツ語学校連盟にも背を向けた。連盟がイタリア語の大学設立に反対したときである。ある民族の文化活動を妨げることは、彼の意に沿わなかった。独特でほとんど感動的とも言えるのは、一九一二年にしたためた遺言の指示である。自分の埋葬に際して、どの歌が歌われるべきかをきちんと指示した。その中に「鉄を鍛えられる神」も入っていた。ただ、彼は付け加えることを忘れなかった。「フランス人憎悪の句を外すように」

**ルード・モーリッツ・ハルトマン**（一八六五～一九二四）[*]は、何よりも歴史家として、また成人教育者として後々まで残る業績を挙げた。本来の意味の政治活動は、狭い範囲に限られ、幸運なものとはいえなかった。彼は革命詩人モーリッツ・ハルトマン――オーストリアでは、フライリヒラートと同じくらいよく知られていた――の息子に生まれ、ウィーンとベルリンで歴史を学んで教授資格を取得、ウィーン大学の私講師となった（一八八九年）。教授資格論文のタイトルは、「イタリアにおけるビザンチン行政の歴史研究」（Untersuchungen zur Geschichte der byzantinischen Verwaltung in Italien）である。後の数多くの著作もイタリアを扱っていた。いくつか挙げれば、『サンタ・マリア・イン・ヴィア・ラタ教会文書庫』（Ecclesiae S. Mariae in Via Lata Taburalium、資料集、一八九五年）、『中世初期イタリア経済史』（Zur Wirtschaftsgeschichte Italiens im frühen Mittelalter、一九〇四年）、『古代世界の没落』（Der Untergang der antiken Welt、一般向け講演集、第二版、一九一〇年）、『中世イタリア史』（Geschichte Italiens im Mittelalter、四巻、一八九七～一九一五年）、『ロームルスからヴィットリオ・エマヌエーレまでのイタリア小史』（Kurzgefaßte Geschichte Italiens von Romulus bis Viktor Emanuel、一九二四年）がある。さらに、師のテーオドール・モムゼンの伝記や『歴史発展について』（Über historische Entwickelung）と題する方法論のエッセイ等を公刊した。また、シュテファン・バウアー、カール・グリューンベルク、E・サントともに、ハルトマンは一八九三年、『社会経済史誌』（Zeitschrift für Sozial- und Wirtschaftsgeschichte）を創刊した。これは後に『社会経済史四季報』（Vierteljahrsschrift für Sozial- und Wirtschaftsgeschichte）と改題され、英仏で類似の雑誌の創刊を促した。世界史の大型企画は、優れた協力者を確保しながらも――彼自身、一九世紀を扱うつもりだった――この種の企画が概してそうであるように、完成を見ることなく、実現したのはほんの一部だった。[**]教授資格取得後しばらくして、ハルトマンは宮廷顧問官のエードゥアルト・ライシングが始めたウィーン成人教育協会と関係ができた。ハルトマンが提案して、協会は個別に行っていた講演を長期のコースに拡大したが、資金面で困難が生じた。そこでウィーン大学が、英国の「大学公開講座」にならって、教授陣を使って成人教育を援助することとし、特別委員会を設置した。その委員長にハルトマンが任ぜられる。彼は社会民主党やその他進歩グループから得た支援によって、いくつもの成人学校（Volkshochschule）を設立することができた。それは当局の希望により、「公民館」（Volksheim）と名づけられる。この施設は超党派で運営され、教育活動では、さまざまな世界観をもった人々が教壇に立った。一九〇一年に社会民主党に入党したハルトマンと友人の多くの学者たちは、社会主義思想の普及に努めた。公民館が質的にも量的にも大きな成果を挙げ、国際的な名声を博したとすれば、その大部分はハルトマンの功績だった。一九一八年の革命後、彼は国家公文書の確保と整理の委託を受け、同時に教授に任命された。[14] 彼は社会民主党によって国民議会議員候補に立てられ、議席を得たが、一九二〇年の選挙で党が敗退して議席を失った。彼はこの間、議員の職責を果たすに至らなかった。というのはオットー・バウアーが、彼をベルリン駐在オーストリア大使に任命したからである。しかし、社会民主党の政権離脱後は大使を辞任。キリスト教社会党政府の大使でいたくなかったからである。

＊Vgl. den Aufsatz von Stephan Bauer in: "Neue österreichische Biographie", 1. Abt., 3. Bd., 1926, S. 197-209.
＊＊"Weltgeschichte in gemeinverständlicher Darstellung", bei F. A. Perthes, Gotha, Mitarbeiter: G. Bourgin, E. Ciccotti, K. Kaser und andere.

旧い時代の歴史についてハルトマンの著作と肩を並べる作品は、オーストリアで多くは書かれなかった。彼の大きな強みは、社会学の方法を一貫して適用したことである。中世初期イタリアの混乱した出来事は、経済制度、私法・国法制度を説明することで理解できるようになる、もしくは、少なくとも見通すことが可能になる。ハルトマンが整理した大量の資料は感銘を与える。また原典に当たる厳密さは模範的である。ひとつ、内容に関わらないことを言えば、彼は、社会学者が良い意味で人気を博し、ひとを楽しませることができることを証明した。もちろんこのことは、他の例で証明済ではあるが……。歴史哲学者としてのハルトマンは、歴史家としてのハルトマンの水準に到達していない。後者が前者の影響をさほど受けなかったことは喜ぶべきことだろう。『歴史発展について』という研究は、自分が折衷主義に立つことを認めている。ハルトマンは、史的唯物論、ダーウィン生物学、グンプローヴィチの集団理論、若干のマッハ理論等を融合・統一した理論を創造することを望んだ。* 出来ばえは芳しいものではなかった。理論は、ロートベルトゥスが『概観』（Aperçu）で述べた考えに尽きる。

*"Über historische Entwicklung", 1905, Vorwort S. V, S. 57ff.

拡散的及び集約的に発展する共同体が、歴史の法則である。*

*Ebenda, S. 60f.

言わんとするのは、歴史の発展は、ますます大きくなる国家統一体の形成に至り、同時に、個人が他人と経済的にますます密接に結合する事態に至る、そして一般に、ある出来事がこの発展を後押しするのであれば、進歩的と名づけられる、というものである。ここでまったく誤った学説を目の当たりにしていることがわかるのに、大して考えることを要しない。帝国主義が強力な国家統一体を創り、これまで相互に関係のなかった人間を経済的に接触させる、たとえば、英国人をアフリカの黒人と接触させる、ということは、進歩的と言うべきだろうか？[15] ハルトマンは、マルクス主義を己のものにしようと努力したが、身についたのはわずかだった。彼は、いくつかの点でマルクス主義のおかげをこうむっているが、多くの点で逸脱している。* つまり、ブルジョア的見解へと逸脱していることがわかるだろう。政治的にもハルトマンは、この逸脱を繰り返した。彼は、オーストリアのドイツ人がバデーニ言語令をきっかけにして犯したショーヴィニズムの行き過ぎを、絶望的な闘いという言葉を使って美化した[16]。一九一六年には、ドイツは帝国主義国などではなく、戦争はドイツ側から見れば正義の戦争である、という馬鹿げた見解を主張した**。彼は革命当時、あの運命的な［ドイツとの］合邦構想をもっとも熱心に擁護するひとりだった。だからこそ、ベルリンに派遣されたのである。我々はハルトマンのうちに、ブルジョア出身で労働運動に合流しながら、自由主義の影響圏から完全に抜けきれなかった人物を見なければならない。しかし、彼がオーストリア労働運動に寄与したものは少なくなかった。

＊これは彼自身の見解である。Ebenda, Vorwort S. V.
＊＊Vgl. Hartmanns Einleitung zu E. Rignano: "Die Kriegsursachen und die Friedensfrage", 1916.

**フェルディナント・ハーヌシュ**（一八六六〜一九二三）*の経歴は注目に値する。プロレタリアの極貧の境涯から始めて、公的生活の重要な地位に就き、根底的な社会改良を実現した。その生涯の重要性は、他の優れた労働者出身の活動家たちが、似たような経歴を辿ったからといって、いささかも失われるものではない。ハーヌシュは、シレジアの織工の陋屋に育った。それが何を意味するか、具体的にわからない者は、ゲーアハルト・ハウプトマンの若いころの戯曲『織工』を読めばわかる。ハーヌシュは、まだこの世に生まれる前に父を亡くした。そしてまだよちよち歩きのうちに、家内労働に携わって六人家族を養う母を助ける術を学ばされた。普段は、学校に行く前に早朝二時間、糸巻きを手伝った。学校教育は、最小限のものだけを与えられる。読み書きさえ、ぎりぎりにしか学ばなかった。そして一四歳で自立を強いられる。彼は織工になり、シレジアの工場で二年働いた。これにあきあきしたハーヌシュは、遍歴の旅に出る。多数のオーストリアの若年労働者と同じように、冒険の心が「放浪」へと押しやった。モラヴィアを通ってウィーンへ、さらに南に下ってトリエステまで行ったが、そこで逮捕されて故郷に送還された。けれども、それに怯まず、しばらくしてハンガリー、ルーマニアへ、さらにトルコまで「放浪」した。浮浪者のような遍歴の途上、書を読み、仲間と議論することで、ブルジョアの子息が通常の学習で獲得する程度の——あるいは、獲得することのない——知識と世間知を身に着けた。

＊Vgl. den Aufsatz von Edmund Palla in: "Neue österreichische Biographie", 1. Abt., 4. Bd., S. 43-57.

一五年ほど同業組合のメンバーだったハーヌシュは、故郷に戻り工場労働に復帰して労働者協会「団結」で働き始めた。書記、副会長、会長と順次務める。彼は組織力と演説の才——それにユーモアも十分備えていた——によって、少し広く名前を知られるようになった。一八九七年、社会民主党は、ハーヌシュを党事務所の責任者としてシュテルンベルク［モラヴィア、オロモウツ北方］に呼んだ。そのころ繊維労働者たちは、多くの小グループに分裂した状態を克服して、ウィーンに本部を置く中央同盟を創ることに成功した。新たに設立された**繊維労働者同盟**は、ハーヌシュを書記に任命した。この種の地位は、一世代あとの共和国時代のような居心地のよいものではなかった。ハーヌシュは少なくとも一八回訴追された。「同盟」の成長とその力によって、［労働］運動の中央指導部は彼に着目した。オーストリア労働組合委員会のメンバーとなり、一九〇三年には共同委員長になる。ハーヌシュはもっぱら労働組合で活動していたが、政治的に考えることができて、優秀な社会民主党員であり、労働組合一辺倒の人間ではなかった。彼は倦むことなく、彼が専門馬鹿と呼んだ部門別組合の利己主義と闘った。自分に課された組合活動の傍ら、時間を見つけて、著作家としての自分も試した。彼の本（小品の『故郷にて』In der Heimat、『名無し』Die Namenlosen、自伝の『小さなペーター』Der kleine Peter、『ラーツァルス』Lazarus）は、社会学的に興味深いだけでなく、一部は文学的魅力に欠けるわけでもない。もちろん、一流の作品ではない。そのようなものは本来、組合活動家であるハーヌシュに期待できない。だが、社会政策専門家としては、事情はまったく異なる。レンナー政府は一九一八年秋、ハーヌシュに大戦中に創設された社会行政省を任せた。彼は短期の大臣在任中に法制度を完成させる。これはオーストリア史の栄光の頁を飾るものである。二年そこそこで、五〇年間なおざりにされたままのものを取り戻した。オーストリアは社会政策の分野で、資本主義世界有数の進歩的国家になった。ハーヌシュ法[17]は、資本主義秩序の本質に根差した弊害を取り除くことはできなかったが、プロレタリアートを現存秩序の最悪の作用から守った。ハーヌシュの仕事をしっかりと支え、迅速で徹底したものにしたのは、彼の立てた諸方策が対象とする困窮を、彼が身をもって知っていたことである。社会民主党が政権を離脱した後、ハーヌシュは、自分が導入した法を根拠に設立された労働者会議所の初代会頭に就任した。彼が比較的若くして亡くなったのは、若いころ、彼の肉体に加えられた非人間的な困苦の結果である。

社会民主党指導部の実践をより重んじる気質にもかかわらず、特別の理論グループがオーストリアで生まれた。**オーストロ・マルクス主義**である。まず名を挙げるべき代表的人物は、カウツキー、ヒルファディング、レンナー、バウアー、エクシュタイン、マックス・アードラー、フリードリヒ・アードラーである。このグループのもっとも重要な機関誌はふたつ。『マルクス研究』(Marx-Studien) は、M・アードラーとヒルファディングにより（一九〇四年以降）刊行され、『闘争』(Kampf) は、O・バウアー、F・アードラー等によって発行された（一九〇七年創刊）。ベルリンで（一八八七年以降）出された『新時代』(Neue Zeit) の立場は、発行者がカウツキーだったため、オーストリアのグループに近かった。何人か著名なオーストロ・マルクス主義者の動向を追ってみると、時期がはっきりとふたつに区分される。初期には研究が集中的に行われ、社会主義文献の貴重な宝庫が生まれた。後期は浅薄化の時期、つまり、革命的立場から、公然、非公然を問わず、改良主義の立場へ移行した時期である。上記を除く社会主義の著作家たちは、すでに早い時期にマルクス主義から離れ、何らかのブルジョア学説への道を歩んでいた。理論家たちの誤謬は、社会民主党の実践に現れた誤りの結果であるとともに、その誤りを生み出した原因でもあった。これを確認するのは不愉快なことだが、不可欠でもある。誤りを繰り返さないためにも、誤謬は誤謬として認識しなければならない。オーストロ・マルクス主義は、マルクス主義を歪曲して労働運動に計り知れない損害を与えた。しかしまた、マルクス主義文献の図書館で、もしそれがなかったら、穴あきだと思わせる著作も生み出した。本書ではもちろん、すべての文献を扱うわけにはいかないので、いくつか特徴的なものを取り上げる。

まずは若干の伝記的事実について。

**カール・カウツキー**（一八五四〜一九三八）は、一八八〇年ころ、オーストリア労働運動に参加し、すでに八〇年代のうちに英国へ、ついでドイツへ移った。オーストロ・マルクス主義の創始者として第二インターナショナル全体の理論的指導者となり、また、多数の著作によって全世界の社会主義者たちの教師となった。一九〇〇年ころ、ベルンシュタイン派に反対してマルクス学説を擁護する。大戦中は、ドイツ「独立派」［独立社会民主党］に所属した。同派は動揺するグループで、客観的に見れば、その政策は帝国主義の走狗の役割に堕した。一九一七年からカウツキーは、反革命の宣伝文句を掲げて登場し、ロシア革命やドイツ共産党等に反対する激しいキャンペーンを展開した。最初はカウツキーを尊敬していたレーニンは、大戦勃発とともに彼を非常に厳しく非難して、堕落した「中央派」のレッテルを貼った。* 一九二三年、カウツキーは、他の独立派とともに社会民主党に復帰。晩年はオーストリアに暮らした。

＊Vgl. besonders: W. I. Lenin, “Sozialismus und Krieg”, 1915, Sämtliche Werke (Autorisierte deutsche Ausgabe des Lenin-Instituts, Moskau), XVIII. Bd., S. 262f.; “Bürgerlicher und sozialistischer Pazifismus”, 1917, Sämtl. Werke, XIX. Bd., S. 465ff.; “Der Imperialismus als höchstes Stadium des Kapitalismus”, 1917, Deutsche erw. Ausgabe 1920, Sämtl. Werke, XIX. Bd., S. 169ff.; “Staat und Revoltion”, 2. Aufl. 1918, Sämtl. Werke, XXI. Bd., S. 560ff.; “Die proletarische Revolution und der Renegat Kautsky”, 1918, Sämtl. Werke, XXIII. Bd., S. 421-536.

一八七七年にウィーンで生まれた**ルードルフ・ヒルファディング**は、医学を学び、早い時期に社会民主党のために著作活動を行った。一九〇六年、ドイツに移住、党学校と『前進』(Vorwärts) 紙編集部で働いた。一九一〇年、すでに数年前に大筋で完成していた『金融資本論』(Das Finanzkapital) を出版する。彼の大戦中と大戦後の態度はカウツキーに似ている。一九二三年と一九二八〜二九年には、ワイマル共和国の財務大臣を務めた。ナチスが権力を掌握するとフランスに亡命。一九四一年、ヴィシー政府によりドイツに引き渡され、ナチスに殺された［服毒死説もある］。

一八七〇年、モラヴィアの農民の子に生まれた**カール・レンナー**は、法学を学び、初め議会図書館の公務員になった。一九〇七年からは帝国議会議員。一九一八〜二〇年、共和国首相、後に国民議会議長等を歴任。一九四五年、オーストリアがドイツの支配から解放されて後、暫定政府首相に就任。その後、第二次オーストリア共和国の大統領となる。

**オットー・バウアー**（一八八一〜一九三八）は、［第一次］大戦前に社会民主党議員団書記として働き、大戦に従軍、一九一七年、捕虜収容所から帰還して「左派」に加わる。一九一八〜一九年、共和国外務大臣。その後一五年にわたり党執行部の指導的メンバーとして活動。彼はまわりから「唯一」の党理論家と見られていた。フランスで客死。

**カール・カウツキー**は自著、『**農業問題**』(Agrarfrage、一八九九年）で、近代の農業発展を規定する諸法則を明らかにした。

ブルジョア革命によって創られた農業制度、並びに輪作や脱穀機などの技術的発明及び科学的革新の故に、資本主義は、留めようもなく農村にも浸透した。しかし、資本主義的諸関係の下におかれた工業発展に関するマルクスの学説を、機械的に農業に適用することはできない。むしろ、農業には注目すべき特殊な現象が存在する。資本主義下の農業は、「土地所有農業者のふたつの人格への分裂」、つまり、土地所有者と経営者への分裂によって特殊な性格を帯びる。この分裂は、土地が少数の豊かな人間に属し、農民は借地人という国々ではっきり現れる。しかしながら、この分裂は、農民が名目的には自由な土地所有者である国々では、存在するけれども隠蔽される。彼らはなべて負債を背負い、不動産抵当貸付利息を支払わなければならない。こうして実質的に、賃借人と同じように地代を支払う。地代は、農業の抱える最大の悪弊に数えられる。地代は、それを受け取る者が、有用な社会貢献をまったく行わない所得である。資本主義以前の封建領主は、ともかくも定められた公的な職務を果たさなければならなかったが、現代の土地所有者は、地代を収納する以外にすることがない。「絶対」地代は廃止すべきであり、「差額地代」は没収すべきである。これは資本主義でも実行可能な措置である。(18) 資本主義的諸関係の下に置かれた農業のもうひとつの特徴は、小土地所有の頑強な存続である。小土地所有者はいまもなお、幅広い社会層を形成している。その原因は、たとえば農業では大経営よりも小経営のほうが理にかなっている、ということではない、正しくは、その逆である。しかし、小土地所有者は、自分の土地で生きていくために超過労働と過少消費を厭わない。その他、いくつかの客観的な状況も作用して、大経営への発展が滞る。重要なのは、たとえば農業労働者の不足であり、それは拡大された経営管理を困難にする。不足は、とくに悲惨な諸条件に由来しており、このカテゴリーの労働者が暮らさねばならない諸条件である。農業プロレタリアートは、社会民主党が農業問題に取り組むのであれば、真っ先に配慮しなければならない対象でもある。標準労働日、日曜休業、児童保護を勝ち取らねばならない。これに対し、社会民主党が自党に引き付けようとして、自営農業者に提供できるものはない。全体の利害を顧みない他党が、自営農業者により多くのものを提供し、約束するからである。できることはせいぜい、いくつかばらばらの提案をするなり、社会民主党の一般的な進歩的目標について啓蒙するなりして、プロレタリアートに対し中立的な態度を取らせるくらいである。

このカウツキーの著作が国際労働運動に対してもった意味は、高く評価されねばならない。あらゆる国の社会主義者たちが、これを詳しく研究し、熱心に論評した。それは、同書が根本的に重要なテーマを扱っているだけでなく、このテーマへの優れた導入になっているからである。出版から五〇年ほど後の今日も、社会主義運動のあらゆる理論家にとって基本文献の一冊である。しかしながら、同時に重大な欠陥も抱えている。カウツキーが、農民をプロレタリアートの潜在的な同盟者と見るのではなく、せいぜい中立化できるに過ぎない人々として見たのであれば、また、労働者党はただ「副業的に」農民の懸念に取り組むべきだと考えたのであれば、彼はひとつの見解――オーストリアのように、この見解が広まった国々では限りない害を引き起こした――の代表者ということになる。勤労者の、都市と農村における分裂と、相互に対立する活動とは、理論的な根本問題にまで格上げされた。分裂の結果は当然、民主勢力の弱体化であり、我が国の最近の歴史的転換点において、反動勢力がこれを小躍りして喜んだ。

『ベルンシュタインと社会民主党綱領』(Bernstein und das sozialdemokratische Programm、一八九九年) でカウツキーは、修正主義の創始者であるベルンシュタインに論駁したが、この書は原則の確認を含んでいる。

ベルンシュタインは、[一八]九〇年代の好況から次の結論を引き出した。マルクスの説――中間層の恒常的プロレタリア化、プロレタリアートの恒常的窮乏化、周期的な危機の必然性、革命の不可避性――は誤っている、と言うのである。カウツキーは反駁する。二三年の間、好況というだけで、マルクスは決して覆せない。大経営が小経営を駆逐するというマルクスの法則は、基軸産業の動向によって、このうえなくはっきりと証明された。独占形成は、彼が予言した資本集中のもっとも具体的な形態である。小経営が増大しているという統計報告は、さほど重要でない部門に当てはまるだけである。そのうえ、その報告はしばしば、まったく誤解を招きやすい。最先進の国々では、二三の産業の労働者が、組織化と労働組合の闘争によって、より良い生活水準を獲得した。これに対し、資本主義経済の拡大によって新たにプロレタリアートに加わった層は、繰り返し最悪の条件に遭遇する。隷属、退化、搾取は、いまだに増大している。より良い状態に置かれた労働者にも窮乏化の傾向は存続する。次に到来する危機によって、これまで獲得したものを奪われるだろう。もう危機が来ないというのは、完全な幻想である。カルテルも危機を遠ざけない。それは生産を制限するが、資本主義はその本質からして、常に生産を拡大することを必要とする。カルテルの唯一の持続的効果は、階級対立の激化である。労働者は闘争に備えなければならない。国家権力を奪取して、自らの階級支配を打ち立てねばならない。他のやり方で階級社会に終止符を打つことはできない。もしかすると、過渡期にはプロレタリアート独裁も必要かもしれない。社会革命を遂行できるのは、独立したプロレタリアート党だけである。ベルンシュタインが言う、社会民主党を幅広い普通の国民政党に転換しようという提案は、彼が社会主義者から自由主義者になったことを表している。

カウツキーは『**権力への道**』(Weg zur Macht、一九〇九年)で、自分のベルンシュタイン反駁書に含まれていた考えをさらに先へ進める。

カウツキーは今や、さらに明確に改良主義に反対する。彼は言う。今日たびたび、社会主義への「平和的発展到達(friedliches Hineinwachsen)」というスローガンを耳にする。実際、我々はおそらく、ますます社会主義に近づいているのだろう。だが、それが意味するのは、「国家全体を揺さぶる大規模な闘争、すなわち、ますます激しくなって、資本家階級を打倒し所有を剥奪することでしか終えられない闘争へと突入することである」*。九〇年代初頭、プロレタリア組織を現存の国家基盤の上で平穏に成長させていくことが、当時の状況に照らして、もっとも有利な戦術だった。暴力蜂起は不可能だったが、平和的に大きく前進することができた。しかしながら、それ以来、多くのものが本質的に変化した。少なからぬ変化が、階級対立の緩和傾向を示した。ここでは何よりも、労働組合の急速な発展が考慮に値する。労働組合は協同組合と手を携えて、政治的騒擾を起こすことなく、ますます多くの自由を労働者に創り出し、資本をますます制約することに適しているように思われた。けれども、対立の新たな先鋭化を促す別の諸傾向が優勢になった。労働組合が「改良的」手段で獲得したプロレタリアートの成果は、資本家側に抵抗のより強い決意を生み出した。最近設立された企業家諸団体は、労働組合のさらなる発展を困難にしている。実質賃金は低下している。資本家たちはすでに、労働者の政治的権利に打撃を与えようと画策している。帝国主義の植民政策は、軍備目的のための巨額な支出で人民を苦しめている。また、社会政策目的のために支出可能な資金を、すべて食いつぶしている。もし世界大戦が勃発するようなことがあれば、そしてそれは、恐ろしいほど身近に及んでいるが、そのときは革命も勃発するだろう。プロレタリアートは戦争を憎悪しており、どんな戦争の風潮も遠ざけるために、あらゆることをするだろう。しかし、戦争になってしまえば、プロレタリアートは、もっとも確実にその結末を予見できる階級である。

*"Der Weg zur Macht", 1909, S. 34.

ここで触れたカウツキーの二著と大戦前の二三の著作は、日和見主義に抗する的確な反論を少なからず提供している。カウツキーの説は当時、マルクス主義の、時代に即した継承であり、革命的な説として、あるいは人口に膾炙した言葉で言えば、「正統」の説として従来通り通用していた。しかし、レーニンは、カウツキーが大戦中に大失敗した後に述べる。カウツキーはすでに、さきに触れた旧作でマルクスの見解をさまざまに放棄していた、と。* レーニンによれば、たとえば、カウツキーはベルンシュタイン反駁の書で、論争に見せかけながら譲歩をおこなっており、その譲歩は、まさにプロレタリアートの権力掌握という決定的な点に関わるものだった。カウツキーの反動側への移行は、一夜にして起きたのではない。したがって、カウツキーが一九〇〇年ころに著した歴史的著作（『フランス革命時代の階級対立』Die Klassengegensätze im Zeitalter der Französischen Revolution、『トマス・モア』Thomas Morus、『キリスト教の起源』Der Ursprung des Christentums）もまた、あれやこれやの章がもつ価値にもかかわらず、注意深く読まねばならない。

＊参照、W. I. Lenin, "Staat und Revolution", 2. Aufl. 1918. Sämtl. Werke, XXI. Bd. S. 560ff.

**次にルードルフ・ヒルファディングの『金融資本論』＊を扱おう。**

＊"Das Finanzkapital. Eine Studie über die jüngste Entwicklung des Kapitalismus", "Marx-Studien", 3. Bd. 1910. S. 1-447.

ヒルファディングは言う。マルクスの『資本論』が書き上げられてから、資本主義世界では大きな変動が起きた。もちろん、基本構造は変わらず、資本主義は資本主義のままである。けれども、第一級でないとはいえ、数多くの構造変位が起きていて、徹底的な分析を必要としている。マルクスはもはや、新しい諸現象を自分の体系に取り込むことができなかった。しかし、彼の方法は、こうした現象を理論的に把握する道具を提供している。まずは金融が重要な変容をこうむった。かつて、その支配的な形態は、流通信用だった。つまり、商品が先行する段階から現金に転化する前に、生産資本家に新しい生産段階開始を可能にする信用である。今や資本信用の重要性が増大した。すなわち、遊休貨幣を生産資本家に貸し付けて、同貨幣を機能する貨幣資本に転化する信用である。段階を追って急速に成長する生産が可能となる。流通信用はふつう、ある生産資本家から別の生産資本家に供与される。銀行は、単に技術的に援助するに過ぎない。これに対し資本信用では、銀行は決定的な役割を演ずる。窓口で集めた預金を使って信用を供与する。資本信用は、流動資本の増大（労働者の新規雇用、より多くの材料の購入等）だけでなく、固定資本の増大（機械の調達、建物の建設等）にも役立つ。資本信用が、後者の目的に利用されるのであれば、それは長期にわたるし、通常、かなりの金額となるにちがいない。より大規模な銀行、最大級の銀行だけが対応できる事業部門が開始される。結果は、銀行業務が二三の数少ない巨大銀行に急速に集約される。流通信用は、通常の流通段階が完了すれば返済されるので、債務者は、せいぜい一時的に債権者に従属するだけであるが、資本信用では、償還期間がより長期（固定資本が増大した場合は、とくに長期）になり、債権者である銀行は、債務者の企業に対する持続的な影響力を獲得する。生産資本家は、銀行が自分の事業所を監査することを認めなければならない。この条件を認めなければ、何年にもわたり返済が猶予される信用は得られない。銀行が生産資本に対する影響力を確保したもうひとつの事情とは、株式会社という法的形態が広く普及したことである。銀行は株式の発行業務を引き受ける。株式会社の設立あるいは増資は実際、銀行の介在なしには不可能である。銀行はふつう、自らが発行した株式を全部市場で売却するわけではない。一部を自己勘定に残す。持分証券の半分、あるいは半分近くだけでも所有する大株主は、株式会社を全面的に支配できる。この制度は系列化できる（つまり、支配された株式会社が自ら、さらに別の会社の株主である）ので、銀行は、相対的に少ない資本でネットワーク化された企業群、つまり、集積された巨大な生産資本を支配する。銀行の支配人たちは、多数の重要な工業会社の取締役会に席を占める。しばしば銀行自身の株式が、指導的な生産資本家に再び買われ、彼らは銀行の取締役会のメンバーとなる。多種多様な人的結合ができあがり、銀行と工業資本との止まるところを知らない密接な関連が成立する。ヒルファディングは、これを金融資本と名づける。金融資本の形成は、現代の経済生活を何よりも特徴付ける諸要因のひとつである。これと並行して独占の形成が完了する。一九世紀後半に入るまで、資本主義秩序は競争原理に則って整えられていた。競争は、自由主義イデオロギーの中心概念であり、ブルジョア経済では一番重要である。ここ数十年、資本家の満たされざる利潤欲と恒常的に低下する利潤率とが誘因となって、資本家たちは、カルテル、シンジケート、トラストを形成し、競争を排除ないし大きく減少させ、それによって価格を人工的に吊り上げ、超過利潤を得ることができるようにした。銀行は自分たちが支配する産業部門の独占形成を支援した。というのは、自由競争の下では、銀行の利害が絡む企業が破産することは、いつもありうることだからである。もっとも、強力な独占も、外国からの競争にさらされる限りは弱体である。したがって、金融資本は、人民の利益に逆らって、外国貿易の新しい秩序である高い保護関税を無理やり導入する。自由主義が繁栄した時代にも関税は存在したが、少なくとも形式的には「教育的目的」をもっていて、必須の保護を確立途上の産業に一時的に与えるものとされた。しかしいまや、もっとも整った産業を関税で保護し、この関税は、輸入禁止と同じ効果を発揮する。同関税は、独占の超過利潤を保証する機能をもつ。新しい体制はもちろん、独占の観点からも短所をもっている。一国だけが新体制を採用するのではなく、多くの国が利用するからである。つまり、相対的に小規模な経済領域を形成してしまう。これに対抗する金融資本の措置は、資本輸出である。従来のように、仕向け先で所有者を代える商品だけを輸出するのではなく、ほかに、ますます多くの貨幣と機械類等を輸出する。これらは、仕向け地で従来の所有者の手元にとどまり、資本として利用される。わかりやすく言えば、他国、とくに労働力が安価な発展途上国に分工場を建設するのである。こうした逃げ道にもかかわらず、どの国の金融資本も、自己の経済領域を狭隘なものとしか考えない。そこで発展した金融資本の国々の間で、つまり、帝国主義諸国の間で政治的緊張が起こり、軍備競争が始まり、世界大戦の危険が顕著になる。同時に帝国主義各国の内部で階級対立が先鋭化する。金融資本は、技術者と事務職員という新しい層を創り出した。彼らは企業に盲目的に従属し、あらゆる反動的な策動に利用されることになろう。しかし、この層は、金融資本に長く隷属したままにとどまるのではなく、自分たちの利害が労働大衆のものであることを理解し、次の経済不況が始まれば、迅速にプロレタリアート陣営に加わるだろう。プロレタリアート自身、帝国主義の諸現象にかんがみて、以前よりもはるかにはっきりと資本主義秩序の不条理を認め、それを排除する必要性を認識する。そして最終の闘争に備える。いまや経済のほぼ全体を、わずかの人物たちが俯瞰し、指揮しているという事態は、以前よりも有利な社会主義移行の諸条件を創っている。

帝国主義的に変容した社会構造を分析する経済学文献のうちで、『金融資本論』は間違いなく一級のものである。『金融資本論』で多くを学びうることは、疑いの余地がない。ヒルファディングは、これを非常に若いときに書き上げた。彼は当時、労働運動にとって研究面で屈指の大きな希望の星だった。どこに深い悲劇があるかと言えば、ヒルファディングが、人生の絶頂期に達して反動に奉仕することに転じ、その反動がとてつもなく巨大になったとき、ついにそれに命を奪われたことだった。

**『法制度の社会的機能、特に所有について』**(Die soziale Funktion der Rechtsinstitute, besonders des Eigentums)という小著*をもって、**カール・レンナー**を重要な法社会学者と見なさねばならない。法社会学は、社会発展一般と特殊な法規範の発展との間に、どのような関係が存在するかを研究する。法制度に社会的諸関係が反映されるということは、おそらく少数の頑迷な法学者を別にすれば、誰でも知っている。しかし、この認識が、まだ多くを語るわけではない。重要なのは、この反映を正確に叙述し、その典型的な諸特徴を浮き彫りにすることである。事態は簡単ではない。社会の構造変化であればなんでも、法規範の変容を招来するというわけではない。規範は外面的に同じままでも機能変化を遂げる、ということもありうる。

*筆名ドクター・ヨーゼフ・カルナーで『マルクス研究』第一巻、一九〇四年、六三〜一九二頁に発表された。

レンナーは、格別重要な事例をひとつ取り出した。所有という法制度が、単純商品経済の時代から高度資本主義の時代に至るまで、規範の変化がなくても成し遂げた機能転換を研究した。単純商品経済の諸条件の下で、すなわち、他人の労働力を搾取せずに行われる手工業生産が優勢なときに、生産手段の所有は、まさに法規範に一致する意味をもっていた。それは、ものを制約なしに利用する力を意味した。生産物の所有は、社会的所得分配を、各人が投入した労働時間に応じて行う機能をもつ。ただ、手工業者(生産者)全体が非生産者(子供、老人、無産者)の扶養義務を果たさねばならないときは、[分配の]修正が適切である。資本主義の勝利とともに、同一の法規範、法律の同一の文言が、まったく新しい意味を帯びる。生産手段の所有者であることは、他人を搾取する権利、他人に対する命令権をもち、多少を問わず一定数の人間の労働過程を指揮できることを意味する。生産物を所有することは、資本主義でも「分配」機能をもつ。しかし、所得分配は、別の基準に基づいて行われる。資本家への所得の配分は、彼が(個人的に)投入した労働時間によってではなく、投下資本にしたがって行われる。所有は、資本家が剰余価値を実現する社会的手段になった。単純商品経済の物品が資本に転化した。これが原因となって、所有という法制度は、その機能を根本的に転換しなければならなかった。レンナーは、生産資本家の所有が、どこで手工業者の所有と区分されるかを示すだけでは満足しない。彼は所有概念の新しい機能を、商品取引資本と利子付き資本がテーマとなるところでも示した。レンナーは問題を究明する。法規範が「通用」し、諸個人を拘束しながら、どのようにして法の外側で、法に抗して発展が起きうるのか、と。彼はさらに、関連する多くの問題を検討した。

レンナーの同著の功績は、何よりも問題提起と解決の明晰さにある。また、その後の研究に豊富な示唆を与えたことや、マルクスの方法が、また法学を実り豊かにしうることを徹底して示したことにある。

レンナーのいくつかの著作は、帝国の民族問題を取り扱っている。そのうちもっとも重要なものは、**『オーストリア諸民族の国家をめぐる闘争』**（Der Kampf der österreichischen Nationen um den Staat、一九〇二年）[*]である。これは帝国に存在する現実と憲法の文言との馬鹿げた矛盾から出発する。

＊レンナーは、この書をルードルフ・シュプリンガーの筆名で出版した。

政治生活は、諸民族間の対決に彩られている。しかし、憲法によれば、諸民族はまったく存在しない。そのような現実と法の不一致は、耐え難い状況に導かれざるを得ない。したがって、社会主義者たちも民族問題に取り組む。もっとも、彼らは国際主義的に考えるので、民族問題は本来、彼らにとって存在しないのだが。まず行われるべきことは、諸民族を憲法上成立させること、そして法的に認知することである。さて、すぐに問題が持ち上がる。どのような原理に則って民族は構成されるべきか、ということである。ふたつの原理が考えられる。属地主義（das territoriale Prinzip）と属人主義（das personale Prinzip）である。属地主義を適用すれば、各民族に特定の支配地域が割り当てられる。これは帝室領連邦主義者が力を入れる解決策である。これによれば、たとえば帝室領ボヘミアはチェコ人の自治に、帝室領ティロールはドイツ人の自治に委ねられる。しかし、これは使いものにならない結果となろう。帝室領は民族的に単一ではないので、連邦主義にもかかわらず、あるいは連邦主義のせいで、少数派が抑圧されるだろう。ボヘミアではドイツ人の少数派が、ティロールではイタリア人の少数派が抑圧されるだろう。事態は、それ以上にひどいものになるだろう。というのは、どの民族であれ、ひとつの帝室領を治める民族は、自らが少数派である他の帝室領では、報復措置を甘受しなければならないからである。こうして、属人主義を採用するしか、手立てはないだろう。属人主義的につくられた団体のモデルは軍隊である。それは、どこに居住地をもっているか、あるいはどこに滞在しているかを問うことなく、全員、兵士からなる。これと同じように、各民族は、同一民族のあらゆる者からなる。彼らは、自分たちが多数派を形成する帝室領に住んでいるかもしれない。あるいは少数派にとどまる帝室領に暮らしているかもしれない。はたまた、「少数派の居住地域」(Diaspora) にとどまっているかもしれない。民族概念を領域から切り離すことは、言語・文化共同体である民族団体、そして土地と関わりをもたない民族団体の性格に対応する。すべての民族同胞が、「民族協議会」(Nationalrat) を選出する。これは文化事項の自治を享受する。大学、学校、劇場を設立・維持するに足りる税を、有権者の気に入るだけ徴収する権限をもつ。また同協議会は、責任を負う民族大臣 (nationaler Staatssekretär) によって、あらゆる局面で自民族の不利な取り扱いに立ち向かう。とくに協議会は公務員の任命にあたって、適正な割合が保たれるように監視を行う。数多くの協議事項(たとえば、司法全般)が国家案件のままであるので、民族の関心は、公務員任用にあたって同胞が不利を被らないことに向けられる。地域原則 (das Gebietsprinzip) もまた、最終的には次の関連で考慮される。すなわち、民族協議会の活動範囲が、地域ごとに区切られた管区 (Kreise) に細分化され、この管区が地方で文化行政を行う、ということである。文化以外の行政もまた、少なからぬ部分が民主的に設置され、自治権をもった管区行政機関に委ねられるべきである。これと並行して進む諸帝室領の権限縮小は、その非合理な構造、たとえば規模が不揃いであることに照らして行政上の進歩を意味するだろう。

レンナーの書は情熱をもって書かれている。その議論は並外れて巧みである。頁を追うごとに、著者が帝国の構造、議会活動、行政の慣行と乱脈の裏表を知り尽くしていることがよくわかる。著者の態度は寛容であり、特定の民族を持ち上げたり、見下したりしない。著者がブルジョア民主主義者だったら、仲間内で上席を占めることだろう。ところが、彼は、マルクス主義の諸原則を公言する政党のスポークスマンだった。このため、徹底的な批判が必要であるが、同著はこの批判に耐えられない。まず目につくのは、レンナーが導入した民族概念が、歴史的経験に根差していないことである。レンナーによれば、諸民族の解放闘争を、つまり、この近現代史で決定的な役割を演じる闘争を担うのは、単に精神的な共同体であって、文化的紐帯のほかに歴史、領域、経済の紐帯をもつ共同体ではない。唯物論の見方に忠実な者は、レンナーのように安易に、個人の連合体を民族と呼ぶことはできない。他方、唯物論者は、必要とされる前提がより多く満たされる限り、文化自治を要求するだけでは満足しないだろう。公正で持続的な平和を保証する世界秩序という理念に属するのは、制約されない民族の自決権である。これには自前の国家を樹立する権利も含まれる。もちろん、この権利は義務として理解されてはならない。多数の民族がより大きな連合体に**自由意志**でまとまることは、場合によっては最先端の事柄と言えよう。しかし、自由意志という契機がつねに決定的である。このことは明確にされねばならないし、機会あるごとに強調されねばならない。とくにオーストリアのように被抑圧民族の存在した国では、誰よりも、支配民族の一員である著者によって強調されるべきだった。レンナーはブリュンの民族綱領とまったく同じように、自決権を無視した。ブリュン綱領が設定した枠に具体的な提案を詰め込んだ。しかし、そこから一歩も進まなかった。したがって、この書は彼の党の誤った政策の断片でしかない。この政策は諸民族の労働者を、力強く民族主義的に振る舞うブルジョアジーのもとに追いやった。こうしたことはすべて、スターリンが民族問題を扱った論文で詳述している。* 旧いオーストリアの主要・枢要な問題を解決するには、ボリシェヴィキの大胆さが必要だったのではないか。骨の髄まで日和見主義者のレンナーは、それをもち合わせていなかった。

*J. W. Stalin, "Marxismus und nationale Frage", 1913.

早期に書かれた『諸民族の闘争』［一九〇二年］は、オーストリアの多民族国家を無傷のままに維持しようという望みに彩られていたが、この望みは大戦中、完全にレンナーの思考の中心的モチーフとなった。彼は論文集の**『オーストリアの刷新』**(Österreichs Erneuerung、三巻、一九一六〜一七年)で、オーストリアがその多民族構成のおかげで、すでに進歩的な形成物である、と主張していた。その立証は、ザイペルが『民族と国家』で行ったもの*と似ている。ハープスブルク国家を称賛すると同時に、レンナーは、「もし」あるいは「しかし」という異議を多少唱えたとはいえ、ナウマンの中欧構想を推奨した。『刷新』はすでに、レンナーが共和国時代に「［ドイツとの」合邦」の唱道者であったことを先取りしている。

*本書「カトリック主義」の章を参照されたい。

ほぼ同時期［一九一七年］に刊行された別の著書、**『マルクス主義、戦争、インターナショナル』**(Marxismus, Krieg und Internationale)で、レンナーは純粋に日和見主義の観点から、一般的な性格の問題を、つまり、オーストリアに関係しない、あるいはオーストリアに限定されない問題を論じた。彼は、帝国主義戦争における祖国防衛の必要性、帝国主義諸国による植民政策の必然性等を「証明」した。レンナーは、直近の世界発展をどう評価するかという点で、自分と一致しない社会主義の執筆者たちを俗流マルクス主義者と呼んだ。極左ではないカウツキーまでも反駁の書*で、レンナーを周知のドイツの日和見主義者であるクーノー、レンシュ、ヘーニシュと同列に置いた。この並置は間違っていない、と残念ながら言わざるを得ない。

*"Kriegsmarxismus", in "Marx-Studien", 4. Bd., 1. Halbbd., 1918, S. 120-206.

『諸民族の闘争』で、民族概念にわずかな注意しか払わなかったレンナーと異なって、オットー・バウアーは、彼の浩瀚の書、『**オーストリアの民族問題と社会民主主義**』(Die österreichische Nationalitätenfrage und die Sozialdemokratie)*を、民族概念の分析の試みから始めた。

*『マルクス研究』第二巻として一九〇二年刊行。

我々が直接の経験で遭遇するものは、民族の性格である。つまり、大きめの人間集団が、性格の類似によって結びついている、という事実である。我々が民族概念に歩を進めようと思うならば、民族の性格を説明しなければならない。著作家の中には、神秘的なもの、民族精神と呼ばれるものが民族同胞に働いていて、相互に同化させている、と考える者がいる。民族の性格を自然の原因から導こうとする者もいる。それは、民族同胞が共通の出自をもつことの、ごく自然の結果とされる。このふたつ目の理解は、最初のものより科学的に少し高度であるが、満足すべきものとは言えない。実際には民族は、精神的なまとまりであるとともに、生物学的なまとまりでもある。どちらが第一義の要素だと言えないが、民族は文化共同体であり、自然共同体でもある。各性格は運命に由来する。民族の性格は、過去の運命共同体によって形作られる。祖先の運命共同体が作用するのは、特性の遺伝を通じてであり、また文化財が伝承されて子孫の精神的態度に影響するからである。自然共同体、文化共同体は、単に手段に過ぎない。これによって、一体となった諸原因、つまり、祖先の生存をかけた闘争の諸条件が作用するのである。こうしてバウアーは、次の定義にたどり着く。「民族とは、運命共同体によって性格共同体に凝集する人間の総体である」。運命共同体は、単に運命が類似しているということにとどまらない。たとえば、イギリスとフランスの小市民は、似たような運命を経験する。イギリスとフランスのブルジョアジーも同様である。しかし、厳密な意味で共通の体験をするのは、ただフランスの小市民とフランスのブルジョアジーであり、また、イギリスの小市民とイギリスのブルジョアジーである。民族というものが、凝集する人間の総体を包含するのであれば、階級社会では、民族の統一というのは、支配階級によってのみ達成される。勤労大衆は、文化財への手がかりをもたない。彼らがさらされている搾取、不十分な栄養、住居、あてがわれた学校教育、これらのものが作用して、文化生活に参加することがない。こうして彼らは、あの性格共同体の外に、つまり、民族の枠の外側に存在する。このような事情は、さまざまに階級の意識に反映される。ブルジョアは民族的に感じ、価値判断する。(これは決して望ましいことではない。というのは、民族愛は自己愛を意味し、民族基準にしたがう価値判断は、自民族の過大評価を意味するからである)。労働者は、もの事をブルジョアとは対照的に眺める。歴史的な出来事や文化的な成果を、一般的で客観的な原理にしたがって判断する。ある民族にどれほどの名誉や不名誉が生じようが、彼らにはどうでもいいことである。

さて、民族的に感じ考えない階級は、民族政策を遂行することもない、と思われよう。しかし、成り行きは異なる、とバウアーは言う。労働者階級は、階級のない社会を目指して闘う。つまり、民族の一員となることを目指して闘う。だが、もちろん民族のためではなく、自分たち自身のために闘う。階級のない社会で人民全体が文化財を享受するならば、彼らは民族の成員となる。労働者階級は、民族的に努力する。それはすでに、彼らの社会綱領に基づいている。ただ、彼らの民族主義は「進化的」である。その民族主義は、民族を拡大することを望む。さらに、民族の性格を進歩的な意味で引き続き形成したいと考える。この二点において、ブルジョアの保守的民族主義と異なる。この異同は大きく、進化的民族主義を目的に合わせた別名で、つまり、国際主義と呼べそうである。社会主義の理念が、一種民族主義的最大限綱領――あらゆる国の労働者階級に共通する――を意味すれば、とくにオーストリアの労働者階級は、そのうえさらに最小限綱領、あるいは即時綱領を有する。それは民族自治といい、ブリュン［党大会］の決議で定式化された。シュプリンガー(レンナー)は、属人主義を具体的に詳しく述べることで、この綱領をさらに改善した。ブリュンの決議は、現存の国家の枠組みで実現できる。決議はまた、国際主義を表明しており、労働者階級はそれを好ましく思っている。

バウアーの論には特異な点がある。たとえば、原始共産制にも民族が存在した、というような考えである。また、論理的に併存しえない主張も存在する。ただ、すべてを受け入れることもできよう。というのは、そこには優れた資質がみられ、卓越した知識と、唖然とするほど多くの才気に満ちた着想とを誰も否定できないからである。しかし、決定的なことは、レンナーが犯した本質的な誤謬をすべて、バウアーが自分のものにしてしまった、ということである。バウアーにもレンナーにも、民族は純粋に精神的な形成物である。民族は、土地というような世俗のものと関わりをもたない。民族問題は、何よりも文化問題であり、前者は文化自治によって解決しうる。諸民族の政治的自決権をバウアーは認めない。確かなこととして、彼がそのまま受け入れるのは、帝国に統合された諸民族が将来も併存するだろう、ということである。[19] そこでスターリンの論駁は、レンナーとバウアーを区別する必要を認めなかった。反論が、オーストロ・マルクス主義のふたりの代表者に同じように該当したからである。バウアーとレンナーに共通の特徴は結局のところ、民族主義そのものに嫌悪を覚えていたことである。バウアーにとって民族感情は、軽侮すべきものだった。レンナーの考えでは、ブルジョアジーは民族主義的であり、プロレタリアートは国際主義的だった。［民族主義と国際主義は］まるで対立するかのようである。ふたりの認識が及ばなかったのは次のことである。社会主義者なら誰もが加担する国際主義の本質は、諸民族の権利と特性を尊重することにあること、この尊重の対象から、自己の所属する民族が排除されるものではないことである。ふたりが唱えたものは、実際には国際主義ではなく、民族に対する無関心、ニヒリズムだった。この見解が危険であることは、今を生きる世代のオーストリア人が、身を切られるような実地教育の中で意識したことだった。[20]

**フリードリヒ・アードラー**が弁証法的唯物論を修正するために発展させた理論については、経験批判論に密接に関連するので、エルンスト・マッハの章で論ずることにする。

相互に密接に絡んだ理論と実践双方の誤謬によって、労働運動が**文化運動**として展開するのを妨げられることはなかった。もちろん、そうした双方の誤謬が、社会民主党の歴史に含まれる狭い意味の文化史に反作用したことは間違いない。民族への無関心は、たとえば社会民主党の大衆教育活動に好ましくない影響を及ぼさずにはおかなかった。だが、あれこれ非難すべき点は残るとしても、さまざまな分野で文化的に多くのことがなされたが故に、我が国にとって得るところが多かったことは記録されてよかろう。社会民主党による民衆教育・教育一般・劇場・ジャーナリズム等の発展への貢献を詳述することは、テーマとして有益であり、やりがいがあるだろう。その成果は、専門家に限らず、非常に興味深いものと思われる。* ただ、我々は社会主義と文芸について、いくらかコメントするだけで十分としておこう。少数の優れた著作家たちが、労働運動から直接生まれた。もっともよく知られているのは、当然のことながら**アルフォンス・ペッツォルト**（一八八二〜一九二三）** である。抒情詩、小説、自伝を含む一生の仕事からなる四〇巻は、この上ない貧困とつらい病気の時期を経験した人物が生み出したものであり、ひとりの人物の記録として、そして時代の記録として心を打つ。ペッツォルトが本物の詩人として名を成すことを願っていたのは、何よりも一連の小編の詩からわかる。ここでは時折、まったく個性的な切ない響きに出会う。いわば、しわがれた喉から発せられたような感じである。しかし、だからこそ、「ざらざらした厳しい生活」をなんとかしようという力が秘められている。ペッツォルトのほかに名を挙げるべきは、**ヨーゼフ・ルーイトポルト・シュテルン**（抒情詩人、エッセイスト）、**シュテファン・グロースマン**（小説家、ジャーナリスト等）、**エーミール・クラーリク＝ハーバクク**（文芸欄執筆者）である。フェルディナント・ハーヌシュの小説についてはすでに触れた。社会民主党の周辺にいたポパー＝リュンコイスの小説については後述する。こうした作家たちの作品には優れた点がみられるが、「社会主義と文学」の節は彼らで終わらない。これは、はるかに包括的で内容豊かな節である。労働運動が我々の文学にとって重要だというとき、社会主義者たちが作品に描く運動は二次的に過ぎない。主として重要なのは、労働運動がブルジョア作家たちに与えた印象、それもしばしば、彼らの方向を決定づけたような印象である。オーストリアの社会主義文学はわずかであるが、他方、社会文学（soziale Leteratur）の幅は広い。イギリスで「急進主義」と呼ばれる、プロレタリアートのイデオロギーと類似のイデオロギーは、オーストリアの数多くの文芸作品にその姿を現した。哀愁小説の『路傍に死す』（Die am Wege sterben）を書いたJ・J・［ヤーコプ・ユーキウス］ダーフィト、哀愁詩、『世界の友』（Weltfreund）を書いた［フランツ］ヴェルフェル、そして平和主義の戯曲、『人類最後の日』（Die letzten Tage der Menschheit）を書いたカール・クラウスも社会主義者ではなかった。しかしながら、この三人にとどまらず、他に名を挙げることのできる幾人か（ヴァサマン、シュニッツラー、ヴィルトガンス、ツヴァイク）も、社会主義運動を多少とも意識し、その雰囲気を感じていた。彼らは、その作品の中でプロレタリアートの思想を形象化し、プロレタリアート自身よりも、それをはるかにうまく（思想的に明確とは言えなかったが）やってのけた。彼らの作品価値の重要部分は、この動向に負っているとも言える。オーストリアの近現代文学が、世界文学の中で第一級の地位を占めるとすれば、それは何よりも進展の理念、すなわち、自由と人間価値、正義が進展するという理念——社会主義の労働者たちが、不動のものとして同じく見据えている理念——を信奉しているからである。[21]

*この作業は一部、ドクター・アルフレート・ツォーナー（Dr. Alfred Zohner）が行った。彼の啓発的な論文を参照。（'Die Kulturbewegung der aufsteigenden Arbeiterklasse' in Nagl-Zeidler-Castle, "Deutsch-österreichische Literaturgeschichte", 4. Bd., S. 1536-58.）

**ペッツォルトについてはカール・ブロックハウゼン（Carl Brockhausen）の論考を参照（in: "Allgemeine österreichische Biographie", 1. Abt., 3. Bd., S. 181-97）。併せてZohner, a. a. O., S. 1544ff.

# 社会改良（急進主義）

一九〇〇年ころオーストリアに現れた、いくつもの政治イデオロギーとその階級関係とを問うならば、次のような光景が現れる。自由主義は、公的生活のおおかたの制度を形作り、そこに浸透した考え方である。それは威信をかなり失ったにもかかわらず、大ブルジョアの最有力のグループにおいて優勢を保った。他の大ブルジョア・グループは、キリスト教社会党を支持するか、ドイツ民族主義派に傾倒していた。労働者階級の路線は、ほぼ統一されていて、中核となる層は社会主義に賛同していた。ふたつの主要階級であるブルジョアジーとプロレタリアートは、イデオロギー面で小市民層に強い影響を及ぼした。小市民の一部は自由主義政党にしたがい、他はキリスト教社会党やドイツ民族主義派を支持、あるいは（さほど重要ではなかったが）社会民主党に追随した。しかし、さらに五番目の小市民層が存在し、先述のどの見解にも満足せず、むしろ独自のいくらか自立したイデオロギーを形成した。本章では、このイデオロギーを題材にしたい。ところが、これを名づけるのに、一般に通用する言葉がないので、「社会改良の原理」あるいは「急進主義」とする。だが、まず初めにありそうな誤解を排除しなければならない。「急進的」といっても、とくに決然とした考え方を指すのではなく、また暴力行為に傾倒するのでもない。それはイギリスの政治的語彙から取られていて、「自由主義左派」といってもほぼ間違いない。イギリスの急進主義者たちは、健全な改良の伝統をもち（ロイド・ジョージが頭角を現した時期を参照）、決して過激派ではなかった。

自由主義の本質は、自由、平等、友愛を最高の価値と認め、併せて生産手段の私的所有という原則を掲げ、ここから生ずる衝突の解決を図るため、先述の三つの高邁な理念をあくまで限定的に解釈する、というものである。他方、社会主義者は、私的所有がすべての社会的弊害の根源であり、社会が生産手段を手に入れたときに初めて、自由、平等、友愛――社会主義は、これらに新しい深い意味を付与する――が実現する、と主張する。改良派は両者の立場に割って入り、私的所有を存続させつつも、その不都合な結果を克服しようという提案を行う。資本主義はいくつも長所をもっていて、それを放棄することはできない、だが、下層大衆の状況は改善されねばならない、と断言する。けれども、その改善は、社会主義者が想定するよりもずっと簡単だと考える。急進主義の基本的な考えは、ほぼ次のようにまとめられる。

一、ブルジョア革命の理想は、すべての進歩的政策の導きの星である。
二、資本主義の枠内で、こうした理想に合致した社会状態を創ることは可能である。
三、資本家階級の自由は、一定程度まで制約されねばならない。それによって、その他の階級の自由と平等、友愛が促進される。
四、国家が資本主義の行き過ぎを阻止する措置とともに、貧しい層に直接援助を行う措置もまた必要である。国家は、日曜休業、児童労働等に関わる法律を公布するだけでなく、たとえば公営住宅、病院、老人ホームを建設しなければならない。
五、国家の取る措置は、純粋な社会的措置によって補完されねばならない。何か悪弊に見舞われた社会グループは自分たちを組織して、自分たちが必要とする改良を、場合によっては他のグループの力を借りながら自ら講じる（たとえば、金融借り入れが困難な農民たちは、協同組合様式の貸付金庫を設立する）。

このプログラムが認められたならば社会問題は大幅に解決するだろう、と急進主義者たちは言う。自由主義の長所（私的なイニシャチブ）は保持される。社会主義の長所は、革命の衝撃なくして、新たに確保される。大衆の物的欲求だけでなく、精神的欲求も満たされる。改良の行為は、経済とともに文化にも及ぶ。大衆教育機関設立とともに、老齢年金の導入もプログラムに含まれる。

我々はもちろんこのようにまとめることで、急進主義の運動を多少理念化した。ここに要約した「基本の考え」は、何人かの非常に洗練された、とくに政治的にも訓練された運動指導者のものである。彼らの間でも、多くの点（たとえば上記第四項の国家援助）で相違が見られる。ここでは彼らが、概ね正しいとみなすことを表現してみた。これに対し、多くの並みの改良家たちは、「基本の考え」をきちんと理解していない。彼らは、この考えを普及しようとしない。それは、自分と一致しないから、というのでなく、そもそも、広く考えをめぐらすことがないからである。急進運動の特異な点は、たとえば成人教育者たちのような、納得できる目標を掲げた幅広い組織のほかに、少しアウトサイダー気味のグループも含んでいたことである。後者は、たとえば菜食主義者であるとか、［人工世界語の］ヴォラピューク語支持者、裸体文化支持者とかである。多くの場合、アウトサイダーの政治［意識］水準は低く、ある特定の改良だけに興味を示して、他の改良についてはなにも知らないし、知ろうともしない。ヴォラピューク語支持者は、菜食主義者をクラブ活動に熱中する者と見なし、裸体運動家は、成人教育者がもっとも大切な人間の義務に違反している、と考える。というのは、衣服を身にまとう無駄に反対するのでなく、人間の無知と闘っているからである。ときおり、同じ分野で活動するグループ同士がひどく敵対する。各グループが、他グループとは異なる手段で目標を達成できると考えるからである。このように分裂しているので、多くのグループを一体のものと見なすことが、そもそも正しいのかどうか？「一体化した」急進主義の運動を語ることが許されるのかどうか？　それは許される、と考えられる！　グループは共通の階級基盤をもっており、小市民から構成されている。ただ、ときどき社会の下層あるいは上層出身の賛同者がいる。グループの世界観も共通している。それは先に挙げた「基本の考え」に含まれる。「基本の考え」は、折々にしか意識されないとしても、改良家の信条告白である。改良家が熟考してみれば、自分の活動は、先の五点にまとめられた基本政策のどれかを実現するために貢献しているのだ、と彼には思われる。

急進主義は、他の社会的カテゴリーのように、隣接するカテゴリーと明確に区分されない。自由主義も、マンチェスター主義者(1)でない限り一定の改良に賛同する。ある具体的な、当時さかんに議論された改良案が急進主義の考えに由来するのか、あるいは自由主義を淵源とするのか、この点をはっきりさせることはしばしば非常に難しい。とくに困難なのが、［自由主義とは］反対側の左翼と区分することである。一九〇〇年ころに活動していた非マルクス主義的社会主義者の多様なグループは、急進主義者と自らの違いをいかに声高に宣言しようとも、彼らと部分的によく似ていた。社会主義者たちが最終的に資本主義を廃棄したいと考えていても、それが特異な違いとして、いつも役立ったわけではない。最終目標がはるか未来に押しやられてしまえば、当面、改良プランしか残らないことは明らかである。最後になったが、急進主義は、カトリック改良運動とも類縁である。もっともこの改良運動はもともと急進的ではない。というのは、フランス革命の理想に目を向けるのではなく、福音の教えに耳を傾けるからである。しかし、ときとして急進主義者の要求と一致する要求を掲げることがある。

急進主義の運動は、オーストリアでは労働運動よりも早く発展した。一八四八年革命の労働者組織はまだ独立した要素とは言えず、急進グループが突出していた。こうしたグループはほとんど、バッハ［内務大臣］の反動によって抑圧され、シュメーアリング［国務大臣］の時代以降、新たに結成された。なによりも六〇年代の比較的寛容な結社法を利用したのである。［第一次］大戦直前の時期には、もはや数え切れないほどの団体が存在した。さまざまな経済、社会、文化の問題に取り組み、その中身は玉石混交で、多くの団体は、同種の外国グループと交流して刺激を受けるとともに、自分たちの経験を伝えた。改良家の数と行動、アイデアの豊かさが、ある国民の精神的活気の兆候であるとすれば――このように急進主義者たちが世界中で主張し、それも故ないわけではない――オーストリア人は、活発さにおいて有数の国民だった。注目すべきは、それにもかかわらず、他の多くの国で存在したような急進主義の大衆政党を確立できなかったことである。クローナヴェターとシュトイデルが所属し、短期ではあるが、ルエーガーも属したウィーン民主党や、オーフナーとフィリポヴィチの社会政策党も広い支持層を獲得できなかった。フィッシュホーフが［一八］八〇年代に創立しようとしたドイツ人民党も萌芽のうちに潰え去った。* 急進主義を支持する選挙民にとって、社会主義者ないし自由主義者に投票するか、あるいは棄権するか、それ以外の可能性はなかった。そして多くの場合、間違いなく棄権した。

＊R. Charmatz, "Adolf Fischhof", 1910, S. 377-97.

急進主義は活動を開始するや否や、多方面からの反論を招いた。とくにマンチェスター派自由主義者とアナーキストが厳しい批判の矛先を向けた。

自由主義者の論難はまず、社会改良家が要求した経済生活への国家介入や経済的弱者保護のための介入に向けられた。

自由主義の原則によれば、国家はそのような保護を与えることができない。経済は、自然法則のように永遠で不変の諸法則に支配されている。そうした法則のひとつ、たとえば需要・供給に基づく価格法則が、最高価格の設定のような権力手段の使用によって排除されると、あるメカニズムが働き出す。このメカニズムは、さまざまな好ましくない中間段階のう回路を経て、経済法則に則った「自然」状態を復元する。（我々の例でいえば、価格上限を課せられた

商品生産者は、商品が不足して最高価格が引き上げられるまで生産しない）

自由主義者の社会改良への異議は、すでに五〇年ないし六〇年前に、根拠がないものとしてあっさり見透かされていた。「永遠の法則」は、明らかに企業家の利害を隠す仮面でしかない。それ以来こうした異議は、経験によって何度も反駁された。どの現代国家も経済保護法を導入し、多寡はあるものの成果を挙げてきた。アナーキストたちが急進主義[2]に異議を唱えたのは、まったく別の考えからだった。彼らの議論は次のようなものである。

中産層・下層の状況は、資本主義の内では実際に改善されえない。社会改良家は、実現できない希望を掻き立てる。そのような希望が小市民だけに呼び覚まされるのであれば、害は大きくない。というのは、小市民が何を考えようと、何をしようと、どうでもいいことだからである。だが、急進主義は、中産層に根をもつとはいえ、プロレタリアートにも約束し、まさにそのプロレタリアートに八時間労働、児童労働の禁止等を約束する。もし改良の宣伝が労働者に向けてなされるならば、そして労働者に向かってなされる限り害をもたらす。労働者階級を革命という課題からそらして、ブルジョアジーの打倒を先延ばしにする。したがって、労働者党は一部の改良運動と闘わねばならない。

これもまた、まともな議論とは言えない。プロレタリアートの状況を、すでに資本主義の内部で少しでも改善しようとする試みに対し、プロレタリアートの前衛は武器をもって対抗すべきだと要求するのはナンセンスだった。前衛がそのような態度に惹かれたところでは、労働者たちは怒って前衛に背を向けた。オーストリアのアナーキストたちが労働者の間でごく短期間人気を博した後、威信をすっかり失ったのは、何よりも彼らが改良思想に極端に敵対的な態度を取ったからである。

我々が扱う歴史上の時代に、急進主義の意義はほんとうのところ、どのようなものだったろうか？　自由主義者やアナーキストによる評価は誤っていた。では、どう評価すればいいのか？　賛否両論を取り出してみよう。まず**反対論**から。

一、急進主義の主な欠陥は、その妥協的性格だった。資本主義と社会主義を「和解」させようとした。それは不可能というものだ。和解を真剣に考えた者には、幻想が生じていたに違いない。自由主義者とアナーキストは、改良によっては貧困層の状況改善があり得ないことを、説明の中で大げさに述べた。彼らの議論にも一理あった。すなわち、（広い意味での）社会問題の解決は、改良だけではなしえないということである。もっと幅広い構想が必要だった。それを社会主義者たちが主張した。

二、数々の改良運動の特色は、諸目標の支離滅裂さだった。実現不可能な諸改良を追及するか、あるいは実現できても価値のない諸改革を成し遂げようとした。こうした取り組みによって、本来、有益な政治的努力に使われるべきだったエネルギーを無駄使いした。改良運動はしばしば、明確な政治的意図をもった労働者組織の煩わしい競争者として立ち現れた。勃興期の社会民主党は、改革家の幻想に一般的な警告を発するだけでなく、特定の小市民団体に強く反駁しなければならなかった。

三、急進主義が、民族問題の領域で案をもち合わせないことは明らかだった。当然のことながら、ある特定の目的を掲げるだけの団体は、民族問題に取り組まなかった。それにしても注目に値するのは、民族問題の解決に少しでも貢献しようという特別の組織が樹立されなかったことである。ただ時折、団体が個別に、あるいはだれか改良家が単独で、民族闘争に関し所信表明するだけだった。そうした場合の提案も、好ましいものばかりではなかった。確かに急進主義者は、自由主義者より寛容だった。しかし、彼らもドイツかぶれの言い回しを好む傾向があった。そして何よりも建設的な着想に欠けていた。

しかし、次に二三、**賛成論**も述べねばならない。

一、改良団体がすべてユートピア主義、分派主義に囚われていたわけではない。相当数の団体が、非常に理性的な考えに――もっとも、熱狂的な理想主義というわけではなかったが――導かれていた。たとえば成人教育運動や女性運動である。ブルジョア出身の成人教育担当者たちは、社会主義者たちと似た原則に基づいて活動し、彼らとの幅広い協働が行われた。ブルジョア女性運動が、社会主義の女性運動と協働することはなかったが、女性の大学入学許可の要求等では感謝に値する功績を残した。

二、自由、平等、友愛の標語を高く掲げることが、ひとつ、急進主義の本質的特徴であることは知られている。一九〇〇年ころには、一七八九年に夢想すらできなかったいろいろの可能性が社会の内部で成熟していた。ジャコバン派の立場を行き過ぎと見なすことはもはやできず、急進主義は、興隆を始めたキリスト教社会運動やドイツ民族主義運動に比べてはるかに進歩的だった。民主主義のイロハを普及する活動は、身分制国家を賞賛したり、反ユダヤを扇動したりするよりも望ましいものだった。

三、急進主義は、大衆教育で成果を挙げた。それは社会民主党が独自に挙げた成果と同じである。ただ、同党の規模には及ばない。また改良組織を指導したのは、利己主義を排した意志の固い模範的人物たちだった。急進主義の運動に入り込んだ若者たちは、その後の人生を豊かにする知的、道徳的な感銘をしばしば受けた。歴史家は今日、こうしたことをすべて、かつての政治家よりもはっきりと考察できる。当時、社会主義者が急進主義陣営の人物に下した厳しい判断はあるものの、急進主義運動が多くの知識人や才能ある人々、志操堅固な人々を集めたことを見落としてはならない。

さてここから、オーストリアのいくつか重要な改良運動がたどった発展を俯瞰してみる。数ある中から社会政策運動、女性運動、成人教育運動、倫理運動を取り上げる。そして急進主義に傾倒したふたりの哲学者、フリードリヒ・ヨードルとヨーゼフ・ポパーが唱えた思想を少し詳しく語ろう。

## 一　社会政策家*

この人々の見解は、ドイツ帝国の講壇社会主義者や英国のフェビアン主義者の影響を受けていた。講壇社会主義学派は、**新歴史学派**の名でも知られる。その中心人物は、シュモラーやクナップ、コンラート、アードルフ・ヴァーグナー、さらにルーヨ・ブレンターノである。ブレンターノは、短期間だがウィーン大学で教鞭を取った。新歴史学派は、一八七三年、**社会政策学会**を設立し、これには多くのオーストリア人も参加した。同学会は、ドイツ帝国の経済学者たちの有力な団体となり、小市民的改良家だけでなく、大ブルジョアの自由主義者たちも含んでいた。一方、**フェビアン協会**は〔一八〕八〇年代初め、若い英国知識人たちによって設立された。そのメンバーには、設立直後はバーナード・ショー、シドニー・ウェッブ、アニ・ベサント、少し後にビアトリス・ウェッブがいた。フェビアン主義者は社会主義を信奉したが、マルクスの学説には断固として反対した。一九〇〇年ころ、彼らは労働党の結成に参加する。** 同時代の動向に範を仰ぎ、一八九一年、オーストリアの改良家たち（エンゲルベルト・ペルナストルファー、オットー・ヴィッテルスヘーファー、リヒャルト・ファーバー、ゲーオルク・シュミードル、ミヒャエル・ハイニッシュ）がウィーン・フェビアン協会を立ち上げた。その思潮は、社会主義というよりはブルジョア急進主義で、議論されたテーマは、標準労働日、老齢保障、カルテル監視だった。社会教授のマサリクは、協会と友好関係を保った。協会の機関誌として、ペルナストルファーの『ドイツの言葉』が当てられ、さらに、イージドール・ジンガー、ハインリヒ・カナー、ヘルマン・バールが編集する『ツァイト』(Zeit、初め週刊紙、後に日刊紙)があった。フェビアンのグループから**社会政策党**が生まれ、何度も選挙に参加したが、成果はわずかだった。ユーリウス・オーフナー、フェルディナント・クローナヴェター、オイゲン・フィリポヴィチが、一八九六年、下オーストリア州議会議員となり、一九〇一年、オーフナーとクローナヴェターが帝国議会議員にもなった。彼らが代表した党とグループの意義を、選挙結果で測ることはできない。何人かの社会政策の先駆者は、当時の最良のオーストリア人に数えられる。ペルナストルファーを抜きに、立憲時代を考えることはできない。フィリポヴィチの『政治経済学要綱』(Grundriß der politischen Ökonomie)は、彼の講義の中で生まれたもので、理論的に反対の者も尊重せざるをえなかった。フィリポヴィチの独占資本主義批判は、現代の理解に照らせば十分とは言えないが、それでも、彼の慧眼と勇気を証するものである。ミヒャエル・ハイニシュ(一八五八〜一九三七)は、一連の経済学の著述、たとえば一八九二年の『ドイツオーストリア人の将来』(Die Zukunft der deutschen Österreicher)という統計研究によって功績を挙げた。彼が後年、共和国大統領に任命されたのも、ときどき言われたような人材不足による弥縫策ではなく、学問上の名声に十分な根拠があった。**フェルディナント・クローナヴェター**は、社会政策党の候補として立つかなり前から、**ウィーン民主党**——もうひとつ別の小グループ——の代表として帝国議会に席を占めていた。オーストリアは、ときとして少し偏屈であるけれども、全体としては間違いなく進歩的で断固とした立派な政治家を有していた。ルエーガー等は、クローナヴェターを反ユダヤ主義に変えようとしたけれども無駄だった。人口に膾炙した「反ユダヤ主義は、愚かな輩の社会主義」という文句は、彼に由来する。強調すべきは、社会政策家たちが普通選挙権を支持し、それを緊急の課題と認識していたことである。クローナヴェターがこの趣旨で行った演説や、ハイニシュとフィリポヴィチが発表した記事は、大きな反響を呼び、社会民主党の［普通］選挙権獲得キャンペーンをやりやすくした。

＊Vgl. R. Charmatz, "Deutsch-österreichische Politik", 1907, S. 187; Margarete Jodl, "Friedrich Jodl", 1920, S. 188; Ludwig v. Mises, 'Eugen v. Philippovich', "Neue österreichische Biographie", 1. Abt., 3. Bd., 1926, S. 53-63.

＊＊Vgl. E. R. Pease, "The History of the Fabian Society", 1916.

社会政策党と似た基本志向が、一九〇〇年ころ、人々の関心を引く仕事をした何人もの著作家に見られる。名前を挙げておこう。

**ヴァルタ・シフ**は、農民を取り巻く状況を知悉していた。その著、『土地解放以来のオーストリア農業政策』(Österreichs Agrarpolitik seit der Grundentlastung) は今なお、このテーマを扱った最良の書である。彼はまた成人教育運動でも活動した。

**アントーン・メンガー**は、限界効用学派のカール・メンガーの弟で、いくつか、よく読まれた著作(『労働全収権論』Das Recht auf den vollen Arbeitsertrag、『ブルジョア法と無産階級』Das bürgerliche Recht und die besitzlosen Volksklassen) を著した。彼は、マルクス主義とは別の社会主義理論を打ち立てようとした。

**ルードルフ・ゴルトシャイト**(「国家再有産化」の提唱者) と**ヨーゼフ・ポパー**(「一般養育義務」の擁護者) は、非常に個性的な著作家だった。彼らの思考にはユートピア的な趣が感じられる。しかし、世界観では社会政策家たちとさほど離れていない。

## 二　女性運動＊

＊Vgl. Marianne Hainisch, 'Die Geschichte der Frauenbewegung in Österreich' in "Handbuch der Frauenbewegung", herausgeg. von Helene Lange und Gertrud Bäumer, I. Teil, 1901, S. 167-89.

女性運動は自由主義の最盛期に始まる。初めての組織は、一八六六年に創立された**ウィーン婦人職業同盟**だった。それからかなり後の一八九〇年ころ、女性教育伸長同盟と**オーストリア一般婦人同盟**が続いた。運動の最有力の人物は、**マリアネ・ハイニシュ**（ミヒャエル・ハイニシュの母）と**ローザ・マイレーダー**（多作の作家で、フーゴ・ヴォルフとの交友でも知られる）である。ほかに指導的役割を演じたのは、マリー・ボスハルト・ファン・デメルヘル、アウグステ・フィカト、マリー・ラング、オイゲーニエ・シュヴァルツヴァルト、ファニー・フロイント＝マルクスだった。初め運動が力を注いだのは、中産階層の女性に、より良い教育と就業機会を提供することだった。抵抗は大きかった。学校のタイプごとに、大学の学部ごとに、ひとつひとつ攻略していかなければならなかった。偏見と官僚主義が生み出した際限のない障害を克服して、一八九二年にやっと女子ギムナージウムを軌道に乗せた。鼓舞したのは、チェコの女性たち（「ミネルヴァ」同盟）がプラハで二年前に同じ試みを成功させていたことだった。

一部の大学教師たちが、女性たちの希望を支援してくれた。たとえば哲学者のテーオドール・ゴンパツ、文学史家のエーミール・ライヒ、憲法学のエトムント・ベルナーツィクだった。有名な外科医のエードゥアルト・アルベルトを先頭に他の教授たちは、女性の勉学に強く反対した。アルベルトの冊子、『女性と医学学習』（Die Frauen und das Studium der Medizin）は、激しい誌上論争のきっかけとなった。他所と同じようにオーストリアでも、女性をアカデミックな職業から長期にわたって排除しておくことは不可能だった。一八九七年から一歩一歩、大学は女性聴講生に門戸を開いた。

ほぼ同じころ、女性組織はその活動を新しい分野に拡大した。いまや家族権の改変、団体権・集会権における男女同権、とくに選挙権の同権を要求した。オーストリアの女性参政権論者は長い間、英国の同権論者のような先鋭さを示すことはなかった。選挙参加を求める声は、もはや止むことがなく、共和国がついにその要求を実現するまで続いた。さらに〔女性〕組織は、公の風紀問題に取り組んだ。国家が売春を大目に見ることを批判し、売春のいわゆる兵営化と警察監視を廃止すべきであり、代わりに国民の健康とモラルのため、そして何よりも売春婦自身のためにも、抜け道のない禁止とともに、足を洗った者の扶養措置を導入すべきだ、と主張した。エルゼ・イェルーザレムの小説、『聖なるスカラベ』(Der heilige Skarabäus)は、この問題に注目を集めるのに貢献した。女権論者の宣伝は最良の意図に由来し、多くの議論が正しいことは反論の余地がなかった。しかしながら、相対的に些末なことで騒ぎ立て、記事や演説でも野暮な道徳観が顔を出した。これが、人生経験を積んだ多くの人々の嘲笑を引き起こした。オーストリアの作家たち(たとえば、カール・クラウス、ペーター・アルテンベルク、オットー・ヴァイニンガー)が冒した過度の娼婦賛美は、女性運動で表明された俗物的な考えに反応した側面もある。

プロレタリアートとカトリックの女性運動は、ここではただ対比のために言及するが、本節との関連で〔内容的に〕言うべきことはない。前者は社会民主党の一部であり、後者はキリスト教社会党の一部をなす。両者はブルジョア急進主義運動からはっきりと距離を置いた。社会民主党の婦人組織は、「急進主義」団体の綱領にも見られる二三の基本政策(たとえば女性参政権)をもっていたが、とくにプロレタリアの要求を強調し、ブルジョアグループと共同行動することを拒んだ。固有の階級的性格をあいまいにしたくなかったからである。(3) ウィーンキリスト教社会婦人同盟は、まったく別の目標を追求した。反ユダヤの宣伝を行い、就学義務期間の短縮等を要求した。女性参政権については興味がないことを公言した。女性カトリック教徒組織は、普通言われる女性運動と何らかかわりをもたなかった。*

* Marianne Hainisch, a. a. O., S. 179.

## 三　成人教育者

プロレタリア運動あるいはカトリック運動を再び語る必要はないだろう。両者は、ふたつの有力な大衆政党の一部門として先に触れた。ここでもっぱら我々の関心を引くのは、小市民的急進主義哲学にならう運動である。その活動は［一八］八〇年代半ばに始まった。当時、リンツの**上部オーストリア成人教育連盟**、クレムスの**下部オーストリア成人教育連盟**、そして**ウィーン成人教育連盟**（会長はエードゥアルト・ライシング）が次々と間を置かずに設立された。これらの組織は、非常に成功した外国の組織、具体的にはデンマークの組織からいくつか基本的な考えを踏襲した。とりわけ、事業がまず目指すべきは一般教養の仲介であり、職業能力の向上は二の次にする、という考えである。デンマークで優れていると実証された少なからぬ施設、たとえば、農村からやってくる聴講生のための寮は、残念ながらオーストリアに移植されなかった。オーストリアの運動は、あくまで都市のものであり、農村部への進出は散発的だった。

ウィーン成人教育連盟の生徒たちは、いつもばらばらの講義を聴くのではなく、体系的に授業を受けたいという希望を表明した。こうしてまず、わかりやすい一般コースが設けられた。ルード・ハルトマンや教授のフリードリヒ・ベッケ、エーミール・ライヒが示した行動力のお陰で、このようなコースから数年のうちに成人学校が生まれた。「公民館」は一九〇四年、オッタークリングの自前の建物に入った。一九〇九年、成人教育連盟は、同じように立派な施設を五区［ウィーン・マルガレーテン］に開設することができた。この間、さらに別の団体が生まれた。ひとつはウィーン・ウラニアで、同名のベルリンの施設を範とするものだった。また、エードゥアルト・ライアー教授が設立した中央図書館にはミヒャエル・ハイニシュも関与していた。成人教育連盟も同様に図書室を運営したが、中央図書館が凌駕していた。成人教育連盟と公民館が、多数のプロレタリア聴衆を引き付けたのに対し、ウラニアと中央図書館は、むしろ中・小ブルジョア層の間で人気を博した。

成人教育者たちは、オーストリアで多くの価値を創り出した。全体で何万という人々がさまざまな団体を通じて、これまでエリートだけに開かれていた知識分野を学んだ。諸団体が実行に移した自主管理の原則は、生徒たちに組織運営を学ぶ機会をもたらした。教師たちにとって、施設が仲介する労働者との接触は得るものが大きかった。〔第一次〕大戦前には基礎が築かれた。それは、共和国時代になってから施設が展開する、さらに包括的な活動の基礎だった。運動に翳の部分があるとすれば、おかしなタイプの人間を併せて輩出したことである。それは学習好事家だった。つねに新しいコースに顔を出すことに生きがいを感じ、中途半端な教養の域を越えることがなかった。ただ、ここでは望ましからざる副次効果のことを言っているのであって、全体として非常に有益な改良活動の随伴現象だった。

## 四　倫理運動*

この運動の元は英米にあり、出発点は近代経験論哲学の主張である。それは、純粋科学的な、宗教的ドグマから独立した道徳説は形成可能であり、その目的は道徳哲学の認識を世に広めることである、とするものだった。児童には道徳の授業を受けさせるべきであり、大人は自発的に集い、日々倫理的に考えて行動するよう己を陶冶すべきだ、とされた。この種の協会は〔一八〕七〇年代、ニューヨークやロンドン、その他大都市で設立された。指導したのは著作家たちで、たとえばフィーリクス・アードラー、ウィリアム・M・ソールター、スタントン・コイトがおり、彼らはまた、他の国々の友人たちと一緒に『国際倫理ジャーナル』(International Journal of Ethics)

を創刊した。一八九二年、米国グループの提唱で、ベルリンに**ドイツ倫理文化協会**が設立された。リーダーは、ベルリンの教授、F・W・フェルスターやゲーオルク・フォン・ギジツキ、そして当時プラハで活動していた教授、フリードリヒ・ヨードルだった。ギジツキの死後、ベルリンの協会は社会主義にかじを切り、[**] ヨードル教授は離反したが、**ウィーン倫理協会**の設立（一八九四年）には全面的な支援を惜しまなかった。ウィーンの協会は大規模にならなかったものの——この運動が強い影響力を獲得することは世界中でなかった——疲れを知らないヴィルヘルム・ベルナーに率いられ、何十年にもわたって、有益ではあるけれども困難の多い人格形成の仕事を行った。子供のための道徳の授業について言えば、一八八三年、フランスでは法律により多くのタイプの学校で義務化された。ドイツでは、ルードルフ・ペンツィヒが音頭を取る組織が導入に努力した。オーストリアでこの問題に取り組んだのは「自由学校」協会で、たとえばペルナストルファーとルード・ハルトマンが参加した。協会の活動は大きく妨げられた。法律が壁になったからである。一八六九年の帝国国民学校法には自由主義思想がちりばめられていたが、同法は、児童に「道徳・宗教」教育を施すことと規定していた。この規定の有力な解釈にしたがって、道徳の授業、すなわち、宗教の授業と併存する、あるいはそれに代わる道徳の授業は排除されていた。キリスト教社会党の勃興期であり、より自由主義的な方向に法律を修正することなぞ考えられなかった。「自由学校」協会が「目指すこと」ができたのは、「講演と書籍で、国民学校の聖職者支配と闘い、オーストリア帝国国民学校法の文言と立法の趣旨に拠って、学校における聖職者の影響を、法が彼らに委ねた宗教の授業に限定することだけである[***]」。

* "The ethical movement, its principles and aims", Sammelband herausgegeben von H. Bridges, 1911; W. Börner, "Friedrich Jodl", 1911, S. 116ff.; F. Jodl, "Geschichte der Ethik", 2. Aufl. 1906-12, 2. Bd., S. 567-88; H. M. Görgen, "Beiträge zur Geschichte der Ethischen Bewegung", 1933.

＊＊これが起きたのは、主にギジツキの未亡人の影響による。リリ・フォン・ギジツキは、オーストリア人のハインリヒ・ブラウンと二度目の結婚をした。これによって彼女は、ヴィクトール・アードラーと姻戚になる。ドイツに暮らして、リリ・ブラウンの名で著作家としてたいへん有名になった。

＊＊＊F. Jodl, a. a. O., 2. Bd., S. 587.

※

先にフリードリヒ・ヨードルとヨーゼフ・ポパーの名前が並んでいるのを眺めた読者の中には、ひょっとすると奇妙に感じた人がいるかもしれない。実際に出自や学歴、履歴に関して、ふたりの間にははっきりした対照が見られる。しかしながら、重要な点では一致している。それは、一七・一八世紀に典型的な哲学思想への傾倒、中間層に重きを置く政治路線、社会的公正の誠実な追及である。

**フリードリヒ・ヨードル**（一八四九〜一九一四）＊は、声望が高い官僚家庭の出身で、家族はバヴァリアに居を定めていた。歴史と哲学を学び、数年間、バヴァリア王国の軍事大学校で教える。ミュンヘン大学哲学部で教授資格を取得。『倫理史』（Geschichte der Ethik）第一巻によってプラハで教授職を得る。ボヘミアの首府で長年活動した後、ローベルト・ツィママンの後任としてウィーン大学に招聘された（一八九六年）。さらにウィーン工科大学の美学講師という第二の教職が委嘱された。ここまでの彼の経歴は、成功した平均的な大学人と違わない。しかし、すでにプラハ時代に教授職とは別の仕事を手掛けていた。ベルリンとウィーンの倫理協会を支援して、協会のために一般向け冊子を書き、講演者としてドイツ全土を回った。ウィーン時代には、さまざまな改良運動をつなぐシンボル的な存在となった。成人教育連盟のトップに就き、「自由学校」、女性運動、さらに一時的には社会政策党に参加した。こうして、ますます深く政治生活に関与していった。市議会、帝国議会に立候補する誘惑は退けた。研究活動は、彼にとってあまりに大切だったので、完全に放棄してもかまわないとは思わなかった。だが、数多い名誉職のために、ありとあらゆる日常的な出来事にかかわらざるを得なかった。キリスト教社会党による成人教育への攻撃に対処しなければならなかったし、(4) 現代主義論争(5)や一九〇八年の大学闘争、つまり、ヴァールムント教授事件(6)にあたり立場を明らかにした。彼は右にも左にも一線を画そうと努めたが、表舞台への登場は聖職者の激しい敵意を招いた。

敵対者は、その活動をけしからぬと考え、(7) 友人たちは、彼を不屈のあらゆる妥協を嫌う進歩派と見た。それは実は見掛け倒しだった。進歩に身を捧げるつもりであれば、自己の所属する階級と手を切らねばならなかった。だが、彼はそのエネルギーをもたなかった。進歩思想によく通じていたが、ブルジョア世界に深く囚われたままだった。彼の学問と人生における態度は内的な矛盾を抱えたままで、いつも「……だが、しかし」という態度だった。わかりやすい例を二三挙げよう。彼は認識論学者として、ディドロからフォイアバッハに至る路線を継承した。けれども、自分の考えを唯物論と名づけることには怯んで、むしろリアリズムという害の無い言葉を選んだ。自分の哲学がフォイアバッハ哲学と類縁のものであることを、しばしば喜んで強調した。他方、同じように存在する、マルクス、エンゲルスとの類縁性は重視しなかった。彼がベルリン倫理協会に背を向けた時期が、ちょうど社会主義の影響が協会に現れたときだったことは、すでに説明した。彼は骨の髄まで民主主義者であるが、民主主義の原則を、オーストリアの民族問題に適用することは思いもよらなかった。ハープスブルク帝国のスラヴ人、とくにチェコ人が掲げた渇望を評価するにあたり、凡俗の傾向が現れた。* ヨードルのどの特徴を取り上げても、中産階級であることを否定しようがない。

＊Vgl. W. Börner, "Friedrich Jodl", 1911; M. Jodl, "Friedrich Jodl", 1920; Carl Siegel in "Neue österreichische Biographie", 1. Abt., 2. Bd., 1925, S. 81-96.

＊マルガレーテ・ヨードルが引用する書簡箇所を参照。A. a. O., S. 125/26, 142, 187.

彼の資質に、欠けるところはまったくなかった。彼の［著作活動の］お陰で、我々は、大学の通常の水準をはるかに超える一連の学術作品をもっている。＊著書はなかなか読みこなせない。文体は、ドイツの大学教授が使ういつもの持って回ったスタイルだった。しかし、その唯物論の立場のお陰で、大学教師の哲学にはるかに抜きんでていた。カント等の観念論の文献があふれていたときに、フォイアバッハがドイツ哲学の良き伝統を代表する人物であるとして、フォイアバッハ支持を表明したのは並みたいていのことではない。専門用語の点で譲歩があったとはいえ、偉大な知的行為である。彼は経験論思想家の模範でもある。アプリオリな認識論の恣意性に対する闘いは、彼にとって、観念論の突飛もない思い付きへの抵抗と同じく重要に思われた。ヨードルの学者としての長所に、彼の実践活動に現れた好ましい個性が加わった。世間一般の出来事に対する関心はすでに、彼が多数の教授たちに抜きんでる要因だった。彼がオーストリアの教権主義に反対したことは、観念論的認識論に反対するよりも、はるかに具体的な意味合いで勇気を要した。倫理運動や成人教育運動を、知識人と労働者階級との懸隔を克服するために利用しようとしたとき、彼が示したのは、他人だったら気づいたとしても、ふつうは眉をひそめるだけの悪弊に向かっていく行動力だった。一九〇〇年ころは、しばしばウィーン大学の黄金期と言われる。当時の光輝の多くは、研究者にして闘士であるフリードリヒ・ヨードルに発していた。

＊ヨードルのもっとも重要な作品を掲げる。『デイヴィッド・ヒュームの生涯と哲学』(Leben und Philosophie David Humes) 一八七二、『倫理史』(Geschichte der Ethik) 二巻、初版一八八二〜八九、大幅増補二版一九〇六〜一二、『心理学教本』(Lehrbuch der Psychologie) 二巻、一八九六、『ルートヴィヒ・フォイアバッハ』(Ludwig Feuerbach) 一九〇四。没後出版『造形芸術の美学』(Ästhetik der bildenden Künste) 一九一七、『一般倫理』(Allgemeine Ethik) 一九一八、『観念論批判』(Kritik des Idealismus) 一九二〇。

認識論の専門家［であるヨードル］とは、別の場所でエルンスト・マッハの敵手として出会うことになろう。ここでは道徳哲学者［としてのヨードル］を評価しよう。ヨードルは、自分の道徳哲学の主要な思想を、すでに『倫理史』の中で描いていた。この大著で倫理史が、どのようにして宗教に彩られた体系から、ますます宗教から自由な人間的な体系に至るかを示した。暗黙の裡に、彼は自分の独自の体系を示唆していた。彼の立場は『一般倫理』（Allgemeine Ethik、一九一八年）で、さらにはっきりと知ることができる。同著は、ウィーンで行われた講義に基づいており、没後、ヴィルヘルム・ベルナーによって編集された。

倫理的な懐疑主義が広く流布している。今日ひょっとすると、かつてよりはるかな広がりを見せているかもしれない。しかし、断固とした懐疑論者も、次の一事は否定できない。つまり、我々が人間の行動を評価するにあたって、みな同じ、ということはないし、実際、倫理的な相違、慎重な考量や判断に遭遇するということである。こうして特別な対象が研究に付される。まずは、我々が道徳的判断と言うとき、なにを考えているかを見つけ出さねばならない。次の段階に進んで、判断を、あらゆる方向から吟味しなければならない。その起源、論理的な保持可能性、社会的機能等々である。その結果、総体が、哲学の特殊分野としての倫理学を構成する。最初の問題、つまり、意味をめぐる問題では、昔からふたつの理論が拮抗している。形式論と幸福論である。形式主義者——最近では、とくにカントとその弟子がいる——の主張は、次のようなものである。「道徳的に善」という評価には、ただ、当該行為が倫理法則に適合している、という考えが孕まれているだけで、誰かにとって、あるいは何かにとって善と考えられているわけではない、むしろ「即自に」善である、と考えられている、と。幸福論者は次のように説明する。「即自」に善であるものを表象することができない、善と悪という言葉は、把握不能なものを意味するか、そうでなければ、ある行為が判断者に快の感情を引き起こし、別の行為が不快の感情を引き起こす、ということである。ヨードルによれば、幸福論の理解が、唯一意味を成す。この理解は、まず前提を、つまり、倫理が宗教的教義——これはカント哲学では、ただ哲学的な姿を取っただけの教義——から科学へと転換する前提をつくる。もちろん幸福論の擁護者は、かの快・不快の発生を証明する義務がある。これは難しい課題ではない。長い経験によって確認された、善なる行動の社会的効用や、悪なる行動の弊害は、肯定的・否定的評価の根底にある。その際、行動の結果とともに動機もまた評価される。ある行動が結果を招来しないならば、あるいは招来できないのであれば、道徳的判断に付されない。ある行動が有益な結果をもたらすものの、平均的傾向による限り、有益な動機に基づかないならば、肯定的に評価されない。傾向として有益な、したがって貴重な動機として観察されるのは、人の良さ、同情、他人の生きる権利の尊重等であり、カントが意図するような義務観念ではない。カントは、行為を倫理の領分の傾向性から放逐してしまった。もっとも、倫理的に秀でた人間は、刹那の盲目的衝動におぼれることなく、行動する前に熟考する。平均的でもっとも社会的な衝動が、場合によって、もっとも反社会的な行動を導くこともある。（たとえば、同情心からお金を、まったく価値のないことに浪費したりする）。ふたつの倫理的原理――幸福原理と発展原理――が併存して、しばしば、矛盾・対立する行動様式に押しやるが故に、熟考がますます必要になる。幸福原理は、人間の現下の過渡的利益から導き出され、発展原理は、将来の長期的利益から導かれる。幸福原理は、たとえば、生存闘争にあまり適合していない個人に役立つ社会的保護措置を支持するよう、我々に命じる。同時に発展原理は、どの進歩も依拠する自然淘汰の過程を妨げるほどに保護を手厚くしないように警告する。［ふたつの原理の］衝突を解消することは、ときおり途方もなく困難である。しかし、時代の倫理意識を満足させる解決策が見出されねばならない。時代？　そうだ、倫理基準は相対的だからだ。基準は時の推移とともに変わる。これは形式主義者であるカント学派には、まったく理解しがたい現象である。しかし、倫理的な行為を次のような行為として理解すれば、何も不可解なことを含んでいない。それは、それぞれ到達した文化段階に応じて、動機と結果の観点から社会的に有益と認識する行為である。幸福論の観点からは、ある原始的な種族やローマ帝国、啓蒙時代、それぞれの道徳の間に存在する対立を先入観なく描写し、説明できる。別の興味深い問題提起は、神話、宗教、法というような特定の要素が、道徳思想を形成するのにどの程度預かっているか、ということである。再び問題は別の方向に向かう。つまり、こうした思想が、どのようにして個人の意識に組み込まれるか、ということである。ここでは名誉心、知性、良心の役割が心理的に究明される。最後に倫理学は、もし、ただ単に規範の学問にとどまって、規範自体をまた、ある程度まで設定しようとしないならば、自己の活動領域を不当に制限することになろう。もし幻想をたくましくして、社会的な基盤をもたない規定を案出しようとするならば、道を誤ることになろう。倫理学は、旧い、生き延びた道徳思想の残滓があれば、それを片付けるべく、あるいは新しい道徳思想の初歩が見られるならば、それを解明すべく介入できるし、しなければならない。こうして倫理学は、人間にとって計り知れないほど役に立ち、人間に対し、その生を正しく生き、生をその内的な使命、最高の目的に適合させるよう指導する。

『一般倫理』でヨードルは、自分の重要な見解を明らかにする。また、倫理運動を支援するために書いた冊子では、理論と実践の連関を確立しようと試みる。その際、英米の運動の先駆者が展開した思想に同調する。いくつか典型的なパラグラフを挙げてみよう。

……我々がまず目を向けるべきは、次のような人々である。つまり、何らかの理由で教会共同体の中の精神生活が窮屈で空虚、不毛になってしまい、新しい焦点――それを中心に生活を整えることができる――を求める人々である。目をこのように向けることで、我々は真に祝福された仕事をするのだと思う。信仰のイメージ――かつて、それだけに倫理的理想を結び付けることができる、と考えられた――を壊すことと、新しい人間倫理を築き普及させることとは、いかなるところでも歩調が合わなかった。旧い神々は立ち去った。旧式のかまどに新しい火は焚かれなかった。せいぜい、享楽と迷いの不安定に揺らめく炎があるばかりだ。しかし、きちんとした根拠をもつ、不動の確信の炎がなければ、そして、ひとりひとりが、より気高き共通のものに専心しなければ、人類は繁栄することができない。*

＊"Wesen und Ziele der ethischen Bewegung in Deutschland", 4. Aufl. 1908, S. 16.

だが、たとえ我々がまず注目すべき者が、この教会信仰からの落伍者、脱走者であるとしても、それだけに限られるものではない。もはや教会の信仰共同体に完全な満足を見出せない人々を受け入れ、組織したいと思う。けれども、教会あるいは宗教信仰と徹底的に闘うなどということは、はるか先の話である。信仰のさまざまな形が並存し、現代世界では、大衆の間に信心と不信心が肩を並べて存在する事実を認めねばならないのと同じように、父祖の宗教信仰が今日なお、人々の胸の内に深く根を下ろしており、この土壌では、多くの雑草のわきに倫理的に価値ある果実も育つ事実を、併せて認めねばならない。我々にとって貴重な時間と労力を浪費することになっても、また、非常に優れた立派な人々を追い出すことになっても、我々は、教会信仰と闘うことを明示的あるいは黙示的に目標として設定したい*。

＊Ebenda, S. 18f.

政治の実践と倫理は、つねに別物だろう。だが、別物といっても、完全に分離しているわけではない。聖書のパン種のたとえを思い出す。パン種は、もしこね桶のあっちこっちの隅に塊になっていたら、まともなパンを作るのに役立たないだろう。パン種は、その役割を果たすために、パン生地全体に散っていなければならない。倫理家が一団となっていたら、ピューリタン［革命］時代の英国議会の敬虔な会衆（die Gemeinde der Heiligen）のように、まもなく奇妙な役を演じることになろう。人間は、人間のままだ。農民が工場労働者とは異なる目で世界を眺めること、職人が商人や大工業家と異なること、また、内陸の住民が海沿いの住民とは異なることなどを、どんな倫理も妨げることはできない。社会はありふれたいくつもの対立からなるが、その対立を取り除こうとするのは愚かしい、見通しのない企てだろう。つねに諸政党が、自由な、自治を行う共同体には存在するだろうし、存在しなければならない。倫理の思想は、個々の政党と対立することも、ある政党と同化することもできないし、また、してはならない。すべての政党に浸透するよう試みなければならない*。

＊"Über das Wesen und die Aufgaben der Ethischen Gesellschaft", 3. Aufl. 1909, S. 18.

ヨードルの道徳哲学の著書は、社会学的に基礎づけられていないという、**ひとつ**の欠陥を抱えている。倫理規範が時代に拘束されていることを鋭く剔抉する一方、こうした規範が階級にも拘束されていることを見逃している。どの社会にも、政治的イデオロギーの数と同じほど多くの倫理がある。現在、ファシズムや資本主義、社会改良主義その他の倫理が併存していることを証明するのは難しいことではない。倫理は、生の規則に変容された政治イデオロギーに他ならない。ヨードル自身の見解は、小市民の思考法が変容されたものである。倫理的な志操をすべての政党に浸透させたいというヨードルの望みは実は、全政党が社会改革者の立場を己のものにすべきだ、ということを意味するに過ぎない。これは成果を挙げる考えではない。彼が（倫理運動全体が）要求する学校の道徳の授業は、子供たちに特別の授業で、社会改革のイデオロギーを教えることを意味するだろう。さて、このイデオロギーはもちろん、宗教の授業が仲介する授業材料よりも、はるかに科学的世界観に近い。それにもかかわらず、道徳の授業は疑わしい代物である。教育技法を考慮することが、ここでは重要である。若者たちを民主主義者に教育しようとするならば、授業全体が民主主義精神に満たされていなければならない。このことが正しいならば、特別の（必然的に少し退屈な）道徳の時間は無くてもいい。もし正しくなければ、道徳の時間は、なんの助けにもならない。しかし、すべてこうしたことは、ヨードルの道徳哲学の創造を過小評価するものではない。彼が、倫理体系の発展を何世紀にもわたって支配した法則を証明したことは、思想史上の輝かしい業績である。カントの硬直化した学説への反駁では、鋭い洞察力が現れている。彼自身の学説は、明晰さ、まとまり、方法的明確さの点でたいへん優れている。彼が行った倫理運動のための活動は、この運動をどう評価しようとも、現代社会の知識人に課された生き生きとした責任意識に発している。

**ヨーゼフ・ポパー**[*]は、一八三八年、ユダヤの小商人の子に生まれた。子供時代と青春時代の初めを、ボヘミアにあるコリーンという町のゲットーで過ごした。職業教育をプラハで受け、同地のドイツ語の工科大学で数学、物理学、機械製造の基礎を身につけた。一八六〇年ころ、ウィーンに移り居を定める。長い間、帝都では家庭教師やその他似たようなことをして糊口をしのぐ。状況が改善し始めたのは、いくつか技術的な発明に成功したときだった。勤勉な商人である兄弟の助けを借りて、忙しいながら技術者としてまずまずの生活を築いた。彼の能力、とくに機械製造分野の能力は、専門雑誌に発表したり、あるいは自費出版したりした一連の論考が証している。技術者として働く年月を通じて、ずっと心にかかっていた思いは、本来自分にとって切実なことを先に進めることができないことだった。自分は発明家というよりは、社会改良家に向いていると感じていた。稼得の合間に捻出するすべての時間を、社会科学の勉強に費やした。一八七八年、リュンコイスの筆名で『生きる権利と死する義務』（Das Recht zu leben und die Pflicht zu sterben）という著書を発表した。そこには、彼の主要思想が萌芽の形で含まれている。ただ、自分の見解を詳述することは、高齢、晩年になってはじめて可能だった。『ヴォルテール』（Voltaire）一九〇五年、『個人と人間存在の評価』（Das Individium und die Bewertung menschlicher Existenzen）一九一〇年、『一般扶養義務』（Die allgemeine Nährpflicht）一九一二年、『戦争と兵役、憲法』（Krieg. Wehrpflicht und Staatsverfassung）一九二一年が出版された。また別の著書（『宗教について』Über Religion、『刑法の哲学』Philosophie des Strafrechts）が遺稿から出版された。文学への寄り道は、一八九九年の『リアリストの幻想』（Phantasien eines Realisten）という豊かな実りを生み出し、それは哲学的な内容を秘めた非常に美しい物語集だった。『幻想』は新聞で盛んに論評され、おそらく**されすぎ**だった。というのは、当局による没収の憂き目を見たからである。しかし、この書によって著者の名はとうとう広く世間に知れ渡り、人々の注意が、どんな言いがかりをつけても没収しようのない彼の他の著作にも向けられた。八〇歳も過ぎた彼の晩年、多くの人々が彼の周りに集まった。無条件の支持者は多くなかったが、彼らは「一般扶養義務」同盟を組織した。けれども、ポパーの影響は同盟を超えていた。相当数の志操高邁な人々が、彼を心から敬い、彼の個別の提案を支持するというより、彼のいくつもの著書が社会に与えた刺激に支持を表明した。

＊Vgl. Poppers "Selbstbiographie", 1917; R. v. Mises' Aufssatz in "Neue österreichische Biographie", 1. Abt. 7. Bd. 1931, S. 206-17.

彼の哲学は、いろいろ批判できるが、不明確だとか、首尾一貫しないという批判はあたらない。彼には、まったく明白な中心思想があり、そこから具体的な提案と抽象的な主張のすべてが導かれていた。人間の生の価値を限りなく評価する思想である。彼がこの思想に数限りなく与えた表現のうち、もっとも鮮明なものは、著書の『個人と人間存在の評価』に掲げられた題辞である。

他人の命を危めるつもりなどない、まったく平凡な一個人が、意図せずして、あるいは自己の意に反してこの世から消えるならば、それは比べようがないほど重大な出来事である。あらゆる政治的、宗教的、民族的出来事よりも、あらゆる世紀の、あらゆる民族の科学的、芸術的、技術的進歩をすべて併せたよりも重要である。

この文章によって、ポパーの文体とともに思考法を知ることができる。飾り立てることのない、しかし、決して単純とも言えない文体である。明らかに間違っているが、不思議な感動を呼ぶ思考法である。ポパーは、この文意を「文明化した社会秩序の基本原理」と呼んだ。この基本原理の帰結が、すでに述べたように、彼の最初の著書である『生きる権利と死する義務』に素描されている。それには次の章が含まれている。「宗教と形而上学の必要性について」、「生きる権利」、「犯罪と罰への衝動について」、「死する義務」。ポパーは、これらの章の内容を後に簡潔にまとめた。したがって、我々は、彼が自らの手でまとめた改革思想の要約を手にしている。

宗教と形而上学の必要性という問題について、主な結論は次のものである。我々がたとえばキリスト教を、ただ単にもっと幸せになるために受け入れることができないのは、二掛ける二が五であると信じられないのと同じである。たとえ誰かが、我々にこの信仰に基づいて天国を保証したとしても受け入れられない。……未知のより高度の存在者との心情的つながり、と理解される宗教の実際の効用は、ふつう信じられているよりも、あるいは、少なくとも主張されているよりも、はるかに少ない。宗教は、その良き側面についても代替可能であり、それどころか、［より優れたものによって］凌駕されてしまう。悪しき作用があれば、うまくいかない。……宗教や形而上学の必要性をなくすために必要なのは、外部の抵抗——学校や家庭で行われる根本的な精神と心情の形成を妨げようとする——を取り除く意志と時間だけである。……

「生きる権利」の章で、社会問題解決のための私の基本計画が、とくに胃袋の問題として展開される。……私は基本思想だけを強調する。一般扶養義務制度の導入、つまり、まずは扶養軍の導入である。扶養軍は、健康で快適な生活維持のために必要な最低限のものをすべて、生産したり調達したりする。また、この最低限のものを、すべての国民に例外なく、揺りかごから墓場まで、しかも貨幣形態ではなく現物で分配する制度の導入である。必要を超えるその他のものはすべて、自由な私的経済の領域に属する。この領域には、誰もが、扶養軍で自分の任務を果たした後、任意に参加できるし、あるいは、しなくてもいい。自由な私的経済とは、貨幣流通と自由競争を伴った国民経済である。

犯罪と罰の章では、まず復讐の心理が分析され、その根底には、一時的な思い違いのあることが示される。復讐心は、ただ、正当防衛を怠ったことへの怒りに由来する。復讐あるいは罰への衝動は、正義を求めているように見えるが、あれこれの災いが起きて、早めに防止されなかったことに対する激昂、憤怒に過ぎない。

したがって、罰と報復、そしてそれを「贖罪」として宗教的に理解することは、まったく意味がない。罰としての矯正の試みと威嚇が成果を挙げることは、ごくまれである。出来ることは、格率にしたがい、自分を守るほかにない。つまり、攻撃する者に罰を下さない。害を加えるにしても、社会がその者から身を守る方法から自ずと生まれる害しかない。しかし、この防御自身、可能な限りで十分である。

最後の「死する義務」の章では、戦争と平和の問題を解決するための基本計画が述べられる。その際、要求されるのは、国民皆兵義務の排除と戦時兵役志願制への切り替えである。だが、後者はかつての募集制度のようには行われない。戦闘能力のある男子はみな、今と同じように、軍事訓練のために軍——民兵軍あるいは幹部軍——に入る義務を負う。戦争が意図された場合、政府も議会多数派も、また国民投票によっても、訓練された男子が戦時任務に就くことを決定できない。ひとりひとりの兵士が、同任務に就く、就かないを決定する。というのは、危険に身をさらすのは、彼自身だからである。要約すれば、戦闘能力をもつものは、兵役義務を負うが、戦時兵役義務は負わない。この基本計画は、和平努力が功を奏するか否かにかかわりがない。戦争がいずれ終結するかどうか、という問題も未決のままである。これは単に、ある個人の命や健康を犠牲にするのをよしとすることが許されるのは、本人だけである、という要請を満たすものである。というのは、国家あるいは社会が国民に提供できるものすべてをあわせても、そして勝利を収めた作戦の結果もまた、犠牲に対し、すなわち、非自発的に強いられて差し出された、まともな身体の犠牲には応えられないからである。*

* "Selbstbiographie", S. 77ff.

ポパーは、自分の改革思想に説得力をもたせようとして、繰り返し、きまった哲学思想を唱えた。たとえば、理論的思考はなくても構わないこと、それどころか理論が危険ですらあることを、倦まずたゆまず指摘した。理論家はみな、あるいは、ほぼすべての理論家は、言葉の争いに囚われて、見かけ上の問題あるいは解決不能な問題を論じることにこだわっている。これを超えた現実生活の喫緊の必要不可欠なことを忘却している。

「有用な社会基本計画を立てるため、つまり、人々の経済を保証するために、我々は、経済学も——心理学、数学が付帯していようが、いまいが——生物学、心理学も、経済史も法哲学も必要としない。……いまだ解決されていない、限りなく重要な給養の問題（Magenfrage）や、その他無数の大問題・小問題が存在していることを考えると、現在の状況は、まるでビザンチン時代、敵が市門に迫っているのに、門のうちでは党派に分かれて教義や理論を争っていたのと同じである」*。理論よりもさらに危険かもしれないのは理想である。第一に、あらゆる理想には、それが祖国であろうと、宗教、民族であろうと、また、どんなに美しく尊いものであろうと、まったく相対的なもの、主観的なものが張り付いている。したがって、他人の理想のために犠牲を強いられ、ひいては、命までも投げ出すよう強いられる以上に大きな非は考えられない。次に、多くの人間が、ある理想のために熱狂状態に陥りやすいことである。熱に浮かされ、同胞に対して、もっとも忌まわしい行為を犯してしまう可能性がある。熱狂が倫理的に価値ある行為にいざなう、としばしば思われているが、それはまったく間違っている。世界史は数多くの例（たとえば十字軍）で、その反対が真であることを教えてくれる。「西洋諸国が強い感受性によって、たやすく燃え上がることのないようにするため」、あらゆることをなすべきである。「歴史の中に我々が好きな、大衆のあの燃えるような光輝と激情がなければ、確かにつまらなく思われる。しかし、行動する大衆の落ち着いた、ひょっとすると外から見て少し面白みのない特徴のお陰でいつも、より優れた礼節がある」**。しばしば間違った考えや行動の原因となる強い感受性には、美的な感受性も含まれる。もっとも、たとえば宗教的熱狂と比べて、災いを引き起こすことがはるかに少ないとは言える。美的な評価は、主観中のもっとも主観的なものである。ある芸術作品が「美しい」という評価に値するかどうかは、まったく趣味の問題で、たいして重要とはいえない。だが、今日の世界は、このように考えない。だから、多くの信じられないような倒錯に陥る。たとえば、人類にとって有数の偉大な恩人であり、あらゆる時代を通じて第一人者であるヴォルテールが貶められる、ということが起こりうるのである。その理由は、彼が並みの詩人に過ぎなかったから、というのだ。これはまったく間違っている。多くのひとが、彼から非常に強い芸術上の感銘を受けて来た。たとえヴォルテールが並みの詩人だとして、それがどうしたというのだろう。「ある芸術作品に対する好悪をたいへんに重要なことと考えて、それを闘争・いさかいの種とする理由などありはしない」***。「ヴォルテールはヴォルテールのままだ。たとえ彼が詩人でないとしても」****

*"Die allgemeine Nährpflicht", 1912, s. 30f.; vgl. auch "Krieg, Wehrpflicht und Staatsverfassung", 1921, S. 231.

**"Das Individuum und die Bewertung menschlicher Existenzen", 2. Aufl. 1920, S. 114.

***"Voltaire", 1905, S. 40.

****Ebenda, S. 33.

言うまでもなく、ポパーの改良計画も哲学もまだ十分に説明されていない。けれども、彼の世界観のもっとも重要な特徴は明らかになった。ポパーは、ヴォルテールの弁護論も書いていないし、若いころ、モンテーニュのエッセイが自分にもっとも強い印象を与えた、と言ってもいないけれども、彼は啓蒙の後裔と考えられる。また、『倫理秩序の原理』(Grundprinzip der gesitteten Ordnung) は、百科全書派のヒューマニティの思想を極端に推し進めたものである。彼の理論否定は、一八世紀反形而上学の企てであり、同じように逆説へと転化する。人々を少し導くだけで宗教観念から切り離すことができる、という考えの中に、合理主義者の非歴史的な見方が華々しく復活している。美的相対主義は、一九世紀終わりに芸術分野で起きた転換によって促進されたが、それは結局のところ、合理主義が、感性を強調する判断に向けた不信に明らかに根差している。新しい思想家のなかでは、とりわけエルンスト・マッハとヴィルヘルム・オストヴァルトが、ポパーの世界観形成を助けた。ポパーは、このふたりとは個人的にも交流があった。ポパーが好む著者たちは誰しも、彼を政治的に一定の方向に押しやった。それは、ポパーの出自と社会的立場によって、あらかじめ定められた小市民の路線である。彼が社会主義者と自称しようと、労働者の利益を、その他の階級の利益と同じように代弁しているのだと信じようと、何になろう。彼の思考は、紛れもなくプチブルジョアの特徴を帯びている。資本主義は、扶養義務を導入後も広範に存続する、と言う。ポパーは、ブルジョアジーの政治的役割を理解しない。彼らは権力の座にある限り、自分たちが望まない扶養義務のような改革を決して認めない。理論への嫌悪は、ポパーの理解を妨げる目隠しの効果をもつ。社会問題が、まずは権力問題であること、理性的な社会秩序を**考え出す**ことが問題ではなく――それは、とうの昔に構想されている――そうした秩序を**構築する**ことが問題であることを理解しない。彼が「実践的なもの」に的をしぼることで達成したのは、自分の努力と正反対のものである。彼は、実践にまったく役立たない体系を仕上げた。しかし、こうは言うものの、また、彼が自分の計画の中で、彼が夢想家であり、リアリストでないことをはっきりさせたことがわかってはいても、これほどの高潔の士が、これほどの重要人物が、何という無駄な精力をユートピアに注いだことか、と言わねばならない。ポパーと啓蒙主義者との関係は、後者が彼を誤り導いたということだけではない。両者はまた、優れた好ましい特性を共有している。啓蒙主義者たちは、そのすべての弱点にもかかわらず、人類史上、もっとも貴重な思想家に数えられる。人間愛と懐疑主義とが特有に混淆している様は、彼らの精神的相貌を形作り、何世紀にもわたって好感をもって迎えられた。この混淆は、それが再び見出される現代の哲学者たちにおいても好ましいものである。ポパーは、思考過程でしばしば不条理に陥っている。しかしながら、その不条理さは、あまりにはっきりしていて、彼の善意のなせる業であり、ただ苦笑を誘うばかりである。ポパーが個人を社会の上に位置付けるとき、我々はそれに賛成しない。だが、その反対の極端な考えが、なんという災厄をもたらしたことだろうと思う。ポパーが大言壮語と強烈な感性のもたらす危険に注意を喚起するとき、この鋭い警告がどのような思想に基づいているかを見てとるのは難しくない。美学批判は、それがもともと、美的な見方を倫理的な見方の下に置こうという、行き過ぎた試みに過ぎないことがわかっている者には憤慨するほどのことではない。ポパーは、自分に課した課題を解決できなかった。よき未来へのまさにこの道という、ポパーが人類に示そうと考えた道は行き止まりである。しかし、ポパーという人物のもつ、解ろうとする寛容さ（die verstehende Milde）は、それだけでひとつの価値である。この寛容さは、大まかではあるが、ひとつの道を指し示している。その意味で、多くの間違った思想にもかかわらず、ポパーを教師、教育者と呼ぶことができよう。

# ドイツ民族主義

ドイツ民族主義者の運動がフランツ・ヨーゼフ時代の終わりころ、オーストリア人に災厄をもたらした主原因である、と考えるならば、この運動を過大評価することになるだろう。もちろんドイツ民族主義者が、破滅に至る政治路線に一貫して賛同したことは確かである。さらに言えるのは、そのイデオロギーの特徴として、とくに醜悪な事象を二三挙げうること、同派は活動を通して、オーストリアが一九一八年以降犯した数ある失敗のうち、もっともひどい失敗に至る道を進むよう指示したことである。一言で言えば、我が国の反動勢力中の反動勢力である。

帝国最後の数十年、ドイツ民族主義者を別にして、すべての政治運動は価値を生み出した。だが、ドイツ民族主義者は異なる。彼らから現在のオーストリアが受け取った遺産は、もっぱら幻惑と野蛮から成っている。その他の諸運動には、必ずしも現代思想に役立つ実り豊かな示唆**ばかりではない**けれども、学ぶべきもの**もまた**見られる。これに対し、我々がドイツ民族主義を検討するのはもっぱら、それがなお存続して今日の精神生活に入り込むのを察知し排除する必要性があるからである。

ここで扱う政治運動は、ドイツ民族とは別の民族にドイツ民族精神を植え付けようとする限り、初めから不条理の運動だった。ドイツオーストリア人はドイツ語を話した。しかしながら、長く政治的、文化的に独自の発展を遂げた。米国人は英語を話すが、英国人ではない。反宗教改革以降、我が国はドイツ北部とは宗教面で袂を分かった。ドイツオーストリア人は、スラヴ人、ハンガリー人と一緒になってトルコ人と闘い、プロシアの強奪国家と闘った。ヨーゼフ二世以来、スラヴ人、ハンガリー人とともに、一定程度統一された、ドイツから隔離された経済領域に暮らしてきた。ドイツオーストリア人は、誇りに思う旧い文化と栄えある創造物を、すなわち、建築、絵画、音楽、文学の創造物を保持していた。そこには紛れもなく、スラヴの（そしてロマネスクの）要素が顔を出していた。ただ、ドイツ人の古典的な詩、哲学は、国境のこちら側の進歩的知識人も魅了した。一八四八年には一瞬だったが、世襲領の境界が消え去り、ドイツ語を話す者がみな、ひとつの自由な民族に溶けあったような様相を呈した。しかし、それは歴史の一瞬の気配であり、革命の敗北とともに無に帰した。* ケーニヒグレーツの後、民主的大ドイツの構想は、もうまったく本気にされなかった。民族という概念をまともな意味で理解するならば、一八七〇年ころにはドイツオーストリア人の民族形成の過程が完了し、ドイツ語を話す固有のオーストリア民族が成立していた、と言わざるをえない。だが、一八八〇年ころドイツ民族主義党がひとつ、この国で根を下ろし、もちこたえた。これは特異な現象である。どのように説明できるだろうか？　ひとつ説明を試みてみよう。ドイツ民族主義の興隆を可能にした事情を検討することによって、この運動がもつ、いくつか主な特徴を知ることができよう。

＊Vgl. Ernst Fischer, "Österreich 1848", Wien, 1946.

オーストリア＝ハンガリー帝国は、脆弱な構築物だった。一八世紀以来、経済的に西ヨーロッパの後塵を拝し、三月前期からはドイツにも後れを取った。多民族構成のため、いろいろ問題を抱え込み、こうした問題を同じ程度に抱えていたのは、ほかにロシア一国だけだった。帝国の指導者たち、すなわち、皇帝の取り巻きと貴族、ブルジョアジーは、帝国が外交面できわめて慎重でなければならないことを、一八六六年以降よく承知していた。もう一度戦争に負ければ、国家そのものが危険にさらされることを理解していた。他方、オーストリアがヨーロッパで、ベルギーやスウェーデンのような役回りを演ずることにはまったく満足できなかった。帝国はまだ大国だった。老獪な戦術を用い、国際的地位を改善することが可能なはずだった。大国のうちで下から二番目に弱い国から、並みの強国に転換することはできるはずだった。どのような道を進むべきだったろうか？ オーストリアで策定された復活のための最初の計画は、新たな対プロシア軍事行動だった。一八七〇年の独仏戦争が長引いていたら、ひょっとして実現していたかもしれない。モルトケがナポレオン三世に対して迅速な勝利を挙げたため、軍事行動は雲散霧消してしまった。ケーニヒグレーツの勝敗は、中欧の支配に関わるものだったが、それはセダンの戦場で確定した。いまや［復活］計画を練ることがはるかに難しくなった。ロシアに対して行動を起こすことは考えられなかった。ロシア一国だけで、［オーストリア＝ハンガリー］帝国より強大だった。イタリアは一国で帝国より弱体だったが、外交的に孤立させることはできなかった。英仏が始めた海外遠征は、考慮の対象とされなかった。資金が不足し、艦隊がなかったからである。したがって、積極的外交政策が可能な場所は、南東ヨーロッパにしか残っていなかった。ウィーンで外交政策を担った者たち（「バルハウスプラッツ」の主たち）は、すでに七〇年代、バルカン半島に目を向けていた。権力政治的に見て、この方面へ向ったオーストリアの野望はまったく「自然」だったが、帝国はここで危険な対抗勢力のロシアとぶつかった。ロシア皇帝はもともと、コンスタンティノープルの入手を狙っていた。その地中海進出を阻んでいたのは英国である。だが、皇帝がバルカン半島を自分の勢力圏と見なしていたことについて、英国はどうすることもできなかった。ウィーンからバルカン政策を遂行しようとすれば、ロシアとの恒常的な緊張関係を前提にしなければならなかった。ロシアとの戦争に巻き込まれた場合、オーストリアは、西側諸国の後ろ盾を必要とした。できれば、それに止まらず、参戦の保証が必要だった。したがって、帝国は一八七九年、ドイツと同盟を結び、これはその後四〇年間、世界政治の基本的事実となった。

**ビスマルク**が人生で誇りに思った数少ない事績に、この同盟締結が含まれていた。彼が同盟により目指したのは、まず全ヨーロッパ諸国の［対プロシア］提携を向こうに回して、ドイツの安全を確保することであり、次にドイツの影響力を間接的に南東ヨーロッパと小アジアに伸ばすことだった。すでに［一八六六年、オーストリアとの］プラハ講和に際して、後年の同盟のことを考え、その締結を容易にするため、寛大な講和条件を許したということも、あながちありえないことではない。* ビスマルクが、ユーリウス・アンドラーシのオーストリア＝ハンガリー帝国外務大臣就任（一八七一年）を機に、彼と同盟を議論したことは間違いない。** ベルリン会議［一八七八年］で、ビスマルクがオーストリア人にボスニア＝ヘルツェゴヴィナ占領の全権をさりげなく与えたのは、ドイツが与える用意のあった同盟の見返りを、ある意味で先取りしたとも言える。オーストリア＝ハンガリーの外交政策ないし同盟政策は初め、国内で多方面から誤りと受けとめられた。一部の貴族、聖職者は、プロシアとの共同行動に反対した。ケーニヒグレーツ［の敗北］を克服できていなかったからである。ドイツオーストリアのブルジョアジーもボスニア占領に反対した。帝国のスラヴ係住民が増加することは、新たな困難の元だと考えたからである。しかし、それは一時的なことに過ぎなかった。世紀が替わるころ、チェコのブルジョアジーを別にすれば、オーストリアとハンガリーの重要な階級とグループはすべて同盟を受け入れた。国会議員や、残念ながら社会民主党員も同様だった。帝国によるバルカン半島の策謀、とくに一九〇〇年以降展開された策謀は、新たな矛盾を引き起こした。だが、ここでもドイツオーストリアの有力なブルジョアグループは、一致して政府を支持した。同盟政策・バルカン政策は、とりわけ金融資本の構想に合致していた。金融資本は一九〇〇年ころ、他国と同じように帝国でも決定的要素となった。帝国の金融資本政策・帝国主義政策にはふたつの変種があった。ひとつには、自由主義者・キリスト教社会主義者が賛同し、もうひとつは、ドイツ民族主義者が掲げた。

*Vgl. O. v. Bismarck, "Gedanken und Erinnerungen", 2. Bd., 1898, S. 38, 45.
**E. v. Wertheimer, "Graf Julius Andrassy", 2. Bd., 1913, S. 19ff.

**自由主義者とキリスト教社会主義者**は、ドイツオーストリア資本が主導するオーストリア帝国主義が、どうにかこうにか自立して存続することが可能だと考えた。彼らは、帝国で活動する遠心分離的な諸勢力を見落さなかった。しかし、それでも旧い国家が存続できると思った。この国家を強化したいと考え、必要とあれば、チェコ人、クロアチア人等に譲歩する用意があった（もちろん、意図した譲歩はわずかばかりで、ドイツオーストリア人の指導的役割を危険にさらさない程度のものだった）。帝国が拡大政策を自力で遂行できないことは、はっきりしていた。そこで、ドイツ帝国のような突進力を備えた同盟者を必要としていた。［ドイツ帝国との］同盟は、保持しなければならなかった。弱小パートナーとして華々しくもない役割、すなわち、成り行き上、帝国に割り振られた役割を甘受しなければならなかった。けれども、同盟がさらに変容して、帝国に残された自立性がわずかでも奪われることは受け入れがたかった。帝国は、現状で許された行動の自由を、できる限り確保すべきだった。世界情勢が変化した場合に、外交政策をまったく新たに策定する可能性を排除してはならなかった。(1) 要約すれば、当時の用語で言うと、自由主義者とキリスト教社会主義者は、なにはともあれ「愛国者」であり、「ドイツ的心情をもった（deutsch-gesinnt）」政治家などというものは二の次だった。

**ドイツ民族主義者**の場合、これとは逆だった。彼らにとって「ドイツ的」心情は、「愛国」よりも優先された。シェーネラーのように極端な場合は、前者が後者を完全に呑み込んだ。ドイツ民族主義者たちは、オーストリア＝ハンガリーが繁栄するとは思っていなかった。世界の帝国主義諸国と競合できる独自のオーストリア帝国主義という考えは、彼らにとって幻想だった。他国の優位性、とくに経済の優位は圧倒的であり、帝国を解体しようとする国内諸勢力の活動は非常に活発だった。ドイツオーストリアの金融資本が世界支配の分け前に与ろうとすれば、それはドイツ金融資本に従属することによってのみ可能だった。ドイツのブルジョアジーは、近い将来、英国ブルジョアジーを経済で凌駕し、続いて戦争で打ち負かし、大英帝国のいくつか重要な地域を奪うはずだった。そうなれば、ドイツ帝国に臣従することは、臣下であるにもかかわらず、うらやましがられる運命だった。今後の進展に備え、「[ドイツ]帝国」との関係をますます緊密にすべきだ、とドイツ民族主義者は考えた。ドイツオーストリア人は、自分たちが「帝国同胞」の役に立つことを示すことができた。また、オーストリア＝ハンガリー国境内外の、自分たちの手下どもを、帝国同胞の搾取に供することができた。その見返りに、自帝国のスラヴ人に対する自分たちの立場にも、[帝国同胞の]理解を求めることが許された。スラヴ諸民族に譲歩することは馬鹿げたことだった。目標は、自帝国でドイツオーストリア人の立場、ひいてはドイツ人の立場を確固たるものにすることでなければならなかった。ドイツ民族主義者の中にも、多くの「愛国者」がいた。つまり、ベルリン外務省の訓令と一致して、オーストリア国家という考えを肯定する者たちである。彼らにとって愛国主義は、いつでも撤回できるものだった。ちょうど自由主義者やキリスト教社会主義者が、自分たちのドイツ的心情など、事情によっては撤回できる、としたのと同じである。自帝国に万が一のことがあっても、ドイツ民族主義者にさほど未練が残らないことは周知のことだった。帝国主義を考えるにあたって、彼らは他のグループよりも徹底していた。素晴らしい勢いで興隆するドイツ帝国主義にきちんと対応することは、あいまいなままでいるよりも、影響力という観点から当然なことに思われた。こうして彼らは[第一次]大戦前、多くのブルジョアを引き付けることができた。大戦中には、すべてのブルジョアグループが、彼らの原則を留保なく受け入れた。社会民主党指導部もまた、ドイツ民族主義の思想を自分たちのものとした。

一八七九年以来のオーストリアの外交路線、ないし、ドイツ民族主義者による同路線の強力な後押しは、彼らがオーストリアで影響力を大幅に拡大できたことを、全部ではないにしても解明する。資本の強い利害関係を代表するグループは、もしオーストリアで日常語がドイツ語でなく中国語だったとしても、大きな支持を集めていたろう。その際、ドイツ民族主義の標語ではなく、別の標語（同じようにショーヴィニズムの標語）を用いていたことだろう。実際にはドイツ民族主義者はあちらこちらで、すでに存在していたドイツ民族への帰属感情に訴えることができた。民族意識についていうと、彼らはしばしば、人々の間に完全な真空状態を見いだした。これが、彼らによる有害な活動を促した第二の要因につながる。

一八八〇年ころ、ドイツ民族主義者が扇動・攻撃したオーストリアは、自己意識をもたない民族だった。正しくは、自己意識の希薄な民族だった。ドイツオーストリア人は当時、ふたつの規模の異なるグループに分かれていた。少なからざる人々は、言語共同体と民族共同体を同一であると考えていた。この考えがとくに浸透していたのは、ドイツオーストリア人と、スラヴ人ないしロマン人とが混住する地域（南部ケルンテン、南部シュタイアマルク、南部ティロール）だった。さらに深くまで、この考えが浸透していた地域は、ドイツオーストリア人が、隣にある「帝国」の後ろ盾を感じることができる場所（ボヘミアの周縁地域）だった。他方、こうした人々よりもはるかに多くのドイツオーストリア人は、ドイツ民族という考えをもっていなかった。残念ながら、オーストリア人という考えも持たず、民族についてまったく関心がなかった。六〇年代、七〇年代の文学表現に見られるように、他と区別されたオーストリア人、という民族思想は、二三の知識人の視野には入っていたが、大多数は無視していた。ヨーロッパが民族運動によって大変容を被る時代、帝国はハンガリーの解放、チェコ人の重要な知的勢力への急速な成長、後進諸民族（たとえば、スロヴァキア人、スロヴェニア人、ウクライナ人）の急激な覚醒を経験したが、大多数のドイツオーストリア人は、歴史、個性、使命という問題に何ら注意を払わなかった。もちろん、民族的諸価値への心情的なつながりは感じていた。オーストリア独自の文化的雰囲気の中で暮らし、旧いオーストリア的思考様式で考え、他人が自分たちの姿を批判すれば、喜んで耳を傾けることはなかった。しかし、他の諸民族が、集団としての個性を涵養し続けた目的意識性や、自分たちの過去に新たな生命を吹き込もうとした熱意は、オーストリア人にはまったく見られなかった。

民族が、わずかなドイツ民族主義層と民族意識をもたない幅広い層とに分裂していた原因はどこにあったろうか？　ドイツ民族主義には、オーストリア人のドイツ人に対する自然の関係が現れていただろうか？　あるいは、ひょっとして民族への無関心の中に、自然のコスモポリタンの素質が現れていたろうか？　否である。ふたつの傾向はともに、複合的な原因をもっていた。たとえば、国境地帯のドイツ民族主義は、言語混在地域だけに存在する多様な文化的、社会的問題から発生していた。しかし、我が国民の民族問題に対する態度は主として、ブルジョアジーによる政治教育——絶対主義時代の終わりころから行われてきた——の結果だった。他の大部分の民族、たとえばイタリア人、ハンガリー人、プロシア人では、自由主義の浸透と民族主義の広がりは、分かちがたく結びついていた。他国の自由主義ブルジョアジーは、資本主義化の時代、民族思想を中間・下層階級に根付かせるためにできる限りのことを行った。だが、我が国の事情は異なっていた。ドイツオーストリアのブルジョアジーは、別の処方箋にしたがった。立憲党［＝自由党］は、自らが「ドイツ人」グループという特質上、「ドイツ人」の心情をある程度優先した。その多くの指導者は、状況がすっかり変わったにもかかわらず、一八四八年のイデオロギーに、あるいは少なくともその物言いに囚われていた。だが、自由主義者たちを全体として見れば、一八八〇年以降にシェーネラー支持者が登場するまで、民族主義に関して強い自制心を発揮していた。それは、自由主義者の帝国支配には法的、経済的基礎があって、彼らは「愛国者」であり、ハープスブルク国家を護持したかったからである。彼らの考えによれば、ドイツオーストリアの民族主義を含めて、すべての民族主義が狭い枠に収まっていれば、この国家護持は、計り知れないほど容易になる。そこで彼らは、たとえばプロシアやイタリアの自由主義者よりもはるかに頻繁に、しかも好んでコスモポリタニズムを標榜した。自由主義者はまた、帝室や大多数の貴族、高級官僚たちが最高の国家的英知と見なしたコスモポリタニズムを受け入れた。この保守陣営は、民族に無関心を決め込んでこそオーストリアを統治できる、と信じた。彼らは民族主義の中に必然的に攻撃的で破壊的な、しかも非常に卑俗な傾向を見て取った。封建階級の考えがブルジョアジーに波及したのは、両階級がともに国家護持を望んだからだったが、この伝搬こそ、オーストリアで事態の推移に決定的な影響を及ぼした。自由主義者による民族主義思想――当然それはドイツ民族主義思想であり、オーストリア思想ではない――の鼓吹と、［民族問題への］無関心のうち、どちらがより多くの害をもたらしたか、と考えるのは無意味である。確かなのは、自由主義者を左右したふたつの原理、つまり、ドイツ民族主義及び無関心が、我が国民の発展に限りなく不利な影響を及ぼしたことである。シェーネラーとその仲間たちは、八〇年代以降、運動の成功を収めることができたが、それに不可欠の貢献をしたのは、明確なオーストリア民族意識の不在だった。急速にこの成功の犠牲になったのは、立憲党の組織である。自由主義者の政策は、彼ら自身の立場に立ってみても、自らが思うほど賢明ではなかった。自由主義に代弁を任せた資本家たちは、ドイツ民族主義の背後にいる者たちと手をつないで、もめ事には当然のことながら首を突っ込まなかった。

ドイツ民族主義者を後押しした客観的状況に主観的要素が加わる。それは、舌を巻くほどの宣伝のうまさである。もちろん、いくつか失敗はあった。けれども、彼らが挙げた成果は全体として、後のゲッベルスのものに劣らなかった。数ある大切な課題のひとつは、連携の相手である「［ドイツ］帝国」の人気をオーストリアで高めることだ、と考えられた。「［ドイツ］帝国」を支配するプロシア軍国主義の粗野、傲慢、精神の欠如について、世界は当時すでに多くを知っていた。ところが、ドイツ民族主義者の筆にかかると、「帝国」は理想国家に、つまり、法と倫理、秩序と豊穣を保証する国家に化けた。彼らはビスマルクだけでなく、ホーエンツォレルン家に対してさえ共感を呼び起こすことに成功した。ただ、ヴィルヘルム二世はその態度によってたえず、この共感を大きく損なっていた。ドイツ民族主義者は国内政治に関わる議論で、大衆の、とくに小市民の非常に低劣な衝動を呼び起こし、自分たちの目的に利用することを心得ていた。オーストリアにおける「ドイツ」民族の優越性の示唆、チェコ人に対する誹謗演説、人種的反ユダヤ主義――いまだユダヤ人抹殺計画ではなかったものの、経済的に破滅させ、社会的に貶める計画が持ち出されるほどだった――これらすべては、大衆動員の効果をもった。その効果は以前にはまったくありえないとされて来たが、これ以降、ほぼ当たり前となる。しかしながら、ドイツ民族主義者が自分たちの反動的なスローガンを、他の、それだけを見れば進歩的なスローガンと混ぜ合わせていなければ、彼らの浸透は、実際の浸透ぶりを下回るものになっていたろう。たとえば、後に詳述する一八八二年のリンツ綱領は、ブルジョア民主主義の考えに沿った項目をいくつか含んでいた。具体的には選挙権の拡大、集会・出版の自由、累進所得税を要求した。一九〇〇年ころ、聖職者による非常に深刻な策謀に対抗するため、ドイツ民族主義者はしばしば自由主義者、民主主義者、社会民主主義者と統一戦線を組んだ。たとえばドイツ系学生組合は、オーストリアの学生たちが教会法の教授ヴァールムント擁護のためにストライキに立ち上がったとき、これに加わった。ヴァールムントは自由思想発言で厳しく批判されていた。*

*原注「社会改良」（6）を参照。

ドイツ民族主義者は意識的、体系的に、自分たちがブルジョア革命の伝統を擁護する者だという印象を作り出した。彼らは繰り返し、一八四八年にバリケードの上にいた人たちを、自分たちの先駆者と呼んだ。学生組合は、アカデミー軍団が激動の年に採用した路線をそっくり踏襲しているのだと主張した。もちろん、ドイツ民族主義者による自由・進歩の信奉というのは、恥知らずの嘘だった。彼らが目指したのは、オーストリア国民をエルベ以東のユンカーとライン地方の工業家とに従属させ、精神的個性を解体し、ドイツ人の権力妄想の従順な道具にすることだった。ドイツ民族主義者が、自分たちの粗野な企ての取り合わせに、見たところ正当でまともな要求をいくつ使っても、反動の度合いは少しも減らなかった。彼らがどのようにしてオーストリアで地歩を固めたのか、ということが問われるのだが、そのためには、彼ら独特の扇動方法——それにより、教養があって、きちんとした人々に近づくことができた——を検討しなければ、答えはまったく不十分なものになるだろう。

ここまで、ドイツ民族主義の歴史に決定的な影響を及ぼした要因を、いくつか話題にしたので、ここからはその歴史を、ざっとではあるが描いてみよう。

ケーニヒグレーツの敗北によって、オーストリアでは「小ドイツ」[2]思想の支持者が多少増えた。すでに敗北前にこの思想に傾倒していたユーリウス・クリックル[3]の信奉者たちは、一八六九年、宣言を発して次のように述べた。オーストリアに属する以前のドイツ諸邦は、いつかドイツと一体化するだろうが、オーストリアの側から何らかの行動を起こしてはならない、もし起こしたら、現在ハープスブルク諸邦の外で進んでいるドイツ人の統一（プロシアの統一構想）が邪魔されるかもしれないからだ、と。一八六〇年ころからある程度重要性をもった学生組合[4]でも、プロシアに好意的なムードがはっきりしてきた。ビスマルクの目標を見定めた姿勢が感銘を与えた。グラーツでは、後の法学者エーミール・シュトゥローアルを含む学生団体「オリオン」の旧いメンバーたちによって「ドイツ民族主義協会」が設立され、同協会は一八七〇年、綱領を発表した。同時にクリックルのグループも第二の綱領を出した。ふたつの文書で、ビスマルクの小ドイツ政策が阻害されてはならない、という主張が繰り返された。さらにツィスライターニエン［帝国のライタ川以西＝オーストリア側］の改造も素描された。これによれば、ガリシアとダルマチアは帝国議会から切り離され、特別の地位を与えられる、さらに、この措置によって帝国議会のスラヴ人が数の上で弱体化し、ドイツオーストリア人がチェコ人を数の上で上回る状態になるはずだった。

一八七〇年・七一年にビスマルクが祝った勝利によって、オーストリアでドイツ民族主義が急速に発展する有利な条件が作り出された、と考える人がいるかもしれない。しかし、実態は異なっていた。大多数のオーストリア国民は、ドイツ帝国と名づけられた新しい隣人に魅了されなかった。七〇年代に［ドイツ民族主義］運動は、かろうじて前進した。活動は、もっぱら自由党の枠内で行われる。同運動は、自分たちの原則が、支配的な政治的主張の単なる変種に過ぎないと考えた。かなりの数の若い自由主義者たちが自由党に対し、ドイツ民族主義思想を断固強調するよう求めた。けれども、「青年たち」（カール・ピッカト、アルフレート・クノル）の「シニア」（主唱者はヘルプストと『ノイエ・フライエ・プレッセ』紙）に対する闘争は、何の成果ももたらさなかった。ドイツ民族主義者の最良の基盤は学生諸団体だった。ここでは、政府が推奨したドイツオーストリア路線、すなわち、自由主義路線は、民族主義と比べて無力だった。また、比較的急速に非道な反ユダヤ主義が浸透し、これにはテーオドール・ビルロートの発言が少なからず与っていた。有名な外科医の彼は、一八七五年、『医学の教授と学習』（Über das Lehren und Lernen der medizinischen Wissenschaften）と題する著書の中でコメントした。ドイツ語を話すユダヤ人はドイツ人ではない、むしろ、非常にはっきりした特徴をもつ別の民族に属する、と。彼が後に自分の立場を修正し、反ユダヤ主義予防協会に加入しても[5]、この一節がもった効果がすっかり帳消しになることはなかった。学生諸団体は七〇年代の終わりころから、しばしば「アーリア人に限定」して再組織された。ユダヤ人との決闘は許さないという原則が、ときに受け入れられた。こうした成り行きは、世論にセンセーションを巻き起こした。だが、さしあたり、数少ないインテリ層の間で起きたイデオロギーの変化だけが問題だった。一八八〇年以降になってはじめて、ドイツ民族主義は侮りがたい勢力となる。ここまででやっと、［ハープスブルク］帝国外交政策のドイツへの傾斜、国内的にはスラヴ保守主義への傾斜（ターフェ体制）という背景が説明された。こうした舞台でシェーネラーが大音声を挙げ、シュトゥローアルとシュタインヴェンダーが、ハープスブルク家とホーエンツォレルン家の双方に対して信義を守る、と控えめな約束を表明した。

**ゲーオルク・リッター・フォン・シェーネラー**（一八四二～一九二一）*の特徴を**簡潔に**述べれば、彼には反動の活動を行うという決意が、並外れた教育の才能と結びついていたが、政治的才能は大きく欠如していた。彼の成功は、演説の才によって可能となる。ルエーガーと同じように、シェーネラーも講演会場では、その個性が強烈な印象を与えた。ルエーガーが「美男カール」と呼ばれたのに対し、シェーネラーは「騎士ゲーオルク」だった。前者に比べると、ひどく格好悪く、素朴な人柄。キリスト教社会党指導者［ルエーガー］にたっぷり備わったユーモアが、彼にはさっぱりなかった。キリスト教社会主義の主張には、少し皮肉がまぶされていたが、ドイツ民族主義の主張は、ひたすら愚直に表明された。ルエーガーは優れた良識をもっていて、雄弁が極まって陶酔しても、我を忘れることがなかった。一方、シェーネラーにはもともと、そのような才は備わっていなかった。彼は政治活動ではいつも偏屈で自滅を招いた。シェーネラーの人となりに多少とも安堵できる特徴を探すとすれば、何よりも自分の悪意を行動に移す能力が欠けていたことだった。さらに言えば、買収を徹頭徹尾嫌う人物だった。**それだけ**ではまだ非常に優れた資質とは言えないが、それでも当時の反動的政治家の誰もが、自分に備わっていると自慢できる資質ではなかった。

*Vgl. Th. v. Sosnosky, “Die Politik im Habsburgerreiche”, 1. Bd., 1912, S. 167ff.; Herwig, “Georg Schönerer und die Entwicklung des Alldeutschtums in der Ostmark”, 4 Bde., 1912-23; P. Molisch, “Geschichte der deutschnationalen Bewegung”, S. 91, 149, 151ff., 210, etc.; derselbe, “Politische Geschichte der deutschen Hochschulen in Österreich”, 1939, S. 88ff.; R. Sieghart, “Die letzten Jahrzehnte einer Großmacht”, S. 306ff.; E. v. Rudolf, “Georg Ritter von Schönerer”, 1936.

シェーネラーは技術者の息子としてウィーンに生まれる。土地を所有していたローゼナウ（下オーストリア州のヴァルトフィアテル地方）に住み、一八七三年、自由主義者として帝国議会議員に選ばれた。シェーネラーがリンツ綱領の少し後にいたるまで、はじめは民主主義者として過ごしたと言われることがあるが、それは間違っている。彼は一度として進歩的な人間だったことがない。若いころヴィクトール・アードラーやエンゲルベルト・ペルナストルファーのような仲間がいたとはいえ、シェーネラーについて歴史的判断が変わるわけではない。彼は確かに議会の内外で中間層、手工業者、農民の問題に関心を示し、相場師をこき下ろした。また、国家行政が資本の上に立つべきである、と主張し、新聞の腐敗を糾弾した。しかし、こうしたことを全部寄せ集めても、たいした価値がない。というのは、彼は同時に、「[ドイツ]帝国」へ戻ろう、と訴えていたからである。(6) 社会主義者鎮圧法下のドイツを社会的模範国とたたえ、演説や著作でユダヤ人への憎悪をあおった。一八八二年初め、故郷で迫害を受け、これが繰り返されることを恐れたロシアのユダヤ人が、オーストリアに入国する可能性があった。自由主義者たちは、迫害された者のために政府に働きかけ、ウィーン市は、少額の資金援助を決議した。一方、シェーネラーは署名を集め、ユダヤ人がオーストリアに定住しないよう、また、オーストリアを通過しないようにと嘆願書を出した。この中で、ユダヤ人はその反社会的な性格のために自らが迫害を招いたのだ、と主張した。現在、我々が驚くのは、こうした事実すべてを集めても、シェーネラーの反動の正体を暴くにはまだ不十分だとされたことであり、彼はもともと大衆の利害を代表したのだ、というシェーネラー伝説まで生まれたことである。(7)

彼は議会や集会の演説で名を馳せた。その反ユダヤの調子は、ユダヤ人との競争に耐えねばならない、地方都市に住む小市民のお気に入りだった。またドイツ礼賛は、言語の境界地帯でスラヴ人との競合を意識せざるをえない小市民、農民の心情に響いた。自由党と異なる、というシェーネラーの自己意識が膨らんでいくのは自然の成り行きだった。自由党を自分の考えに引き付けられないと確信し脱党（一八七九年）、帝国議会で自前のふたりだけの党を立ち上げた。ふたりとは、彼と下オーストリア州で農業を営むフュルンクランツである。当時すでに帝国中に数多くのドイツ民族主義グループが散在し、互いに独立したまま活動していた。シェーネラーは、宣言を出してこうしたグループを鼓舞し、統一組織にまとめられるのではないか、と考えた。フリートユングが立憲党［自由党］で通そうとしながら成功しなかった綱領草案をもとに、フリートユング、ヴィクトール・アードラー、アントーン・ラングガスナーの助けを借りて、シェーネラーは一八八二年、綱領を仕上げた。これはリンツ開催の大衆集会に諮るべく提起の予定だったので、リンツ綱領と呼ばれる。もっともこの協議はされず、統一したドイツ民族主義党は形成されなかった。それにもかかわらず、綱領は運動にとって大きな意義をもった。シェーネラーが四半世紀にわたりこれに固執しただけでなく、ドイツ民族主義の他の路線を採る者もこの綱領を原則として承認した。主要点を次に掲げる。

Ⅰ．オーストリア＝ハンガリー帝国の諸邦のうち、かつてドイツ連邦に所属した邦が、可能な限り独立しながら、緊密に一体化した組織的統一体を形成することは、民族的、国家的利益に適う。したがって、次に述べる諸点の実現を期する。

1．此岸の帝国半分［オーストリア］とハンガリーとの現在の関係を、同君連合に切り替えること。

2．ダルマチア王国とボスニア、ヘルツェゴヴィナをハンガリーに編入して、もはや変更の余地なきものとすること。

3．帝室領のガリシアとブコヴィナは、ハンガリーと合併するか、あるいは、クロアチアがハンガリー国家連合の枠内で有するものと似た特別の地位を与えられること。

Ⅱ．此岸の帝国半分の置かれた状況と歴史的発展に規定されて、以前ドイツ連邦に加わっていた帝国諸邦は、ドイツ的性格を保持している。したがって、法律により、ドイツ語を国語と宣言するよう要求しなければならない。特に次項を定めるものとする。

4．ドイツ語は軍隊、議会、官公庁の唯一の言語であること。したがって、官庁間の全連絡及び公的帳票、議事録は唯一ドイツ語で記されること。

5．住民の言語が混淆している場所では、少なくとも小学校一校で授業をドイツ語で行うこと。すべての中等学校でドイツ語が義務教科として教えられること。他方、生徒は他の言語、たとえば州、地区で常用される言語の学習を強制されないこと。

6．すべての国家試験、口述試験は、その合格を国家・州の公務員採用資格とする限り、唯一ドイツ語で受験しなければならないこと。

Ⅲ．立憲主義の諸原則を最大限配慮することは、国民と国家の利益に適う。したがって、次の実現を期する。

7．現存の不自然で正義にもとる利益代表機関は、選挙権を継続的に拡大し、また、とくに地方自治体の議員数を増やし、秘密投票による直接選挙を導入して、真の国民代表機関に仕上げること。

Ⅳ．憲法が掲げる自由の諸原則を完全実施することは、国家の順調な発展に不可欠である。したがって、次の事項を要求する。

10．自由な結社・集会の権利。

11．報道の自由……。

12．我が国の小学校設立の諸原則を堅持し、完全実施すること……。自由思想に基づく良質の教育は、国家が存続し、自由に発展する前提条件だからである。

Ⅵ．さらに不可欠なことは、国家の……貨幣権力からの独立である。したがって、次の諸点の実現を期する。

16. 累進所得税の導入。
17. ……奢侈税導入とともに、株式売買への高額課税の導入……。
Ⅶ. 国家の最重要の課題には、経済の順調な発展を可能とする前提条件の用意が含まれる。こうした条件には以下がある。
19. ハンガリーとバルカン諸国を含めた、ドイツ帝国との共通関税地域の創設……。
Ⅸ. 国内生産と誠実な労働を全面的に支援することは、国家の当然至極の任務である。……したがって、次のことを要求する。
26. ……標準労働時間、児童・婦人労働の制限……。
Ⅹ. 力強い農民層の維持に努めることは、国家の利益に適う。
Ⅺ. 帝国は、その地理的、政治的、経済的状況の故に自国に引きこもることができない。したがって、外交案件にも注意を向けることが、熟慮する政党の課題である。この関連で次のことを要求する。
31. 国家条約によりドイツ帝国との同盟を維持し、継続的に強化すること。
32. 目的を明確にした力強い東方政策の展開。とくにドナウ下流域及びバルカン諸国でオーストリアの利益を確保すること。

すでに述べたような、いつもドイツ民族主義宣言に現れる民主主義的な要求が、ここでは慎重にまとめられている。選挙権拡大、報道の自由、自由主義教育、累進課税、標準労働時間――ここにはすべてがある。だが、こうした事項に惑わされてはならない。綱領の本質的部分は、1から始まって、6、19、31、32にある。導入部で言及される帝国の諸邦、つまり、「かつてドイツ連邦に属した諸邦」には、ボヘミア、モラヴィア、シュレジアが数えられる。提案された国家の改造（事項2と3）が実施されていれば、それまで少数派だったドイツオーストリア人が帝国議会で多数派となったはずである。こうした新しい状況を理由にしてチェコ人に対する独裁、つまり、容赦ないゲルマン化が開始されたことだろう。ダルマチア、ボスニア、ヘルツェゴヴィナの住民は、ものを言わない品物のように、オーストリアの支配者からハンガリーの支配者の手に移されたはずだ。ガリシアの「特別の地位」は、クロアチアへの言及からわかるように、ポーランド人に、ましてやウクライナ人に民族としての自由を決して与えなかったろう。全面的な民族抑圧を目指すような綱領を、民主主義的と評価することはできない。幾人かの起草者の頭にどんなことが渦巻いていようが、これは客観的に見て、多様な民主主義的な装飾で飾り立てた初期帝国主義の綱領――ドイツ帝国主義の綱領――である。起草者たちが明らかに思いをはせたのは、帝国の存続だった。帝国を倒すという考えは、シェーネラーにもまだ十分に熟していなかった。しかし、力関係からすれば、関税同盟（事項19）、同盟の強化（事項31）[8]、目的意識的な東方政策（事項32）によって、中欧、南東ヨーロッパ全域は、ドイツ帝国資本家階級への捧げものとなったことだろう。

興味を引くのは、**リンツ綱領**と**ユダヤ人**の問題である。周知のように、シェーネラーはすでに長く、一八八二年以前に反ユダヤ主義者だった。それにもかかわらず、彼はユダヤ人を綱領の起草に参加させた。ここからわかることは、彼の反ユダヤ主義が当時まだ、どちらかと言えば経済的な色合いを帯びたもので、人種差別的ではなく、ひとりひとりのユダ人に対しては適用しないこともできた、ということである。八〇年代になってはじめて、彼は人種的反ユダヤ主義者になった。ユダヤ人が［綱領起草に］参加したため、おそらく綱領にはユダヤ人条項が入らなかったのだろう。この「欠落」は一八八五年に埋められた。シェーネラーは一項目を追加して、公的生活のあらゆる領域からユダヤ人の影響を排除することを要求した。

リンツ綱領以降のシェーネラーの政治的運命は、成功と後退の奇妙な混淆だった。徐々に明らかになってきたのは、彼の木々は空高く伸びなかったことである。

彼の経歴の頂点は、『ノイエス・ヴィーナー・タークブラット』紙との暴力沙汰だった。この自由主義の新聞が、高齢で医師が匙を投げた皇帝ヴィルヘルム一世の死亡を、実際の死亡より数時間早く報じた。シェーネラーは、ホーエンツォレルン家の人間が絡んだので深く傷ついた。二三の友人たちと一緒に『タークブラット』紙の編集部に押し入り、編集者たちを打ちのめした。彼は被告となり、懲役刑及び貴族の称号剥奪の判決を受けた。さらに何年にもわたり帝国議会議員資格を剥奪された。けれども、彼は、この事件と何よりも判決から高い人気を引き出した。経歴が二度目の頂点に達したのは、バデーニ内閣との闘争の時だった。バデーニ伯爵がボヘミア王の諸邦［ボヘミア］の言語問題を解決しようと一八九七年に発布した法令は、チェコ人に対する一定の譲歩を含んでいた。シェーネラーと友人たち——中でもK・H・ヴォルフが際立っていた——は、これを好機ととらえ、激しい反スラヴのキャンペーンを開始した。彼らは、帝国議会で以前ときどき試された議事妨害の手法を完成の域にまで高めた。何時間にもわたって演説し、大声でわめき、机をたたき、さらに口笛を吹きならし、インク壺や書類挟みを投げ、果ては取っ組み合いを演じて、帝国議会の審議を停止に追い込んだ。「ドイツ人」の残りの諸党も「全ドイツ主義党」の行動に巻き込まれた。(9) 社会民主党もまた、同党の側に立って闘った。政府が自ら準備した議院規則を盾に、あまりに喧しい者たちを力ずくで議場から排除したとき、ドイツ民族主義者と社会民主党は街頭デモを組織した。大衆運動に驚愕した皇帝は、バデーニを解任。世論は、シェーネラーが政府を転覆したものと見なした。一九〇一年には、彼の党友二一名が議会に進出した。それ以前には一度も五名を超えたことがなかった。

しかし、シェーネラーの樹々は天まで伸びなかった。運命の一撃が、彼を襲ったのである。世論も、ましてや彼自身も驚いたことに、彼の妻がユダヤ系だった。[10] これは、いまだニュルンベルク法がなかった時代とはいえ、人種的ユダヤ主義者にとって厳しい現実だった。シェーネラーは自分のせいで、さらに別の災難を背負い込んだ。彼の**ローマからの分離運動**が、一時期うまくやっていたキリスト教社会党だけでなく、カトリックの民衆からも拭い去りがたい憎悪を招いた。シェーネラーはまた、思い上がりから党組織を構築することを怠ってきた。さらに偏狭な強情さから、ドイツ民族主義者の日刊紙を創刊することに反対した。門下のとくに優れた者たちが、ひとり、またひとりと離れていった。まずペルナストルファーが、これまでシェーネラー派の雑誌でもっとも大事な『ドイツの言葉』を携えて離反し、新しい道を進んでいった。代わりに創刊された『まぎれもないドイツの言葉』は代わりにならなかった。続いて『ドイツ民衆新聞』(Das Deutsche Volksblatt) の発行者であるエルンスト・ヴェルガーニがキリスト教社会党陣営に移った。ついにはK・H・ヴォルフが党首に反旗を翻した。一九〇一年に始まった衝突は、非常に激しいものとなり、シェーネラーは、ヴォルフをして冊子の中で破廉恥だとまで言わしめ、ヴォルフはさらに、シェーネラーを白髪の卑劣漢と呼んだ。[11] シェーネラーの運動は、本来、こうしたことすべてを後に禍根を残さず克服できるほど、十分強力でなければならなかったが……。運動は、ひどく不利な条件をさらに抱えていた。それはシェーネラーが、ドイツ帝国の外交政策をまったく理解していなかったことである。

ビスマルクは、ドイツ連邦からハープスブルク家の国家を追放した後、これを存続させ、「手先」として南東ヨーロッパで利用しようとした。そのうえ、強力であることを願った。それは結局、オーストリアが、「[ドイツ]帝国」にとって危険になりようがなかったからである。これに対し、シェーネラーの政策の基礎は、オーストリアを非常に強く忌避するとともに、オーストリアの先進地域を帝国に合体させることだった。ここからドイツと、オーストリアのドイツ民族主義者との間にきわめておかしな対立が生じた。シェーネラーが一八七八年、ベルリンに支援されたボスニア占領に反対する自由主義者の一員だったことは、単に一過性のことと考えられるかもしれない。もっと重要なのは、一八七九年以降も、つまり、とうに自由主義者たちと袂を分かってからも、ハープスブルク国家を完全に否定する態度に固執したことである。彼の反スラヴの扇動は、いまやドイツと同盟したオーストリア政府に絶えず困惑をもたらした。さらに、彼は議会で、戦争に際してドイツ軍と肩を並べて戦うハープスブルク軍の予算を拒否することも厭わなかった。バデーニ危機の後、シェーネラーは語る。オーストリアとドイツの同盟は、実効性が挙がっていない、オーストリア及びボヘミアのドイツとの合邦は、これ以上延期されるべきではない、と。民族統一をはっきり唱える全ドイツ主義者の発言が、このころから頻繁になった。(12) ビスマルクは何度も機会をとらえ、誤解の余地を残さず、オーストリアにおいてきわめて熱烈に自分を賛美する者たちの気勢を削いだ。(13) シェーネラーは、そんなものは無駄だ、と主張する。それは外交上の見せかけの牽制に過ぎず、自分の行動は実際には、ドイツ人にたいへん好ましいものだ、と。［ドイツ］帝国の高官たちが、同盟するハープスブルク帝国の瓦解を楽しみに待ち受ける限り、シェーネラーがまったく間違っていたわけではない。ビスマルク退陣（一八九〇年）後、こうした考え方が強まったように思われる。一定の範囲でシェーネラー派に金銭的な援助が行われた。だが、おおむね後任の帝国宰相たちは、ビスマルクの外交方針を踏襲した。「ドイツ」帝国の全ドイツ主義派自身、オーストリアの仲間に距離を置いた。シェーネラーは悲喜劇的な人物になった。とくにヴォルフが離反してから急速に支持者を失っていった。一九〇七年の選挙戦に敗れ、ヴァルトフィアテル［郷里］の孤独に戻る。自ら「剥落物の墓場」と名づけた記録文書を物悲しげに眺め、「最後のシェーネラー派」協会が表する敬意を受け取ること、これが最晩年のシェーネラーが主に行ったことだった。

シェーネラーは、オーストリア国民の特定諸階層の注意をドイツ民族主義に向けた。ここに彼の歴史的役割がある。これに対し、「国家に忠義を尽くす（staatstreu）」ドイツ民族主義者こそが、シェーネラーが作り出した心情傾向を政治的に十分利用したのである。もちろん、このグループの歴史も概観しなければならない。ただ、すでに一般的ではあるが、我々はドイツ民族主義について多くのことを知っているので、この概観は難しくないだろう。

忠義ドイツ民族主義の創始者は、**エーミール・シュトゥローアル**（一八四四〜一九一四）と**オットー・シュタインヴェンダー**（一八四七〜一九二一）である。ふたりはもともと、自由党に所属していた。インスブルック生まれのシュトゥローアルは、法学教授としてグラーツ、ゲッティンゲン（ここではイェーリングの講座を引き継いだ）、ライプツィッヒで教えた。一八七〇年、初のドイツ民族主義原則宣言のひとつを書いた。しばらく、政治の経歴を取るか、学問で名を成すか、迷ったが、後者に決めた。彼が挙げた理由は、金銭的に自立した人間だけが政治家として活動すべきだ、というものである。一八八五年、第二綱領宣言を仕上げ、これはドイツ民族主義者の間で多くの賛同を得た。

ケルンテン生まれの**シュタインヴェンダー**は、ギムナージウムの古典語教師として職業生活を始め、一八八〇年ころから四〇年にわたって、中断することなく政治活動を続けた。大戦前は、帝国議会衆議院の副議長を務めた。一九一八年、共和国は彼を財務大臣に任命。シェーネラーと違い、また元古典語教師から想像されるのとは対照的に、彼は妥協と実践のひとだった。ときどき、チェコ人に向かって妥協的なふりをし、ルエーガーと同じように反ユダヤ主義をきまじめに考えなかった。自分をもっとも古い反ユダヤ主義者と呼んだが、ユダヤ人が編集する『ノイエス・ヴィーナー・タークブラット』のような新聞に寄稿することも厭わなかった。シェーネラー派は、こうしたことにわけもなくひどく憤慨した。ただ、［シュタインヴェンダーの態度が］うわべだけだったことは間違いなく、彼は［ドイツの］クルップやバッリーンに十分奉仕した。

一八八五年、シュタインヴェンダーは自由党の集会で、先に触れたシュトゥローアルの手になる綱領を討議に付した。これに同意した集会参加者は続いて自由党から独立した**ドイツクラブ**を立ち上げた。もっとも同クラブの多数は、もう数か月後には自由党に復党した。少数（シュタインヴェンダー、バロイター、プラーデ、デルシャッタ）は、**ドイツ民族協会**を結成した。ここから一八九一年、**ドイツ民族党**が生まれ、さらにここから一八九六年、**ドイツ国民党**が成立した。最後の身分制議会で国民党は五〇ほどの議席をもち、一九〇七年には議員団はかなり減少したが、一九一一年、再び増加した。国民党が主導して、民族主義者のいくつかの小政党と、自由党として残った部分とが、上部団体の**ドイツ民族連合**（Der Deutsche Nationalverband）に結集した。一九一一年からは、帝国議会衆議院で最大会派を形成した。

シェーネラー派は、［ハープスブルク］帝国を粉砕するという自分たちの中心思想を、刑事訴追を招くような形で明言しようとはしなかった。したがって、その綱領宣言をシュタインヴェンダー党のものと比べても、決定的な違いは見いだせなかった。たとえば、ドイツ民族党の一八九六年の綱領は、リンツ綱領の大部分の項目を繰り返している。シェーネラーの見解とのひとつの相違点は、ユダヤ人問題に見られる。［シュタインヴェンダー派は］ユダヤ人の影響力排除を要求するのではなく、「ただ」、ユダヤ人の優勢打破を言うだけである。同じことが、ハンガリーとの関係についても言える。同君連合ではなく、和協条件をオーストリアに有利に改善することが目標となる。このふたつの［シェーネラーとの］相違は特徴的である。これらが帝室に対する譲歩だからである。[14]シュタインヴェンダーの支持者たちは、多くのそうした譲歩を政治実践の場で行った。ここにシェーネラー派との相違が、両者の宣言よりもはるかにはっきりと現れる。まさにシュタインヴェンダー・グループは、『まぎれもないドイツの言葉』誌が軽蔑的に「政府の忠犬」と名づけた存在だった。彼らは基本的に、交代するどの内閣でも、皇帝が他の政党の抵抗のために退任させるまで支持。内閣にもたびたび参加して、信任する人物を送り込んだ。反対したのはバデーニ内閣だけだった。ただ、その際も少し逡巡があった。予算、ことに軍事予算には、いつも賛成票を投じた。ローマからの分離運動に反対し、キリスト教社会党との協調の可能性を求めた。さらに普通選挙権を受け入れた。というのは、帝室を含む国内の強大な諸勢力が、とにもかくにも賛成だったからである。受け入れの見返りは、スラヴ人を不利にする選挙区割りを要求するにとどめた。こうした態度は、敵方からは惰弱と解釈されたが、間違いなく彼らはこれを通じて、ドイツ帝国の利害関係をシェーネラーの騒擾よりも効果的に擁護した。ハープスブルク国家の紛争は、必然的にホーエンツォレルン国家の国際的立場をともに弱めた。他方、オーストリアの情勢が安定すれば、同国の主要政治路線は損なわれずに済むので、ドイツにとっては儲けものであり、労せずして軍団にも匹敵する利点となる。したがって、重要な戦術的決定が必要な場合、直接、ドイツの国民党から忠告と指導が届けられた。これに比べ、金銭援助の用意はわずかだった。これが報道分野に悪影響を及ぼした。国民党は、首尾よく創刊してウィーンで発行した『ドイツ新聞』(Deutsche Zeitung)を財政的理由から長期に維持できず、キリスト教社会党に売却した。大戦中に初めて、ドイツの重工業会が、ウィーンで一日置かれる『ツァイト』(Die Zeit) 紙を買収し、ドイツ民族主義の方針を掲げて発行を継続した。

［第一次］大戦前の数年、小グループが二三存在し、国民党と同じような政策を追求して、同党とともにドイツ民族連合に結集したことは先に述べた。そのうちもっとも重要なのは、カール・ヘルマン・ヴォルフの党である。同党は、初め自由全ドイツ主義党(Freialldeutsche Partei)、後にドイツ急進党(Deutschradikale Partei)を名乗った。**K・H・ヴォルフ**は、シェーネラーと同じように扇動の才にあふれていた。演説家として、また書き手として、過激さでは自分の師に劣らなかった。しばらくの間、共同編集人を務めた［エルンスト］ヴェルガーニの『ドイツ民族新聞』(Deutsches Volksblatt) と、自ら創刊した『東ドイツ展望』(Ostdeutsche Rundschau) とは、当時もっとも厭わしい新聞に数えられた。一八九七年、ヴォルフが議会で騒擾を引き起こしたとき、バデーニは

決闘を申し込んだ。ヴォルフは喧嘩達者で敵に傷を負わせた。このエピソードは、彼の名を同志の間で非常に高めたように思われる。確かなことは、彼がプラハとズデーテン地方で、無条件に信頼できる多くの支持者を擁していたことである。これは、彼がシェーネラーと衝突してから、とくにはっきりした。ブリュクスの裁判によってヴォルフに不利な材料が数多く浮かび上がったにもかかわらず、ドイツ民族主義陣営では、彼が申し分ない人士であることが審理の過程で明らかになった、と広く考えられた。そこで全ドイツ主義党の多くの者たちが、先の党首［シェーネラー］を攻撃する際にヴォルフと共同戦線をはった。続く選挙でドイツ急進党は、シェーネラー派よりもはるかに良い結果を得た。成功の主因は、ヴォルフがシェーネラーの単なる示威戦術を止めにして、国民党が指針とする現実的諸原則を受け入れたことにある。ドイツ急進党の特異な点は、国家に忠誠を誓うシュタインヴェンダーのやり方とシェーネラーの極端な言葉使いとを結びつけたことにある。大戦後、ヴォルフは運動と袂を分かち、老齢の身で西駅近くにたばこ屋を営んだ。

ドイツ民族連合にはそのほか、**ドイツ農業党**（Deutsche Agrarpartei）が加わっていた。同党は全ドイツ主義党と（自由）進歩党が分裂したときに生まれ、ボヘミアとケルンテンで一定の影響力を確保していた。影響力をもたないままだったのが、**ドイツ労働党**（Deutsche Arbeiterpartei 一九〇四年創立）である。このグループが国民社会主義ドイツ労働者党（ＮＳＤＡＰ）の前身とはいっても、その名前にもかかわらず、まったく間接的にそう見なしうるに過ぎない。旧オーストリアの何らかのグループが［ＮＳＤＡＰの］先駆者の名に値するとすれば、間違いなくシェーネラー・グループだけだろう。これはまた、アードルフ・ヒトラーの見解でもあった。

ドイツ民族連合は大戦に至る最後の年月、すでにハープスブルク帝国の重要な支柱であり、それとともに中欧諸国ブロック［ドイツと同盟国］の柱石だった。大戦勃発後にはじめて真に主導的な役割が与えられた。一九一四年八月の日々［開戦］の興奮は、数々の兆候から先に推し量ることができたはずのことを明るみに出した。つまり、ヴィクトール・アードラーの党［社会民主党］を含め、あらゆる政党でドイツ民族連合と似た傾向が強くなった。かなり長い間、戦争という出来事がドイツ民族主義者の政策を見事に正当化したように思われていた。ハープスブルク家にとってホーエンツォレルン家との同盟は、結果的に利益となり、ドイツ人はヨーロッパの専制支配者に、そしてドイツオーストリア人はハープスブルク帝国とバルカン半島の専制支配者になるかと思われた。オーストリア政府が一九一四年秋に、ドイツ政府と経済的相互関係について交渉を始めたこと、並びにナウマンの中欧を論じた書、『中欧』（Mitteleuropa）がオーストリアで飛ぶように売れたことは、こうした状況から説明できる。ドイツ民族連合は、長年温めてきた外交政策、民族政策構想を実現するときがやって来た、と考えた。民族連合は覚書をまとめ、それには新しい諸関係に対応した「オーストリ新秩序」の諸基礎が含まれていた。* また、諸提案の実現は議会を通してではなく、（クーデタで）強要されるべきものとされた。覚書に言う。

* Vgl. J. Redrich, "Österreichische Regierung und Verwaltung im Weltkrieg", 1925, S. 249ff.

　オーストリア＝ハンガリーとドイツ帝国との同盟

　戦争のこれまでの推移は、両帝国の緊密な統合が両国にとり不可避であり、まさに両国存続の前提を為すことを証明している。本統合は、オーストリア＝ハンガリーが必要とするばかりでなく、ドイツ帝国――同じくオーストリア＝ハンガリーに依存する――もまた拒みがたく必要としている。したがって、オーストリア＝ハンガリー国家の自存・独立維持という自明の前提の下、戦争により強化された同盟を長期的に整備すること及び本同盟を憲法上保障することを目標とする。

中欧経済同盟

本同盟の堅固な基盤は、両帝国の経済的接近により確保される。努力目標として浮上するのは、両経済領域の緊密な通商統合であり、漸進的発展の過程で生産条件の相違を考慮しつつ、完全な関税・通商同盟に転換さるべきである。

憲法改正

オーストリア＝ハンガリーが強化され、同盟国としての義務を果たしうるため、一定の憲法改定が不可避である。本改定により国内紛争――従来、帝国のあらゆる広範な活動を不能とし、あらゆる進歩を、完全排除しないまでも阻止した――は、止むを得ざる最小限に抑制される。

ガリシアの分離

国家は、耐え難きスラヴの荷重から解放さるべきである。なんとなれば、この措置によってのみ、強力なオーストリアが出現するからである。本目的のため、ガリシアは他のオーストリア帝室領との緊密な国家関係から分離さるべきである。……ガリシアにおけるドイツ人の民族的権利確保のため、憲法上の予防措置を講ずべきである。帝国の西半分につき、「オーストリア帝国」の国号を用いるものとする。

言語問題処理

将来のオーストリア帝国においてドイツ語の通用性は、国家と官公庁の必要に適合する程度に確保されねばならない。ドイツ人地域では、統一的にドイツ語が保持さるべきである。本前提の下において、その他の地域における他の言語住民の役所及び学校における実際の必要性を考慮することは困難ではない。但し、その際、非ドイツ語の使用は、経済的必要に応じて為されるよう予防措置を講ずるものとする。

上記目的は、なかんずく、次項の規則により達成される。

国家のあらゆる民事・軍事官公署の部内公用語・通用語及び最高裁判所の審理言語はドイツ語とする。

同じく国家のあらゆる官公署では、ドイツ語による請願は例外なく受理さるべきであり、この言語により折衝し、処理するものとする。

ドイツ人の行政区域の国家官公署では、ドイツ語以外の請願は許可しない。ここでは対外的公用語もドイツ語のみとする。

ドイツ語以外に一個或いは数個の多言語が通用する地域では、個々の地域につき定められた規定にしたがい、同地方で通用する言語による書式及び口頭の請願は受理し、処置するものとする。


右記引用は、ハープスブルク国家のドイツ民族主義者たちが自らの思想を書き記した最後の重要な文書である。最初の文書であるリンツ綱領と比べてみると、多くの類似とひとつの特徴的な相違が目に入る。外交政策と国内の民族政策に関しては、シェーネラーが三〇年前に語ったのとほぼ同じことが言われている。これに対し、かつての社会改良の飾り物が無用のものとされている。これはおそらく軍事情勢と関連しているのだろう。リンツ綱領の社会的諸要求は、シュタインヴェンダー起草の本覚書では、そのどれも相当するものが見当たらない。

他の大規模な政治運動と同じようにドイツ民族主義もまた、言葉の本来の意味で政治の領域を大きく超える影響力を発揮した。それはフランツ・ヨーゼフ時代に多くの特色を生み出し、あるいは、［すでにある特色を］はるかに強めた。ドイツ民族主義は、カトリック運動や社会主義運動のように自前の表現形態を多く作り出すことが適わなかったし、それほど多くの支持者を集めることもできなかった。しかしながら、ドイツ帝国主義の代理人たちが全力を挙げてオーストリア国民に働きかけたことは、さまざまの領域で目に見える効果をもたらした。非常に古く、オーストリアではとうに葬られたカトリックとプロテスタントの反目を、ドイツ民族主義者は蘇えらせることに成功した。シェーネラーは、ローマからの分離運動のイニシアチブを取り、将来、オーストリアと、プロテスタントのプロシアとが合邦するのを容易にしようとした。[*] もっともそれは、彼が行った小規模キャンペーンのひとつに過ぎなかった。年平均四～五〇〇〇人をカトリック教会から脱退させ、プロテスタント教会に移行させた。数字そのものはたいしたものではない。しかし、その行為が憤激を呼び起こして、繰り返し両宗派の荒れたデモを引き起こし、ただでさえ複雑なオーストリア情勢をさらに複雑にした。その上、ドイツ民族主義者が初めて幅広い社会層の興味を小学校の反動的な再編に引き付けた。彼らは、もともと自由主義者も含んでいた**ドイツ学校協会**[**]の単独支配を成し遂げ、協会をますます人種差別主義者の養成所に変えた。ドイツ学校協会がきっかけになって、ドイツでも協会（**全国ドイツ学校協会**）が設立され、オーストリアでは対抗組織がふたつ設立された。**カトリック学校協会**（皇位継承者フランツ・フェルディナントが後援）と**自由学校協会**である。ドイツ学校協会が支部の大部分を置いたのは、言語の境界線が走る地域だった。同協会はまた、八〇年代から国境地帯に設立されたいわゆる防衛協会の核をなしていた。こうした動きは、ドイツ系ボヘミアや「南部国境地域」の俗物どもの希望に沿う運動であり、そのため、ローマからの分離運動と異なって大衆的性格をもつことができた。さらにドイツ民族主義がまったく別の影響力を獲得した領域があった。それは宣伝の領域であり、組織設立や示威運動をすっかり停止して、見かけ上まったく非政治的な、純粋に民族主義的な見解をドイツのために広める文化的な宣伝を行った。これによって、ドイツで広く行われていた特定の指導者の賛美をオーストリアに巧妙に移植した。オーストリアでリヒャルト・ヴァーグナーやビスマルクを本気で賛美するようになったのも、ドイツ民族主義者の宣伝活動——それだけとは言えないが——の成果である。ビスマルクへの心酔は説明の必要もないだろう。それほど事情が簡単でないのがヴァーグナーの場合である。彼は音楽史の中で卓越した地位を占めるので、オーストリアで注目されたのも当然である。『ノイエ・フライエ・プレッセ』やその他の新聞がヴァーグナーに挑んだ闘いでは、敵意に満ちた言葉が躍り、教条的な偏見が見られた。ヴァーグナーはドイツ民族主義者の間にも敵をもっていた。ヴィルヘルム・シェーラーとその一派は、ひどくけなした。他方、ヴァーグナーのオペラ台本と美学の著作は、新しいドイツ的野蛮の萌芽に満ちていた。彼の少なからざる敵たち、たとえば洗練され批評精神に富むハンスリクは、論争において議論の余地が残る音楽的保守主義の立場に立つにとどまらず、健全なオーストリア的感性に依拠していたことも間違いないだろう。ヴァーグナーの死後、バイロイトはすっかりドイツ帝国主義イデオロギーの中枢になった。これに唯ひとりで気配りしたのが、ヴァーグナーの娘婿であるチェインバリンで、彼は後にアードルフ・ヒトラーの助言者になる。(15)『一九世紀の諸基礎』(Grundlagen des 19. Jahrhunderts)を初めとする、チェインバリンの著作がオーストリアで普及したことには、オーストリアのドイツ民族主義者の運動も与っていた。チェインバリンとラングベーン(16)が「ドイツ」の世界観を推奨したが、これはひょっとすると、ヴァーグナーへの熱狂やビスマルクの賛美よりもさらに効果的だったかもしれない。ニーチェもまた、彼が世に知られるにつれ、この世界観を普及させた。ただし、彼はドイツ人を賛美しなかった。だが、権力妄想に哲学的覆いを提供しただけで十分だったろう。

＊注の11に掲げたヴルバの著書、『オーストリアの圧迫者』(Österreichs Bedränger、一九〇三年) のサブタイトルは、「ローマからの分離運動」(Die Los-von-Rom-Bewegung) である。

＊＊A. R. v. Wotawa, "Der deutsche Schulverein 1880-1905", 1905.

ドイツの、あるいはアーリアの世界観は、一九〇〇年ころ、オーストリアでちょうど流行りだった。これは反ユダヤ主義とともに、しばしばユダヤ人自身によっても受け入れられた。オットー・ヴァイニンガーの作品、

『性と性格』（Geschlecht und Charkter）がもっとも耳目を引くが、これがこの倒錯の唯一の証左というわけではない。ドイツ民族主義者たちは、哲学書――たとえばチェインバリンやラングベーンのもの――を使って知識層に接近することを心得ていた。けれども、彼らの本領は、大衆向けの文献を手に取る読者層に自分たちのガラクタを提供することだった。若者をショーヴィニズムに染め上げることのできる著書――ドイツの発明者・発見者の物語、大ドイツ主義の児童雑誌である『良き仲間』（Der gute Kamerad）、カール・マイの旅行もの――のため、ありとあらゆる広告を打った。オーストリアにフェーリクス・ダーン、ルードルフ・ヘルツォーク、ヴァルタ・ブレームの低俗な小説があふれたのは、ドイツ民族主義者にも責任があった。もちろん、彼らは文化宣伝、世界観宣伝をするにあたって「［ドイツ］帝国」の大規模ジャーナリズムの支援を受けた。ドイツの低俗物がオーストリアの著者たちを模倣に駆り立てた。これは驚くに値しない。俗悪なショーヴィニズムの代物に六〇〇〇万人の市場が開かれているのに対し、オーストリアで出版される良書が国境の向こうではさっぱり注目されなかったからである。表だってドイツ民族主義の旗を掲げるオーストリアの文献は生まれなかったが、数知れない小説、脚本、詩が書かれ、ドイツ民族主義の思想を一般的に表現した。ここでは、ハンス・ホプフェン、カール・ハンス・シュトゥローブル、ハンス・ヴァツリク、ヴァルタ・フォン・モーロ、フーゴ・グラインツ、ルードルフ・ハース、グイード・グリュックの作品を挙げるに止める。すなわち、無数の経路があって、そこを通ってドイツ民族主義のイデオロギーがオーストリア人の精神生活に浸透していった、ということである。これに多くの催しものを加えよう。これを使って他の政党がドイツへの軽い心酔を大衆に注ぎ込んだが、オーストリアの伝統と思考法がどのような精神的圧力にさらされたかは、これで理解できよう。もしドイツ独占資本主義が、手下をシェーネラー、ヴォルフ、シュタインヴェンダーの政治グループ以外にもたなかったら、自分たちの好む場へオーストリア人を引っ張り出すことはできなかったろう。政治宣伝と文化宣伝、公然の宣伝と偽装宣伝との巧妙な取り合わせによってはじめて、ドイツ独占資本主義は、何十万というオーストリア人を自覚した、あるいは無自覚の帝国主義者にするという可能性を得た。フランツ・ヨーゼフ時代の終わりに国民各層に見出される運命的な諸傾向、つまり、民主主義の無視、人種的反ユダヤ主義、スラヴ人嫌悪は自然発生したものではなく、現代の国民教育のあらゆる方法を悪用して人工的に作り出されたものである。こうした諸傾向の多くは、一九一八年の革命と共和国の年月とを生き延び、一九三〇年以降、ファシズムの勃興を容易にした。その多くのものは、いまだ命脈を保っている。帝政の最後の数十年に出来上がった、ドイツ民族主義の反オーストリア的伝統を克服することは大きな課題であるが、決してできないものではない。なぜなら、克服は自然の発展を断ち切ることではなく、強いられ意図的に誘発された発展をもう一度元に戻すことだからである。

# 観念論哲学

近代哲学の歴史を貫くあらゆる対立のうちで、観念論と唯物論の対立がもっとも重要である。一七世紀以来、唯物論者たちは、近代自然科学の認識と調和する認識論を構築しようと努力を重ねてきた。観念論者たちは、意識的か無意識的かを問わず、自然科学の考察法に適応しようとする際、宗教的考察法にも余地を残す理論構築に努めた。唯物論は、百科全書派のドルバック、ラ・メトリ、ディドロの説であり、ドイツではフォイアバッハ、さらにマルクス、エンゲルスが継承した。代表的な観念論体系は、バークリー、コント、ドイツ「古典」哲学者のフィヒテ、シェリング、ヘーゲル、ショーペンハウアーに由来する。両極端を仲介する路線を、ヒュームとカントが求めた。最近半世紀、唯物論の主導権は、ロシアのマルクス主義思想家たち（プレハーノフ、レーニン、スターリン）に移った。一方、観念論は多数の学派に分裂した。そのうち、国際的影響力を獲得したひとつの学派が、オーストリアに起源をもち、エルンスト・マッハの名と結びついている。

マッハやその弟子、さらに批判者たちの学説を語る前に、唯物論者と観念論者との旧い論争に見られる考えの違いを簡潔に述べておこう。**唯物論**の考え方の基本は、人間の意識から独立した外界の存在を想定することにある。世界は、思考する存在が地上に住まうはるか以前から存在していた。現在の世界は、それをどのように我々が想定するかに関わりなく存在する。すべての科学は、我々に現実の十全な表象を媒介するという目的をもつ。

我々は認識と誤謬について語る。認識は、我々の意識に現実の一片が正しく反映されることであり、誤謬は、現実と反映とが相違することである。以上を簡単に言えば、唯物論とは、自然研究者の誰もが、どのような哲学的確信をもとうとも、実際に指針とする認識論である。同時に、普通の人間が日々自分の行動の基礎とする理論である。

**観念論**の特徴は、普通の人間の思考慣習から大きく距離を置いて、この慣習を修正することを目的とする。観念論は説明する。外的世界の知識と我々が称するものは経験に由来する、と。時計が時刻を告げるのを聞いたり、手にもつ書物を見て触れたりする。それは正確に言えば、そのように思われる、ということである。しかし、経験の内容を詳しく吟味して明らかになることは、経験は我々に、ただ感覚（感性的印象）をもたらすだけだ、ということである。経験は、「物」について、すなわち、感覚の「背後」にあって感覚を生み出す「物」について、我々に何も告げない。そのような物が存在することを、我々はまず経験に読み取る。そうして我々は形而上学の領域に赴く。つまり、知識の可能性の限界を超えた判断を下す。哲学者は、世界の二重化――物が感覚を生み出す、という仮定が犯す二重化――を排除しなければならない。

これは確かに奇妙に聞こえるが、まずは齟齬があるわけではない。私が「本」について語ろうが、『本』という視覚、触覚」について語ろうが、どんな違いがあるというのか？　だが、実は非常に大きな違いがある。唯物論者たちは、観念論の立場から生まれる途方もない帰結を鋭く反証する。まず観念論の立場からは、私が執務していた部屋は、私がそこから出て背後でドアを閉めると消える。私は部屋について、もはやその感性的印象をもたない。ここで言われるのは、私は、感性的印象が作り出す物の存続を想定することが許されない、ということである。さらに言えば、地質学の認識――地球は、人類より何百万年も古い――は、歴然たる誤りにほかならない。もし「存在すること」が「知覚されること」と同じであるならば、人類の存在以前に地球が存在した、と主張することと、地球を知覚することとは明白に矛盾する。最後に観念論者は、必然的に次の見解に追いやられる。つまり、観念論者ＸＹは、思考し哲学する主体で、共同体の一員という存在ではなく、むしろ世界で唯一の、意識を備えた存在だ、というものである。ただ感性的印象と心理的自己観察だけが認識の源泉でなければならない。自己観察によっては、他者の自己を捉えることができない。Ｚの意識は、ひとつの部屋と永続的に同じで、そのドアはＸＹの前で閉ざされている。そのような部屋が観念論者にとって存在しないように、他者の自己、ひいては他者すべての自己もまた存在しない。観念論は、ただ考える者だけが存在する、というばかげた考えに、つまり、「唯我論」に行き着く。

哲学史を学んでも、あえて唯我論まで突き進んだ思想家に遭遇することは稀である。これは当然である。唯我論は、やや信用を損なう考え方だからだ。総じて観念論者たちは、自分たちの前提に由来する不条理に当惑する。したがって、たいていの観念論者は、観念論の考えがもつ不自然な結論を回避できることを示そうと努力する。こうした努力から、たとえばカントの「物自体」説が生まれた。カントが次のように言う限り、彼は本物の観念論者だ。つまり、感覚は、我々に世界の虚像を本物と思わせる、と。しかし、彼は、虚像が何かある物によって引き起こされたのだ、と付け加えることによって、直接、唯物論の立場を明確にする。物「自体」がどうであるのか、我々は知らない。我々は、それが存在することはわかる、と。言うまでもないが、これはまったく首尾一貫しない理論である。これは、さまざまな類の観念論哲学者から、さらにカント主義者からも拒否された。

観念論が、その用いる作為性と、自己から生ずる限りない困難性にもかかわらず、何世紀にもわたり命脈を保ったことは、注目に値するように思われるかもしれない。その生命力の基は、学問的価値にあるのではない。むしろ社会状況に根拠があり、観念論が西洋史の浮沈の中で、有力な諸階級にとって再三再四有益で、その限りで正しい哲学だと考えられたからである。さまざまな時代に観念論が擁護した階級利益は実に多種多様だった。現在果たしている機能は後述しよう。観念論が唯物論と異なって、宗教的思惟と相性が良い、とだけ言っておけば十分だろう。もし世界が精神であれば、神の御心も世界で作用しているかもしれない。自然（物質）が精神を生み出すのであれば、神にはただ下位の機能、つまり、神らしからぬ機能が残るだけである。したがって、中世の世界観と近代の世界観の闘争が始まって以来、観念論は保守陣営あるいは半保守陣営からさまざまに優遇された。

以上の序論的覚書の後では、マッハ理論とそれに関連する論議を概説するのは難しくない。

**エルンスト・マッハ**（一八三八〜一九一六）* は、物理学の教授としてグラーツ大学とプラハのドイツ大学で教鞭を取り、一八九五年からは哲学教授としてウィーンで教えた。著書には次のようなものがある。

『仕事保存原理の歴史と根源』（Die Geschichte und die Wurzel des Satzes von der Erhaltung der Arbeit）一八七二年、『運動感覚論綱要』（Grundlinien der Lehre von den Bewegungsempfindungen）一八七五年、『力学の発達、その歴史的批判的論述』（Die Mechanik in ihrer Entwicklung, historisch kritisch dargestellt）一八八三年、『感覚の分析、物理的なものと心理的なものとの関係』（Die Analyse der Empfindungen und das Verhältnis des Physischen zum Psychischen）一八八五年［刊行は一八八六年、初版序文は一八八五年］、『熱学の諸原理』（Prinzipien der Wärmelehre）一八九六年、その他多数の物理学専門研究及びいくつかの教科書がある。

* Vgl. H. Buzello, “Kritische Untersuchung von Ernst Machs Erkenntnistheorie”, 1911; H. Henning, “Ernst Mach als Philosoph, Physiker und Psycholog”, 1915; R. Wlassak, “Ernst Mach” (Gedächitnisrede), 1917; Anton Lampa, “Ernst Mach”, 1918; R. Bouvier, “La Pensée d'Ernst Mach”, 1923; C. B. Weinberg, “Mach's Empirio-Pragmatism in Physical Science”, 1937.

一八九八年、マッハは脳卒中に襲われ、教授辞任を余儀なくされる。しかし、研究活動は続行した。彼の著書でもっとも読まれたものは『認識と誤謬』(Erkenntnis und Irrtum)で、一九〇五年に初版が出ている。

マッハが創始した思想は、「経験批判論」として哲学史に名をとどめる。経験批判論の創始者として常に、彼の友人であるチューリッヒ大学教授、リヒャルト・アヴェナーリウス(一八四三〜九六)の名も挙がる。さまざまな国の数多くの著作家たちがマッハの考えを受け入れ、その仕上げと大衆化に努めた。幾人か名を挙げれば、オーストリアのテーオドール・ベール、フリードリヒ・アードラー、ドイツのハンス・ヘニング、ヨーゼフ・ペッツォルト、ルードルフ・ヴィリ、ハンス・クラインペーター、英国のカール・ピアスンがいる。経験批判論をそのまま継承するのでなく、非常に接近したのは、ドイツの「内在論者」たちである(ヴィルヘルム・シュッペ、ヨハネス・レームケ、リヒャルト・シューバト＝ゾルダン)。マッハ自身は、自分の考えに似た者としてフランス人のピエール・デュエム、アンリ・ポワンカレを挙げている。[第一次]大戦後、いわゆる「ウィーン学団」(モーリッツ・シュリック、フィーリップ・フランク、ルードルフ・カルナプ)が生まれ、同学団は「エルンスト・マッハ協会」を設立した。ウィーン学団のかなり多くのメンバーが基本問題でマッハと一致したが、シュリックのように距離を置いた者もいる(1)。

経験批判論が特に強い共鳴を呼び起こしたのはロシアだった。マッハのロシアにおける弟子には、社会民主主義者のバザーロフやボグダーノフ、ルナチャルスキイ、ベルマン、ユシュケヴィチ、ヴァレンティーノフがいた。観念論がこのように労働運動に浸透した事実は、プレハーノフ(マルクス主義のロシアにおける最古参の解釈者)とレーニン(ボリシェヴィキの指導者)にウィーンの哲学者たちと論争するきっかけを与えた。レーニンは一九〇八年、『唯物論と経験批判論』[刊行は一九〇九年、初版序文は一九〇八年]を公刊し、ウィーンの見解を厳しく批判するとともに、同時代の他の諸見解も分析して、全世界のマルクス主義者に強い印象を与えた。

経験批判論を概説するためには、同論に含まれる多くの学説から、いくつか特に重要なものを選択しなければならない。もっとも重要なものとしては間違いなく、(a)観念論テーゼ、(b)いわゆる要素論、(c)思惟経済説がある。

まず(a)について。観念論の考えがマッハの一生を貫いている。彼は晩年、すでに過去のものとなった「自分の思想の、若い観念論の時代」について語っている。* だが、それは自己欺瞞である。実際には、人生の初めに抱懐していた見解に背くことはなかった。一八七二年の著書で言う。

*"Erkenntnis und Irrtum", 3. Aufl., S. 14.

科学の課題は次の三つに尽きる。

1. 表象の結合法則を確定すること（心理学）。
2. 感覚の結合法則を発見すること（物理学）。
3. 感覚と表象の結合法則を説明すること（精神物理学）*。

*"Die Geschichte und die Wurzel des Satzes von der Erhaltung der Arbeit", 1872, S. 57f.

これ以上明確に語りようがなかった。しかし、ほぼ三〇年後、マッハは再び明瞭に語る。

あらゆる物理的体験を感覚から、つまり、心理的諸要素から構築することは難しくないのに、今日の物理学が慣用する諸要素の量と運動（この特殊科学だけに役立つ硬直性（Starrheit））から、心理的体験を何かひとつでも記述する可能性は予測できない。

フリードリヒ・ヨードルは正しくも、『認識と誤謬』（第三版一三頁）にあるこの文章を断定して言う。これは純粋に観念論だ、と。*

＊ヨードルの『認識と誤謬』書評参照。これは初め『ノイエ・フライエ・プレッセ』に掲載され、マッハの『認識と誤謬』第三版、四六四頁以下に収載された。

(b)について。要素論は、［一八］八〇年代から経験批判論体系の中心に位置する。多くの観念論者と同じように、マッハは自分の基本見解の無意味な結論に不安を覚えた。そこで彼は、通常の自然科学的思考との妥協とともに、健全な悟性との妥協も求めた。マッハが決意した妥協を考えてみると、彼は観念論を排除することなく、矛盾に満ちた、半分観念論で半分唯物論の世界要素概念を自分の理論に取り込んだように思われる。ここから以下のような自己欺瞞が可能となった。

> 科学はすべて、通常**感覚**と名づけられる**要素**の複合体を模写・準備できるだけである。こうした**諸要素の連関**が問題である。……A（熱）とB（炎）の連関は**物理学**に属し、AとN（神経）の連関は**生理学**に属する。どれひとつ**単独**では存在せず、**ふたつ**が**同時**にある。ただ一時的に、あれやこれを度外視することができるだけである。見かけ上、純粋に力学的な事象さえ、つねにまた生理学的である……。*

＊"Die Mechanik in ihrer Entwicklung. Historisch, kritisch dargestellt", 4. Aufl., 1901, S. 543.

> 我々が「感覚」、「感覚複合体」という言葉を、「要素」、「要素複合体」という表現と併用して、あるいは、後者に代わって以下で用いる場合、要素は上記**結合**（「通常、物体と名づけられる複合体」と「我々の身体という複合体」との結合）と**関連**においての**み**、すなわち、上記**関数的依存関係**においてのみ感覚なのだということを銘記すべきである。この感覚は他の関数的関連においては、同時に物理的対象である。*

＊"Die Analyse der Empfindungen und das Verhältnis des Physischen zum Psychischen", 5. Aufl., 1906, S. 13.

色は、たとえば光源……との依存関係でみれば、物理的対象である。これに対し、網膜との依存関係でみれば、心理的対象、つまり感覚である。*

*Ebenda, S. 14.

これではどうにもはっきりしないかもしれない。だが、レーニンの書いたコメントを読めばすっきりするだろう。彼の批判書で次のように言われる。

こうして世界要素の発見は次のようになる。

(1)すべて存在するものは感覚だと言われる。

(2)感覚は要素と呼ばれる。

(3)要素は物理的要素と心理的要素とに分かれる。後者は人間の神経に、人間の組織体全般に依存する。前者は依存しない。

(4)物理的要素の連関と心理的要素の連関は、相互に独立しては存在しないと言われる。つまり、両者は連関してのみ存在する。

(5)こうした連関のどちらかを、一時的にのみ度外視できる。

(6)「新」理論は、一面的ではない理論だと言われる。

確かに一面的なところはないが、対立する哲学的立場が脈絡もなく、まったく混乱している。感覚からのみ出発するからといって、「要素」という言葉で、君たちが観念論の一面性を正すものではないだろう。ただ、事態を混乱させるだけだ。卑怯にも自分自身の理論から身を引くのだ。言葉では、物理的なものと心理的なものの対立、唯物論(自然、物質を根源的と見なす)と観念論(精神や意識、感覚を根源的とする)の対立を取り除いている。しかし、実際には、自分たちの基本前提から一線を画して、この対立をすぐ新たに、しかもこっそりと立て直す！　というのは、もし要素が「感覚」であれば、一瞬たりとも、要素の存在を、自分の神経や意識から独立に想定することは許されないからである。けれども、一度、そのような自分の神経、感覚から独立した物理的客体を想定するならば、つまり、ただ網膜に働きかけることによって感覚を作り出す客体を想定するならば、君たちは不名誉にも、自分たちの「一面的」な観念論を捨てて、「一面的」な唯物論の立場に移行するのだ！*

*W. I. Lenin, "Materialismus und Empirio-Kritizismus", 1909, Sämtliche Werke, XIII. Bd., S. 36/37.〔佐野文夫訳『唯物論と経験批判論』（岩波文庫）上巻、六九〜七〇頁。但し、訳は変更〕

(c)について。**思惟経済説**は、マッハの理論のなかで一番よく知られている。思惟経済説は哲学の文献が詳細に論じただけでなく、専門家の域を超えて浸透した。ごく手短に言えば、科学的諸法則は、我々の思惟作業を節約する機能をもつ、というものである。この観点からすると、さまざまな特殊領域の諸法則は、互いにとてもよく似てくる。

「奇妙に聞こえるかもしれないが、数学の強みは、不要な思考をすべて回避することにあり、思惟作業を大きく節約することにある。……我々が次のように言ったとしても、異議が唱えられることはないだろう。つまり、もっとも基本的で最高の**数学**は、**経済的**に整えられた、そして使用の用意が整った計算経験である、と」*

*E. Mach, "Populär-wissenschaftliche Vorlesungen", 5. erw. Aufl. 1923, S. 226.

同様に「物理学は、経済的に整えられた経験である。……物理学は、要約する記述を数学と共有する。手短にまとめられた、いかなる混同も排除する概念記述である。その概念のうち相当数は、再び他の多くの概念を包含するが、それによって我々の頭脳が負担を覚えることもなさそうである。いつでもこの豊富な内容は取り出すことができ、はっきり知覚できるまで発展させられる＊」

＊Ebenda, S. 228.

「光の屈折のさまざまなケースは、記憶しようとしてもできない。しかし、屈折の実際に起きる媒体の組み合わせの代表例や周知の屈折の法則を記憶にとどめれば、屈折の任意のどのようなケースも、難なく思考の中で模写し補完できる。長所は**記憶の負担軽減**にあり、これは、定数を書いて保存すれば、さらに促進される＊」。まったく一般的な言い方をすれば、科学には「最小化の課題が課せられていて、その課題は、**最小の思考を費やす**だけで事実を可能な限り完全に記述することにある＊＊」。「**事実のもっとも節約的で簡単な概念表現を、科学は自己の目的として認める**＊＊＊」

＊Ebenda, S. 224.

＊＊"Die Mechanik in ihrer Entwicklung. Historisch, kritisch dargestellt", 4. Aufl., 1901, S. 519.

＊＊＊"Populär-wissenschaftliche Vorlesungen", S. 238.

マッハのこの説明や似たような説明を読むと、まずもってある種の驚きを覚える。著名な学者が、非常に単純な、いわば月並みな思想をここで平然と展開しているように思われる。掛け算は、代替可能な足し算よりも速くできるとか、物理学の法則は、法則を取り出した個別の事実よりもたやすく記憶に留めうる、という類である。その通りである。しかし、そんなことを確認することが優れた業績だろうか？　さらに詳しく見れば、マッハは「思惟」経済説で、一見して推察できるよりも多くの、まったく別のことを言わんとしていることが明らかとなる。マッハが観念論者であることを配慮しなければならない。すなわち、マッハにとって、唯物論の立場からは当たり前の「真」の法則の定義、「現実と一致した」法則の定義は妥当しない、ということである。現実について語ることは、「形而上学」である。いまや、経済概念をもって、真実という概念を新たに定義しなければならないことは明らかである。ある法則が真であるとは、それが思惟活動を節約することでなければならない。これにしたがえば、経済説が月並みであるなどとは決して言えず、まったく逆である。認識の副次的な特性が、経済説によって主要な性質に、つまり、認識を成り立たせる特性にされる。マッハがこれほどの誤りを犯しえたことを信じられない者は、観念論が必然的に逆説的な真理規定に導かれることを考慮すべきである。経済説をともに立てたアヴェナーリウスは、思惟活動のこうして達成される節約にかんがみ、物質という概念を排除できると考えた*。マッハもまた、経済説を観念論との明確な論理的連関で唱えた。レーニンは十分な理由をもって、マッハの論述を上記の意味で解釈したし、経験批判論者に注意を促して、人間思惟は、客観的真実を正しく反映するときだけ作業を節約する、と述べた[2]。

*R. Avenarius, "Philosophie als Denken der Welt gemäß dem Prinzip des kleinsten Kraftmaßes", 1876, S. 30, 51ff.

レーニンがマッハに向けた論駁はきわめて激しかった。この論駁で議論の首尾一貫性は、表現の手厳しさと相俟って経験批判論を粉砕した。レーニンがなぜそのような厳しさを発揮したか、理解するのはたやすい。マッハが労働運動の、とくにロシアの運動の知識層に混乱をもたらしたからである。マッハの経験批判論は、弁証法的唯物論に真っ向から対立するものだった。「マッハ主義者」はマルクス主義者にはなれない。マッハ自身は革新的な無神論者だったが、彼の学説は、まさに観念論の特性の故に宗教思想に道を拓いた。その客観的な機能は結局、「信仰主義者が唯物論一般と、そしてとくに史的唯物論と闘争する際の下働きになってしまう」*。さらに経験批判論は、労働運動が繰り返し克服しなければならない無関心と受動性の傾向を後押しした。どんな観念論哲学も受動性を涵養する傾向をもつ。世界が自分の表象以外の何物でもないとすれば、生活のための闘争や階級闘争の意味は無に帰してしまう。社会秩序の現存の仮象が他の仮象におきかわっても、たいしたことではない[3]。一言で言えば、経験批判論は、労働運動の観点からはひとつの危険である。ボリシェヴィキが全力を挙げてこの思想潮流に立ち向かっていなければ、ボリシェヴィキはボリシェヴィキでなくなっていたろう。

＊W. I. Lenin, a. a. O., S. 367.［前掲『唯物論と経験批判論』下巻、一六〇頁。但し、訳は変更］

しかしながら、マッハ哲学が有害であるからといって、マッハ本人と彼の生涯の業績をひとまとめに断罪するきっかけにしてはならない。彼は社会的に考える人物だった。その政治信条は小市民的・急進的であり、旧いオーストリアに蔓延した最悪のものではなかった。マッハは労働運動に強い共感を覚えていた。ただし、労働運動理論には不案内のままだった。彼は、晩年になって貴族院の議席を有したことにより、こうした態度を行為で証す機会を繰り返し得た。(4) 彼はまた科学史家や自然科学者として、それにふさわしい尊敬を受けた。力学、熱学の著書では、それぞれの学問の発展をみごとに描いた。旧い力学的世界像が維持しえないこととともに、現代物理学を支配する相対論の必然性を早くに認めたひとりだった。残念ながら、まさにこうした洞察によって、彼は観念論の思考過程に迷い込んだが、もしマルクスの弁証法を早めに知っていたならば、おそらくこうした方向転換はなかったろう。

マッハが養成した学派はどのような状況だろうか？　彼が激励した数多くの若い哲学者たちは、マッハ理論を目覚ましく発展させただろうか？　そうとは言えない。［ヨーゼフ・］ペッツォルト、［ハンス・］クラインペーター等は、独創性に富んでいたとは言えず、その他の点でも強い印象を与える者でなかった。彼らの著作が興味深いとすれば、それは主として、彼らが経験批判論の観念論的特徴を、師の著作よりもはっきりと浮き彫りにしたからである。この点を、オーストリア人のふたりの弟子を例に示してみよう。

**テーオドール・ベール**(5)は『ある自然科学者の世界観』(Die Weltanschauung eines Naturforschers) と題する小型本（一九〇三年）で、マッハの人となりと学説を大げさな言葉使いで描いた。ベールを信じるとすれば、経験批判論は思想史上の不朽の里程標ということになる。彼は要素論を著書の中心に据え、次のように解釈する。

物、物体、物質と名づけられるものは、色、音、臭い、熱等の連関であり、我々の感覚という特性に他ならない[*]。

＊"Die Weltanschauung eines Naturforschers", 1903, S. 25.

我々は今なお、太陽が昇るのを思い描き、実際にそのように語り、昇り行くのを間違いなく目にする。すでに何世紀にもわたって地動説を学習し、知識をもち、ひとに教えるにもかかわらず、そうである。同じように昔からの習慣は、物には触れることのできる核……がある、という考えに囚われている。見る、聞く、嗅ぐ、そして味わうこともまた、まったく同類である、という認識が、とうに普及した後にも、そのままである。力学の目覚ましい発展の結果、空間、時間には色、音、臭いよりも、ある種高次の現実性が付与された。しかし、いまや知覚の生理学が、空間、時間もまた、色や音と同じように感覚と名づけ得ることを明らかにしている。世界は、推移する感覚複合体総体に他ならない[*]。

＊Ebenda, S. 28.

もしそのとおりであるならば、マッハは「要素」という用語を導入する努力を、安んじてしなくても済んだであろう。

**フリードリヒ・アードラー**は、シュタイン・アン・デア・ドナウで拘置されている間に書いた著書[*]で、マッハの学説を概観するに止まらず、経験批判論とマルクス主義との関係を精緻化しようとした。アードラーに懲役刑が課せられたのは、勇気ある行為（論議を呼ぶものではあるが）のためだった。彼はその勇気を失うことなく、観念論の逆説にも立ち向かう。

＊"Ernst Machs Überwindung des mechanischen Materialismus", 1918.

ふたつの表現、「葉は緑色である」と「私は緑色という感覚をもつ」をよく考察すれば、ひとつの事態に還元される。さまざまの「私」に緑色という感覚が繰り返し現れる。「私」と「葉」が連関すれば、緑色が現れる。私が目をそらせば、緑色の感覚はもはやない。葉は、まだ緑色だろうか？ 先述の理由で、間違いなく緑色ではないだろう。私がもう一度見やれば、緑色である。誰も見ていない葉については、我々はなにも知らない。**見ていない葉がどのように見えるか**、という推定は、ただ投入（Introjektionen）に過ぎない。「私」と「葉」が、あるいは一般的に言えば、**主体と対象が連関**すれば、葉は緑色である。[*]

＊Ebenda, S. 81.

経験批判論とマルクス主義の関係についてアードラーは言う。マッハは、マルクスとエンゲルスが社会認識のために成し遂げたのと同じことを、自然認識のために成就した、と。[*] 一度などアードラーは、エンゲルスが本来、経験批判論者だったことを証明しようと試みるほどだった。[**] しかし、発見したことは、彼にとってうれしくなかったようで、『反デューリング論』（Anti-Dühring）の著者に非難の声を挙げた。エンゲルスは、認識論の初歩にも踏み込まなかった、彼は、経験がなんであるかを知らなかった、と。[***] アードラーは、経験の本質について我々に解明してくれる。

＊Ebenda, S. 162f.
＊＊Ebenda S. 135.
＊＊＊Ebenda. S. 147.

**エンゲルス**が闘った困難は、**思考と存在**の関係について詳述した部分に見られる。彼が……「現実の物の模写」として概念を語り、また、人間の頭脳における現実の「鏡像」を語れば、誤解なしともしない。人間は当然、かつて**自分**の経験であったものだけを思考できる。……人間の頭脳における「鏡像」は、これまで彼にまったく係わりのなかったものの鏡像ではない。そうではなく、自分の以前の感覚、感情の再反映（記憶）である。[*]

*Ebenda, S. 148f.

アードラーのマッハ論は、混乱の極みを留める記録である。オーストロ・マルクス主義にとって名誉になるものではない。

もし経験批判論に対してロシアだけが正しい見方を対置し、オーストリアがしていなければ、オーストリアの哲学思想にとって具合の悪いことになっていたことは間違いないない。ウィーン大学が〔第一次〕大戦前に擁した最優秀の学者の中からボルツマンとヨードルのふたりが、経験批判論に対する反駁を敢行した。正確に言えば、観念論への反駁である。ふたりは反観念論の著書で、明らかにマッハを念頭に置いていた、あるいは、マッハを含めて念頭に置いていたが、名指しはしなかった。この慎重さの原因は不明である。もしかするとマッハの健康状態を配慮したのかもしれない。他の点でもボルツマンとヨードルは同じ慎重さを示している。ふたりは、共通する見解を表すのに「現実主義」という語を用い、「唯物論」を使わない。しかし、ふたりが言わんとしたことは、はっきりしている。

**ルートヴィヒ・ボルツマン**（一八四四～一九〇六）*は、当時の指導的物理学者のひとりである。二五歳でグラーツ大学の正教授となり、その後、ウィーン大学で教える。さらにもう一度グラーツに戻り、ドイツの大学でも教鞭を取る。一九〇二年、再びウィーンに帰る。今度はマッハの後継者としての帰還だった。つまり、物理学を講ずるだけでなく、哲学の講義も行った。彼の哲学的立場は、『通俗著作集』に見て取れる。この書は注目に値するもので、（当時、通用していた）「新」正書法のパロディーに始まり、ユーモラスな旅行記で終わる。このあいだに、まったくまじめで通俗的とはとても言えない一連の論考が挟み込まれて、自然科学と認識論の諸問題を扱っていた。観念論に対する論駁は多くの章に分散している。たとえば、ヴィルヘルム・オストヴァルトとの論争では、観念論者が逃れられない唯我論的帰結が指摘される。

＊Vgl. Den Aufsatz von G. Jäger in "Neue österreichische Biographie", 1. Abt., 2. Bd., 1925, S. 117-37.

……総じて、直接の知覚から初めに導出される知覚についての不信は、従来の素朴な確信と反対の極論に至る。つまり、我々には知覚しかないので、それを超えて一歩たりとも進むことができない、と。しかし、首尾一貫しているならば、さらに問うべきである。我々には、自分たちの昨日の知覚も存在するだろうか、と。我々に直接与えられているのは、このひとつの知覚、あるいは、今この瞬間に考えられている考えだけだ、と言われる。もし、首尾一貫しているならば、自己以外のその他すべての存在だけでなく、以前もっていた表象をすべて否定しなければならない。＊

＊"Populäre Schriften", 1905, S. 132.

他の個所でも（一六八～六九頁、一七六～七七頁）、さらにもう少し議論される。こうした議論がすべて、ひとりの偉大な自然科学者によって行われたという事実からしても、それは大いに重視されるべきである。

**フリードリヒ・ヨードル**は、徹底的に問題を論じる。『観念論批判』（Kritik des Idealismus）＊は、彼の最良の業績のひとつである。ひょっとすると全業績のうち、まさに最良のものかもしれない。彼は周知の旧い観念論から新しい観念論まで見直しを行う。思想史叙述の専門家であるヨードルには、繊細な理論の諸特徴を記すにあたり、それぞれ、ほんの数行の短い注で十分である。その批判的分析もまた整然としていて、簡潔で冷静な判断に絞られる。だが、観念論の命題を鋭く批判することのできる視点は、ひとつもなおざりにされていない。考察は多面的で、この書は専門研究に終わらず、認識論の概説にまで拡大されている。そうしたものとして、これをしのぐ専門書はない。同書のもっとも大事な長所のひとつとして挙げるべきは、著者の根気強さである。表面的にはまったく宗教色のない観念論体系を、宗教的な考えに付与することに何が貢献したのか、同書ではたゆまず指摘が行われた。一箇所を引用しよう。同書の主要な結論が要約されている。ここはまさに事態のこの側面に最終審判を下した個所である。

*没後の一九二〇年に出版された。

我々はここまで、観念論の論証が歴史的にどのように成立し発展してきたか、その全体を概観してきた。この論証を、非常に多くの者が反駁不能とみなす。それは、世界を哲学的に観照する際の当然の前提だという顔をしている。さらなる証明を現在のところ要しない定理、『唯物論』の排除を自明とする定理のようである。最近の哲学は大部分、こうした諸理論に対峙して呆然としている。それらの理論はすべて、真の認識を確保し基礎づける理論と称して登場するが、懐疑論（的）と呼ばねばならない。先述の呆然自失は、プラトン化する（platonisierend）観念論の精神的態度全体が、それ自身、自発的なものだ、という考えを呼び起こさないとはいえ、驚くべきことであり、理解しえない。上に述べた論証の裏側を、人々は見ようと**しない**。もし見たなら、観念論的世界像の純粋さが汚され、確かな理論構築が不可能になるからである。また認識批判が主として、信仰に余地を残すためにカントの優れた模範に倣って知識を構築する、という目的をもってなされるからである。現代の知識の構築物は、非常に堅固で広く分岐しているので、あっさり片付けることができない。この構築物は、異常な権力手段を備えて休みなく活発に扇動活動をする教会の強化に役立たなかった。この知識に公然と反対することはまた、ほとんど非科学的というよりも、むしろまったく反動的に響く。そこで、科学全体をそっとしておき、その代わり科学を、もっと巧妙に哲学的手法をもってうたがわしいものとして片付け、その認識の基礎を掘り崩し、単なる現象科学として、すなわち、より低い精神的必要を満たすための、ただ単に現象を扱うだけの科学として貶める。*

*“Kritik des Idealismus”, 1920, S. 79f.

我々は経験批判論の中で、多かれ少なかれバークリーに直接由来する観念論体系を知ることになった。バークリーは自然科学時代の初めに、感覚による知覚に向けられた不信——自然科学が生み出した不信——を極端な主観主義の学説に作り替えた。しかし、バークリーの哲学と並んで、もっと単純な観念論哲学がこれまでいつも存在したし、いまなお存在する。これは外的世界を巧妙に排除しようせず、物質を所与のもとして想定し、物質の精神への従属を告げることで満足する。その主張することと言えば、精神は物質を生み出し、自己の法則を強制し、すべての物のうちに内在する！云々である。ここで問題となる意識（精神）は人間精神でもありうるし、またしばしば、超自然の意識や自然外の意識、神の意識が語られる。一般的に言って、この種の思弁思想は、宗教的な思考過程と自己との親近性を隠蔽することに重きを置かない。この点で、バークリーの観念論に由来する多くの学説、たとえば経験批判論とは区別される。けれども、この区分が非常に深くに及ぶ、と考えてはならない。世界の原因が精神であると見る学説は、世界を精神そのものと見なす学説と間違いなく相即だろう。したがって、先の経験批判論の考察に加えて、本章で少しブレンターノ哲学をコメントしても特段の理由付けは必要なかろう。

**フランツ・ブレンターノ*** （一八三八～一九一七）は、ドイツ思想史で有名なブレンターノ家の出である。親族にはロマン派の詩人、クレーメンス・ブレンターノ、ゲーテの友人のベティーナ・ブレンターノがいる。経済学者のルーヨ・ブレンターノは弟である。フランツ・ブレンターノは、幼少期と青年時代前半をバヴァリアで過ごして哲学とカトリック神学を学び、ヴュルツブルク大学の哲学教授となった。人々が興奮した七〇年代の教皇不可謬性論争では反教皇の立場を擁護。ヴァチカン公会議の決議をきっかけに聖職を離れ、ヴュルツブルク大学教授も辞める。一八七四年、自由主義者の文部大臣、シュトゥレーマイアーがブレンターノをウィーン大学哲学部に招聘した。ここで二〇年以上にわたり活動し、はじめ教授を、そして珍しいことに、その後私講師を務めた。(6) 一八九五年にはイタリアに移ったが、その後も頻繁にオーストリアに帰り、ヴァハウの所有地を訪れた。高齢で［第一次］大戦中、スイスにて死去。

*Vgl. O. Kraus, "Franz Brentano", mit Beiträgen von C. Stumpf und E. Husserl, 1919; derselbe, 'Franz Brentano', in, "Neue österreichische Biographie", 1. Abt., 3. Bd., S. 102-18; V. Hauber, "Wahrheit und Evidenz bei Franz Brentano", 1936; Die Aufsätze von Alfred Kastil, P. F. Linke, Eberhard Rogge in "Naturwissenschaft und Metaphysik" (Sammelband zum Gedächtnis des 100. Geburtstages Franz Brentanos), 1938.

ブレンターノの体系から、影響力はなかったが特徴的な神の心理学的存在証明や、初めは地味でその後、非常に強い影響力を発揮した意識の志向性と先験判断、非実在的対象、明証的評価の理論を扱ってみよう。神の心理学的存在証明はふたつの部分からなる。まず、人間の意識は、非三次元的、非物質的で、したがって精神的実体として描写される。*ついで人間精神の起源が神の精神にある、という証明が試みられる。

*F. Brentano, "Vom Dasein Gottes". Aus seinem Nachlaß herausgegeben von A. Kastil, 1929, S. 417ff.

延長なき実体は、有機体の親の生殖に由来しえない。したがって、以前から存在したか、胚発生のある特定の時点で生成したに違いない。

前者の仮定は、そのような先在（Präexistenz）が何物にも誰にも現出しないことによって反論される。一方、心（Seele）は、以前の体験が、その後のあらゆる時点に対して影響を及ぼす類のものである。

こうして後者の仮定が優先される。ひょっとすると身体の場合よりもはっきりしているのは、心が意識的に活動する原理によって創造されたに違いない、ということである。というのは、精神（Geist）は、もしそれが身体の表象をもっていれば、身体を生み出すことができる、という仮定は、逆の仮定——意識をもつものが、意識のない諸原理に由来する——よりも容易だからである。（運動から静止へ導くほうが、静止から運動へ導くよりも導きやすいのと似ている）

我々が、心は創造によって生じたと考えるならば、もちろん、創造行為の連続を想定しなければならない。一方、多くの者は、創造は一回限りの行為によって完了したと考える。しかし、この考えを正当化するものはなにもない。逆に、非常に著名な有神論者たちが信仰の帰結と考える楽観的な考えは、新たな創造行為の連続を要請しているようである……。

こうして恒常的な奇跡が説明されたことに異議を唱えられようか？　否、第一原因の創造的作用が不規則的でも恣意的でもなく、一貫した確固不動の世界計画の発露だと考える限り、異議は唱えられない。

とくに心の創造について言えば、心との相互作用を始める有機体が成熟すればすぐにも、心の創造が常に必然的に起きることを法則と考えることができる。

＊Ebenda, S. 432.

推論はまだ終わらない。ブレンターノはさらに詳細に身体と精神の相互作用の可能性を探る。推論のこの先を追う必要はない。引用した文章がすでに、示されるべきことを示しているからである。なんという強烈なスコラ学の色合いが、ブレンターノの思考様式に染みついているのだろう。聖職から離脱したからといって、カトリック哲学と決別したわけではなかった。意識の志向性という考えを初めて記した『経験的立場からの心理学』(Psychologie vom empirischen Standpunkt）の中で、はっきり自分の師を明かしている。

「どんな心的現象も、中世のスコラ学者が対象の志向的（あるいは心的）内在と呼んだもの、そして我々が、少しあいまいな表現だが、内容への関係、客観（ここでは、実在性と解されない）への方向、あるいは内在的対象性と呼ぶものによって特徴付けられる。心的現象はそれぞれが、必ずしも同じ様式ではないが、何かを対象として自己のうちに含む。表象では、何かが表象され、判断では、何かが是認されるか、非難され、愛では、何かが愛され、憎しみでは、何かが憎まれ、欲求では、何かが欲せられる等々である。

この志向的内在は、心的現象だけに特徴的である。物的現象は同様のものを示さない。心的現象は、志向的に自己のうちに対象を含んでいる現象である、というように心的現象を定義できる」*

＊F. Brentano, "Psychologie vom empirischen Standpunkt", herausg. von O. Kraus, 1. Bd., 1924, S. 124f. もともと、『心理学』の第一巻刊行は一八七四年。

志向性（対象性）が心的作用の主要な特徴であれば、志向性のさまざまな種類をもとに作用を適切に分類することができるに違いない。実際、対象への関係様式に三種類あり、それによって心的現象にも三種類ある。一、表象、二、判断、三、情意あるいは関心、愛である。表象では、私は対象に対して無関心に振る舞う。判断は必然的に表象を含むが、第二の志向的関係が加わる。是認あるいは拒否である。情意作用も似ていて、そこではたんなる表象が、愛あるいは憎悪という関係によって補完される。**

＊＊Siehe F. Brentano, "Vom Ursprung sittlicher Erkenntnis", 1889, S. 14ff., "Psychologie vom empirischen Standpunkt", 2. Bd., 1925, S. 28ff.

志向説ないし心的現象の分類を、ブレンターノは数々の一連の考えに結びつける。それは否定的な意味で豊かなものだった。つまり、多数の現代の哲学者を極度に戸惑わせることに功があったという意味である。

(a)心的志向性が認められる判断は、明らかに心理学の領域に属する。それは明証的判断である。つまり、その正しさを疑うことができない明快な判断である。問題を厳密に熟慮する者は、次のことをはっきりと認識し、「理解」する。つまり、あらゆる心的作用は、対象に関係し、関係**しなければならない**、と。何か経験を集める必要もないし、帰納を行う必要もない。言い方を変えれば、我々はここで、カントが言うアプリオリな判断に出会っている。そのような判断は、心理学の領域で枚挙にいとまがない。たとえば、表象されないものは、何も判断されないこと、愛とか憎悪は、情動の面で自分が関わるものを表象しなければ起こらないことも明らかである。こうして心理学は、一部だけが経験科学で、その他は先験科学である。先験部分を、ブレンターノは記述的心理学あるいはプシヒョグノジー（Psychognosie）と名づけ、帰納的（induktiv）部分を発生的心理学と言う。記述的原理は論理的に言えば、発生的原理に先行する。記述的原理は、もし心的作用の経験的研究を始めて上首尾で終えようと思うならば、すでに知っていなければならない心的作用の記述を、絶対的に確実で普遍妥当な命題によってもたらす*。

＊Siehe F. Brentano, "Psychologie vom empirischen Standpunkt", 2. Bd., 1925, S. 1-9; "Vom Ursprung sittlicher Erkenntnis", 1889, Anmerkung 27; "Meine letzten Wünsche für Österreich", 1895, S. 23; O. Kraus in der Einleitung zum 1. Bd. der "Psychologie vom empirischen Standpunkt", S. XVIIff.; derselbe in "Franz Brentano", S. 21.

(b)判断は、その他すべての心的作用と同じように必然的に対象に関係する。しかし、この特別の心的カテゴリーについては、まだほんの少ししか語られていない。「対象」は、非常に幅広い概念である。判断についてさらに知ろうとすれば、どんな種類の対象が判断で志向されるのか、検討しなければならない。もっとも簡単な種類は、実在の「物」である。「このバラは赤い」あるいは、「しかじかの記憶で、私は心の痛みを覚える」と言うときの物である。しかし、判断は、別の対象にも向かうことができないだろうか？ もちろん向かうことができる！ たとえば、ある、なしという実在の判断を下す（「トラは存在する」、「龍は存在しない」）場合、また、可能性や不可能性、必然性を表す判断を下す場合には、志向するのは物ではなく事態である。龍は存在しない、という判断の対象は、龍の不在であり、「私は、もう行かなければならない」という判断の対象は、辞去の必要性である。そうした事態は、実在するという意味での存在ではなく、非実在の何か、非実在の特性である。

我々は固有の対象の固有の実在形態――この事情は物的でも心的でもない――を事実として想定しなければならない*。

＊Siehe F. Brentano, "Wahrheit und Evidenz", herausgeg. von O. Kraus, 1930, bes. S. 22ff.; クラウスの注一四、本論文集の一七〇頁に見られる。V. Hauber, a. a. O., S. 16ff.

(c)判断の正しさについて我々を落ち着かせる唯一のものは明証である。何かを「理解した」（eingesehen）ならば、さらなる疑いは不可能であり、不条理ですらある。明証の現象に似た現象が、しかしながら、判断領域の外部にもある。愛、憎悪の作用の中に同様に、正しいという特徴を即自的に備えた作用がある。一例として、知ることに見出す快と、誤謬、無知が我々に作り出す不快がある。この快と不快は、特定の色、臭い、味に覚える快、不快のように主観的でない。我々と反対に、誤謬を愛し、認識を憎悪する生物種については、その種は、疑いもなく善きものを憎悪し、間違いなく悪しきものを愛する、と我々は言うことだろう。ただ、次のような場合に困難が生じる。つまり、我々は非常に多様な物（たとえば認識や高貴な愛）に快を覚え、しばしば、最初はどれが本来、より高度の善か知らないことである。しかし、我々は、納得のいく回答が見つかることを当てにしてよさそうだ。優先する作用があり、それは愛と憎悪の作用のように、正しさによって特徴づけられる。原則として「正当」を優先することは、いつも可能である。すなわち、諸善の実際の優先順序に応じて決定することは可能である。ここまでに述べたことから、どのような成果を道徳哲学から期待できるかがわかる。道徳哲学は、明証的に正しい評価を確認すべきであり、諸善の優先順位にしたがって評価を一目でわかる体系にまとめるべきである。*

＊F. Brentano, "Vom Ursprung sittlicher Erkenntnis", bes. S. 17-30; O. Kraus, "Franz Brentano", S. 61ff.

ここに要約したブレンターノの思想は、これからも長く、どの哲学史にも顔を出すことだろう。それは**現象学**の基本的な考え方として戻ってくる。現象学は一九〇〇年ころ始まった流れで、初めは専門家しか興味をもたなかったが、ふたつの世界大戦の間に有力なドイツの学説に発展した。現象学は、**エトムント・フッサール**（一八五九〜一九三八）によって創始された。*フッサールは旧オーストリア［チェコ・モラヴィア］のプロスニッツ［プロスチェヨフ］に生まれ、ウィーンのブレンターノのもとで学んで、ゲッティンゲンと後にはフライブルクで教えた。このため、現象学をフライブルク学派とも呼びならわしている。一九三〇年からフライブルク理論は、国民社会主義［ナチス］のイデオロギーと区別できないほど幾重にも混淆した。フッサール自身に罪はない。

フッサールは学問的には反動だったが、その高潔な性格と事態を認識しようとする真剣な努力の結果、ナチスとは無縁だった。罪を負うべきは若い学者たちで、民族的に純血とはいえない現象学――フッサールはユダヤ系――に、哲学の進歩的路線に対抗する有力な武器を見出した。

＊フッサールについては以下を参照。W. Jerusalem, "Der kritische Idealismus und die reine Logik", 1905; W. Ehrlich, "Kant und Husserl", 1923. 現象学とブレンターノとの関連については、とくに以下を参照。F. Brentano, "Wahrheit und Evidenz", S. 153ff.; "Psychologie vom empirischen Standpunkt", 2. Bd., S. 158ff.; O. Kraus, "Franz Brentano", S. 25ff.; derselbe in der Einleitung zu Brentanos "Psychologie vom empirischen Standpunkt", 1. Bd., S. XVIIff.; E. Husserl, "Nachwort zu meinen Ideen einer reinen Phänomenologie", Jahrbuch für Phänomenologie XI (1930), S. 564f.; Maria Brück, "Über das Verhältnis Edmund Husserls zu Franz Brentano", 1933.

フッサールが、『論理学研究』（Logische Untersuchungen）全二巻、一九〇〇／〇一年や、後に異同を伴いながら『純粋現象学及び現象学的哲学のための考察』（Ideen zu einer reinen Phänomenologie und phänomenologischen Philosophie）一九一三年等の著作で展開した現象学は、ブレンターノから、アプリオリな判断を用いる記述心理学[7]の考えや、心理作用において対象が内在する考え、物的な性質をもたない対象の特別の存在様式の考えを引き継いだ。

ブレンターノにおいてこうした対象は副次的なものとして、さほど重要ではなかったが、フッサールでは考察の中心に躍り出る。多種の対象が紹介される。それに属するのは、抽象概念（色、赤み、器用、吝嗇、美）、種（トラ、哺乳動物、動物）、数学概念（球形、四辺形、ゼロから無限までの数）、命題とその他の意味である。また、「龍の非存在」というような表現もある。こうした対象がどのような状態にあるかについて、普遍性と必然性の観点から確言できる。我々はたとえば、音は高さと強さをもたねばならない、二掛ける八は一六、あるいは、命題は緑でありえない、ということを認識する。多くの確かなことを述べることのできる対象について、それらが「存在」しないと主張することは馬鹿げているだろう。それらは明らかに、特別の様式で、イデア的対象、思想、本質として「存在する」。こうした対象に妥当する法則を捉える手続きは本質直観である。本質直観は要するに、注意を対象に集中すること、対象のいわゆる精神的凝視に他ならない。本質直観は、経験外の方法で我々の知の拡大を助け、我々に、カントが総合的と呼んだアプリオリな判断、つまりアプリオリな総合判断を授ける。(8)

フッサールの研究領域は主に心理学、論理学、認識論である。彼の多くの弟子たち（たとえば、アレクサンダ・プフェンダー、ヘルマン・リッツェル、マルティン・ハイデッガー）は、こうした分野の推進を図った。他の者たち（マクス・シェーラー、ディートリッヒ・フォン・ヒルデブラント、ニコライ・ハルトマン）は、現象学の立場から倫理問題を取り扱った。その際、ブレンターノから直接、さまざまな着想を引き出すことができた。『道徳的認識の源泉』（Ursprung sittlicher Erkenntnis）でブレンターノが述べたことは、フッサールの学説と結びついて、価値論体系（明解な価値評価体系）をまとめ上げるのを容易にした。フッサールの弟子たちから我々が知るのは、生は価値、死は無価値であること、幸福の価値は、権力の価値と似通っていること、幸福の価値は、苦悩の価値と対極にあること等である。* フライブルク時代の「フッサール」学説の支持者たちによってさらに、美学、法哲学、社会学の革新が試みられた（モーリッツ・ガイガー、アードルフ・ライナハ、ゲーアハルト・フッサール、エーディト・シュタインの研究を参照のこと）。一九三〇年ころ、同学説の諸構成要素は、ドイツの大学で講じられていたさまざまな哲学諸潮流の共通財産となり、さらに歴史・文学史・芸術史の叙述や教育、日刊紙の文芸欄にまで浸透した。フッサールの思想は、いくつもの経路を通じて、彼の最初の故郷であるオーストリアにも戻って来た。

＊N. Hartmann, "Ethik", 1926, S. 310, 332, 333.

ブレンターノから刺激を受けて成果を挙げた一連の哲学者たちがいる。その大多数はフッサールと同じように、無数のイデア的対象の世界の住人だった。ブレンターノのヴュルツブルク時代からの友人でプラハ、ハレ、ベルリン各大学の教授だった**カール・シュトゥンプフ**は「形成体」（Gebilde）について、**アントーン・マルティ**（プラハ）は「内的なもの」（Inhalte）について語り、**アレクシウス・マイノング**（グラーツ）は「客体」（Objekte）、「客観的なるもの」（objektive）を論じた。マイノングの対象論は現象学と似ていて、グラーツの著作家たちとフライブルクの著作家たちとの間で本家争いが起きたほどだった。* ブレンターノのもっとも忠実な弟子として名が挙がるのは**オスカル・クラウス**（プラハ）で、もっとも忠実というのは、彼が若干のためらいの後、師の晩年の哲学、「最終の」哲学を我がものとしたからである。ブレンターノは、フッサール、マイノング等が打ち立てた非実在をも統一的に把握する理論（Theorie der irrealen Einheiten）に納得せず、現象学等の出発点となった自分の発言を撤回した。彼の考え方の変更は、彼が誰よりも念頭に置いていた著作家たちからは注目されなかった。(9)

*Vgl. E. Husserl, “Ideen zu einer reinen Phänomenologie und phänomenologischen Philosophie”, 1913, S. 23（Anmerkung）und S. 228（Anmerkung）; A. Meinong, “Über Möglichkeit und Wahrscheinlichkeit”, 1915, S. IXf.

ここでブレンターノとその弟子たちの評価を少し記しておこう。ブレンターノが与えた示唆に刺激されて、芳しくない哲学潮流が育った。彼が研究で追及した方向がアプリオリな認識だったことは残念である。アプリオリな命題は、必然的に分析的である。分析的命題は、いつもというわけではないが、しばしば平凡である。現象学の文献では、空疎な物言いが数多く見られる。赤は同時に青ではありえない、また、あらゆる音は強度をもつ、ということが仰々しく証明されて、我々は自問する。なんの洞察も生まないというのに、哲学という装置を稼働させねばならないのかと。* イデア的な本質へ目を向けることは本当に有害である。哲学がこれ以上に無意味な取り組みを見つけ出したことはないだろう。その本質は空想・夢想の産物であり、プラトンのイデアの復活、中世の修道僧たちが懸命に取り組んだ普遍概念の復興である。(10) 一九世紀後半の科学的思考が偉大な成果をもたらした後、哲学が太古の概念構成に戻るとは、何ということだ！　おかしなことだ。もっとも、説明がつかないわけではない。どのような個人的事情に触発されてブレンターノ、フッサール、マイノングが思惟活動を行ったかは別にして、現象学の幅広い普及は決して偶然ではない。それは時代の要請に応えた結果だった。なによりも本質直観は、特定のドイツ知識層にとって好都合だった。それは認識論や心理学から社会科学に転用されて、経験的・科学的検討を、それが不都合な結論を導き出さないように排除する、すなわち、進歩的な思考過程を支えないように排除する可能性を提供した。民主主義や人権、国際法について、事実を基に論ずる必要がなかった。社会制度の評価は、経験の外で随意に行うことができた。そこでフッサール自身がときに直観（Intuition）と名づけた本質直観は、ファシズム・イデオロギーの主要素である非合理主義への道を、そしてヒトラーやその部下の直観への道を拓いた。フッサールは、取り返しのつかない誤謬の傍ら、優れて賢明な考察も行った。[11]彼の直弟子には、何人かのまじめな学者や何人かの政治的保守主義の形式主義者、幾人かのいかさま師がいて、遠い弟子には、多くの正真正銘のナチス党員がいた。

＊事態のこの側面については、モーリッツ・シュリックが「実質的アプリオリは存在するか？」（Gibt es ein materiales Apriori?）、『全集』一九三八年、一九〜三〇頁で指摘し、納得できる。

我々がフッサールやマッハ、そして彼ら以前の大勢の研究者を正当に扱うべきだと考えたように、ブレンターノという人物もまた公平に論ずることが残されている。ブレンターノとその影響力、彼の哲学の後世への影響は二重である。彼は決してファシズムのイデオロギー――その死後にはじめて生まれた――に共感を覚えることはなかったろう。ブレンターノがウィーン大学に招聘されて帰属したオーストリア自由主義の上層市民と比べ、彼が秀でていたのは、その急進的な考えではなく、志操の独立性と堅固さだった。大学の教師として、彼は聴講する者たちに強い魅惑的な印象を与えた。彼の講義は長年、ウィーン大学でもっとも多くの学生を集め、彼が私講師に格下げされた後も変わらなかった（まだ触れていない聴講生で、後年、ブレンターノと親しく交流の続いた人物にT・G・マサリクがいる）。ブレンターノの著作は今日なお、［死後］二世代ほど経っても読む価値が高い。それは論理学、心理学体系、心理作用記述のそれぞれに優れた貢献をしている。彼の著作はさらに別の利点をもつ。哲学を学ぶとは、大部分、問題提起を学ぶことである。問題の立て方を解明することは、正しい答えを見出さなかった、あるいは稀にしか見出さなかった者たちにも往々にしてふさわしい。近代の哲学文献を豊かにした偉大な著述家たちに教授面でも文章表現の上でも太刀打ちできる者は、ブレンターノをおいて他にいない。いくつかの小エッセイや講演*、わくわくさせるなぞなぞ集**を加えると、生涯の業績は完全なものとなり、ブレンターノの精神と誠実さは多数の欠陥を埋め合わせる。

＊Z. B. "Über die Gründe der Entmutigung auf philosophischem Gebiet", 1874; "Das Genie", 1892; "Das Schlecht als Gegenstand dichterischer Darstelllung", 1892; "Über die Zukunft der Philosophie", 1893.

＊＊"Neue Rätsel" von Aenigmattias, 1879.

# 精神分析

精神分析は全体として眺めれば、ふたつのことを成し遂げた。ひとつは科学的心理学を改革したこと、いまひとつは心理学から出発して近代の世界像を革新したことである。この成果により精神分析は、見逃せない誤りにもかかわらず、精神史に抜きんでた地歩を占める。それはオーストリアの精神史における地歩に止まらず、全ヨーロッパの精神史における地歩でもある。

心理学は、ジークムント・フロイトが活動を開始したとき（［一八］八〇年代と九〇年代）には進展のない状態だった。心理現象を分類し、表象間の関連付け（Vorstellungen assoziiert）の法則を探り、感覚生理学（Sinnesphysiologie）とほとんど区別のつかない実験を行っていた。多くの研究者は思弁的な思考過程で迷い、他の者は、具体的ではあるけれど、たいして注目に値しない事実の確定に力を注いだ。何十年も進歩らしい進歩は見られなかった。進展はフロイトによって一挙にやって来た。彼はある種の神経症の治療法を見つけたいという願いに導かれ、これまで学問的に真剣な注意の向けられなかった性生活を探求した。これによって彼は心の深層の入り口に到達した。もっともそこまでであれば、他の者も容易に進んだことだろう。しかし、フロイトはさらに深みに降りていく勇気をもっていた。彼が明るみに出した事実によって、心理学は跡形もないほど変容を遂げた。

フロイト以前の心理学がみすぼらしかったのは偶然ではない。そのみすぼらしさの故に、心理学は支配層特有の基本的な見解と見事に調和していた。前世紀［一九世紀］の上層階級は、誤った通俗的な人間観をもっていた。曰く、人間は無色の普通の存在である、自然から出発して市民に進化する道はあらかじめ定められている、行動のすべてにおいて、人間は知性に導かれる、思想は上品さからあふれ出る、暴力行為や卑猥なことは、自分たちには起きない、情動（Emotionen）は覚えるが、いつもというわけではなく、許容の範囲に収まる激しさである云々。一言で言えば、人間は職業人であり、配偶者・父であり、そうした属性は、ブルジョアの稼得とお上の支配を容易にする、ということになる。自由主義の俗物どもの虚構とあいまいさを打ち壊すことは、精神分析に――それだけではなかったけれども――委ねられた。フロイトは人間の心の真の姿を暴露したが、それは決して美しいものではなかった。彼は欲動（Triebe）の大河を前に、社会的存在のわずかな足場を確保することがどんなに難しいかを示した。また、誰にもカオスが新たに生まれるように、文明は新たに創造されねばならないことも示した。フロイトは反逆者で扇動者だったのか？　否、決してそうではない。彼はブルジョアの学者であり、それ以外の者であると称することはなかった。だが、彼の思索は、ある中心テーマをめぐって大胆不敵に戸惑いなく行われ、自由主義の社会哲学解体に大きく貢献した。フロイトはまた成長の過程で――その社会的、個人的諸条件を詳細に研究する価値は大きい――自分が根を下ろす自由主義を大きく超えていった。彼自身の社会哲学の試みは成功しなかったが、心の隠れた諸力の学説、つまり、**深層心理学**（Tiefenpsychologie）という名で通常括られる学説は、今日の科学的世界像の一部であり、切っても切り離せない。当然これは、プロレタリアートの思考体系のどこかにその場を得なければならない。この意味で、フロイトを現代世界像の改革者と呼ぶことができるし、また、そう呼ばねばならない。現代の思想家で、オーストリア人の精神力がもっとも明瞭に現れているのは誰か、と問われれば、フロイトのほかに適切な名前を思いつかない。

**ジークムント・フロイト**の出自は、旧いオーストリアに生きた多くの優れた人物の出自と変わらない。彼は豊かとはいえないモラヴィアのユダヤ人の息子である。幼少のころウィーンにやって来て、ギムナージウムに通い、医学を学んだ。専攻は、自分の希望というより、父親の願いに応えるものだった。博士号取得は比較的遅かったが、その後すぐに神経医学の教授資格を得た。資格の基となったのは、心理学者ブリュッケと脳解剖学者マイナートの指導の下に行った研究だった。フロイトは自分の専門分野の状況に憂慮を覚えた。ウィーンの医師たちは、多くの患者たちが診察を乞う神経症にお手上げの状態だった。医師たちはふつう、少し診察して、水治療施設（Wasserheilanstalt）で療養するよう命ずるほかに為すすべを知らなかった。フロイトはブリュッケの仲介で奨学金を得て、長期の研究旅行ができる幸運を射止めた。そこで、パリのシャルコーのもとでヒステリー患者の催眠療法を学んで帰り、自らも治療を開始した。当時、フロイトは初めて公認の学問と衝突した。「医師会」の席で行ったパリ経験の報告は冷たくあしらわれ、以後、彼は同会に背を向けて二度とかかわらなかった。その後何年かは、神経症の問題から多少距離を置いた研究を行った。フロイトは、友人で多忙な家庭医のヨーゼフ・ブロイアー医師が行った発見によって、やっと自分の学問上の主要関心に戻った。ブロイアーは女性のヒステリー患者を催眠状態に導き、通常行うような課題を与えるのではなく、症状の原因について尋ねた。驚いたことに、理路整然とした答えを得たのだった。この患者は催眠状態で、自分の過去の特定の不愉快なエピソード――覚醒状態では知りたくもないと思われる――を再生することができた。話す可能性が与えられたことや、経験したことをいわば再経験できたこと、それと結びついた情動の「除去」（abreagieren）は、患者の容体の目に見える改善につながった。フロイトとブロイアーは「カタルシス法」と名づけた新しい方法を一連の症例に適用し、一八九一年、『ヒステリー研究』（Studien über Hysterie）と題する共著を発表した。その後、ブロイアーは神経症学と関わることを止めてしまった。それは、カタルシス法によって患者の意識に再び呼び起こされた、神経症の根底にある事象が、いつも性の領域と関わることをフロイトが確認したからである。ブロイアーはこの主張に反駁できなかった。しかし、受け入れることもできなかった。主張は、ブロイアーが生涯にわたって保持してきた思考習慣と鋭い対照をなした。そこで彼はその後、自分の重要な発見の評価を、自分ほどに慣習にとらわれない同僚に委ねた。

フロイトは「カタルシス法」に長くは留まらなかった。限られた信頼性と有害な副作用とを勘案して、彼は催眠を取りやめ、目覚めている患者に、病状が由来する体験を徹底的に尋ねた。やがて、そのように尋ねることも目的に適合しないことが明らかとなり、それに代えてフロイトは、患者が躊躇せず、心に浮かぶことをなんでもすべて語るように促した。意識の流れは、非常に多くの手がかりとなる材料を継続的にもたらし、それを入手する医師は、患者の一生の歴史を詳細に再構築することができる。自由連想の作業は、いまなお精神分析治療の基本ルールである。神経症を治療して診断で集めた経験から、フロイトの後年の体系的な発見が生まれた。それはやがて神経症学説（Neurosenlehre）を時代遅れのものとし、心理学を全面的に巻き込んでいった。夢、失錯行為（Fehlleistung）、冗談・機知（Witz）は、心理現象（Seelengeschehen）の特有の機制（Mechanismen）――健康な、あるいは病的な機制――を理解する材料を与える。人間における途方もない性欲動（Geschlechtstrieb）の存在は、以前は詩人や形而上学者が感じ取るだけであり、また「カタルシス法」以降は仮定されていたが、いまや数多くの症例とともに立証された。無意識の領域は研究の対象となり、それは大規模な革新を意味して、まるで地理学者が、アフリカ大陸南端近くに何億という高度の文明をもった人々の暮らす大きな大陸を発見したかのようなものだった。* 精神分析が心理学からかけ離れた、たとえば神話の歴史や言語学のような学問分野を豊かにする可能性が示された。民俗学の研究**は、説得的な結論をもたらさなかったが、だからといって、精神分析の方法そのものの有効性が疑われるわけではなかった。フロイトは、ブロイアーと別れて最初の一〇年間、孤独に歩まねばならなかった。専門家たちは彼をことさらに無視し、一般市民は彼のことに気づかなかった。けれども、彼が五〇歳を迎えたころ、その思想が影響を及ぼし始めた。ただ、ウィーン大学とか学士院がその意義を認識したということではない。それはあり得ないことだった。[1] だが、若い医師たちが彼に注目し、外国もまた気がついた。まずウィーンで何人かの弟子たちが彼の下に集まった。一九〇六年、チューリッヒの精神科医、エーゴン・ブロイラーと助手のカール・グスタフ・ユングが精神分析に興味を抱いたというニュースがもたらされた。一九〇八年以降、ユングは『精神病理及び精神分析研究年報』(Jahrbuch für psychopathologische und psychoanalytische Forschungen)を刊行。一九〇九年、フロイトは米国に招かれ、ウスター(マサチューセッツ州)のクラーク大学で講演を行う。一九一〇年、**国際精神分析協会**設立を決議する会議がニュルンベルクで開かれた。いまやユングの年報のほかに、アルフレート・アードラーとヴィルヘルム・シュテーケルが編集する『精神分析中央紙』(Zentralblatt für Psychoanalyse)が出る。さらに少し後に『イマーゴ』(Imago)誌(ハンス・ザックスとオットー・ランク編集)が創刊される。同誌の課題は、なによりも精神分析と人文科学との結びつきを促進することだった。ユングとアードラー、シュテーケルは、何年かしてフロイトの基本的な主張と一致しないことを表明し、独自の理論を発展させた。ブロイラーもまた精神分析協会から脱退した。しかし、精神分析運動は、当時すでに確固としたものになっていて、分裂を乗り切った。早くから始まった反動新聞の誹謗中傷は止むことがなかったが、それも運動に手出しできなかった。格別の飛躍が第一次世界大戦後にやって来た。あらゆる国々で精神分析に関する文献が刊行され、[2] 組織もまた拡大していった。[3] フロイト自身は一九二〇年ころ、『快楽原則の彼岸』(Jenseits des Lustprinzips)、『集団心理学と自我分析』(Massenpsychologie und Ich-Analyse)、『自我とエス』(Das Ich und das Es)を発表した。当時彼は、がん性の潰瘍が自分の命に終わりをもたらすのではないかと考えた。しかし、見事な手術によって救われ、『自らを語る』(Selbstdarstellung)で言うように、「生活と仕事を続けることはできた。ただ、もはや痛みから解放されることはなかった」。彼は人生最後の一〇年少々の間に、『幻想の未来』(Die Zukunft einer Illusion) 一九二七年、『文明への不満』(Das Unbehagen in der Kultur) 一九三〇年、『モーセ[と一神教]』(Der Mann Moses) 一九三九年、という一連の文化哲学的エッセイを著した。フロイトは一九三八年、ヒトラーの一団に追われて英国に亡命し、ドイツのポーランド侵攻後[一九三九年]、八三歳で客死した。

＊S・フロイトの著作参照。『夢の解釈』(Die Traumdeutung) 一九〇〇年、『日常生活の精神病理』(Zur Psychopathologie des Alltagslebens) 一九〇一年、『冗談とその無意識との関係』(Der Witz und seine Beziehung zum Unbewußten) 一九〇五年、『性理論に関する三つの論文』(Drei Abhandlungen zur Sexualtheorie) 一九〇五年

＊＊『トーテムとタブー』(Totem und Tabu) 一九一三年

フロイトは生前、著作だけでなく、それと同程度にその個性によっても強い印象を与えた。彼は二〇世紀のヨーロッパが擁した、強い個性をもつ有数の人物だった。彼の人となりの見事な叙述は、シュテファン・ツヴァイクの『精神による治療』(Die Heilung durch den Geist) に見られる。同著から少なくとも一節を引用せざるをえない。ツヴァイクは長く親密な関係を基にこれを書くことができた。彼は、大きな年齢差にもかかわらず、フロイトとたいへんに仲がよかったのである。

ウィーンのとあるアパートの固く閉じられた扉は、半世紀この方、ジークムント・フロイトの私生活を閉じ込め隠して来た。私生活など持たない、とでもいうように、フロイト本人の存在は、つつましく秘かに姿を消した。だが、七〇年もの間、同じ街に、そして四〇年以上もの間、同じ建物の中に彼は暮らしていたのだ。さらにその建物の中では、同じ部屋で診察が、同じ椅子に座って読書が、同じ机で書き物が行われた。六人の子供の父親として、自分のために何かを欲することもなく、ただ自分の仕事、天職への情熱があるだけだった。時間は、惜しみ惜しみ使わ

れることも、惜しみなく贅沢に使われることもあったが、しかし、ほんのわずかでも、つまらない場に顔を出すことや、官職・栄誉のために使われることはなかった。また、この創造力に富んだ人物が自分の仕事をさし置いて、人前にしゃしゃり出ることも決してなかった。この人物の生活のリズムは、ただ休みなく、いつも同じように根気よく刻まれる仕事のリズムにきちんとしたがった。彼の七五年という年月の何千という週のひとつひとつが、いつも同じ繰り返し、人の目に触れることのない活動の繰り返しだった。一日が、まるで双子のような別の日と同じように過ぎていった。大学で教えていたときは、週に一度、大学で講義を受けもった。また、ずっと変わらず週に一度、水曜日の夕方、ソクラテスのやり方で、少人数の学生を相手に知的な討論会が催され、土曜日の午後にはトランプ遊びが行われた。それ以外は朝から晩まで、というよりは、夜中まで一分一秒たりとも無駄にされず、分析、治療、研究、講義、学術の催しに費やされた。この厳格な仕事のカレンダーには、一枚たりとも空白の頁がなく、半世紀の間、フロイトの過密なスケジュールの日々に、ぼんやりと過ごした時間はなかった。いつも何かをしていることは、この常に動いている頭脳には当たり前のことで、ちょうど心臓にとって血液を循環させる拍動のようなものだった。フロイトが働くことは、意志にしたがう行為ではなく、まったく自然な不変の、水の流れるような活動に思われた。しかし、絶え間なく覚醒していて注意を払い続けることは、彼の精神のもっとも驚くべき現象でもあり、ここでは、変化の見られない常態が特異なことになっている。四〇年来、フロイトは毎日、八例、九例、一〇例と症例分析を行い、ときには一一例も扱った。それが意味するのは、九回、一〇回、一一回と集中して、それぞれの回ごとに分析の続く限りずっと、極度の震えるような緊張とともに、他人の中に入り込み、あらゆる言葉に聞き耳を立て、その言葉を吟味しながら、フロイトの途切れることのない記憶力は、こうした精神分析の際の発話を、以前のすべての治療のときと比べた。彼は患者の深奥に沈潜しながら、同時に外部からこの人物の精神を診断しようと観察を行った。診察が終わると、すぐにも急いで、それまでの患者から別の患者へと注意を向け、一日にこれを八回、九回と繰り返し、何百という運命を、ノートも取らず記憶の助けも手元にもたず、ひとつひとつ記憶にとどめて、その細部にいたるまで見極めた。つねに切り替えを行う仕事の変化は、精神を覚醒させ、心の準備をし、神経を研ぎ澄ます必要があり、フロイト以外の人間だったら、二三時間もたてば、もはや耐えられなかったろう。しかし、フロイトの驚異的な活力と、彼の精神力に秘められた超人的な力とは、弛緩することも疲労することもなかった。夕方遅く、分析の仕事と九時間、一〇時間の診察とが終わってはじめて、結果を思索して仕上げる作業が始まる。まさに世界が、彼だけのものと見なした作業である。この膨大な途切れることもない仕事、実際に何千という人間に働きかけ、その後も何百万という人間に影響を及ぼし続けた仕事はすべて、半世紀の間、手助けする者も、秘書も助手もなく行われた。手紙もひとつひとつ自らしたため、どんな調べものも、ひとりで最後まで行い、著作をひとつひとつ、ひとりで形にしていった。この創造力の圧倒的な規則正しさだけが、フロイトという人物の見栄えのしない外貌の裏に秘められた真の超人的な力を垣間見せている。この見かけ上、普通の生活は、成し遂げられた業績によってはじめて、フロイトの一度限りの比べようもない存在を露わにする。(4)

我々は『精神分析入門講義』(Vorlesungen zur Einführung in die Psychoanalyse) に残されたフロイトの思索の軌跡をたどって、彼のもっとも重要な思想を見ていくことにしよう。この著作の正編では、フロイトとその学派が一九一七年までに到達した成果がまとめられている。続編ははるかに薄いもので、一九三二年までにフロイトが必要と思った補充と修正を載せている。正編の講義は実際におこなわれたもの、続編は行われていない架空のものである。フロイトはあごの手術のあと、もはや人前で話すことができなかった。しかし、生き生きとした叙述は、正続併せて変わらない。難しい題材を容易に理解できるようにかみ砕く技もまた、正続を通して変わらない。

心理学は場合により、人目をひかないものから出発して、基本的な認識に到達することができる。そのようなものとは、たとえば失錯行為で、言い違い、読み違い、名前の失念等である。以前、失錯行為は科学的に注目されることが少なくて、浅薄な言及がなされるだけだった。曰く、失錯行為は疲労現象である、言い違いには、二語の似た音が関係している云々。しかし、ひとつひとつの場合を検討していくと、基本的に失錯行為は、もっと興味深いことを立証している、と言うことができる。いくつか言い違いを検討してみよう。路上で見知らぬ女性を付けて来た若い男が、この女性に問いかけた。少しbegleit-digenしてもよろしいですか、と[begleiten（お伴する）とbeleidigen（辱める）の混淆]。ある婦人が、友人の女性の帽子をほめていった。それはすばらしくaufgepatztですね、と[aufgeputzt（飾りをつけた）にgepatzt（オーストリア方言で、シミをつけた）が混淆]。式辞を述べる者が乾杯の音頭を取って、「お祝いする方の健康ため、皆さま、ゲップのご唱和をお願い申し上げます」と述べた[anzustoßenの代わりにaufzustoßenと言い違える]。こうした人々はみな、語るべき考えのほかに、明らかに別の考えをもっていた。若者は間違いなく、内気な人物だった。婦人は帽子の飾りをほめようとしたが、本当は飾りが似合っていないと思っていた。祝辞を述べた者は、心のうちで相手をたいして買っていなかった。秘められた思いはいつも、憂慮すべき、不適切なものだった。したがって、そっとしておかれるべきだった。我々が二三度続けて、前もって予定していた些細な片付け仕事（たとえば手紙の投函）を忘れる場合も、事情は変わらない。意図は、ある反対の意図によって妨害される。気に入らない受取人とか、望ましくない返答が戻って来る恐れとかが、障害となって割り込んでくる。「秘められた思い」こそ、いつも失錯行為の原因と見るべきである。疲労、興奮、生理的状況一般は、ただ、秘められた意図が可視化する条件をつくるだけである。原因とそれを明るみに出す諸条件との関係は、譬えを用いることによってわかりやすくなる。「私が暗がりの夜の時間帯に、人気のない場所を歩いているとしましょう。そこで、ならず者に襲われ、時計と財布を奪われた、とします。強盗の顔をはっきり見なかったので、最寄りの交番で次のように訴えます。人気のなさと暗がりが、私から大事なものを奪いました、と。警官は応えて言うでしょう。あなたは不当にも、まったく機械的な考えをなさっているようですな。状況をこんな風に言ってみましょう。暗闇に紛れ、人気のなさを利用して、見知らぬ強盗が、あなたから貴重品を奪ったのだ、と。あなたの場合に大事なことは、強盗を見つけ出すことのようですな。ひょっとすると、奪われたものを強盗から取り戻せるかもしれませんよ*」

*"Vorlesungen zur Einführung in die Psychoanalyse", 1. Bd. 1917, S. 13-80.〔『精神分析入門講義』、岩波版全集一五巻、一七～八六頁〕。引用部分はS. 38.〔四三頁、ただし、訳文は変更〕

すでに失錯行為で注目すべき認識が得られるが、もっと確実に得られるのは夢の場合である。夢もまた、従来の科学ではあっさりと片付けられる。夢は外部の感覚的刺激（たとえば目覚まし時計の音や似たようなもの）あるいは身体の刺激（空腹、渇き）に帰することができる、あるいは、前日の出来事が、夢を見る者に入り込むのを常とする、と。これが、言われることのすべてである。実際には、非常に大事な夢やその内容は、たいてい説明されず、注目されないままになっている。我々が夢を心理的な現象としてとらえ、圧倒的に多数の夢が、心の奥底の動きを表現しているのだ、と理解すれば、我々は大きな前進をすることになる。失錯行為と夢に共通するのは、無意識をあちらこちらで意識の領域に押し出すことである。これを前提にすれば、比較的容易に個々の夢の要素の解釈にたどり着く。夢を見た者が精神分析家に向かって、当該の要素に連なる着想を説明することで、夢の解釈を大きく進めることができる。ひとりの男が夢で、自分の兄弟が箱（Kasten）に入っているのを見る。何を思うか、と訊かれて、まず、箱と同じ意味の言葉である戸棚（Schrank）を連想し、このことを「兄弟が倹約してくれないかな」という希望だと、自分で解釈する。夢は、根底にある考えをゆがめる。だが、完全に不明にしてしまうことはない。「夢のゆがみ」（Traumentstellung）は、ある特定の「夢の作業」（Traumarbeit）の結果である。夢の作業は、さまざまな方法を使う。長々とした考えを、唯ひとつの短い出来事に「圧縮」（Verdichtung）する、主要点から末節へ「アクセントを移動」（Verschiebung des Akzents）する、具象的でない考えを具象的なものに置き換える（「倹約」から「箱形容器」へ）といったものである。精神分析家の課題は、夢の作業の経路を逆に歩んで、「顕在夢の内容」から「潜在夢の考え」を見つけ出すことである*。

＊Ebanda, S. 81-131, 186-210.［八七～一四六、二〇六～二四三］

夢のばらばらの諸要素を説明することで、ときにうまくいくこともあるが、いつもというわけではない。これに対し、小児にしばしばみられる、歪められていない夢を観察することで、現象の本質を一般的に理解することができる。これは紛れもなく、願望の充足である。子供が、自分が前日見かけた籠に入っているさくらんぼうを全部食べた夢を見る。あるいは自分の名前のついた、好きな料理の献立表の夢を見る。大人の夢でも同じように、歪められているとはいえ、夢で願望が満たされるのを我々は認める。問題となっている願望が、いつも極端に利己的でわいせつな性格のものであることに惑わされてはならない。教育、社会的適応、文明一般によって、目覚めた意識から追放された人間の原欲動（Urtriebe）が、夢で無意識から飛び出してくる。夢見る者は、近親の者を暴力的に排除したいと願い、友人の妻と寝たいと思い、他の女性を強姦したいと願う等々である。たいていの人間では、人格の意識した部分と、無意識に自分の中に抱えている欲動（Triebe）との間に著しい矛盾がある。しかし、せき止められた欲動は、睡眠の中ですら、非常に荒々しいままに表層に現れようとはしない。固有の心理的な機制（「夢の検閲」）が欲動を弱め、変容させることによって、夢見る者に耐えやすくする。ここから夢の歪曲が起こり、解釈する精神分析家が歪曲を正す。ところで、解釈の作業は、夢の歪曲がない場合でも、場合によっては必要である。しばしば、夢の中の考えは、そのまま立ち現れず、象徴に置き換えられる。突起状の長めのもの、長く伸びるものが、男性生殖器の象徴であり、くぼんだもの、ポケット、小箱、トランクが、女性生殖器の象徴であり、水が誕生の象徴、原料、木材が女性の象徴、階段を登ることが性交の象徴である。精神分析家は、象徴言語を普通の言語に翻訳しなければならない。その際、精神分析家にとって言語学の研究が大いに役に立つ。象徴形成は、人間心理の本能である。夢の象徴的表現は、言語とさまざまに並行している。(5) 要するに、得られた解釈の実験的なチェックは可能である。医師から性的内容をもつ夢を暗示された被催眠誘導者が、たとえばポケットの夢を見るならば、この象徴の分析的解釈は正しいと証明される。＊

＊Ebenda, S. 132-185.［一四七〜二〇五］（催眠法への言及が2. Bd., S. 31に見られる。［一五巻、一一五〜一一七］）

夢の理解は、神経症の症状を理解する適切な基礎である。精神分析は何よりも神経症の三類型、つまり、強迫神経症、ヒステリー、不安神経症を扱う。強迫神経症は、神経症の決定的な特徴がもっともはっきりと現れる類型である。強迫神経症患者の苦痛は、患者がある特定のまれな考えに取りつかれ、ある特定のまれな行動を取らざるを得ない、ということにある。この強制は、患者にとって苦痛に満ちている。患者は症状を理解しないし、症状から逃れられない。精神分析家は、夢を解釈するのと同じ手法で症状を説明する。夢の場合と同じく、すぐに性的動機に遭遇する。例を挙げよう。若い娘が、極端に複雑で一見無意味な「就寝儀式」を行う。眠るために行わねばならない準備には、何よりも、まくらがベッドの枠板に触れてはならない、というものがある。精神分析が発見し、彼女自身が認めたことは、彼女にとって枕は母親を表し、まっすぐ立っているベッドの枠板は父親を表すということである。儀式の意味は、両親がたがいに触れること、つまり、両親の性交が阻止されねばならない、ということであり、女性患者が子供時代に抱いた性的願望が満たされねばならないことだった。＊

＊Ebenda, S. 271-308.［二九九〜三三三］

この場合だけでなく、どんな場合も、神経症の発端を探る精神分析家は、子供の性という事実に導かれる。神経症患者が提供する連想の材料には、人生の最初期にさかのぼる性的志向（sexuelle Strebungen）がいやおうなしに含まれる。直接に観察すれば、性欲動がすでに乳児期に働いていることは疑いえない。一歳二歳の子供は、自分の身体の部位を使ってリビードを満足させる。もう少し年齢が進むと、リビードは自分の身体から離れて他人に向けられる。近親相姦願望、つまり、身近な血縁者との性交願望の形を取る。小さな娘は父親を求め、幼少の息子は母親を求める。この方向に向かう表象と傾向は、精神分析ではエディプス・コンプレックスと呼ばれ、その名はソフォクレスの悲劇に因む。そこでは不幸な王子の運命が描かれ、父を殺し、自分の母と結婚する。＊

＊Ebenda, S. 345-389.［三六六〜四〇五］

性欲動（Sexualtrieb）の初期の歴史を考えれば、神経症の発生過程が明らかになる。それは次のようである。思春期の若者あるいは成人のリビードは遅かれ早かれ、手の届かない、かなえられない対象に向かう。ここで多くの展開が考えられる。もっとも簡単な場合には、悲しみの状態、打ちひしがれた状態が現れるが、やがて克服される。別の可能性は、リビードが、見かけ上、性的でない作用、つまり、社会的あるいは文化的な作用に代償を求めて、それを見つける（昇華作用）。こうした場合にはすべて、神経症は出現しない。さらに別の可能性がある。リビードが、かつて子供時代に満足させられた対象——たとえその満足が、思い込み・空想の産物だったとしても——に戻るのである。これは、「リビードの退行」と呼ばれる。残りの自我全体は、この退行に異議を唱える。成熟の中途半端な人間が幼児の性に戻れば、必ず自己との矛盾に陥る。リビードと自我との間に起きる衝突でリビードが勝てば、倒錯が生まれる（これは幼児の特徴を、成人の時期にまで引きずることに他ならない）。自我が勝てば、リビードを無意識に追いやって「抑圧」する。しかし、リビードの力は弱まらず、神経症の症状をつくり出す。神経症の症状の、抑圧されたリビードに対する関係は、顕現した夢の内容の、隠れた夢の思考に対する関係と同じである。それは幼児の満足であるが、意識がその満足を引き起こすかのように装われる。これは幼児の満足を代理する行為であり、症状が発生する状況の連想と混じり合っている。＊

＊Ebenda, S. 390-437.［四〇六〜四四九］

精神分析家が神経症に適用する治療法は、どのようなものであろうか？　原理は簡単である。肝心なことは、リビードの意識されない内容を意識化することである。それによって患者は、その内容を精神的に咀嚼して、調子を乱されないようにすることができる。けれども、治療の遂行は難しい。通常、抑圧された内容を意識化することに対して、患者に強い「抵抗」が起きる。抑圧の際に働いたのと同じ力が、抑圧をないものにしようとすることに抵抗する。第二の困難は「転移」（Übertragung）の出現である。患者は治療の過程で、これまで他の人間に向けられていた愛情あるいは憎悪の感情を医師に移す。分析の初期には、次から次へと新たに現れる動揺の原因が転移にあるようで、治療の成功はまったく覚束ないのではないか、と思われる。しかし、転移は治療の梃にできることが示される。患者の欲動的な衝動（Die triebhaften Strebungen）は、以前固着していた対象から徐々に離れ、医師に向かう。もともとの神経症が、転移神経症に置き換わる。新しい対象設定とともに、志向（Strebungen）は明らかに現実とそぐわなくなり、医師は患者に容易に、転移神経症が患者にもわかるように治癒することを示すことができる。こうして抑圧されたコンプレックスが表層に現れ、もともとの神経症も一緒に治癒する。転移の利用は、ブロイアーの精神カタルシス法に比べて、精神分析による治療の決定的な進歩である。精神分析の手法によってはじめて、神経症患者の持続的治癒が当たり前のことになる。*

＊Ebenda, S. 503 bis Schluß.［五一九～五六三］

ここで『講義』第一巻の思考の歩みが終わる。［第一次］世界大戦後に行われた分析手法の修正は、もちろん過小評価されてはならない。しかし、第二巻の本質的に新しい考えは、第一巻に比べてはるかに少ない。したがって、比較的短いまとめで十分であろう。

心的現象の分類は不正確で、まったく静態的なものと言ったほうがいい。以前から精神分析は、動的な観点から判断して、現象の第三のカテゴリーである前意識があることを認めて来た。その特性とは、無意識とはいえ、相対的に容易に意識されうる、ということである。他方、より狭い意味の無意識の内容が明るみに出るには、困難な過程を経なければならない。けれども、精神の意識、前意識、無意識の区分のほかに、もうひとつ別の区分がありえ、前者の区分と一部重複する。精神分析家は、「自我」から「超自我」、「エス」を分離することが分析目的に適っていると考える。超自我は、ある種の精神疾患の場合に極端な形で現れ、監視されている、規制されているという、苦痛の感覚が長く伴う。同じ感覚は、穏やかな形で正常な人間も経験する。では、自我から規制の機序がどのように分離するだろうか？　超自我の成立は、エディプス・コンプレックスと関連している。しばしば、リビードの志向（Strebungen）は、我々が自己をリビードの対象（普通に言えば愛する人物）と同一視するように作用する。子供のリビードが両親に向かうことができない場合、そのような同一視の代替が起こる。エディプス・コンプレックスが昂じると、子供の自我は一部、両親の立場に置かれ、両親が以前果たしていた監視機能を引き受ける。後に両親に代わる人物（教育者、教師等）の機能までも、徐々に超自我に移る。超自我は、良心として社会の要求を代表する。同時に自我に対して理想を対置する。この理想は、エディプス・コンプレックスの時代には父親あるいは母親だった。自我と超自我は、意識された領域にすべて属する、と考えられるかもしれない。だが、それは誤りである。抑圧された内容が意識化されることに対する抵抗は、自我と超自我に起因し、精神分析の治療で克服されねばならない。抵抗の動機は意識されない。つまり、自我と超自我には意識されない部分がある。しかし、これらの部分は、最深部に届かないために、全体として無意識のエスと区別される。エスは、精神の暗黒の下層であり、もっとも重要な領域だが、語りうることがほとんどない。確かなのは、エスに包摂された欲動に対して矛盾の法則が妥当せず、欲動は時間の経過と関わりをもたないことである。意識から排除された内容は、エスと区分できない要素となる。肉体的な影響は、エスを支配することがもっとも少ない要素と考えざるを得ない。

＊"Vorlesungen zur Einführung in die Psychoanalyse", 2. Bd., 1933, S. 80-111. [二一巻、七四〜一〇四]

以前から精神分析が、すべてを唯一の欲動、つまり、性的欲動に還元するとして非難される。この非難には根拠がない。もともと、精神分析は、性の欲動のほかに「自我本能」の存在を仮定した。精神分析は、シラーの詩のように精神を構成した。「飢餓と愛」によって世界は保たれる、と。ところが、「ナルシシズム」の発見、つまり、リビードが自分自身に向かいうる、という注目すべき事実の発見によって、この仮説を放棄せざるを得なくなった。最初、自我本能と考えられたものは、性の欲動のある特殊な発現に過ぎなかった。だからといって、ほかに欲動の第二のカテゴリーは存在しない、と言わんとするものではない。その逆である。サディズムとマゾヒズムの現象は、［第二のカテゴリーを前提としない］他の前提では説明できない。マゾヒズム（痛みに性的な興奮を覚える）は、性的なものだけでなく、それに対立する要素も含む。性的なもの（エロス）は、存続、生殖を目的とする。マゾヒズムに現れる欲動の第二の目的は、自己破壊、死である。他のどんな欲動とも同じように、死の欲動もまた、さまざまに変容が可能である。外に向かえば、攻撃や破壊の快感に変わる。性と一緒になれば、攻撃の快楽はサディズムになる。超自我は、攻撃を外界からそらすことができる。攻撃が自我を対象にすると、罪の感情、罰の欲求が生まれる。この感情は、見かけ上まともな理由がないにもかかわらず、多くの人々に現れる、もっとも大事な心的コンプレックスの一つである。教育学や犯罪学は、これと取り組まねばならない。性の欲動と死の欲動は、共通する生物学的原理の反復強迫に還元できる。精神生活だけでなく、自律神経系の生命も欲動に支配される。欲動の目的はつねに、昔の経験を繰り返すことである。エロスが生命を新たにしようと努めるのと同じように、他の欲動は、自己を破壊することによって、生命がそもそも生まれた状態を再構築しようとする。*

＊Ebenda. S. 132-153.［一三三?～一四四］。

精神分析に対する厳しい批判は、その初期に限られなかった。批判は概ね今日まで活発に続いている。多くの馬鹿げた異議が唱えられる一方、あれこれ正しい視点を含んだ異議も少なくなかった。我々は、精神分析に反対する者たちの議論を検討してみたい。これは、精神分析に対する自らの判断をもつ良い方法である。

一、フロイトに反対する、おそらくもっとも古い異議は、哲学上のものである。フロイトの前提というのは、無意識の表象、欲動等があって、それが我々の生活において決定的な役割を演ずる、というものである。認識理論家の中には、ここに矛盾を見る者がいる。彼らは、心と意識は同一だ、と言う。意識されない精神の過程を想定することは、四角い円形について語るのと同じで意味がない、と。フロイトは正しくも、この異議をあっさりと退けた。自分は観察によって、無意識が存在すると理解せざるをえない、と言うのである。無意識の作用は知覚できる。こうした作用から、精神分析は原因を結論付けることが許される。あらゆる自然科学が、同様の多くの場合に行っているのと同じことである。経験に基礎を置く仮定が、哲学の思考習慣と一致しないのであれば、悪いのは思考習慣のほうである。修正されねばならないのは**思考習慣**であり、仮説ではない。

二、無意識という概念に対する異議は、ときどき、まったく真面目な人々が唱える。だが、それはしばしば、フロイトの主張する無意識の内容に対する、別のあからさまな異議を隠すにすぎない。フロイトによれば、我々は誰もが、厭わしいもののつまった沸騰する薬缶をかかえて歩き回っていて、それを知らない、そして、卑しい限りの欲望、とくに性的な欲望が、絶えず我々のうちに働いている、と。これに反対して、ときおり言われる。「そんなことは、本当で**あるはずがない**。本当であってはならないからだ。それは、自分自身に対するあらゆる尊厳を我々から奪う。人間を動物の水準に貶めるものだ」と。そのような考え方が非科学的であることを言うために、おそらく多言を要しないだろう。心理学の課題は、人間の心がどのようになっているかを示すことであり、どのようであってほしいかを示すことではない。心が醜悪なもので一杯であるならば、思考の慣習、すなわち、ひょっとすると認識論の慣行よりも高く評価される思考慣習を、おそらくここでも捨てる必要があろう。それにしても、真実を直視することを拒めば、それは我々自身を貶めることになる。

三、「精神分析の学説は正しくない。なぜかといえば、ありがたく（erfreulich）ないからだ」。このように反論するのは素朴な者だけであり、それはいつも、おそらく保守的な世界観に傾く者だけだと思われる。ところが、似たような議論を、進歩的に考える者たちも用いる。言わんとするのは、ほぼつぎのことである。「精神分析にとって、人間の最高の行為、たとえば社会的、芸術的行為も、昇華した性欲動の単なる発現に過ぎない。すなわち、貴・賤ともに素材は同じである。この議論によって、貴いものが貶められる。社会をより高みへと発展させようとする刺激が失われる」。我々は再び、あいまいな異議申し立てに関わっている。ある学説の価値を測る基準は、学説のもつ真実の内容である。正しい学説は、「それ自体では」決して社会に害を及ぼすことはない。その誤用が、状況如何によって害となるのである。ところで、昇華の理論は、低次のものから高次のものが生ずる、と教えるあらゆる理論、たとえばダーウィン主義と比べても、いささかも危険ということはない。人間がサルに由来する、究極的には単細胞生物に由来するからといって、人間を動物の上に置くことが妨げられるわけではない。芸術的成果を生み出すことが結局、性的欲動に由来することを、我々が全面的に受け入れたとして、その芸術活動を非精神的な性的欲求から、価値の面ではっきり切り離すことができないわけではない。フロイト自身、こうした分離を行って、つぎのように強く主張する。自分は自分の遺伝的な理解にもかかわらず、昇華された欲動が、そうでない欲動よりも高い価値をもつことを認める、と。ここで話題にしている、精神分析に敵対する議論が広がりを見せていなかったなら、精神分析の著作を読む読者の間に、遺伝的観点と価値的観点とを混同する傾向がときおり現れることもないだろう。ただ、十分に訓練を受けた精神分析家もまた、社会行動の成果（Leistungen）、なかんずく政治行動の業績に対し、動機を見通しながら、あるいは、見抜いたと考えながら、その評価において、しばしば驚くほどわずかの意義しか認めない。

四、先に言及したいくつかの異議よりも、はるかに深刻な別の異議がある。* 精神分析は、その多くの主張があまりに一般的に表現される。諸々のテーゼも、それ自身正しく、また経験によって検証できるけれども、拡大されすぎて、ついには正しいことと誤りとを併せて含むことになる。こうした欠陥は、フロイトが若いころにブルジョア思考を支配した一定の機械論的考えから、彼が生涯にわたり免れ得なかったことに由来する。** 彼の心理学は、「即自的人間」を対象とする。彼は歴史の弁証法的発展を理解しない。原始共産制の「人間」と資本主義の「人間」、さらに社会主義社会の「人間」が、まったく異なった存在であることを理解しない。したがって、たとえばエディプス・コンプレックス説に全般的な妥当性を付与する。これに対し、人類学の研究では、メラネシアの原始種族の成員は、このコンプレックスを免れ、同種のコンプレックスを知らない。*** 四歳と思春期との間にフロイトが挿入する性欲の潜伏期は、メラネシア、サモア、オーストラリア中央部の種族にはない。**** 死の欲動は、そもそも存在すると仮定しても、時代と階級によってきっと異なるだろう。重要なのは、確かにそれが性の欲動と同じではないことである。***** 精神分析では、これと似た恣意的な説明がさらに数多く見られる。

＊次のものを参照。F. H. Bartlett, "Sigmund Freud, A Marxian Essay", 1938.

＊＊Ebenda, S. 28, 121.

＊＊＊Ebenda, S. 52ff. バートレットは、B・マリノフスキーの『未開社会における性と抑圧』(Sex and Repression in a Savage Society) 一九二七年に依拠している。

＊＊＊＊Ebenda, S. 100. ここでバートレットは、マリノフスキーのほかに、マーガレット・ミード、精神分析家のゲーザ・ローヘイムを、自分の主張を保証してくれる者として挙げることが出来る。

＊＊＊＊＊Ebenda, S. 137.

五、精神分析のさらに重大な欠陥は、社会的状況が個人の心理的発達にとってもつ意義を見逃し、他方で不当なまでに社会科学の領域に介入しようとすることである。精神分析は、こうした科学すべてを取り込み、自分たちの流儀で変革しようとする。そのような傾向の出現は自然なことともいえる。心理学の学説が成果を挙げるために、その傾向をさらに助長することは自明である。社会諸科学が扱うのは、なべて人間の行動である。人間行動は、心理学の対象である。歴史、文学史、経済学を応用精神分析の個別分野として理解できないか、と考える。これはもちろん、まったく誤った結論である。社会諸科学で問題となる人間行動が心理的であるのは一部にすぎず、同時に、非心理的な決定要因は百倍も多い。たとえば、物的素材の潤沢さ、あるいはその不足、生産諸力の水準、さらに個々の人間が生まれ落ちる社会組織全体がある。その個人の欲動が本人になにを課そうとも、この組織を意識し、考慮せざるをえない。精神分析はしばしば、社会学的に訓練されない思考に対して仕掛けられた罠に陥った。フロイト自身がその端緒を開いた。たとえば、彼の原始時代の心理学的叙述は、他の観念論的な歴史構成とまったく同じように根拠がない。(6) 根拠を欠くのは、彼の次のような考えである。歴史における攻撃の局面は、エロスの支配的な局面と交代する、(7) あるいは、反戦の闘争は、攻撃衝動の心理的現象に向けられねばならない云々。(8) 彼の誤謬は、弟子たちによりさらに粗雑な形で繰り返される。ある精神分析家は、平和を確保するには、表に現れた攻撃の快楽を排除するだけでは十分でない、と語り、多くの平和愛好者にうごめく無意識のサディズムを取り除くことを要望する。* 他の分析家は、英国が一九二〇年ころに行った通貨政策が、政府関係者のある無意識な動機（おそらくサディズム?）に基づいている、と説明する。(9) さらに第三の分析家は、政治的保守主義（世界史のいつの時点、どの地点で出現しようとも）が、父親との同一視から生まれ、民主主義あるいは急進主義の信条（いつ、どこで出現しようと）が、エディプス・コンプレックスから生じた、と思っている。** これはまったく初歩的な誤りであり、これらの者たちは、可能性と現実を混同するという誤りを犯している。欲動の機制という精神分析学説は、非常に一般的であるので、もっともうまくいった場合、社会的現象の可能性を根拠づけるが、しかし、かくかくしかじかのことが、なぜ、このとき、この場所で実際に起きたのかを示すことができない。歴史を紐解けば、攻撃衝動にもかかわらず、なぜ長い平和の時期があるのか？ 現代の諸大戦においても、なぜ多くの国が中立にとどまったのか？ ロシアのプロレタリアート革命は、なぜリューリク［キーエフ国の建国者とされる］の下で起きなかったのか？ こうしたことは、すべて答えることができる問題であり、回答がとくに難しいわけではない。ただ、経済的、政治的材料を用意しなければならない。精神分析は欠落を埋め、エピソードをわかりやすくし、歴史的人物の個性や社会の小グループの特性を照らし出すことができる。しかし、そこまでである。社会科学分野での素人芸は、フロイト学派にとって危険である。そこからは、学派の優れた業績に容易に影が差そうというものだ。ヴァルタ・ホリッチャーのような精神分析と社会学双方を学んだ者が、心理学と社会学の境界を画する試みをしようとするならば、フロイト学派はそれを歓迎すべきだろう。＊＊＊

＊E. Glover, "War, Sadism and Pacifism", 1933, S. 41ff.

＊＊Vgl. M. D. Eder, 'Psychoanalysis in Relation to Politics', in dem von Jones herausgegebenen Band "Social Aspects of Psychoanalysis", 1924, S. 128-168.

＊＊＊Vgl. W. Hollitscher, "Sigmund Freud. An Introduction", 1947. 境界画定の試みは、これまでしばしば行われた。以下を参照。R. Waelder (Lettre sur l'Étiologie et l'Évolution des Psychoses collectives. La Situation historique actuelle' in dem Band "l'Esprit, l'Éthique et la Guerre", hrsg. vom Internationalen Institut für geistige Zusammenarbeit, 1934), und R. Osborn ("Freud and Marx", 1937).

フロイトの生涯の著作は膨大である。先に触れた社会科学面の誤謬に止まらず、純粋に心理学的な誤謬も紛れ込んでいることは、おそらくいずれわかるだろう。彼の基本的な考えも、今後の研究によってたぶん修正されるだろう。ただ、彼の功績が、それによって削がれるわけではない。無意識の精神事象、抑圧機制、性的なものの遍在は、いずれにしてもフロイトを不滅の存在とするだろう。彼の思想の豊かさは、はかり知れない。それが明らかなのは、国際的な精神分析運動に止まらない（この運動は、心理的理解に適合する問題群を扱う限り、有用な活動を行う）。フロイトは専門分野をはるかに超えて、同時代の思考を豊かにした。彼が文学に与えた豊かな刺激を想起されたい。オーストリアのモデルネと表現主義の著作は、フロイトがいなければ、はるかに貧しく、たいへん興味深い数多くの人物像と主題が欠けていたことだろう。独・仏・英・米の文学に与えた影響は、同様に大きかった。彼が作った概念——抑圧、昇華、失錯行為、エディプス・コンプレックス——は、教養人の共有財産になった。その作品にはまた、美的・倫理的に高い価値が含まれている。まず美的価値について。彼は散文の名手である。言葉の明晰さと自在さは読者を魅了する。次に倫理的側面について。自分に向けられた憎悪の世界にあっても、フロイトはひるむことなく、自己の真実を少しも放棄しなかった。誰あろう、フロイトだから言うことができた。「私が沈黙して真実を語らねば、ひれ伏す者も多かろう」。オーストリア人でありながら、日和見主義の対極にある人物だ。劇的である！　なんという模範だろう！

フロイトを精神史の中に位置づけようとする試みが何度もなされた。ニーチェ、クヌート・ハムスン、ルートヴィヒ・クラーゲス、オスヴァルト・シュペングラーと並べて、一九世紀の世界観を二〇世紀初頭に克服した人物たちのひとりとして位置付けられた。彼らは、一九世紀を特徴づける知性支配を覆し、精神がもつ非理性的な諸力を復権させた。そこには適切さとともに、多くの誤りがある。適切というのは、フロイトが、自由主義ブルジョアジーの心理的フィクションを対象に、ひとりで闘う必要がなかったことである。彼の創造活動は、帝国主義の時期に当たっている。この時期に進行する資本主義の解体は初めから、自由主義イデオロギーの劇的な解体だった。ニーチェやハムスン、そしてふたりに追随する一団は、従来軽視されていた衝動の過小評価にたゆまず警鐘をならした。しかしながら、彼らはフロイトと大きく隔たっている。彼らは一九世紀のうわっ面の合理主義を排除したが、それに代えて、さらにうわっ面だけの危険極まりない非合理主義を据えただけだった。つまり、理性と非理性の価値の衝突で、非理性に軍配を挙げた。こうして、ファシストの忌まわしい神話に道を拓いた。フロイトは、これとはまったく関係がない。フロイトは、よく比較される詩人や哲学者と同じ意味あいの非合理主義者では決してなかった。彼らと同じようにフロイトは、人間精神のもつ暗い要素を数多く知っていたが、それ以上に少し多くを知っていた。また、こうした暗さに屈したり、それどころか、それを愛したりなどということは、フロイトには思いもよらなかった。ブルジョアの偏見を壊したフロイトの独自性、非凡さは、ブルジョアの最善の諸理念、つまり、一七八九年の諸理念に忠実だったことにある。彼は今日の文明の危機的状況（危機の根源が、彼の目には正しく見えていなかったとしても）をよく知っていた。フロイトは、文明の世界、理性・自由・礼節の君臨する世界を確保するためには、野蛮に対して闘い、こつこつと成果を積み上げていくこと、まさにここに現代人の課題があると考えていた。この思想の方向は、晩年の著作にはっきりと現れている。この方向性により、フロイトはブルジョアの解放闘争につながるだけでなく、プロレタリアートの解放闘争にもつながっている。彼は進歩的な哲学者である。進歩的というのは、彼の創造行為の動機だけでなく、彼の学説に内在する傾向からも言える。フロイトのもっとも賢明な弟子であるトーマス・マンが、フロイトを偉大な啓蒙家のひとりに数えたのは正しい。フロイトが「未来の基礎づくりに貢献し、解放された、教養溢れる人間たちの住居の大切な礎石をひとつ据えた」と、トーマス・マンが彼を称賛したのは当然のことである。

＊Th. Mann, 'Die Stellung Freuds in der modernen Geistesgeschichte', in: "Die Forderung des Tages", 1930, S. 224.

# 平和主義

オーストリアの平和運動は、国際平和運動の一環であり、連携しつつ発展・拡大してきた。平和が永続するように、という人類の願いが過去にはるかに遡るとしても、国際運動そのものが始まったのは比較的最近のことである。それは一九世紀の八〇年代・九〇年代に資本主義が帝国主義へ変容するのに応じて生まれた。どれほど深刻な経済や社会、イデオロギーの転換が当時始まったかを認識した者はわずかだった。同時に始まった大国の軍備競争が大規模な戦争の危険をはらむことは、変容する前の自由主義思想を信奉する多くの者が見て取った。社会改良思想の支持者たちや、ついには、宗教的な考えをもつ者たちが、平和をどう確保するかという問題に集中的に取り組み始めた。彼らはヨーロッパのほとんどの国やアメリカに組織を作り、その組織が、平和確保の手段を見出そうとし、国際情勢の先鋭化に人々の注意を喚起するよう努めた。こうした組織の特色は、少数の大資本家の財政支援を得たこと、また、いくつかの政府から政治的支持を受けたこと、それにもかかわらず、本来の目的を大きく推し進めることができなかったことである。平和運動は一九〇〇年前後の危機的時期に、戦争推進勢力に比べてはるかに弱体だったばかりか、一九一四年八月には、何百万という大衆が、突如として始まったカタストロフィーを歓呼の声で迎えるのを阻止できなかった。しかしながら、平和運動は有益な成果を挙げた。すなわち、排外的な扇動を無力にはできなかったものの、少しだけ妨げることができた。運動は書物や冊子で数多くの誤った見解を広めもしたが、少なからざる貴重な社会科学的洞察を普及させた。また、意図した圧倒的な権威を国際法に付与することはなかったが、その後の同法の整備に向けて多くの提案を行った。平和運動には何よりも倫理的な効果があった。多くの者たちを人道の理想に導いたのである。オーストリアは最初から国際平和主義の実績作りに大きく与った。組織化、広報、学術の領域でオーストリア人は、すでに大戦前からすばらしい成果を挙げた。一九一四年から一八年には、何人かのオーストリアの平和主義者が、反帝国主義の闘いで断固とした範を示した。こうした人々——クラウス、ラマシュ、ツヴァイク——の活動は、オーストリア史に記されるべき事績である。

まずは時代を追って、少し国際運動について述べよう。* 端緒は西欧の民主主義諸国で開かれた。一八八二年、米国が他国と仲裁条約を結ぶ意向を表明し、英国とフランスの国会議員が、ランダール・クリーマー卿とフレデリック・パシーを先頭に、自国政府に対し米国案を受け入れるよう運動を開始した。一八八八年、クリーマーとパシーは、いくつかの議会の議員による会議をパリで実現し、ここから**列国議会同盟**(Interparlamentarische Union)が生まれた。翌年(一八八九年六月二三日~二七日)、パリに各国の平和連合代表が集まり、**第一回世界平和会議**(Erste Weltfriedenskongreß)が開催された。数日後(一八八九年六月二九日~三〇日)、同地で列国議会同盟の最初の大会である**第一回国際議会会議**(Erste Interparlamentarische Konferenz)が開かれた。ふたつの会議では、どうすれば仲裁を諸民族共生の有力な制度にできるかが議論された。ふたつの会議の違いは、主としてその構成にあった。列国議会同盟は多少とも名の知られた政治家から成り、他方、世界会議には大衆組織が代表を送り込んだ。パリのふたつの大会は、世界に多大な反響を呼び起こした。オーストリア、ハンガリー、ドイツ、ノルウェー、オランダ等で新たな団体が作られ、国際組織に加わった。世界[平和]会議は一八九二年、ベルンに常設事務局を設置した。事務局長はエリ・デュコマン。列国議会同盟も常設の中央本部を設けた。平和主義は、ふたつの法学団体、すなわちジュネーヴの国際法研究所（Institut de Droit International）とロンドンの国際法協会（International Law Association）の援助を頼むことができた。巨額の支援は、スウェーデンの大富豪であり、ダイナマイトの発明者である**アルフレード・ノーベル**が遺言で平和運動に寄贈した（一八九六年）ものである。自分の財産三五〇〇万スウェーデン・クローネの利子を毎年、重要な文化的事績の顕彰に使うよう定めた。そうした賞のひとつが、世界平和を大きく推進した者に与えられることになった。ノーベルに倣って米国の実業家、**アンドゥルー・カーネギー**が同様の基金を設立し、一〇〇〇万ドルを平和のための活動に拠出した（一九一〇年）。平和運動の進展に影響を及ぼした注目すべき政治的事件が一八九八年に起きた。反動大国の絶対支配者であるロシア皇帝が声明を出し、その中で平和主義の主要な思想をいくつか（仲裁裁判所、軍備制限）自家薬籠中のもののように提示した。英国とフランスの政治指導者たちも、平和運動に対する関心を披歴するのが、いまや得策であると考えた。一八九九年、主要国会議が協議のためハーグに召集され、ロシア皇帝の声明がその基礎とされた。おおかたの代表者たちは、自国政府によるひたむきな平和愛好というわべを取り繕おうとした。ドイツ代表団だけが、平和主義への嫌悪を露わにする。会議の成果といえば、わずかなものだった。「任意」[1]の仲裁裁判所を設立し、また、軍備問題を詳細に検討するよう各国政府に勧告した。その後何年も、たびたび仲裁裁判所には、ささいな紛争案件の仲裁機会が訪れ、確かに同裁判所は役に立つことがわかった。一九〇七年、第二回会議がハーグに召集された。ここでは陸戦と海戦の人道化のための規則が決議されたが、平和確保の面では前進しなかった。再びドイツ代表団の態度が消極的だったからである。この間平和団体の活動は、内容、規模ともに初期のころを大きく上回った。平和団体は、平和確保の問題が現代社会の他の多くの問題、とくに文化の問題と密接に関連しているという認識から出発して、好戦的目的のために学校を悪用することや、死刑、決闘に反対し、世界言語であるエスペラントの導入、少数民族の文化的権利等を訴えた。大戦の勃発とともに、平和陣営のうちに鋭い対立が出現した。わずかな平和主義者だけが、いまこそ試練のときで、まさにいまこそ最大の行動力をもって平和にために尽力しなければならない、と理解したが、他の者たちは、状況が好転するまで平和のための宣伝を繰り延べるとともに、「祖国防衛」の立場を受け入れた。それは各祖国の帝国主義者たちが採用した立場である。戦争の最後の年になって幅広く平和への願いが広がり、平和運動が新たに高まった。一九一九年の国際連盟設立は、戦勝国が何よりもこうした事態を配慮しようとしたことに始まる。かなりの数の平和主義者たちが、国際連盟に自分たちの夢の実現を見た。もちろん、徹底して平和を愛好する者たちは、すぐさま組織的欠陥に気がついた。この欠陥は国際連盟に内在して、一九一九年から一九三九年にかけ影響を及ぼし、破局を迎えることになる。

*Vgl. hiezu: Ludwig Quidde, 'Die Geschichte des Pazifismus', in dem von K. Lenz und W. Fabian hrsg. Sammelband "Die Friedensbewegung", 1922, S. 6-36; 多くの資料が次のものに見られる。"Memoiren" von B. v. Suttner (1909) und "Handbuch der Friedensbewegug" von A. H. Fried (1. Aufl. 1904, 2. Aufl., 2 Bde., 1911-13).

平和運動のイデオロギーを問うならば*、当然とも言えるが、きちんと一貫したイデオロギーが存在しないことがわかる。平和主義者全体の見解が、一定の問題点では一致するが、他では大きく異なる。以下、あれこれの論点を挙げてみたい。

*以下の書の見解を参照。L. Groß: "Pazifismus und Imperialismus", 1931, S. 67-306.

一、当然のことながら、目的については一致している。

二、平和を確保する手段、たとえば強制的な仲裁裁判については広く大多数が是認している。

三、平和主義の闘いは、なによりもショーヴィニズムに向けられる。平和を愛する者たちは、そこにもっとも危険な平和の敵を見る。さらに、民族運動（nationale Bewegungen）をショーヴィニズムの運動と考え、前者に対しいつも強い不信感を抱く。彼らは、このふたつの運動の相違を、それらが反動に転化した亜種を含め十分に認識せず、民族感情（nationale Empfinden）を消し去るか、あるいは、はるかに弱めることが望ましいと考える。その立場が国際主義、コスモポリタニズム等、どのように名づけられようと、民族に無関心（nationale Indifferenz）な傾向をもつ。

四、平和主義者たちは、平和問題を他の問題と切り離して解決できる、すなわち、現存社会の勢力関係を先に根底から変化させることなしに、平和を永続的に保障できると考える。ただ、彼らの目も曇っていないので、戦争の危険と、我々の文明が抱えるその他数多くの欠陥との間に関連があることを誤認しない（したがって、たとえば学校教育の改善に力を注ぐ）。これに対し、本来重要な関連には目を閉ざす。彼らが目を閉ざす事実とは、二〇世紀の戦争が独占資本主義の利害に由来すること、独占資本家は国家・社会機関を無制限に独裁的に支配していること、したがって、戦争危険の除去は、独占資本家が無力化される度合いに応じてのみ可能なことである。

平和主義者の間には次の論争がある。

一、（共通の）目的である平和の理由付けをめぐって。ここでは、三つの異なる——功利的、倫理的、宗教的——考えがある。功利を重んずる者たちは、軍事支出は経済的に無意味であり、戦争は理に適わない事業だとする。倫理を重視する者たちは、あらゆる人間の生命を最高に重んぜよと命ずる、カントの定言命令を好んで引きあいに出す。宗教的平和主義者たちにとっては、軍国主義とキリストの教えが一致しないことが決定的な観点である。もちろん、三つの見解の境目ははっきりしない。功利的に考える者たちが、倫理的配慮を併せて持ち出したり、倫理を重んずる者たちが、功利的なことを言ったりする等である。

二、兵役義務に対する態度について。大多数の平和主義者はこう考える。兵役義務は、国際体制が整備されるにつれて無用になり、やがてなくなるが、いまだ維持されている現段階では、ともかくも現存する制度として認めるべきである、と。宗教的に考える者を中心とする少数派の平和主義者たちは、ひとりひとりが戦闘任務の命にしたがうべきではない、と言う。

三、「国家の正当防衛権」について。大多数は、戦争が場合によっては正当な防衛戦争でありうるし、支持に値することを認める。少数派――ここでもクエーカー教徒やトルストイ支持者のような宗教的平和主義者からなる――は、戦争の起源、内容がいかなるものであれ、一切戦争を支持しようとしない。

平和主義が提示する諸原理は、それぞれ評価が大きく分かれる。たとえば仲裁制度に関する見解は理に適っている。他方、民族思想に理解を示さないことは批判を呼ぶ。最大の弱点は、戦争の危険と独占資本主義との関連を理解しないことである。これを表面的にしか扱わないことが短所となって、（ブルジョア的）平和主義は、労働者の熱心な平和への取り組みと異なる。ここで話題になっている時期には、労働者の平和への努力は、第二インターナショナルの枠内で展開されたが、それもまた、さまざまな可能性と課題に対応しきれなかった。

平和主義のイデオロギーに少し踏み込んでみると、先述の歴史的なエピソードに初めつきまとうようだったわかりにくさが解消する。平和主義は資本主義を理解しなかったため、矛先を資本主義体制そのものに向けるのではなく、ただ、いくつかの発現形態（軍備拡張競争、好戦的宣伝等）に向けるだけだった。そうした根本的な誤りを犯した運動が多くの成果を挙げることはなかった。帝国主義の狡猾な政治家たちは、自分たちの目的のために、あるいはその目的を隠蔽するために、平和主義悪用をたやすく思いついた。悪用が「うまい」考えであることは経験が証している。皇帝ニコライ二世は、声明を起草すると決めただけで、それ以上の労を払うことなく、その声明によって世界中の自由主義的な新聞――それまで、彼を褒めたことなどない新聞――から熱狂的な賛辞を得た。レオン・ブルジョアやバルフォアのような協商国の政治家たちは、平和主義に肩入れすることで、平和愛好家として自国で信用を築いた。それが一九一四年、戦争に舵を切る役割を容易にした。普通の人々は納得した。ブルジョアやバルフォアのような人々まで、突如、戦争へ賛成表明をしたのだから、これは明らかに祖国防衛戦争である、と。西ヨーロッパの組織された平和主義は、普通の人々の［祖国防衛戦争の］考えを強化することに大いに努め、いわゆる超過配当［十分な効果］を生み出した。平和主義のような、あらゆる急進的な動きを嫌う運動は、自分たち「だけ」が世界を救いうるのだと、慈善の心をもつ億万長者に強く働きかけることができたのは当然だった。ここでまだ説明を要するのは、まさにドイツ帝国主義が、なぜ平和主義を拒絶したのかということである。理由は簡単で、ドイツの支配階級は、民主主義的な運動を自分たちの意図に沿って利用することを得意としなかったからである。

さて、我々はとくにオーストリアの運動に注目しよう。その歴史とイデオロギーは、重要な四人――ズトゥナー、フリート、ラマシュ、カール・クラウス――の平和への努力を描くことで基本的な特徴が明らかになる。一九一四年～一九一八年という運動の段階については、一連の補足的な説明が必要になるだろう。

**ベルタ・フォン・ズトゥナー**（一八四三～一九一四）*がオーストリア平和主義の創始者であることは、誰もが認める。ズトゥナーはまた、他国の平和主義の高まりに大きく貢献した。結婚前は伯爵令嬢、ベルタ・キンスキといい、有数のオーストリア名門貴族の出身である。ただし、彼女が属したキンスキの系統は没落貴族だった。聡明で教養ある伯爵令嬢は、教師として生計を立てねばならなかった。その資格でウィーンのズトゥナー男爵家に出入りし、雇い主の末息子にあたるアルトゥル・グンダカルと結ばれる。結婚はズトゥナー家の知らないところで、しかも、その意思に反して行われたので、若い夫婦は長期にわたって外国に滞在しなければならなかった。ミングレリア（グルジア）の侯爵夫人との友人関係が、コーカサスの地に根を下ろすことに踏み切らせた。同地で暮らした九年間に、ふたりは著述家になった。夫はコーカサスの物語を刊行した。ベルタ・ズトゥナーは文芸記事から始めて、次に小説、『悪しき人』(Ein schlechter Mensch)や『ハナ』(Hanna)、さらに哲学的省察の書、『心の持ち物』(Inventarium einer Seele、一八七九年)を発表した。帰国して匿名で発表した類似の書、『機械時代』(Maschinenzeitalter、一八八九年)はセンセーションを巻き起こした。自由党の国会議員、バルトロメーウス・フォン・カルネリは、著者が誰だか知らないまま、議会演説の中でこの書に言及した。カルネリは後に平和運動の支持者となる。『持ち物』のある章が示すように、ベルタ・ズトゥナーは、自分の考えが運動の目指すところと一致していたにもかかわらず、四四歳になるまで平和運動の存在を知らなかった。一八八七年、知人から国際仲裁平和協会(International Arbitration and Peace Association)の存在と活動について知らされたとき、感銘を受けた。そこで、この経験から出発して、ズトゥナーは小説、『武器を捨てよ!』(Die Waffen nieder!)を書き、(創作された)個人の運命を通して戦争の悲惨さを描こうとした。小説は当初、いくつかの出版社が政治的理由をもって拒否した。しかし、ついに出版されたとき(一八九〇年)、あっという間にベストセラーとなる。四年のうちに一二回、版を重ね、八か国語に翻訳された。ベルタ・ズトゥナーは、一躍世界的な有名人となり、その名は、平和主義が利用できる屈指の輝かしい名前になる。一八九一年、彼女は**オーストリア平和協会**を設立し、国際平和運動の支部として組織。さらにオーストリアの国会議員の国際議会連盟への加入を実現した。雑誌『武器を捨てよ!』をA・H・フリートと一緒に創刊するとともに、ベルリンとブダペストで平和協会設立の音頭を取った。クリスティアニア〔=オスロ〕のノーベル委員会が、彼女にノーベル賞授賞を決定した(一九〇五年)のは自然のことだった。[2]高齢になるまで大規模な平和会議の執行部に加わり、講演の旅で地球を半周する程だった。晩年の著作では、『回顧録』(Memoiren、一九〇九年)とユートピア小説、『人類の高等な企て』(Der Menschheit Hochgedanken、一九一一年)とが言及に値する。ズトゥナーは、サラエヴォの銃声の一週間前に亡くなったが、その死により、彼女が四半世紀にわたり心を砕いた文明ヨーロッパが炎に包まれるのを見ずに済んだ。

＊Vgl. Bertha v. Suttner, "Memoiren", 1909; L. Katscher, "Bertha v. Suttner, die 'Schwärmerin' für Güte", 1903; Caroline E. Playne, "Bertha v. Suttner and the Struggle to avert the World-War", 1936; Nagle-Zeidler-Castle, a. a. O., 3. Bd., S. 770ff., 4. Bd., S. 1334 f.

ベルタ・ズトゥナーの出自と生涯からすれば、その著作で革命的な言辞に出会うことは期待できない。過激な傾向からはかけ離れていた。彼女は、視野の狭いオーストリアの自由主義者より、もう少し洞察に富んでいたが、それでも西ヨーロッパ的な意味で典型的な自由主義者だった。あらゆる深刻な問題に対して妥協の解決策を求めた。信仰を厳格に守るというのではないが、無信仰ということでもなく、教理に拘束されなかった。＊現存の社会秩序は、彼女には基本的に変更できないものと思われたが、人々の怒りの暴発を招かないように、一定の社会改革が行われねばならない、と考えた。＊＊平和主義を基礎づけるにあたり、主として倫理的な議論を用いたが、兵役義務拒否が倫理的な義務であるという立場までは進まなかった。仲裁裁判所とか、彼女の死後、国際連盟として実現した超国家連合は、平和を守護するものであると考えた。だが、地上の権力者と諸国民との間に利害対立が作用していることは、彼女には見えなかった。彼女が、絶対に可能であり、第一に重要と見なしたことは、貴族と有産階級を平和思想のために獲得することだった。この努力によって運動がしかるべく整えられた。運動の卓越した顔ぶれとしては、エルンスト・フォン・プレーナー、カール・コロニーニ伯爵、ルードルフ・ホイオス伯爵、カミロ・シュターレムベルク侯爵、アードルフ・ブレーデ侯爵が挙げられる。彼らは自由主義者の国会議員、高位貴族等であった。(3) ズトゥナーは、『ノイエ・フライエ・プレッセ』が自分の平和協会設立の呼びかけを報じたとき、すでに勝利も半ばだと思った。大臣が議会で彼女の主要著作に言及し称賛したときは、感激を覚えた。＊＊＊その上彼女は、フランツ・ヨーゼフ皇帝が許した拝謁を成果だと理解したように思われる。もっとも皇帝は、仲裁裁判所を創設することは難しい、とだけ述べて、彼女を再び面前から去らせたのだった。**** もちろんオーストリアの政治、とくに自由主義の政治もまた、平和主義とはまったく異なる方向へ進んでいった。ときどき平和主義に対して示される好意は、せいぜい貴顕紳士ひとりひとりの真摯な希望の表明にすぎず、たいていは陽動作戦だった。ベルタ・ズトゥナーがこれを理解しなかったのは、彼女が政治感覚をほとんど持ちあわせていなかった証である。しかし、彼女の世界観が制約されていたことを、その生涯の活動の評価基準にすることは公平ではないだろう。ときに彼女は、ひとりの並外れた女性執行委員でしかない、と見なされるかもしれないが、実際には別のカテゴリーに属していた。世論全体が聞き流せないやり方で戦争の危険について語ったことだけを取り上げても、感謝に値する。我を忘れ、疲れも知らず、彼女はオーストリアの恵まれた地位にある多くの者が決め込んだ無関心の伝統を打ち破った。彼女の著作は、人間のもつ素晴らしい情熱にあふれている。小説の『武器を捨てよ！』は、文芸作品ではなく、正しいことを訴える宣伝の書であった。

*"Inventarium einer Seele", 1879, S. 330ff.
**"Memoiren", 1909, S. 295.
***Ebenda, S. 183.
****Ebenda, S. 380.

ベルタ・ズトゥナーが、オーストリアで平和主義を組織した最初の人だとすれば、**アルフレート・ヘルマン・フリート**（一八六四～一九二一）* は、それに続く者だった。ウィーン生まれだが、若いとき、出版者、ジャーナリストとしてベルリンに腰を据えた。ウィーン平和協会が設立されたと聞いて、面識のなかった創立者に熱心に手紙を書き、平和主義の雑誌を創刊することを提案した。ベルタ・ズトゥナーが同意して、ふたりは一八九二年から雑誌、『武器を捨てよ！』を編集してベルリンで発行した。一八九九年、雑誌名は『平和の望楼』（Friedens-

Warte）と改められ、フリートが単独編集を引き受けた。彼は、ベルタ・ズトゥナーが提唱したベルリンの平和協会設立に指導的にかかわった。フリートは並外れて筆が立った。著書、冊子は多数にのぼる。以下に［いくつか］挙げてみる。

＊Vgl. A. H. Fried, “Handbuch der Friedensbewegugn”, 2. Aufl., 2. Bd., S. 351; B. Suttner, “Memoiren”, S. 231, 240f., 273 usw.; K. Lenz und W. Fabian, “Die Friedensbewegung”, S. 13, 200, 267, 271; L. Gross, “Pazifismus und Imperialismus”, 1931, s. 87ff.

『アルザス・ロレーヌと戦争　ある平和の言葉』（Elsaß-Lothringen und der Krieg. Ein Friedenswort）一八九五年、『電信機を携えたジンギスカン』（Dschinghis-Khan mit Telegraphen）一八九六年、『第（一回）ハーグ会議　その意義と結果』（Die (I.) Haager Konferenz, ihre Bedeutung und ihre Ergebnisse）一九〇〇年、『白旗の下に！　平和記者のファイルから』（Unter den weißen Fahne! Aus der Mappe eines Friedensjournalisten）一九〇一年、『武装平和の重圧と将来の戦争』（Die Lasten des bewaffnetenFriedens und der Zukunftskrieg）一九〇二年、『平和運動手帳』（Handbuch der Friedensbewegung）一九〇四年、第二版は二巻本、一九一一～一九一三年）、『現代の平和運動』（Die moderne Friedensbewegung）一九〇七年、『革命的平和主義の基礎』（Die Grundlagen des revolutionären Pazifismus）一九〇八年、『皇帝と世界平和』（Der Kaiser und der Weltfriede）一九一〇年、『世界戦争から世界平和へ』（Vom Weltkrieg zum Weltfrieden）一九一六年、『我が戦争日記』（Mein Kriegstagebuch、全四巻）一九一八～一九二〇年

旺盛な著作活動に、ジャーナリストとしての幅広い活動が加わった。すでに一九〇八年には索引を作るほど、自ら執筆した記事は多数にのぼっていた。フリートは、国際平和運動のおかげで多くの栄誉を授けられ、ベルンの［世界平和会議常設］事務局メンバーやカーネギー財団付属部局の通信員に任命された。彼はまた、ベルタ・ズトゥナーの後、ノーベル平和賞を受賞した唯一のオーストリア人だった（一九一一年）。［第一次］大戦前に故国オーストリアに移り住み、大戦中は活動をスイスに移した。スイスは、『平和の望楼』誌に避難所を提供したの

である。彼の最晩年の活動は、ウィルソン思想の普及と過酷な条件の和平に反対する宣伝に捧げられた。論文・記事を集成した著作ふたつ、『国際連盟』（Der Völkerbund）一九一九年と『ヴェルサイユ条約への世界の抗議』（Der Weltprotest gegen den Versailler Frieden）一九二〇年がある。

フリートの著作がもつ特徴は、彼のふたつの努力である。彼は平和主義を感情の領域から引き離し、科学的認識の確かな土台の上に乗せようとした。そして平和主義への反対論には、控えめながら商人のような緻密さで反論して、平和主義を確固たるものに、いわゆる尊敬に値するものにしようとした。このふたつの特徴は、ときに分かちがたいほど溶け合っていた。

フリートの主著であり、平和主義全体を代表する著作のひとつ！でもある『平和運動手帳』の一般論を検討してみよう。科学的思考は明快な用語から始まる、と彼は考える。平和主義が敵意にさらされるのは、何よりも「平和」という言葉のもつ多義性が種々の誤解を引き起こすからである。生物学的な意味で用いられると、平和は、あらゆる闘争が止んでいること、絶対的な静穏、死を意味する。生物学的な平和概念とは、モルトケが「永遠の平和とは夢想であり、決して美しいものではない」と語り得た拠り所でもある。平和主義者は、そのような平和を要求するほど頭がおかしくない。一方、軍事筋が平和と名づける状態にも満足できない。つまり、ある戦争が終わった後の宙ぶらりんの状態で、次の戦争が始まる前の状態を指す。平和主義者の目標は、第三の意味合いの平和である。国家間の秩序としての平和であり、今日支配的な、極端な場合には、戦争になって現れる国家間の無秩序状態の対極をなす国家間秩序としての平和である。*

＊"Handbuch der Friedensbewegung", 2. Aufl., 1. Bd., S. 7-10, 15-22.

平和主義者は、夢想家でもない限り、「永久」平和を求めたりしない。彼らが手本とするのは、自分たちが造ったトンネルあるいは鉄橋が永遠の耐用性をもつかどうかを問うたりしない技術者たちである。

平和主義者のうちで理性的な人々は、実際的な人々である。何か人間が創造したものが永遠性をもつかどうかを思弁することは、彼らにとって無意味に思われる。[*] 技術は土地を新たに拓き、遠隔の地を相互に結びつけ、五大陸をひとつにまとめた。二〇世紀の基本的な事実とは、世界交通、世界市場、世界貿易であり、そしてゆっくりとした世界文化の成長である。国家間の組織は、こうした発展に後れを取っており、いまだある段階にとどまっている。それは以前の文明段階に照応している。[**] いまだに国家指導者たちは、他国の指導者との多少とも重要な違いを、戦争によって決着させようとする。軍備は直近で未曽有の規模に達し、たいていの民族にとって恐ろしい負担になった。軍備は経済的に不合理なものである。武器は新たな価値を自ら再生産する価値ではない。軍事支出は非生産的な支出と言わねばならない。[***] もし大国間で本当に戦争が勃発したら、今からはっきりしているのは、きわめて悲惨な戦争になるだろう、ということである。戦争はまず甚大な経済的損害をもたらすだろう。軍事作戦を遂行する直接の費用は、現下の状況では膨大なものである。さらに、それはほんの一部である。つまり、全費用のわずかな部分に過ぎない。「どんな戦争も……その経済的な帰結は、さまざまな危機が同時に作用してもたらされると考えられる。それは生産の危機であり、通貨の危機、消費者の危機であり、販路の危機である。海上輸送が脅かされて、交易と産業が妨げられる。資源、労働力が不足し、なによりも企業活動が不安定となって、経済が阻害される。信用がひどく揺らぐ」。[****] 人命の喪失も、経済的に見積もることができる。職人、医師、教師等を養成するために社会が費やさねばならない費用から言えば、こうした職業を遂行する者を数多く殺戮することは、莫大な経済的価値を破壊することを意味する。「この考えにしたがえば、露日戦争で斃れた五〇万人の喪失額は、ロシアと日本における大衆の高くない文化度に鑑み、ひとり五〇〇〇マルクに過ぎないとすれば、二五億マルクに達する。高度に発展したヨーロッパ文明諸国民の戦争では、損失ははるかに大きくなるだろう」。[*****] 間違いなく予想される経済的損失の他に、次の戦争は深刻な社会不安を招来する可能性がある。兵士たちは戦争が終わっても、武器をもはや手放さず、戦争から社会革命が発生することが考えられる。[******] 戦争が孕む多くのさまざまな危険によって、責任ある政治家は、国家間の無秩序の解消にたゆまず努力せざるをえない。実際、事態は目に見えてこの方向に進みつつある。ここ数十年、広範な国際機構（世界郵便連合、メートル条約、産業財産権保護連合等々）が形成され、以前の数世紀であれば戦争につながった多くの紛争（一九〇五年の独仏によるモロッコ紛争、日米太平洋紛争等）が平和裏に調停・処理された。平和主義は、現存の無秩序を克服するため、多様な手がかりから希望を紡ぎ出す。平和主義は現実的な運動であり、決して夢想的な運動ではない。それは空中楼閣を築くものではなく、自然法則に則って社会の組織化を進めるからである。そのやり方は、この組織化の過程を理解して、人類の活力を役立てようとするものである。******

＊Ebenda, S. 11ff.

＊＊Ebenda, S. 25-42.

＊＊＊Ebenda, S. 47-64

＊＊＊＊Ebenda, S. 85.

＊＊＊＊＊Ebenda, S. 88.

＊＊＊＊＊＊Ebenda, S. 90ff.

＊＊＊＊＊＊＊ Ebenda, S. 4, 95ff., 117ff.

フリートの考えにはさまざまな反駁が可能である。

彼の功利的な平和主義は、彼の考える科学的というにはほど遠い。フリートは、戦争反対の闘いが独占資本主義そのものに反対する闘いでなければならないことを一言も語らない。社会的諸連関の理解がこれほど乏しくては、平和主義は、（マルクス主義者から借りた）企てを、すなわち、社会の現存する発展傾向を後押しする企てを実現しようとしても、はなはだ力不足だろう。フリートが気の向くままに倫理的な見方をなおざりにして、経済的な観点を優先することは、彼がためらっている印象を与える。はたまた、殲滅された人間の命（「下等な」ロシア人や日本人の命）さえマルクに換算するとは、何という悲しい思いつきだろう！　フリートが特にためらっているのは、ドイツ軍国主義に対して立場を表明する段である。モルトケの永久平和をめぐる不快な発言を容認できるとして、その意義を認める奇妙な試みに我々は接した。彼のドイツに対する先入見は、『(平和運動)手帳』よりも他の諸著作でさらにはっきりと現れる。『皇帝と世界平和』(一九一〇)では、ヴィルヘルム二世を平和主義の守護者として描くという、容易ではない課題を自らに課した。彼が[第一次]大戦中に書いた、それ自体としては賞賛に値する反戦の文章は、ドイツ人のさまざまな国際法違反に対して非常に筆を押さえている。* それにもかかわらず、我々がフリートを民主的な思想家として評価し重んずるのは、彼の時代と、彼が属した社会階層の水準一般とを併せて配慮して、きちんと判断しようするからである。彼の意図が誠実であるのは疑いえない。書かれた冊子や記事は、帝国主義が面目を失う多くの事実を広く知らしめた。彼自身がいろいろな幻想に囚われていたけれども、その活動は人々を覚醒させる方向に働いた。フランツ・ヨーゼフ時代の政治的著作家のうちで決して指導者ではなかったけれども、立派な人物だった。

*Vgl. たとえば[一九一五年、ドイツの潜水艦による]「ルシタニア号」撃沈についての文章参照。"Vom Weltkrieg zum Weltfrieden", 1916, S. 288.

ベルタ・ズトゥナーとA・H・フリートは、生涯を通じて私人であり、独立した著述家だった。これに対し、**ハインリヒ・ラマシュ**は「公」人として、また高位の官職にある者として平和思想に挺身することができた。* ラマシュ(一八五三〜一九二〇)はザイテンシュテッテン(下オーストリア州)に生まれて、さまざまなギムナージウムに学び——その中にはショッテンギムナージウムが含まれる——ウィーン大学で法律を専攻、さらに独・仏・英に滞在して勉学を修了した。一八七九年、刑法に関する論文(「犯罪試行概念における客観的危険の契機について」Über das Moment der objektiven Gefährlichkeit im Begriff des Verbrechensversuchs)によりウィーンで教授資格を取得。一八八五年、インスブルック大学の教授に就任、一八八九年にはウィーン大学教授(刑法及び国際法）に就いた。八〇年代、彼は国際刑法の分野でふたつ著作を公表した。『政治犯罪による引き渡し』（Die Auslieferung wegen politischer Verbrechen）及び『引き渡し義務と庇護権』（Auslieferungspflicht und Asylrecht）である。一八九九年には、彼の経歴にとって重要な出来事が数々起きた。『オーストリア刑法の基礎』（Grundriß des österreichischen Strafrechts）が出版され、皇帝により貴族院議員に任命される。政府は彼をハーグ平和会議オーストリア代表団の法律顧問として派遣した。彼はハーグで、何よりも仲裁裁判所構想の実現に努力を傾けた。その後一五年間、同裁判所の運用可能性を検証する機会に恵まれた。ハーグ仲裁裁判所判事に四度任命され、次のような係争案件の裁定に携わった。独・英対ヴェネズエラの賠償問題、英仏間のいわゆるマスカット紛争、米対ヴェネズエラのオリノコ川汽船会社をめぐる紛争、英米間の北大西洋沿岸漁業権をめぐる紛争である。この最後に挙げた審理で、彼は特段の法的貢献を行った。この案件は非常に込み入っており、百年にもわたって紛糾して、膨大な利害の絡んだものだった。この件で彼の名は、今に至るも英米の専門家の間で生き生きと思い起こされる。また第二回ハーグ会議では、仲裁に関する委員会の副委員長として活躍し、このテーマの基礎を確立する著作（『仲裁裁判総説』Die Lehre von der Schiedsgerichtsbarkeit in ihrem ganzen Umfang、一九一三・一四）を著した。国際法学者としての活動が、刑法学者としての活動をさえぎることはなかった。ラマシュが主宰した委員会は一九一二年、長期にわたる研究成果として新刑法の草案を提示した。これは貴族院で審理・採択されたが、下院には回付されず、成立しなかった。ラマシュはハーグにおいてハーグのために活動したことによって、自然に平和運動と密接な関係を築くにいたった。オーストリアで一九一〇年ころ徐々に力をつけた軍閥は、彼をまったく胡散臭い人物と見なした。［第一次］大戦勃発に際して、参謀本部は、根っから厭戦の彼を逮捕するよう申請したが、フランツ・ヨーゼフ皇帝が拒否権を発動した。ラマシュは戦時中も、文字通り働き続けることができて、一九一七年、『戦後の国際法』（Das Völkerrecht nach dem Kriege）という著作、すなわち、彼自身に言わせれば、自分の主著を公刊した。さらに、自分の国際的な交友を有効に活用して、オーストリアの単独講和を達成しようとした。その相手はまず、ラマシュに希望を抱かせたウィルソン大統領。米国の作家、G・D・ヘロンを通じてウィルソンとの接触に成功したのである。だが、カール皇帝の弱い性格とチェルニーン伯の頑固さが相まって計画は挫折した。一九一七・一八年、彼は貴族院で三度にわたり注目すべき演説を行い、和平への自分の立場を明らかにした（『ヨーロッパ一二時』Europas elfte Stunde、一九一八に収載される）。彼に向けられた激しい抗議がきっかけとなって、ラマシュは一八年にわたり所属した貴族院中央党から離れた。一九一八年一〇月末、皇帝カールは、崩壊しつつある帝国の首相に彼を招聘した。ラマシュ内閣の閣僚としてまず名を挙げられるのは、イグナーツ・ザイペルとヨーゼフ・レートリヒである。政府が約二週間の活動中にできたことは、皇帝の退位準備にすぎなかった。ラマシュはその後さらに、講和代表団の顧問としてサン・ジェルマンに赴き、国際連盟条約を起草するとともに、没後出版された『民族抹殺と国際連盟』（Völkermord und Völkerbund）を書いた。長く病身だった彼は旧帝国崩壊後、一年足らずを生きただけだった。一九一四年以来住んだザルツブルクに埋葬される。

＊ラマシュについて、Aufsatz von Hans Sperl in: "Neue österreichische Biographie", I. Abt. I. Bd., 1923, S. 44-54; F. Hertz bei Lenz-Fabian, S. 200f.; Karl Kraus in der "Fackel", Nr. 474-83/1918, Nr. 521-30/1920, Nr. 657-67/1924; J. Redlich, "Österreichische Regierung und Verwaltung im Weltkriege", 1925, S. 284f.

ラマシュの精神風景は注目に値する。矛盾した特徴がないまぜになっていて、どれか周知のイデオロギーの型に収斂させることが容易でない。多くの事柄でラマシュは伝統に固執した。宗教心に富む人間で、厳格なカトリック教徒であり、教会と教皇は、この世で何にもまして大切なものだった。彼の哲学的見解は古風であり、それが表れ出たのは、彼の最初の専門領域である刑法の基本問題の取り扱い方である。同時代のブルジョア的自然・社会研究者の諸原則に刑法を適合させようとする「社会学」派とは、必然的に対立することになった。[4] 帝政は一般に彼にとって尊い制度であり、特にオーストリアの帝政は、彼が心より敬意を抱く対象であった。彼が皇帝の政策に強く異議を唱えていた大戦中においてもなお、自分が名づけた「マサリクとその一味」に対して帝政を擁護することは正当であると見なしていた。* ハープスブルク帝国の諸民族に高度の自由を保証する必要性は認めたものの、これを要求する運動が進歩的な性質のものであるという考えに、彼の中の旧いオーストリア人が異議を唱えた。反民族的に思考する平和主義者のラマシュは、自分の思想に棲む旧いオーストリア人を涵養した。一九一七年以降、ラマシュは「ボリシェヴィキ主義」(Bolschewikismus) をとんでもない危険と見なした。彼によれば、大衆の心にはどす黒いさまざまの力が隠れていて、いつか破壊的に出現することがありうる。「スキタイ人やタタール人が、我々の時代を脅かしているのではない。それは異民族ではない。我々のひざ元から野蛮人が生まれるのだ!」とグリルパルツァーにならって語った。** 一言で言えば、保守の思想家であり政治家だった。だが、保守と同時に非保守でもあった。ラマシュの宗教的感性は、並外れて強い社会的義務意識の源であり、この意識がさらに源泉となって、平和運動の構築と国際法の完成とを目指す熱心な努力が生まれた。法学者である彼には、このふたつが多かれ少なかれ同一のものと思われた。彼は大戦前の時期、有数の国際法学者として国際的に認められていた。その地位をもたらしたものは、深い洞察力、該博な知識、議論の巧みさにとどまらず、何よりも彼の全著作を明白に貫く高邁な理念であり、国際法を社会のさらなる発展の梃にしようとする彼の決意であった。彼が一九一四～一八年に行った和平のための闘いは偉大な事蹟である。それは、辿るべき「和平への」道程がまったく明らかでないにもかかわらず、さらに、教授と貴族院議員という職の故に、彼が自らの意見表明に加えた抑制を伴いながらも行われた。他の平和主義者とは異なって、彼はドイツとの同盟がオーストリアにとって命取りとなることをきわめて明瞭に理解していた。同盟をさらに強化するための「中欧」構想(これは周知のように、多くの政治家が受け入れ、社会主義者の政治家も是認した)に対しては、ある覚書で反対を表明。*** ドイツがその力の頂点にあったとき、彼は貴族院演説（一九一七年一〇月二七日）で、災厄に満ちた「ポツダム精神」を厳しく批判した。＊＊＊＊同演説の中でドイツに対し、オーストリアが堅持する［同国との］同盟への忠誠を保証しながらも、ラマシュはそれに妨げられることなく、オーストリアには講和の用意があり、またドイツにも講和を強いるつもりであることを、ヘロンを通じウィルソン大統領に伝えた。＊＊＊＊＊『戦後の国際法』の中では、味もそっけもない法律用語を用いて次のように説明した。軍事同盟は原則として無効であり、どの同盟当事国も単独講和をいつでも結ぶ権利がある、と。＊＊＊＊＊＊もちろんウィルソンへの信頼は素朴であり、墺独同盟を墺伊米同盟に代えようという意図＊＊＊＊＊＊＊は「幻想であり、きちんとしたものですらなかった」。意図の根拠は、永遠に平和を愛好し、全面的に民主的で反帝国主義の米国、という漠然とした、そしてまったく誤ったイメージのように思われる。しかし、当然のことながら、ブルジョア学者が思いつくような、戦争の惨禍から脱出する方途は、ブルジョア的なものでしかない。驚くべきは、ラマシュがオーストリアの支配階級に、つまり、自己の階級に刃向かった大胆さである。また、彼がオーストリア・カトリック党の、すなわち、自分の世界観に近い政党の戦争政策を非難した、その決然さに驚かされる。[5] 彼の温厚な性格は、誰にもよく知られていた。だが、ヒューマニズム思想の擁護者として、もてる冷徹さを発揮した。当代の歴史家で多少ともまともな者たちが、お決まりの「鉄人ラマシュ」という名を奉るのも無理はない。「彼の下では要素がいろいろ混淆していて、あの特質が形作られ、外に向かって、これぞひとかどの人物だと告げるのである」

＊Vgl. "Europas elfte Stunde", 1918, S. 137（一九一七年六月二八日の貴族院での演説）

＊＊Ebenda, S. 172（一九一八年二月二八日の貴族院での演説）

＊＊＊Vgl. Ebenda, S. 174.

＊＊＊＊Ebenda, S. 153.

*****H. Sperl, a. a. O., S. 53.
******'Das Völkerrecht nach dem Krieg' in "Publications de l'Institut Nobel Norvégien", 3. Bd., 1917, S. 159-71.
*******これについてH. Sperl, a. a. O., S. 54.

フリートとラマシュの生涯を描いてきて、我々はすでに大戦の最中に辿り着いた。一九一四年の夏の日々、ショーヴィニズムのプロパガンダが始まって、オーストリア国民にたっぷりと浴びせられた。政党は労働者政党を含めてすべて、このプロパガンダに加わった。何年も何十年もドイツ帝国主義イデオロギーの毒を吸い込み、それを今や、嘔吐を催す病と同じように吐き出した。我々は「自由主義」、「カトリック主義」等を扱う章で、戦争に対する政治グループの態度に言及した。非常に興味深いのは、政党に属さない、あるいは直接に所属しない知識人たちの態度だった。それはまったくばらばらで、大半の知識人は、政府声明や大衆の興奮状態に衝撃を受け、同じように熱狂した。医師や音楽家、経済学者や哲学者たちは、新聞記事や声明の中で、自分たちの頭では考えられない無能さを競うように露見させた。特にひどい荒廃が見られたのは文学の分野であった。名を成した大家たち、たとえばペータ・ローゼガー、フーゴ・フォン・ホーフマンスタール、リヒャルト・シャウカル、ヘルマン・バールは、詩や評論を草して中欧諸国での略奪計画・略奪行為を賛美した。彼らに及ばない作家たち（オトカル・ケルンシュトック、ヴィルラム兄弟、ハンス・ミュラー）が無味乾燥に書き散らした稚拙なものは言及に値しない。しかしながら、知識人たちは初めから割れていた。事態が進行するにつれて、この分裂は深くなっていった。飢餓が出現し敗北が重なるにつれ、国民全般と同じように、教養層でも反戦論者が数を増していった。フリードリヒ・アードラーの周りには、すでにマルヌの戦いのころ、平和主義の考えをもつ一団の若い社会主義者たちが集まった。フリートとラマシュの項で、大量殺戮への熱狂が突然広範に広がったにもかかわらず、自分の信条を揺るがされることのなかったふたりのブルジョア思想家を知った。自由主義改革家フリートと信条を同じくする者にルードルフ・ゴルトシャイトとフリードリヒ・ヘルツ*がおり、ふたりはすでに一九一四・一五年に協調和平を訴えていた。**文学の分野ではまずカール・クラウスがいて、「召集された」人類のために声を挙げた。彼とライナ・マリーア・リルケ――後者もまた反戦論者であったが、温厚な性格からして、沈黙をもって抗議した――は、一九一〇年ころ、表現主義派の詩人たちに決定的な示唆と励ましを与えていた。ゲーオルク・トラークル、アルベルト・エーレンシュタイン、フランツ・ヴェルフェルのような若き表現主義者たちは、公然と軍国主義に対する嫌悪を表明した。殺戮をどのように終わらせることができるか、彼らは明らかにしなかったが、それはおそらく、はっきりした考えをもっていなかったからだろう。独自の表現法が妨げとなって、彼らの考えは大衆に浸透しなかった。表現主義者たちから少し離れたところにシュテファン・ツヴァイクがいて、彼はロマン・ロランと親交を結び、一九一五年にはザルツブルクでラマシュと親しくなった。彼の平和主義の戯曲、『イェレミーアス』(Jeremias) はスイスで上演され、センセーションを巻き起こした。しかしここでは、**カール・クラウス**が行った反戦キャンペーンを少し詳しく見るだけにしておこう。

*歴史家で社会学者。本書でたびたび引用した『民族精神と政治』(Nationalgeist und Politik) の著者。
**F. Hertz bei Lenz-Fabian, a. a. O., S. 201.

フランツ・ヨーゼフ時代の精神生活を俯瞰する中で、クラウスには何度も出会っている。我々にわかっているのは、『ファッケル (炬火)』刊行の最初の一五年ほど、反腐敗論者として、司法批判者、文芸評論家として大きな成果を挙げ、四〇歳に満たないうちにドイツ語詩人として名声を博したことである。さらに、自由主義の新聞を嫌って反自由主義者となり、一九一〇年ころ、民主主義の基礎を否認して保守的な世界観に達し、「戦争」を想定することは可能としても、必然のものとは決して見なさない立場に達したことがわかっている。皇位継承者「フランツ・フェルディナント」の死後、『ファッケル』は平和に加担するのでなく、反対に右翼急進的な記事「フランツ・フェルディナントと才能ある者たち」（一九一四年七月）を掲載した。戦争勃発後しばらく、クラウスは沈黙した。一九一四年一一月、『ファッケル』は「この偉大な時に」という記事とともに発行され、戦争反対の、考えうる限りもっともはげしい布告を行った。それはまったく予期されない転向であり、多くの者たちが逆の方向へ転ずるときに、非常に耳目を驚かす出来事だった。転向はどのようにして起きたのだろうか。また、それはなにを意味したのだろうか。

第一の問いには確かな答えがない。だが、おそらく次のような事情ではなかったろうか。クラウスは自分の保守的な見方を、その帰結に至るまで突き詰めて考えていなかった。選挙権や人権等に反対する長広舌は、確とした信念を表明したものではなく、少なくともその一部は、文章表現の必要性から生まれた、すなわち、自由主義をその帰結に至るまで否定してみせるという願いから生まれたのである。戦前の『ファッケル』のかずかずの見解は、額面通り受け取ってはならないだろう。現実世界に潜んだ反動がいまやそっくり姿を現し、反動の本質が、残酷な暴力をたわいもないことに用いて露わになったとき、クラウスは自分の反動的な物言いに隠れた危険をたちまちのうちに悟った。個人主義者クラウスが蘇った。このクラウスは、反動哲学者クラウスのはるか以前に存在したが、無理やりに押しのけられて亡き者にされていたのだった。無能な将軍たちの手元に巨大な権力が集中したことで、権力思想に抗する不倶戴天の敵が呼び出された。何者にも代えがたい若者たちが犠牲にされたことで、精神に背いた蛮行への徹底的な敵対者が登場し、何百万という私的な存在が台無しにされたことで、たいそう弱く富ももたない私人の、怒れる擁護者も併せて生まれた。クラウスは考えられる限り、あらゆる者であったが、ただ日和見主義者だけにはならなかった。信念が命ずれば、たったひとりで世論を敵に回すことは当たり前のことで、それは彼の天職と言ってよかった。保守主義者たちが大手を振って歩くようになったまさにそのとき、彼らに背を向けることを彼は決意した。

ふたつ目の問いには、戦争中に出来上がったクラウスの全作品が答える。クラウスはその性格からして、どこかの平和団体の活動に参加するなどということはありえなかった。ラマシュが活動した政治グループとも関係をもたなかった。戦争に反対する闘いは、筆による闘いでしかありえなかった。具体的には、芸術家の手段をもってである。彼は決して並みの政治的作家ではなかった。一九一四年から一九一八年の間もそうである。日々の重要な出来事の記録を残したわけではない。戦争が提起した憲法問題、国際法問題を研究したわけでもなかった。戦争の経済的帰結を検討したのでもなかった。彼が行ったことは、無数の取るに足りない観察結果から、戦争というものの精神を、特にこの戦争の精神を抽出し、あざ笑うことだった。観察の材料は、稀に生の現実から取られることはあったが、たいていは新聞雑誌から取られ、それはいつも、彼の辛辣な作品を産み出す基だった。新聞雑誌は、かくかくしかじかの人数の敵兵士が戦死して前線に横たわっていると、戦勝の凱歌とともに報じ、敵軍を「人間の形をした道具」と称し、またイギリス人、フランス人にはまったく文明が欠如していることを「証明」し、コラムでは銃後の出来事、たとえば新しい代用食品の登場、闇商人の摘発、ユダヤ人虐待を記録した。クラウスが活用したのは、こうした種々《くさぐさ》だった。彼は新聞の記載をそのまま再掲する。しばしばどんなコメントも控え、いくつかのまったく愚かしい、あるいは粗暴な言葉を強調の隔字体印刷に付する。付されたわずかのコメントはしばしば、引用された箇所に道徳的、論理的、言語的な光を当てる。ときおり論説で、一連の新聞声明や記事がどのような文化的徴候を呈しているかを説明する。他の者がこの方法を使っても、うまく訴えることができなかったろう。方法は入り組んでいて、婉曲で脇道に反れていった。この方法の創始者であるクラウスは、この助けを得て見事に世論の喚起を行い、同時に名作を生み出した。数え切れない些事から、むごたらしく、おぞましい、馬鹿げた戦争の図が読者の目の前に浮かび上がった。検閲は、ほぼ文化批判だけを繰り広げるような著者に対して、なすすべもなかった。クラウスを懲らしめるチャンスはほぼ皆無だった。これに対して彼は、国家に対して、大臣たちや将軍たちに対して、抗議の声を挙げるきっかけを何と多く見出したことか！　オーストリアで手を縛られることなく統治を行う高官たち――縛るのは、彼らの知的能力だけ――のありきたりの文句を分析し、使われる隠喩を正して、彼らの情けなさ、愚かしさをすっかり晒した。ジャーナリストや作家たちには、さらにもう少し分が悪かった。モーリッツ・ベネディクト、アリーセ・シャーレク、ハンス・ミュラーは、クラウスの冗談によって各所ですっかり立場をなくした。クラウスがバールやホーフマンスタール、アウエルンハイマーに浴びせたあざけりを、文学史から消すことはできず、それは、彼らが書き散らしたたわごとの招いた当然の報いであった。クラウスが戦争の原因と動因を正しく判断したとは言い難い。彼は明らかに、ある観念的歴史哲学に傾倒していた。戦争という出来事は、彼にとって精神的退化の発露だった。新聞雑誌がもたらした言語文化の没落が人々の想像力を弱め、それによって破局が可能となった、とクラウスは考えた*。しかし、こうした理論をもっていたからといって、クラウスは、オーストリア帝国主義の策略を見抜くとともに、没落しつつある帝政の特質、帝室の儀式と愚かなしきたりとの混淆、血統と人柄の心地よさとを描くことを妨げられはしなかった。彼以上に、ドイツ帝国主義を激しく忌み嫌う者はいなかった。工業家のテュッセン、提督のティルピッツ、戦闘機乗りのリヒトホーフェン、詩人パウル・エルンストは、クラウスの著作の中で空疎な新ドイツ思想の陰鬱なシンボルに昇格した。ドイツとの同盟を、彼は呪いそのものと見た。彼がラマシュを支持し、チェルニーンを皮肉っぽく眺めたことは、その同盟への忠誠を、彼がどのように考えていたかを明らかにする。もともとわずかの詩しか発表していなかったクラウスは、戦争中、言葉を多様に駆使できる詩人に成長した。彼の詩の言葉（Worte in Versen）は、多くのテーマを具体化して見せたが、最大のテーマは、もちろん戦争だった。その後クラウスは、『ファッケル』の論説や寸評を劇的に記した。彼の機知と情熱、溢れんばかりのテーマ、着想、文彩、容赦しない厳しい倫理をもって、『人類最後の日々』は現代世界文学有数の名作である。オーストリアは、カール・クラウスにおいて偉大な精神を、すなわち、ときとして単なる言葉の技巧に堕したかもしれないけれども、ひとつの歴史的転換点において自己の最高点に達した偉大な精神を有する。我々が彼に学んでさえいれば、異なったつらい教訓はなくて済んだことだろう。

＊このことがもっとも明瞭に語られるのは、戦争直後に書かれた「妖怪」と題する記事である。("Die Fackel", Jahrgang XXI, 1919, Nr. 514-18, S. 21-86.)

# 原注

## 自由主義

（1）問題となる欠如の責めを、一八四八年のもっとも優れた人々であるフィッシュホーフやクントリッヒに帰すことはできない。責めを負うべきは、おそらく後年の大半の指導者たちだろう。［一八］六〇年代、七〇年代は、ヘルプスト、ギスクラ、イグナーツ・フォン・プレーナー、カイザーフェルト、クランダ、J・N・ベルガーが運動の指導者だった。若くして亡くなったベルガーを別にして、誰も当時の諸問題に取り組む力量をもたなかった。次の世代（エルンスト・フォン・プレーナー、ヨハン・フォン・クルメツキ）にも同様に力量が欠けていた。このことは同時代の多くの歴史家たちが書いている。ヨーゼフ・レートリヒは六〇年代の指導者たちを次のように特徴づけているが、次世代にも適用できるだろう。「……論戦や諸委員会におけるそうした発言は、オーストリア自由主義者には、その古典時代を特徴づける政治的慧眼が欠けていることを白日の下にさらし、さらに、全帝国内の非ドイツ諸民族がもつ固有の性向、政治的理想、感性、思考過程にまったく無知であることを露わにしている。自由主義者たちはこうした諸民族と、共同の議会、オーストリアの国家・帝国思想をともにし、国家・帝国政策を推進しなければならなかった。……他の諸民族、諸政党に対する見方は、いわば権威的に一度党綱領で確定されたものが、そのまま変わらなかった。ドイツ民族の不倶戴天の敵であり、それは諸民族が自身の民族的固有性を維持し、発展させようとするからである。また、オーストリア国家観の敵対者である。……初めから忘れ去られたのは、支配大政党は政治において、常に中道を目指さねばならないこと、中道においてこそ、国家共同体を基本的に維持しようとする他の諸政党と、長期的に維持可能な形態で一歩一歩了解が可能なことだった。オーストリア自由主義指導者たちの政治的思考におけるもともとの鈍感さは、オーストリアの新たな立憲生活の開始以来、いまだ未熟なオーストリア議会政治の全体像を明白に特徴づけるものである」（J・レートリヒ、『オーストリアの国家・帝国問題』Das österreichische Staats- und Reichsproblem、第二巻、一九二六、六四二頁）。

（2）彼は「権威と自由主義の信条との混淆を体現しており、ドイツ語母語の大ブルジョアの思考法に共感と親和性を覚えていた」(R. Sieghart, "Die letzten Jahrzehnte einer Großmacht", 1932, S. 66)。

(3) ジークハルトは著書『ある大権力の最後の年月』(Die letzten Jahrzehnte einer Großmacht)で、自分の地位について述べているが、大権力とは彼自身のことであるかのような感じを与える。実際には、大権力とは［ハープスブルク］帝国のことである。［彼自身が大権力を保持したかのような］記述内容はありえないように思われるが、この時代を扱う歴史家たちは、基本的に正しいと見ている（Vgl. J. Redlich, "Österreichische Regierung und Verwaltung im Weltkriege", 1925, S. 66ff.)。

　ジークハルトは、トロッパウ［モラヴィアのオパヴァ］で貧しい家の息子に生まれ、一八八三年にウィーンに移る。法律を学び、ウィーン大学で経済学の教授資格を取得。一八八四年から九四年まで自由党の政治・広報局勤務、最後は局長。その後、公務員（財務省）となる。エルネスト・フォン・ケルバーと偶然知り合うことにより、法外な人生を歩むことになる。ケルバーが首相に就任したとき、いまだ四〇歳にならないジークハルトを「首相府」長官に任命。つまり、ケルバー固有の行政体系では、重要案件に関与する首相代理に当たる。ジークハルトが短期のうちに局長兼枢密顧問官（この肩書のため閣下と呼びかけられる）になったというだけでは、彼の実際の地位を十分に言い表すことにならない。彼は政府のどの管掌部門にも独裁的に介入でき、実際に頻繁に介入した。一九〇七年には、ハンガリーとの和協交渉を主導。その後、長年にわたり不仲だった皇位継承者のフランツ・フェルディナンントの反対を押し切って、一九〇七年、土地抵当銀行頭取に任命される。カール皇帝は、彼を罷免するが、共和国は、彼が復職する可能性を与えた。ジークハルトは恩を仇で返して、あらゆる反動的な試みを支援した。土地抵当銀行から手を回し、個人的にも株式を所有してシュタイラーミュール株式会社を握り、その結果、『ノイエス・ヴィーナー・タークブラット』紙を支配した。シュタイアーミュールへの影響力は、一九二九年、土地抵当銀行が破綻してクレディットアンシュタル銀行に吸収されざるをえなかったときも、いまだ保持していた。

(4) 一八六三年にリンツで生まれたヘルマン・バールは、一八八二年、ウィーン大学に入学。彼が初めて帰郷したとき、次のようなニュースを携えて戻った。「『自由主義は終わりました。新しい時代の始まりです。我々の出番です！』私にはまだ、年老いた父の途方に暮れた目を見る思いがするし、沈んだ声で『ウィーンは、お前に何をしてくれたんだ？』と問うのが聞こえるようだ。父は立ち上がり、小さな花壇の間を縫って狭い庭を抜けていった。ときおり、問いを繰り返すばかりだった。『お前に何が起きたというのだ、一体何が起きたのだ?』しかし、私はうれしそうに後を追い、色物の帽子を振りながら繰り返し叫んだ。『我々の出番です。なにもかも変わらなきゃなりません!』父の友人たちがやって来ることになった。父のように年老いた自由主義者たちで、息子のある父親たちでもあった。息子たちは誰もがウィーンから、自由主義が終わったことを伝えていた。父親たちは一緒になって座り込んだ。若者たちがみな背いたように思えることが理解できなかった。もはや世間がわからなくなった。ひとりが、見聞きしたことを受け止めて言った。『時代が変わったんだ。若い者はいつも違ったことをして満足するんだよ!』これに腹を立てた私の父は言った。『自由思想は古びやしない。人類は繰り返し若返る。それだけが自由思想の真髄だからさ。若い者がこの考えを捨てるというのなら、自らを捨てる、と言っているようなものだ。こいつは理解できんことだ!』その後、父親たちはまだ長く押し黙ったまま座り込んで考え込み、ただ問いを繰り返すだけだった。『ウィーンは息子たちに何をしてくれたんだ。こんなことが起きるなんて。息子たちに何が起きたというんだ?…』」(H. Bahr, "Austriaca", 1911, S. 115f.)。

(5) 「オーストリア人 (Österreichertum)」という概念のこの意味は、たとえばエルンスト・フォン・プレーナーの次の言葉に現れている。「闘争の日々を過ごす中で、自分が党に所属しているのだという気持ちが強くなり、ドイツ語圏ボヘミアの事柄にとくに張り切って取り組んだ。おかげで、我が最良の業績を挙げることができた。こうして私は以前よりも民族的となった。ただ、私の強いオーストリア人意識によって、私にはまったくはっきりした境界線が、いつも引かれていた」("Erinnerungen", 3. Bd., S. 286f.)。ジークハルトがドイツ左派連合について次のように語るとき (a.a.O., S. 298)、同じ概念が登場する。「国家を担う党として、十分オーストリア的で、民族について冷静である限り、(ドイツ) 民族急進主義の高まりに対抗できなかった」

(6) チェルニーンは正式には外務大臣に過ぎなかったが、事実上、オーストリア=ハンガリーの全政治を統括する者だった (J. Redlich, "Österreichische Regierung und Verwaltung im Weltkriege", S. 259, 267)。一九一七年以降の戦争の継続と、結果としてそれ以降、オーストリア国民に降りかかったあらゆる災厄とに相当の責任を負うべきは、この自由主義者である。彼はその回想録の中で、多くの勢力が秘密裏に画策したドイツ帝国主義者からの分離を、なぜ自分が挫折させたかを説明しようとしている。彼は主張する。別の政策は不可能だったのであり、オーストリアの単独講和工作に対し、ドイツはオーストリアへの即時軍事侵攻で応えたであろう、と (O. Czernin, "Im Weltkriege", 1919, S. 25ff. und S. 183-

252）。もしそれが本当に帝政にとって危うい、わずかでも可能性のある事態だったとすれば、それは、同盟によって帝政が陥った救いようのない事態を非常にはっきりと証明するものだった。チェルニーンが単独講和構想を退けた真の理由は、彼が勝利を信じていたか、あるいは、その後出来した深刻な敗北を予測しなかったからである。

（7）プレーナーは、もともと自由主義者たちを快く思わない著作家たちからも尊敬されていた。たとえばA・J・P・テイラーは、彼を偉大な才人と呼んだ（“The Habsburg Monarchy”, 1941, S. 199）。

（8）エードゥアルト・ジュース、フランツ・クライン、オイゲン・ベーム＝バヴェルク等、国際的に有名な学者たちによる『プレッセ』の記事は珍しくなかった。文芸欄執筆者には、フーゴ・ヴィットマン、ルートヴィヒ・シュパイデル、ダーニエル・シュピッツァー、エードゥアルト・ハンスリック、後にテーオドール・ヘルツル、アルフレート・ベルガー、さらにフェーリクス・ザルテン、ユーリウス・コルンゴルト、ラウール・アウアンハイマー、シュテファン・ツヴァイクがいた。ほぼ一九〇〇年以降、『プレッセ』の文芸欄は「モデルネ」の中心だった。これにはバール、シュニッツラー、ホーフマンスタール、ベーア＝ホフマンが属していた。

（9）オーストリアで自由主義の競争紙として唯一考慮に値したのは、おそらく『ノイエス・ヴィーナー・タークブラット』だった。『タークブラット』を一八六七年から八六年まで率いたユーリウス・セプスは大きな信望を集めた。彼は皇太子のルードルフと個人的に親しく、皇太子の『タークブラット』への寄稿も手に入れた（Vgl. “Kronprinzip Rudolf: Politische Briefe an einen Freund 1882-89”, hrsg. u. eingel. von Julius Szeps, 1922）。

（10）『タイムズ』紙——通常は大変慇懃な新聞で、追悼文ではさらに輪をかけて丁重である——は、ベネディクトの死を機に書く。「ベネディクトは……『ユダヤ人の汎ゲルマン主義』とでも名づけられるような動向を体現していた。彼は厚かましく狂信的で疲れを知らず、また有害な人間だった。……彼は自分の影響力を、ほぼ例外なくある人々と運動——オーストリアがドイツの政策に従属した結果、不可避となった破局から国を救い出そうとした——に反対して行使した。……彼の思い出と彼の例は、今後長くドイツ語諸国に、ジャーナリストがどうあってはならないかを思い起こさせることだろう」（“Times”, 20. March 1920）。

（11）企業家が支払う貨幣賃金を現在財と名づけることを、ベーム＝バヴェルクが正しいとする理由は、労働者がこの貨幣を消費手段（現在財）とすぐに交換できるからである。

（12）私が知る限り、オーストリアのマルクス主義者で、メンガー学派に詳細な批判を加えたのはヒルファディングだけだった（'Böhm-Bawerks Marx-Kritik' in "Marx-Studien", 1. Bd. 1904, S. 1 - 61）。

（13）「急進的（radical）」という用語はここでは、断固とした思考法という意味で理解してはならない。また、オーストリア労働運動の「急進派」の思考法とも関係をもたない。これは英国の政治用語から取られ、「左翼自由主義」とほぼ同義である。

（14）「感謝されることも、報われることもなく」という表現は、本当は穏当すぎる。ふたりは非常に激しい敵意に晒された。フィッシュホーフの七〇歳の誕生日を前にして、彼を称える動議がウィーン市議会に提出された。当時まだ反ユダヤ主義者でなかったルエーガーは、非常に温かい言葉でこの動議に賛意を表明した。だが、市議会の自由主義多数派は、この動議を否決した（R. Charmatz, "Adolf Fischhof", 1910, S. 296）。

## カトリック主義

（1）ホーエンヴァルト内閣の命運と終焉は、文献でしばしば論じられた。問題となるのは、オーストリア憲法史の興味深いひとつのエピソードである。ホーエンヴァルトとその内閣の一員［商務大臣］だったシェフレ（Schäffle）がボヘミア州議会と合意した「基本条項」は、その後も長く激しい論争の的だった。この詳細な記述は、シェフレの『我が人生より』（Aus meinem Leben）に見られる（参照文献としては、R. Kralik, "Österreichische Geschichte", 1913, S. 580ff., K. Tschuppik, "Franz Josef I.", S. 289ff., R. Sieghart, "Die letzten Jahrzehnte einer Großmacht", S. 388ff., F. Herz, "Nationalgeist und Politik", 1937, S. 378ff.）。

（2）一八八三年、「標準労働日確定のため、議会に専門家会議（Expertise）が設けられ、議長は［議会］営業委員会委員長で聖職者議員のツァリンガーが務めた。専門家、国会議員、雇用者、労働者の総勢一〇三名が召喚され、社会政策のあらゆる問題を検討課題とした。こうしてオーストリアにおいて初めて、一種の労働議会が招集された。組織された労働者のふたつの分派（『穏健派』と『急進派』、一八四頁以下［原文S. 86f.］を参照）は、この会議に代表者を送った。『急進派』は審議に先立って、審議参加が自分たちの原則的態度と一致しない故、審議に参加しない、と宣言したが、最後には彼らも審議の場に姿を現した。……ところで、会議の結果は芳しくなかった。というのは、労働者たちは、封建・聖職者議員が行った提案を……労働者の状況改善にはまったく不十分な措置だと評価したからである。ふたつの分派の指導者たちは、この点で完全に一致していた」(L. Brügel, "Geschichte der österreichischen Sozialdemokratie", 3. Bd., S. 291)。

(3) フランツ・ヨーゼフは「ボナパルト」戦術の専門家で、社会対立を煽って、自分は相争う諸階級からしばらく距離を置き、調停者の立場に立つことをよく心得ていた。ホーエンヴァルトの党が社会政策上の措置を進めたが、この党がもつ[不均一な]特別の構造の故に、各方面からは、皇帝が直接同措置を進めたと見られた。

(4) この支持者はヴィーアルト・クロップで、一八九四年に出版された著書の題名は、『カール・フォン・フォーゲルザング男爵の社会体系』(Die sozialen Lehren des Freiherrn Karl von Vogelsang) である。W・クロップはまた、『社会政策家カール・フォン・フォーゲルザング男爵の生涯と活動』(Leben und Wirken des Sozialpolitikers Freiherrn Karl von Vogelsang) 一九三〇年を書いた。W・クロップの出自は記録に値する。父は東部フリースラント出身で、その知識と反プロイセンの態度の故に注目された歴史家オッノ・クロップ(一八二二～一九〇三)である。彼もまたカトリックに改宗し、オーストリアに定住の地を見出したという意味で、フォーゲルザングと同じような運命を辿った。数年、フランツ・フェルディナント大公の教師として働いた。また何十年もオーストリア・カトリックの政治・文化運動と密な接触を保った。

(5) この回勅は、一種のカトリック社会政策憲章であり、一八九〇年、教皇レオ一三世により出された。これはさらに一九三〇年、回勅「四〇年目」(Quadragesimo anno) によって補完された。

(6) この点は、ヴィクトール・アードラーも確認している。W・クロップ著『社会政策家カール・フォン・フォーゲルザング男爵の生涯と活動』三四五頁、注一二に引用されたアードラーの記事の抜粋を参照。

(7) 討論の夕べと名づけられ、一八八九年から九八年まで定期的にリーマーガッセのホテル「金の鴨亭」で行われた。司会は高位聖職者のドクター・フランツ・M・シンドラーが務め、参加者はなかんずく、フォーゲルザング、ルエーガー、ゲスマン、アーロイス・リヒテンシュタイン公、ヴァイスキルヒナー、クンシャク、フンダー、トゥルクサだった (W. Klopp. a. a. O., S. 347ff.)。

(8) ローマでキリスト教社会党を強く支持したのはランポッラ枢機卿だった。彼は覚書が教皇の手に渡るのを阻止した (G. Kolmer, "Parlament und Verfassung in Österreich", 1902-14, 5. Bd., S. 413)。ヴァチカン駐在オーストリア大使が、これと別にシェーンボルンの使命を支援しようと介入したとき、ランポッラは述べた。覚書が言及する教皇の祝福は、「教皇様に捧げられた敬意に感謝するものに過ぎません。特定の人々や新聞が追い求める諸傾向を、決して是認するものではありません。祝福は、政治的党派性を顧慮することなく行われます」(L. Brügel, a. a. O., 4. Bd., S. 263)。プレーナーの後日の意見(“Erinnerungen”, 3. Bd., S. 220)では、政府の唱える異議は、「良かれと思ってのことだったが、ウィーン駐在教皇大使の態度と、ローマ教皇庁の一般方針に鑑みて目的整合的とは言えなかった」。レオ一三世の死後、ランポッラは教皇に選出される。皇帝フランツ・ヨーゼフは、自分の権能である拒否権を行使し、〔ルエーガーの市長〕選出を阻止した。ブリューゲル(a. a. O., 4. Bd., S. 263)は、この阻止と、ランポッラがキリスト教社会党を支持していたことが関連している、と考える。

(9) リンツで開かれた一八九二年のカトリック教徒大会で、「アーロイス・リヒテンシュタイン公はキリスト教社会党を代表して、同党と聖職者の関係を次のように規定した。双方は教会の軍隊を成し、保守党は農村で活動し、キリスト教社会党は都市で行動する、と」(G. Kolmer, a. a. O., 5. Bd., S. 169)。

(10) R. Sieghart, S. 312を参照。「ルエーガー自身に反ユダヤ主義者を思わせる形跡はない。おそらく彼は、反ユダヤ主義に大ブルジョア自由主義の党に対する願ってもない破壊槌を見出したのであろう」。A. J. P. Taylor, “The Habsburg Monarchy”, S. 219も同じように言う〔『ハプスブルク帝国1809-1918』倉田稔 訳 二五五頁〕。

(11) いくつか、同説を裏付けることがある。ルエーガーはしばしば次のように繰り返した。「自分は、品行方正なユダヤ人に含むところはない」。また、よく引用される句、「誰がユダヤ人か、決めるのは私だ」というのがある。さらに、初めて彼の反ユダヤ演説がなされた、まったく偶然の状況が加わる(W. Klopp. a. a. O., S. 306その他)。

(12) ルエーガーの懲戒処分を受けた者には、オットー・グレッケルとカール・ザイツが含まれる(Vgl. L. Brügel, a. a. O., 5. Bd., S. 142; V. Adler, a. a. O., 11. Heft, S. 86f.)。

(13) 全ドイツ党の初期には、ルエーガーとシェーネラーのふたりは友人で、たとえば選挙運動をともに闘ったりした。しかし、〔一八〕九〇年代に完全に決裂し、その時点から荒々しい中傷の言葉が両者の間を行きかった。キリスト教社会党と穏健なドイツ民族派(シュタインヴェンダー路線)との関係は、はるかに良好で、両者の協働は珍しくなかった。

(14) この計画の意図は、南スラヴ諸地域をオーストリアとハンガリーから切り離し、一個の統一体としてまとめることだった。その上で、「ツィスライターニエン」、「トランスライターニエン」と同等の地位をもつこととされた。

(15)「大オーストリア」は、とくにハンガリー国籍をもつルーマニア人のアウレール・ポポヴィチが掲げた構想だった。オーストリアは純粋に民族的観点から、つまり、帝室領の境界を顧慮することなく、連邦に改変されるべきだ、とされた。多民族の居住地域の中にある大きめのドイツ人飛び地には、ポポヴィチは少数派保護を予定する。小規模の飛び地は、移住あるいは同化によってなくす、とされた（Vgl. A. Popovici, “Die Vereinigten Staaten von Groß-Österreich”, 1906）。

(16) フランツ・フェルディナント（一八六三〜一九一四）は、皇位継承者という資格により政界の有力者だった。彼の地位は、尋常ではない活動力によってさらに強化された。確かに彼は、多少の政治的な洞察力を備えていた。これは、彼が帝国を連邦制に改造することを考慮していたことからもわかる。しかしながら、彼の目論見を実現する方法、およそ彼が考える統治の方法は、まったく権威主義的だった。彼は自分が絶対主義を好むことを公言していた。その話しぶりはヴィルヘルム二世にそっくりで、宿命的とも言えた。国家権力のもっとも重要な義務のひとつは、「秩序を正す」ことだと、彼は思った。「『鎮圧』、『銃撃』等の脅かしが……彼の口癖だった」と、彼を評価する伝記作者のエドムント・グライゼ＝ホルステナウ（クヴィスリング［ノルウェーの政治家でナチスの協力者］のオーストリア版人物）は書く（“Neue österreichische Biographie”, I. Abt. 3. Bd., S. 20）。同じように大公に好意をもっていたオトカル・チェルニーンは、大公のおやと思わせる性格について触れている。女占い師が予言して、大公がいつか世界大戦を引き起こす、と言ったとき、フランツ・フェルディナントは「まんざらでもない」面持ちだった、と（O. Czernin, “Im Weltkriege”, 1919, S. 57）。国中を見渡して、彼ほど人気のない者はいなかった。また、彼自身もそれを知っていた（Ebenda, S. 47f.）。貴族たちは、彼のにべもない性格のために、いつか暗殺の犠牲になるのではないか、と噂した（J. M. Baernreither, “Fragmente eines politischen Tagebuches”, 1928, S. 193）。キリスト教社会党がこの人物を自分たちの保護者として選んだことは決定的な誤りだった。シャイヒャーが「党指導者たちの王宮及びベルヴェデーレ行脚」を非難するとき（“Erlebnisse und Erinnerungen”, 6. Bd., S. 396）、彼はまったく生ぬるい。王宮に比べても、党が求めるものは、ベルヴェデーレにはほんのわずかしかなかった。

(17) この人気のあった暴れん坊は、しばしばまったくナンセンスなことを口にした。たとえば、レフ・トルストイを老いぼれの阿呆と呼ぶ類である。

(18) ザイペルは文化自治の考えを、『民族と国家』(Nation und Staat) 一三八頁と、少し詳しく『オーストリア憲法改革論攷』(Gedanken zur österreichischen Verfassungsreform) 三一頁以下で展開した。ザイペルはある大事な事項に関して、オットー・バウアーと同様の見解を抱いていた。バウアーとは共和国時代、果てしない論戦を繰り広げることになる。

(19) 唯一、厳格なカトリック信徒で、かつ、この時代の国際的にも重要なオーストリアの芸術家はアントーン・ブルックナーだったろう。

(20) 組織については、これまで触れたものの他に次のものが挙げられる。カトリック学校連盟、国民読書室連盟、カトリック新聞奨励ピウス連盟、カトリック国民同盟。

(21) 「グラールブントとはそもそも何か、と多くの者が問う。この名を冠する連盟も組織もなく、会長もおらず、規約もない。グラールブントは広い意味で理想的な同盟であり、志を同じくする者たちを束ねる。もっとも狭い意味でグラールブントは、雑誌『グラール』創刊のために出版社と交渉を始め、編集人を決めた少数の者たちから成る。私は編集人ではない。編集会議ももたれない。編集人だけが采配をふるい、責任を負う。私は協力者に過ぎない」(R. Kralik, “Die katholische Literaturbewegung der Gegenwart”, 1909, S. 91)。この月刊誌の出版人として当時、フランツ・アイヘルトが署名していた。

## 労働運動

(1) 「第一」インターナショナルは一八六四年、マルクスによって創立され、一八七二年ないし一八七六年に解散した。インターナショナルが関与した最重要の出来事は、一八七一年のパリ・コミューンである。インターナショナル解散の原因は、いたるところで起きたアナーキストとマルクス主義者との対立であり、これは多くの点で、八〇年代・オーストリアの、急進主義者と穏健派との対立と同じだった (Vgl. M. Beer, “Allgemeine Geschichte des Sozialismus und der sozialen Kämpfe”, 6. Aufl. 1929, S. 684ff.)。

(2) 英国に住んでいたエンゲルスは、この書簡を草する直前の一八九三年秋、オーストリアに短期滞在した。

(3) 修正主義のもっとも著名な擁護者はエードゥアルト・ベルンシュタイン (一八五〇～一九三二) で、ドイツ社会民主党の指導者のひとりだった。この路線が修正主義と名づけられたのは、マルクス説の修正を意図したからである。ベルンシュタインの見解に同調するグループは、たいていの国に存在した。

（4）革命的な言辞を弄し、実践は改良的である社会民主党の路線には、「中央派」という名が一般に使われた。

（5）Vgl. V. Adlers "Aufsätze, Reden, Briefe", 4. Heft, S. 92ff. 血で贖われた進歩だけを革命的と名づけるような考えを退けたアードラーはまったく正しい。しかしながら、言い過ぎて次のように主張した。「自分には革命と改良の区別がさっぱりわからない。言葉だけではないか、言葉にすぎないではないか」

（6）L. Brügel ("Geschichte der österreichischen Sozialdemokratie", 4. Bd. S. 347) が、党大会の結果をまとめた警察報告書を掲載している。「実際の現実的政策は、オーストリア社会民主党がハインフェルトの革命的な原則宣言を改変したもともとのきっかけでもあった。ブルジョア社会に対する激しい敵対、マルクス主義の墨守は、新しい綱領ではまったくあいまいに表現されるだけである。……オーストリア社会民主党は、指導者たちが覆い隠そうと努力しているけれども、資本主義社会体制と折り合いをつけ、これに対しては、ただ社会改良の党として立ち向かうのみ、という路線にすでに乗っている。……ドクター・アードラーは、新綱領がエードゥアルト・ベルンシュタイン（修正主義）への譲歩であることを頑強に否定し、ベーベル、カウツキーというマルクス主義者たちも、党大会においてこの意味で意見表明を行ったが、実際には三人とも、意識的か無意識的かはともかく、ベルンシュタインの影響下にあり、それから逃れられなかった。ドクター・アードラーは、党大会参加者に芽生えた不信を容易に払拭できるよう、ベルンシュタイン流の諸理論を、報告の中でマルクス主義的に描くことをよく心得ていた」

どうやら警察は、マルクス主義の訓練を受けた男を雇っていたようである。

（7）社会民主党が権力闘争のことを考えなかったことは、数多くの宿命的な結果をもたらした。そのひとつとして、プロレタリア革命の基本問題と、プロレタリアートの同盟者の問題とを無視したことが挙げられる。社会民主党はこうして、オーストリアの農民が旧い聖職者集団やキリスト教社会党に従うことをなおざりにして、真剣な対抗策を講じなかった。カトリック農民に対する無関心は、さらに別の過ちを招いた。党所属の若干の弁士や書記による上面だけの反教会主義である。党が教会と国家の分離、学校と教会の分離を要求したのは正しかった。他方、宗教的な事柄に態度表明するにあたって、しばしば、そのやり方がいかにも無神経だった。

（8）ヴィクトール・アードラーは［第一次］大戦前、一度だけ同盟政策について態度を表明したように思われる。

一九〇九年のボスニア危機の期間中、党大会の演説で述べた。「……今日、我が国は政治的にどのような位置にあるのでしょうか？　我が国の他の大国に対する関係、我が国のヨーロッパにおける位置は、［一九〇八年のボスニア・ヘルツェゴヴィナ］併合前と比べてより安全で安定しているでしょうか？　我が国は、ドイツ帝国と緊密な同盟関係にあります。願うことは、ドイツ帝国主義が英帝国主義と競合するにあたって必要とする費用の一部を、オーストリアに転嫁するためにだけ、この同盟を利用しないことです。我が国にとってそこから得られる利点といえば、ドイツ帝国の政策を支援しながら、我が国もまた今後大型戦艦を建造する、ということになってしまいます」（Adler, "Aufsätze, Reden, Briefe", 9. Heft, S. 33）。アードラーはここで、たいていの同時代人よりも鋭く事態を見ている。だが、この断片的なコメントを、同盟に対する目的意識的な挑戦と評価することはできない。

（9）インターナショナルのシュトゥットガルト大会（一九〇九）で決議が採択され、戦争の危険が差し迫った場合、労働者階級とその議会代表者に対して次のような義務を課した。「全力を傾注し、もっとも有効と思われる手段を投入して戦争の勃発を阻止すること」。さらに続けて「それにもかかわらず、戦争が勃発したときは、自分たちの義務として、早期の終結を支持すること、戦争がもたらす経済・政治危機を民衆の覚醒に利用し、それによって資本主義的階級支配の廃棄を促進すべく、全力を挙げて努力すること」と述べた。インターナショナルのコペンハーゲン大会（一九一〇年）、バーゼル大会（一九一二年）の決議は、同趣旨を繰り返した。ところが、一九一四年夏には完全に忘れ去られた。どの国でも社会民主党は政府と戦争を支持した。あちらこちらで反対したのは小グループだけだった。唯一、ロシアのボリシェヴィキが即座に戦争に対する断固たる闘いを開始した（Vgl. M. Beer, a. a. O., S. 699ff.）。

（10）いくつか極端な記事（'Der Tag der deutschen Nation' August 1914; 'Nach Paris!' September 1914）は主筆のアウスタリッツの手になる（Vgl. Max Ermers, "Viktor Adler", 1932, S. 317f.）。

　フリードリヒ・アウスタリッツ（一八六二〜一九三一）は、［労働者］新聞と運動全般に大きく貢献した。彼が好戦的な記事を書いた張本人であることは、一九一四年には多くの読者に信じられなかった。彼は戦争の後期、平和主義者となり、軍事裁判の恐怖に抗して勇敢に闘かった。

（11）この区分はもちろん外面的なものである。というのは、オーストリアはドイツの属国であり、オーストリアの「祖国防衛」という立場は、ドイツ帝国主義にとっても役立ったからである。その上レンナーは、大オーストリア主義に妨げられることなく、ノイマンの中欧構想、つまり、オーストリアをドイツ帝国に永続的に従属させることを基本的に受け入れた（Vgl. Renner, "Österreichs Erneuerung", 1916, 1. Bd., S. 119-60）。

（12）フリードリヒ・アードラー（一八七九年生まれ）は、物理学の［大学］私講師として、また『人民の権利』（Volksrecht）誌の出版人としてチューリヒで暮らしていたが、その後、オーストリアで帝国議会議員、雑誌『闘争』（Kampf）の編集者等を務めた。

（13）フリードリヒ・アードラーの一九一四年の立場は、彼が当時作成して党指導部に提出した文書の考えから明らかとなる。「プロレタリアートの指導者たちは次の義務を負っている。歓呼の声を挙げる衆愚の群れに同調するのでなく、力を奮い起こして、プロレタリアートのインターナショナルに対する不意打ちである戦争を切歯扼腕しながらも耐えることである」（L. Brügel, a. a. O., 5. Bd., S. 179）。

（14）帝政のもとで、教授会の全会一致の提案にもかかわらず、ハルトマンは教授になることができなかった。彼が無神論者だったからである。

（15）ハルトマンの考えでは、集約的な社会化（intensive Vergesellschaftung）は、同時に階級対立の緩和を意味する（"Über historische Entwicklung", S. 61）。そうかもしれないが、必ずしもそうとは限らない。たとえばアフリカのプランテーションの所有者は、奴隷制にも似た条件で黒人を労働者として雇用しているが、その黒人と緊密な経済関係を結びながらも、非常に厳しい階級対立の関係にある。ハルトマンが拡散的な社会化（extensive Vergesellschaftung）を称賛するとき、おそらく彼は、国際連合のような、あるいは将来の社会主義社会のような、世界を包含する制度を考えているようだ。だからと言って、歴史が教える国家の拡大――こうした拡大は古代からつい先ごろまで、たいてい暴力に基づいている――が全体として見れば進歩である、と説明するのは大ざっぱなやり方である。

（16）"Thedor Mommsen", 1908, S. 127. モムゼン伝がハルトマンに、バデーニについて発言する機会を与えたのは、モムゼンが当時、［バデーニの］言語令に反対する立場を表明していたからである。

（17）ハーヌシュ法の名で知られる一連の法律・規制には次のようなものがある。八時間労働日規制、失業者救済対策、勤労者休暇法、団体協約及び調停所法、家内労働・婦人労働・児童労働・夜間労働規制、鉱山労働者・パン焼き労働者特別保護、労働手帳廃止、家事手伝い女性労働者法、障害者救済規定、連邦公務員健康保険規定、労働者・職員会議所設立規定等。

(18)　絶対地代でマルクスが理解するのは、最悪の土地の所有者でさえ、現行の支配的所有諸関係において、自分の土地を他人資本と他人労働で可耕地とすることを許すとき、自分に支払わせる金額である。差額地代とは、より良い豊穣な土地の所有者が、豊穣度に応じて手にする、より多くの金額のことである。

(19)　完全を期すために付け加えると、バウアーはかなり後になってこの想定を捨て、いわゆる「左翼民族綱領」に賛同した。この綱領は一九一八年初頭に出来上がって、ついに明確な言葉で諸民族の自決権を要求したものである。その後、帝政崩壊の直前に党員の多数も自決権を受け入れた。

(20)　オーストリアについて英語で書かれた書があって、社会民主党の民族政策が厳しく批判されている（A・J・P・テイラー著『ハープスブルク帝国』［一九四一年］）。テイラーは、はるかに成功を収めたボリシェヴィキの政策と比較する。その箇所は、そのまま再録に値する。「……（社会民主党の）ドイツオーストリア部会は、帝国の存続を望ましいものとして受け入れるという、さらに大きな過ちをしでかした。社会主義は民族の制約を認めない、という素晴らしい原則から出発して、社会民主党は、オーストリア＝ハンガリーが比類ない社会主義共同体に発展しうるという結論を引き出した。これはある労働組合書記の野心を理論的に表現したもので、レンベルク［現ウクライナ・リヴィウ］やトリエステの労働組合員、カルパチア山脈からアルプス山脈までの組合員を数え上げられるほうが、ウィーンと周辺のいくつかの都市［の組合員］に限定されるよりも望ましいという野心の表れだった。そこで社会民主党は、ハープスブルク帝国の存続に賛同するという馬鹿げた結論に至った。帝国が、労働者のインターナショナルと同じように、『超民族的』であるという理由からだった。けれども、社会民主党自身は、民族ごとの党に分裂していた。……何年かしてロシアの社会民主党がもっと賢明な原則を定めた。同党がこだわったのは、革命的社会主義は［ひとつを除いて］他の一切の信念を排除するが、排除できない信念は、唯**ひとつ**の党が民族の相違を超えて存続を許される、というものだった。ただし、この党は諸民族に完全な自決権を保証し、それには分離の権利を含まねばならない、というものだった。ロシア人が考えたのは何よりも、革命党は現存体制の転覆を目指さねばならないことだった。敵はツァーの体制だった。これと同じように、オーストリア人の敵はハープスブルク家のはずだった。ロシアの社会主義者たちはロシア帝国について、それが社会主義によって維持されるに値する、協働のための巨大領域だなどという、まったくのナンセンスを語らなかった。彼らはツァーの体制を攻撃した。権力を掌握する用意があったからである。そして時期が到来して、実際に権力を掌握した」［引用前半部分は、原書一九四一年版の改訂版（一九四八年）邦訳『ハプスブルク帝国１８０９―１９１８』（倉田稔訳）二五八～二六〇頁参照］。

(21) 最後に、筆者は続巻で現代までの検討を意図していたことを記しておく。そこでなにより示したかったのは、本章で分析したオーストロ・マルクス主義者たちの活動を特徴付ける政治的**日和見主義**の傾向が、いかに社会民主党や現代の社会党の理論と実践を完全に駄目にしたかということである［この注（21）は明らかに編者が挿入したものである。なお、「続巻」は、著者の早世により実現しなかった］。

## 社会改良

(1)「マンチェスター・ドクトリン」は経済学説の中でも、厳密な個人主義を追求するものであり、経済活動へのあらゆる国家介入を非難する。

(2) 急進主義は、社会改良の原理である。オーストリアの労働運動において、アナーキスト自身が「急進主義者」の名で知られている事実が、混乱を引き起こさないことを願う。

(3) ヴィクトール・アードラーは一八九八年に書く。「社会民主党は、女性を男性に対する闘いに導こうというのではない。男性と共闘する陣営を作りたいと考える。男性に対抗するのではなく、男性と共に闘うべきである。**女性意識**ではなく、**階級意識**を喚起することが、なによりも女性の目標である。女権論の女性たちが考えるように、性に基づく奴隷制だけを打ち破ることはできない。それは、賃金奴隷制の廃棄と一緒になってはじめて、この世からなくなることを、女性は知っている」(“Aufsätze, Reden, Briefe”, 7. Heft. S. 139/40)。

(4) 問題は、真の狙いを伏せたある攻勢だった。キリスト教社会党が支配する地方自治体［ウィーン市］が、成人教育連盟に対し補助金を出すと約束をしたが、付けられた条件は、教育活動の自由を制約するというものだった。ヨードルはルエーガーと交渉を行い、最終的に補助金を拒否した。

(5) 本書一七四～一七六頁［原文 S. 74f.］参照。ヨードルは、この論争を冊子“Gedanken über Reformkatholizismus”, 1902 で扱った。

（6）インスブルック大学教会法教授のルートヴィヒ・ヴァールムントは一九〇八年、「自由学校」連盟の集会で、「カトリックの世界観と自由科学」と題する講演を行い、教皇に反対する現代主義者を擁護した。この講演が冊子の形で出版されると、聖職者たちは、講演が宗教団体に対する侮辱だとして、冊子を没収せよ、という要求を押し通した。さらに彼らは、ヴァールムントの処分と起訴を要求した。政府は聖職者たちの圧力に譲歩する用意があるかに見えた。その結果、オーストリアのすべての大学の学生たちがストライキに突入した。学生たちは建白書を提出し、そこで自分たちの態度表明の理由を説明した。ヨードルは、この建白書に序文を書いた。ヴァールムントはインスブルック大学を去らねばならなかったが、プラハ大学の教授に任命されて、この事件は終わった。

（7）マルガレーテ・ヨードルが、伝えている（a. a. O., S. 231）。神学部のある会議で、高位聖職者のC.（明らかにコマー）が叫んだという。「呪われたヨードルめ。悪魔のような無神論者」

## ドイツ民族主義

（1）政党との繋がりをもたない自由主義者のTh・v・ゾスノスキは、一九一一年に記す。「現状の変更がしばらくありえないとしても、この同盟が、他の同盟と同じように、時代の変化に晒されることを看過してはならない」（"Die Politik im Habsburgerreiche", 1. Bd., S. 92）。

（2）ドイツの多くの王国、侯国に対するプロシアの覇権を追求する政治路線を、一八六〇年代、「小ドイツ主義」と呼んだ。この名は、ホーエンツォレルン家が、オーストリアをドイツ連邦から排除しようとしたことに由来する。反対の路線は「大ドイツ主義」と呼ばれ、ドイツ連邦へのオーストリアの残留を求めた。大ドイツという言葉は当時、プロシアに対して非友好的な態度を表現している限り、今日とは多少異なる意味をもっていた（Vgl. P. Molisch, "Geschichte der deutschnationalen Bewegung in Österreich", 1926, S. 64f.）。

（3）「ドイツ民族主義者の最長老」であるユーリウス・クリックル（一八二九〜九三）は、ウィーン第一体操協会の創立者である。職業はウィーン建設会社の支配人。一八七〇年ころ、「最後の七人のゲルマン人」と名づけた、テーブルを囲む仲間を形成する。この七人は、「自分たちだけが、ドイツ精神の真の擁護者であると見なして、カフェー・ヴァルヒ（Walch、後にカフェー「窓辺で覗く人」Fenstergucker）に集い、そこで政治上の出来事について語り合った」（Eduard

Pichl, "Georg Schönerer und die Entwicklung des Alldeutschtums in der Ostmark, 1. Bd., 1912, S. 14f.)。

(4) 一八五九年のシラー祭では、同時にとりわけバッハ体制の終焉もまた祝われたが、この祭りは学生運動を促進した。ウィーンの学生が松明行列から帰る道すがら、いくつもの最初の学生組合の結成が決議された。たいていの学生組合では、当時すでにドイツ民族主義の傾向が民主主義の傾向を凌駕していて、後者は個々の組合員が散発的に出す声明で表明されただけだった。大学生のドイツ民族主義は、多くの大学教師たち、たとえばゲルマニストのヴィルヘルム・シェーラーや歴史家のオトカル・ローレンツによって促進された。シェーラーは一八七二年、ドイツに移り、ビスマルク時代の指導的な文学史家になった。

(5) この協会は一八九一年、著作家のA・G・フォン・ズトゥナー、優秀な内科医のヘルマン・ノートナーゲルその他によって創立された（Vgl. Bertha v. Suttner, "Memoiren", 1909, S. 214-19）。多くの著名人が入会したが、大衆に影響を及ぼすことはかなわなかった。

(6) 一八七八年、シェーネラーは議会で演説した。政府がオーストリアの「ドイツ」諸邦において遂行する経済政策をきっかけにして、「ドイツ帝国に属してさえいれば」という声が挙がった、と。これについてモーリッシュは、自分がドイツ民族主義者でありながら認める（"Geschichte der deutschnationalen Bewegung in Österreich", S.97）。「合邦」構想は当時、オーストリアでまったく人気がなく、シェーネラーの発言は、数限りない抗議集会を引き起こし、国民の多様な層が参加した、と。

(7) 「社会主義者による安寧を阻害する企てを取り締まる一八七八年一〇月二一日の帝国法」は、社会主義者の集会、結社、出版を処罰・禁止、社会主義を扇動する者の国外追放、「社会民主主義者の企てが、治安を危うくしそうな」地区、町村に、いわゆる小規模の戒厳令をしくこと、その他、拡大する社会主義運動を抑圧する類似の措置を規定していた。

(8) 綱領で用いられた「国家条約による同盟の強化」という言い回しは、明らかな誤謬に基づく。同盟は、ある国家条約にすでに書き込まれていたからである。ドイツ民族主義者は後に、同盟を両帝国の憲法に取り込むよう要求するのを常とし、このことがすでに一八八二年に想定されていたのかもしれない。

(9) シェーネラーのグループは、一九〇一年になって初めて公式に「全ドイツ主義党」を名のった。ただ、以前すでに、そのように呼ばれることがしばしばあった。ドイツで一八九四年、ライプツィヒの教授ハッセを長とする「全ドイツ主義同盟」が結成された。それ以来、「全ドイツ主義」という言葉は、政治的語彙のひとつとなった。この同盟は、ドイツ帝国主義の最右翼を代表する組織で、その全活動は戦争準備に向けられていた。もちろん同盟は、オーストリアを自己の活動領域に取り込もうとした。バデーニ危機の間、ハッセとシェーネラーとの間には密接な協力があった。その他、シェーネラーは当時また、「[ドイツ]帝国」の穏健な政治家たちから出版物による支援を受けた。たとえば、自らを自由主義者と見なしていたテーオドール・モムゼンは、ドイツオーストリア人に訴えかけ、容赦のない闘争を行うよう鼓舞した。「かつてのドイツの帝都」であるウィーンが、民族闘争において、まったく弱腰で、人が集まらず、みっともない様子であることを嘆き、ドイツオーストリア人に呼びかけた。「非情であれ！　チェコ人の頭蓋は理性を受け入れない。だが、それも、一撃を加えれば反応するだろう」(Vgl. F. Hertz, "Nationalgeist und Politik", S. 402)。

(10)　一八八七年、『日曜月曜新聞』(Sonn- und Montagszeitung) は、ある家系図を公表し、それによって、シェーネラーの配偶者であるフィリピーネ・フォン・シェーネラー夫人の曾祖父がシュムール・レープ・コーンであることがはっきりした。彼は一七六二年、モラヴィアのユダヤ人町、ポールリッツ［ポホジェリツェ］に生まれ、後年キリスト教に改宗し、洗礼に際してレーオポルト・プロヴァンダーという名を得た。彼は洗礼後、タバコのポールリッツ向け大規模小売業を始めた。一八三二年、同地で死亡。『日曜月曜新聞』はさらに一八九二年、ハインリヒ・ブレヒナーの小説、『シュムール・レープ・コーン』(Schmul-Leeb-Kohn) を載せた。これは上記暴露を新たに想起させるものだった。

(11)　衝突の基はと言えば、政治的な意見の相違もまちがいなくあったろう。ヴォルフとシェーネラーとの政治的対立には、以下の二八六頁［原文 S. 189f.］で戻る。だが、原因は、何はさておき、運動の指導をめぐる個人的対立だった。シェーネラー派のアントーン・シャルクは一九〇二年、冊子『なぜ私はK・H・ヴォルフを恥知らずの輩と考えるか』(Warum ich K. H. Wolf für persönlich ehrlos halte) を発表した。ヴォルフはブリュクス［モスト］の地方裁判所に名誉棄損の訴えを起こす。裁判では、ヴォルフの醜悪な金銭問題が種々審理された。これに対し、シャルクが恥知らずと非難した、その主な根拠となるヴォルフの情事は、オーストリア刑法の規定により審理されなかった。シャルクには高額の罰金刑が課せられた。その結果、[ドイツの]全ドイツ主義同盟は、次の声明を発表した。「ブリュクスの陪審員諸氏は、我々に反対する評決をしました。腐敗が、これまでよりも大胆に頭をもたげています。有罪の判決を受けた我らの著名な同志、ドクター・シャルク議員には、もっとも重要な訴訟案件で真実の証明が拒まれました。同議員には我々の不断の、心からの感謝が寄せられるでしょう。我々には次の疑問が浮かばざるを得ませんでした。全ドイツの統一と純正という構想のために、闘いを継続すべきか、あるいは、無駄なこととして停止すべきか、ということです。我々は継続を決意しました。それによって、我々の大義が最後には勝利することを信じて、今後とも民族の最善の価値を目指す闘いに踏みとどまり、我らが民族の過てる友を無力化すべく努めます。したがって我々には、ヴォルフに対する闘いを続ける権利が十分にあり、義務もあります。ヴォルフの考え方と性格は、彼が、オストマルク［オーストリア］における全ドイツ主義思想の鼓吹者にして確立者であるシェーネラー議員を、法廷でも『白髪の卑劣漢』と呼んだことに明らかになっているように思われます」（Vgl. Th. Sosnosky, a. a. O., 1. Bd., S. 197ff., R. Vrba, "Österreichs Bedränger", 1903, S. 314-36）。

（12）ミュンヘンで出版されたオーストリア全ドイツ主義党の書は、ドイツによるオーストリア征服を目標として掲げた。ドイツ皇帝は、ヴォルフとシェーネラーを総督に任命すべきこと、軍隊の重要な指揮部署はすべて、ドイツ帝国将校によって占められること等である。一九〇二年、シェーネラーは、議会演説を「ホーエンツォレルン家万歳！」と叫んで締めくくった。

（13）そのような機会が一八八五年に生まれた。当時、ウィーンドイツ民族主義学生組合の長だったヘルマン・バールが、ビスマルクに七〇歳の誕生日を祝う言葉を届けたときである。ビスマルクは、バールに会うことを拒み、幕僚（フォン・ロッテンブルク）を通じて訓戒を与えた。バールは三〇年後、ロッテンブルクが自分に言ったことを語る（"Schwarzgelb", 1917, S.36f.）。「ビスマルク侯は、あなた方が深くドイツを思うことを知ってお喜びでございます。しかしながら、あなた方が、オーストリアを強化することに全精力を注ぐほうが、いまや、あなた方の思いをはっきりさせることが出来るのではないでしょうか。ドイツは、あなた方を頼りにしております。あなた方を必要としております。ですが、それはオーストリアにおいてです。強力なオーストリアは、ドイツにとりまして不可欠です」。ビスマルクの八〇歳の誕生日に際して再び、オーストリアでドイツ民族主義組織によるデモが行われた。またしてもビスマルクは、抑制を訴えた。ついには一八九七年にも、自分の機関紙『ハンブルク報知』（Hamburger Nachrichten）を通じて見解を表明した。ドイツオーストリア人は、自分たちが政治的にオーストリア人であり、それ以外の何物でもないことに思いをはせるべきである、と。

（14）ハープスブルク体制は、ユダヤ金融資本とあまりにも緊密に結びついていたので、体制にとって激しい反ユダヤ主義は歓迎されざるものだった。もしハンガリーとの関係が同君連合に転換されていたら、それとともに帝国の軍事的弱体化が招来されていたろう。オーストリアとハンガリー、ふたつの別々の軍隊は、一体化した帝国軍のもつ攻撃力を決して保持しえなかった。

(15) ヒューストン・スチュアート・チェインバリン(一八五五〜一九二七)は英国生まれで、後にドイツに帰化。「人種的」歴史観創始者のひとり。彼の説については、上記一七二〜一七三頁[原文S. 73]で簡潔にその特徴を述べた。一九二三年の酒場プッチュ[ホーフブロイハウスの反乱]後、ヒトラーはバイロイトへの招待状を受け取った。チェインバリンは、そこで彼に人種理論の個人教授を行った。

(16) ユーリウス・ラングベーン(一八五一〜一九〇七)は、『教育者としてのレンブラント』(Rembrandt als Erzieher)一八九〇年の作者で、前世代の保守的著述家や現世代のファシスト著作家に多大な影響を与えた。一八九二年から九四年までウィーンに暮らす。

## 観念論哲学

(1) 『科学的世界観』(Wissenschaftlice Weltauffassung) 一九二九年という冊子の中で、ウィーン学団のエルンスト・マッハ協会に対する立場と協会の役目が記されている(一四頁)。「ウィーン学団は、閉ざされたサークルとしてまとまって活動することに満足するものではない。学団はまた、現代の活発な諸運動——それらが、科学的世界観に友好的に対応し、形而上学、神学に背を向ける限り——と関係をもつことに努める。エルンスト・マッハ協会は今日、学団が広範な人々に語りかける窓口である。同協会は、その活動計画に言うように、『科学的世界観を奨励し普及する』ことを目的とする。『科学的世界観の現状に関して講演、出版の手配を行うが、これは、精密な研究が社会科学・自然科学に対してもつ意味を明らかにするためである。こうして現代の経験主義の思考の道具が形成されるはずである。こうした道具は、公的・私的生活の形成のためにも必要である』。協会がエルンスト・マッハ協会と称することで、形而上学から自由な科学という基本方向性を明らかにする。しかしながら、協会は、決してマッハの個々の学説を綱領のごとくみて賛同するものではないことを宣言する」

(2) しかしながら、マッハは時折、自分の学説の別の解釈を述べることもあった。たとえば『認識と誤謬』(一九〇五年、二八七頁)の中では次のように言う。「自然科学者の努力や、個別のそれぞれの場合の活動、さらに到達によって満足を覚える目標の特徴を簡潔・的確に述べようとするならば、次のように言わねばならないだろう。科学者は自分のもつ考えと事実とを、またいろいろの考えを相互にできる限りうまく一致させようとする。『完璧でもっとも簡便な記述』（キルヒホフ、一八七四年）、『事実の経済的記述』（マッハ、一八七二年）、『思考と意味との一致、諸思考過程相互間の一致』（グラスマン、一八四四年）は、同じ考えをわずかの違いはあるものの表現している」。ここでマッハは再び、要素説で少なからざる転換の際に見られたように唯物論者である。こうした動揺はマッハにおいて、ともかくもひとつの典型的な現象である。

（3）　観念論からこうしたことが言えるのを、アナトール・フランスの著作が見事に描いている。フランスは年を経て社会主義者となり、ついには共産主義者にさえなった。しかしながら、彼の青年時代、当時の社会にあった貧困に対する態度は、ただ遺憾に思うだけの傍観者のものに過ぎなかった。これはなによりも観念論のせいであり、めったにない力で彼を捉えていた。自伝風の作品、『友の書』（Le livre de mon ami）に次のような個所が見られる（一八八五年、一六三頁以下）。「シェルシュ・ミディ通りの年老いてうす汚いユダヤ人たち、そしてセーヌ河岸の質素な古本屋［ブキニスト］たち、君たちは僕の先生だった。大学の教授も同然、いや、それよりもっと優れていた。君たちは僕に知的教育を施してくれた。しっかりした人たち。君たちは僕のうっとりした目の前に、秘密に満ちたあらゆる形の過ぎ去った生と、人間精神のあらゆる類の高貴な記念碑を並べてくれた。君たちの店で探し物をして、埃だらけの書架を眺めたとき、そこには僕たちの先祖の面影と彼らの美しい思いがかすかに残って層をなし、世界の見方、唯ひとつ意味をもった見方がそっと僕に開示された。友よ、虫に食われた書を手にしたとき……、僕はまだ子供気分を残していたけれど、もののうつろい、存在のはかなさの思いが深く僕を捉えた。僕にはわかった。生きとし生けるものは、すべてを包み込む夢の中の移り変わる絵に過ぎない。僕はあの頃から悲しみ、やさしさ、憐れみに心ひかれた」

（4）　彼は通常、健康上の理由で貴族院の審議には出席しなかった。ところが、一九〇一年、患者輸送の車で審議の場に運ばれた。ちょうど鉱山労働者の九時間労働法が、何票かの不足のために廃案になりそうなときだった。彼は何年かのちにもう一度、選挙改革の行方が決定される際に同じ辛労に耐えた。

（5）　ベールはウィーン大学の生理学の私講師で、後年、スイスに移住した。

（6）　ブレンターノの後退した履歴のいきさつは説明に値する。当時の状況に光を当てるからである。元聖職者のブレンターノに対しては、当然のことながら、オーストリアのカトリック世界は必ずしも好感をもたなかった。一八八〇年、彼が結婚すると決めたとき、ありとあらゆる嫌がらせを覚悟せざるを得ないことははっきりしていた。友人たち、具体的には優秀な法律家のグラーザーとウンガーから知らされたのは、裁判所の習いで、法律の文言と精神に反して、元聖職者の結婚は無効とされるだろう、ということだった。そこでブレンターノは、かつて保持していたサクソニー［ザクセン］の市民権を再び得ることに思い至った。それは移住とウィーンの教授職放棄をともなう。［オーストリア］政府は、ブレンターノの優れた教授活動にかんがみて国を去らせたくなかったが、彼が要求する保証も与えたくなかった。何度かやり取りの後、オーストリアらしいやり口が選ばれた。ブレンターノは、まずはサクソニーに行き、その後戻ってきて教授資格取得を再度申請する、そうすれば、速やかにもう一度教授に昇格させる、というものだった。実際、彼は四三歳にして新たに講師職を得た。だが、その後は講師のままだった。ブレンターノはターフェ内閣が続く間ずっと、政府が約束を果たすよう働きかけに努めた。だが、効果はなく、空手形が振り出されるばかりだった。彼は一四年間にわたる闘いで、物事を進歩的に考えるすべての高等教育修了者を味方につけた。その中には、彼の哲学を誤謬とする者たちも含まれていた。ブレンターノはついに世論に訴えた。彼は『ノイエ・フライエ・プレッセ』に一件を記し、これらの記事の後、教会発行の『祖国』紙やプラハの法律家、クラスノポルスキとの激しい論争が続いて、さらに論争は、オーストリアを越えて広がりを見せた（F・ブレンターノ『オーストリアへの我が最後の望み』(Meine letzten Wünsche für Österreich) 一八九五年。これは、いくつかの記事と反論記事とを一冊にまとめたもの）。結果として、哲学部の状態に注意がむけられたことは良かった。ブレンターノの講師職を別にすれば、長年にわたり、教授（ツィママン）がしかるべく在籍した哲学の講座はたったひとつだった。これは、大きな大学としては異様な状態だった。やっと対策が講じられ、マッハとヨードルがウィーンに招聘されたが、ふたりが自由思想家［無神論者］だったため、再び釣り合いをとる必要が生じた。そこでふたりと同じように哲学教授に任命されたのは、神学者のラウレンツ・ミュルナーだった。

（7）　フッサールが「現象学」で意味したものは、フランツ・ブレンターノの言う「プシヒョグノジー」にきわめて近い。もっとも、フッサール自身は異なると言っている。

（8）　カントはふたつのアプリオリな判断を区別する。彼が分析的と名づけるのは、使用された概念の内包を単に言明するものである。分析的とは、たとえば「円はすべて丸い」とか「カラスはすべて黒い」という文である。総合的とは、概念の内包よりも多くを言明するアプリオリな判断を指す。カントによれば、「どんな変化にも原因がなければならない」というような文は、総合的な性格をもつ。実を言えば、総合的判断がアプリオリに存在するという信念は偏見である。カントの引く例は、なべて先にあった思考内容を分けて説明するものか、または、アプリオリな判断でないものである。

（9）「晩年の哲学」について以下を参照。F. Brentano, "Psychologie vom empirischen Standpunkt", 2. Bd., S. 158ff.; "Wahrheit und Evidenz", S. 87ff.; O. Kraus, "Franz Brentano", S. 31ff.; derselbe: Einleitung zur "Psychologie", 1. Bd., S. XLIff. ブレンターノによる訂正が知られるようになったのは、誰よりもオスカル・クラウスの功績である。クラウスは総じて、注目に値する哲学者を記憶に留めるのに大いに貢献した。彼とアルフレート・カスティールが編纂してフェーリクス・マイナー社から出した版のおかげで、これによる以外には入手不能な多くのブレンターノの作品を手に取ることができるようになった。クラウスによってブレンターノ協会も設立され、プラハで発足した。

（10）スコラ哲学では、いわゆる実在［普遍］論争が重要な役割を演じた。ドミニコ会の「実在論者」は、普遍的な諸対象（色、賢明、動物等）を想定することで、現象学者の解釈に接近する。フランシスコ会の「唯名論者」は、こうした諸対象が名のみの一般的な表現にすぎず、現実に相当するものはないと語った。この論争を描くのに、たまたまだが、もう一度アナトール・フランスを引用できる。『天使の反逆』（Aufruhr der Engel）一九一三年は、詩人の社会哲学を神話的かつパロディー風に展開する。天使たちがサタンに率いられ、神に反乱を起こして敗北、地上に追放された。墜ちた天使のネクテールはサタンの観点から、当時より現代までの出来事、すなわち世界史を手短に見晴るかし、概括する。彼は、自ら体験した者としてすべてを描く。中世の時代については、うまく次のように報告する。「修道院の塀の下でコワッパどもが石蹴りをしてると、修道僧たちが、同じようにありふれた遊びをしてた。俺も仲間に入って、やつらと一緒に遊んだのさ。てぇのは、時間をつぶさなきゃならないからさ。しかも、まともに考えて、それが、唯ひとつ可能な人生の過ごし方てぇものだ。俺たちの遊びは言葉遊びさ。そいつによって、頭のいいやつ、悪いやつ、いろいろいる坊主どもが頭をカッカさせ、流派に分かれてお互い憤慨し、教徒みんなが興奮の渦に巻き込まれた。俺たちはふたつの派に別れたね。ひとつの派が言うにゃ、ひとつひとつのリンゴがある前に、リンゴ「なるもの」があって、オウムども前に、オウム「なるもの」があったのさ、みだらで大食いのひとりひとりの坊主の前に、坊主「なるもの」や「好色」、「大食い」が実在したんだ、そいで、ひとつひとつの足や尻がこの世に存在する前に、尻にくっついた「足」なるものが、ずっと昔から神さんの膝元で休んでたのさ。もうひとつの派が言い返した。ことはその反対だぜ。ひとつひとつのリンゴが、リンゴという観念を人間に吹き込んだのさ、それぞれのオウムが、オウムという観念を、ひとりひとりの坊主が、坊主や大食い、好色という観念を植え付けたのさ、足がしかるべく存在し、身に感じられる前には、尻にくっついた足なるものは存在しなかったのさ。遊びに加わる者は躍起になり、つかみ合いを演じた。俺はあとの派のひとりさ。俺の理性には、このほうが正しいように思えたからね。ただね、この派は、スワソンの教会会議で痛めつけられたがね」

(11) そのようなものは、主に『論理学研究』を含む初期作品に見いだされる。

### 精神分析

(1) まったくの偶然によって、フロイトは大学教授の称号を得た。太い「つて」をもつある女性患者が、彼のために介入しなければ、一生、私講師のままだったろう。彼が大学で講座を担当するとか、アカデミー会員になるなどということは、まったく顧慮されなかった。

(2) フロイトの弟子で、もっともよく知られた者の名を挙げる。すでに言及した『イマーゴ』誌の編集者［ハンス・ザックスとオットー・ランク］、テーオドール・ライク、カール・アーブラハム、エルンスト・クリース、パウル・シルダー、ローベルト・ヴェルダー（以上、学者でウィーンないしベルリンで活動。クリースとシルダー、ヴェルダーは後に米国に移る）、シャーンドル・フェレンツィ（ブダペスト）、牧師のヨーゼフ・プフィスター（チューリッヒ）、アーニスト・ジョーンズ、公妃マリー・ボナパルト（ロンドン）、フロイトの娘、アナ。アナ・フロイトは父の死後、運動の指導的人物となる。その専門分野は子供の精神分析で、教育に精神分析法を適用した。

(3) 一九二五年、精神分析協会はオーストリア、ドイツ、ハンガリー、スイス、英国、オランダ、ソヴィエト連邦、インド、米国に存在した。一九三五年、ドイツの協会は解散したが、フランス、スカンジナヴィア諸国、日本の協会が加わった。

(4) "Die Heilung durch den Geist", 1931. S. 339ff. 第二次世界大戦勃発直前、フロイトがロンドンに亡命したころ、ツヴァイクは何度も客人としてフロイトのもとを訪れた。『昨日の世界』でツヴァイクは、八三歳のフロイトを訪ねた最後の訪問について語る。亡命と、彼をつかんで離さない死に至る病にもかかわらず、フロイトの意気は衰えていなかった。次の文を目にするとき、フロイトが周りに及ぼした力強い作用のひと筋が我々を貫く。「彼の部屋に入るやいなや、外界の狂気はいわば消え去るのであった」（『昨日の世界』（"Die Welt von gestern", Bermann-Fischer, Wien, 1948, S. 561、邦訳全集二〇巻、みすず書房、六二四頁）。

（5）たとえば、ラテン語の materia（質量、材料）は、mater（母）と関連している。ウィーン方言では、老婦人は Schachtel（箱）と呼ばれる。

（6）古代史は、フロイトが好んだテーマのひとつである。たとえば『トーテムとタブー』（Totem und Tabu, 1913）、『集団心理学と自我分析』（Massenpsychologie und Ich-Analyse, 1921）、『文明への不満』（Das Unbehagen in der Kultur, 1930）、『モーセと一神教』（Der Mann Moses und die monotheistische Religion, 1939）で扱われている。

（7）「いまや人類は自然力を支配して、その力を借り、最後のひとりに至るまで互いの殺しあいで絶滅するのが容易な地点に達した。現下の憂慮、不幸、不安のかなりの部分がこれに由来することを、人類は知っている。いま期待されるのは、ふたつある『天上の力』のもうひとつ別のもの、すなわち、永遠のエロスが、自己と同じ不死の敵に打ち勝つよう、力を尽くすことである」（S. Freud, "Das Unbehagen in der Kultur", S. 136）。

（8）国際連盟、詳しく言うと、その精神的協働国際研究所が、一九三二年、アルベルト・アインシュタインに対し、誰かひとりを選んで、任意の重要な問題について意見交換するよう依頼した。アインシュタインはフロイトに依頼し、彼と「人類を戦争の脅威から救う方法はあるか？」という問題を論じた。ふたりの学者の文通は、『なぜ戦争か？』（Why War?）という題を付して、英語で一九三五年に刊行され、さらに「平和誓約連合」（Peace Pledge Union）から一九三九年、再刊された。本文で言及したフロイトのテーゼは、再刊英文版の二二頁で論じられている。

（9）「一九一五年、生計費が上昇を始めた頃、私は精神分析の純粋な考えに則って、思い切った意見を表明した。すなわち、まったく意識されない根源に由来する合理化された動機がこの国の当局を促して、戦後、デフレ政策を遂行するのではないか、それが急速に遂行されることで、高額の税と蔓延する失業という多大な受難を引き起こすのではないか、と」（Ernest Jones, "Social Aspects of Psycho-analysis", 1924, S. 40）。ジョーンズは、素人っぽく付け加える。「この例を見るだけでも、精神分析が直接、日常の出来事に適用できることがわかるだろう」

（1）仲裁裁判を申請するか、紛争の解決を別途図るか、紛争当事者に委ねられている場合、仲裁裁判権は「任意」とされる。義務的仲裁裁判とは、紛争当事者が仲裁裁判の要請を義務づけられている場合である。

（2）ノーベルは、平和賞を設けるという示唆を、もともとはベルタ・ズトゥナーから得ていた（参照、A. H. Fried. "Handbuch der Friedensbewegung". 2. Aufl. 2. Bd. S. 411）。彼女は八〇年代、偶然にノーベルと知り合いになった。具体的に言うと、仕事を探していた彼女が、「たいへん富裕で教養ある老紳士」、女性秘書を求む、という新聞広告に応募したことによる。その後、ノーベルと恒常的に文通を続けた。彼女が平和運動のために活動を開始したとき、「ノーベルという」理想化されていたとはいえ、多方面にわたり尋常ならざる人物の興味を、同様に平和運動に引き付けることができた（"Memoiren". S. 131ff. 236ff. usw.）。

（3）ただし、ズトゥナーが、名の知られた学者や芸術家をも運動に取り込んだというのは正しい。たとえば、エードゥアルト・ジュース、リヒャルト・クラフト＝エービング、ペータ・ローゼガーである。

（4）社会学派は、オーストリア出身でありながらベルリンで教えた教授、フランツ・フォン・リスト（一八五一〜一九一九）が打ち立てた。懲罰のもつ教育目的、人間的な行刑等について、今日一般に受け入れられている多くの見解は、初めリストが唱えた。確かにリストには図式主義と誇張があり、ラマシュが「社会学派」との論争で全面的に誤りであった、ということはできない。けれども、全体としてラマシュの叙述に表れているのは、彼が伝来のいくつかの観念から自由になり得なかった事実である。

（5）カール・クラウスはザルツブルクで一度、ラマシュと新聞の戦争共同責任について話したことがある。クラウスは語った。何百万という人間が命を長らえていたのではないか。「もし、もっとも際立った新聞発行人たち、そして誰よりもあのベネディクトを早めに縛り首にしていれば」。一切の不正を許さない激しい気性のラマシュが叫んだ。「あのフンダーもだ！」（"Fackel" Nr. 657-67/1924, S. 42f.）。

# 訳者解説

本訳書の構成

本訳書は独自の構成になっている。

もともと、一九四九年にウィーンのグローブス出版社（Globus-Verlag Wien）から出たアルベルト・フックス著、『オーストリアにおける精神の諸潮流　１８６７〜１９１８』（Albert Fuchs: Geistige Strömungen in Österreich 1867-1918）は、三一頁の「自伝」と二七五頁の本文からなっていた。そして、二度（一九七八年と一九八四年）、別々の序文を付してウィーンのレッカー出版社（Löcker Verlag）から再刊された。

本訳書では、

(1) 一九八四年の再刊に際して付されたフリードリヒ・ヘール（Friedrich Heer）の序文を初めに置いた。

次いで、一九四九年の「自伝」を補完して、

(2) 一九四三年、ロンドンの自由オーストリア・ブックス社（Free Austrian Books）から出版されたフックス自伝、『良家の子息』（Ein Sohn aus gutem Haus）を全文読めるようにした。（第Ⅰ部）

そして

(3) 本文（第Ⅱ部）に続く。

## 著者アルベルト・フックス（一九〇五～一九四六）

ユダヤ人のフックスは、ウィーンの富裕なブルジョア家庭で育つ（父親は医師で大学教授）。一九二九年、ウィーン大学で法学博士号を取得。その後、弁護士として働く。一九三四年、オーストリア共産党に入党。ドルフース及びシュ―シュニクのオーストロ・ファシズム体制下で非合法活動に従事。二度、逮捕される。一九三八年三月のヒトラー・ドイツによるオーストリア併合に遭遇。ユダヤ人で共産主義者という、二重の弾圧対象だったフックスは、かろうじて翌月、チェコに逃れた（非合法活動やチェコへの間一髪の逃避行は、自伝に詳しい）。一九三九年三月のドイツによるチェコ保護領化の後、さらにロンドンへ亡命する。ロンドンのオーストリア共産党グループで活動しながら、文化活動を組織。原著の『世紀末オーストリア１８６７～１９１８』を含め、いくつか著作を準備した。一九四六年秋、ウィーンに帰還。しかし、間を置かずして病没。フックスの死は、党内を別にして注目されなかった。

## 『世紀末オーストリア１８６７～１９１８』について、その一（背景、執筆モティーフ、執筆時期等）

一九八四年再刊に序文を寄せたヘールが「特異な」と呼んだ本書は、一九七二年にW・M・ジョンストンによる『オーストリアの精神　知識・社会史１８４８～１９３８』（The Austrian Mind. An Intellectual and Social History 1848-1938、邦訳『ウィーン精神』、みすず書房）が刊行されるまで類書を見なかった。それまで、包括的に世紀末オーストリアの社会・政治・思想をまとめた唯一の書、と言ってよい。しかも、ひとつの思想地図を作るというジョンストンの作品[1]と異なって、本書は極めて強い実践意識に貫かれていた。それは「オーストリアとは何か？」という問題意識である。因みにジョンストンは、フックスの書を「社会思想に詳しいが、哲学が少ない」という一言で片付けている（邦訳・参考文献の項、三五頁[2]）。

まずフックスの問題意識の背景を述べよう。

多民族国家だったハープスブルク帝国が一九一八年に崩壊して、各民族は民族国家として独立を果たした。取り残されたドイツ系オーストリア人は、不本意ながら「オーストリア」をつくらざるを得なかった。彼らには自分たちが「ドイツ人」である、という強い意識が刻印されていて、それまで多民族国家の中で優勢な民族として他民族の上に君臨していた彼らにとって、一九一八年以降、ドイツ本国に合流しようとする考え・具体的な動きは、ひとつのごく自然なものだった。

オーストリア第一共和国（一九一八年～一九三八年）は紆余曲折を経て、一九三八年のヒトラー・ドイツによるオーストリア「合邦」で終る。これは対等のニュアンスを込めた「合邦」という名の「併合」であり、オーストリアをあらゆる面で従属させるものだった。その結果、一九四五年までオーストリアの存在は、地図の上で消える。この状態から「独自のオーストリア」という意識が、ゆっくりとではあるが、成長を始める。(3)

「オーストリア」は「ドイツ」と違うのだ、自分たちは独自なのだ、というテーゼをもっとも早く打ち出したのはオーストリア共産党だった。アルフレート・クラール（Alfred Klahr）が一九三七年に定式化し、後に党のテーゼとして受け入れられた。これが、一九四三年一一月の米英ソ三国によるモスクワ宣言――「オーストリアは、ヒトラーの典型的な攻撃政策の犠牲となった最初の自由な国であり、ドイツの支配から解放されねばならない」――の伏線のひとつとなる。(4)

一方、同じ左派勢力のオーストリア社会民主党は、こうした方針をなかなか打ち出せず、一九三八年、パリに亡命していたオットー・バウアーが語ったように、オーストリアの将来を「ドイツ革命・ヨーロッパ革命」の中に位置づける、という「合邦」路線の延長線上にいた。(5)

一九三四年に共産党に入党していたアルベルト・フックスは、自伝が描くように、一九三八年、間一髪でオーストリアを脱出し、チェコ経由で最終的にロンドンに逃れた。同地で共産党亡命グループの一員として活動を続けながら、彼の脳裡にあったのは、ドイツとは異なる「オーストリア」、ネーションとしての「オーストリア」だった。この問題意識が向かうところは、当然のことながら、「では、オーストリアとは何か？　その拠り所はどこにあるのか？」という問いだった。

本書が草されたのは、ロンドン亡命中の、第二次大戦後半と推定される(6)。大戦後の一九四六年にウィーンに戻ったフックスは、すぐに病を得て亡くなり、自らの手で本書を上梓することは叶わなかった。代って共産党系のグローブス出版社が「自伝」を添えて一九四九年に出版した。

「自伝」について

一九四九年初版に収められた「自伝」と一九四三年の『良家の子息』との関係に簡単に触れておこう。前者では、編集者が後者を半分に削り、併せていくつか「切り貼り」を行った。その結果、初版の「自伝」が、『良家の子息』とかなり異なる印象を与えることは否めない。米英仏ソ四か国に占領された第二次大戦後のオーストリアで、フックスを模範的共産党員として前面に押し出そうとした、といって間違いないだろう。

本訳書では、一九四九年に編者が「自伝」の始めと終わりに付けたコメントはそのまま残しつつも、『良家の子息』の削除部分を復元し、切り貼りされた部分も元の場所に戻して、読者がオリジナルの自伝である『良家の子息』を、そのまま読めるようにした。「自伝」で削除された父親の肖像を描く中でフックスは述べる。「……父は完全に死んだ。……父の生きていたことが何らの痕跡も残さないほど、あまりに多くのことが起きた。かれの肖像が自分にまだ生き生きとしていて、それが自分の記憶の中でも色あせないうちに記録しておこう……」。これは、その他、自らの経験を記すフックスの基本的な態度と言える。

一九四九年の「自伝」では、元の『良家の子息』に描かれた豊かなウィーンのブルジョア（教養市民）生活や、その中で育まれた、自由を尊重するフックスの感性などは大きくそぎ落とされている。本訳書では、フックス自身が意図した自伝をご覧いただけるようにした。成人のフックスが子供の視点に降りたって描くウィーンは、なかなか類書が見られない。細部まで描かれた帝政末期のウィーンの生活と風景を是非見て頂きたい。併せて父と息子の相克という普遍のテーマ、カール・クラウスを信奉した若き日々、オーストロ・ファシズム下の非合法活動、逮捕されたあとの拘置所・刑務所の描写、ナチが制圧したウィーンから間一髪で脱出した経緯等々、興味は尽きない。

『世紀末オーストリア1867〜1918』について、その二（内容・方法等）

右から左までドイツ民族主義（これを極めて大ざっぱに言えば、オーストリアは、大ドイツの構成部分であり、また、そうあるべきであり、ドイツ系オーストリア人はドイツ人である、とする主張）に程度の差こそあれ、一度は染まったオーストリアが依拠すべきものは何か？　言葉を代えれば、根拠となるべき「オーストリア」ナショナリズムとは何か？　あるいはオーストリア「国民」は、そもそも存在するのか？　こうした問題意識をもってフックスが一八六七年〜一九一八年に遡行し、思想のパノラマを作成した、と考えられる。

フックスはまず、ブルジョアジーのバックボーンとなった思想（自由主義）から始める。そして、これに反抗するカトリック勢力及びその思想、並びに社会民主主義の運動・思想及び社会改良運動へと分析を進める。ついで、かつてオーストリアにとって「宿痾」だったドイツ民族主義を扱う。その後、現代哲学の源泉のひとつとなった、マッハ以降のウィーンの哲学やフロイトの精神分析へと進み、平和主義の検討で締めくくる。

この作業の中で彼は、社会改良を唱えたグループや平和主義を唱道した人々、またカトリック勢力の中にも、オーストリアの戦後社会――執筆時、いまだ続いていた戦争が終わった後の社会(7)――を担う可能性を秘めた良質な思想とその担い手を探っていく。

フックスの作業は、各思想潮流を階級関係と社会状況の中に位置づけていく、というオーソドックスなやり方を採る。自由主義を例に彼の記述を見ておこう。フックスは、自由主義を、ブルジョアジーの利害を代表する思想・政治運動である、とするだけの紋切り型で終えない。まず、その歴史的な変遷を押えていく。自由主義は一九世紀半ば、ドイツ系オーストリア人・ブルジョアジーの階級利害を代表していたが、他の諸階層の利害とも一致して、進歩的な傾向を見せていた。立憲主義やさまざまな近代諸制度の確立に貢献し、世紀末文化の隆盛にも一定の貢献をした(8)。だが、一八六〇年代以降、自由主義を掲げる勢力は、オーストリア支配階級の一員となり、自己の有利な状況を守ろうとする保守の姿勢に転換した。帝政末期の数十年は反動勢力となり、独占資本が登場してからは、ドイツ帝国主義に従属したオーストリア帝国主義の担い手のひとつになった、と。

このようにフックスは、自由主義の概略と歴史を描いておいて、その後、この潮流を代表する人物たちの主張・行動を具体的に取り上げていく。抽象的な説明だけでは、対象の理解は容易でなかろう、と言う。しかも、取り上げられた人物たちは、いわゆる主流に属する者たちだけではない。反主流の者たちも丁寧に検討される。こうしてオーストリアの自由主義が幅と深みをもって示される。

先にフックスの「オーストリアとは何か?」という問題意識に言及しておいた。彼はそれぞれの章で思想潮流・代表人物を概括的かつ具体的に説明しながら、特段の興味を引く挿入を行う。そこでは、フックスが第二次大戦後の再生オーストリアを見据え、思想、人物を「救出」しようとする問題意識を垣間見せる。ヘールが序文で引いている例で言えば、カトリックの聖職者にして反ユダヤ主義者のシャイヒャーに関し、フックスは、その思想を厳しく批判しながらも、人物を評して、「しかし、崩壊に瀕した帝国が用意したよりも有利な条件、ととのった環境があれば、彼はカトリックの重要な民主的指導者になりえた資質を備えていた」と述べる。

このフックスの視点、つまり、紹介される人物たちへのきびしい批判と同時に温かい眼差しが、今も読みつがれる魅力のひとつなのだろう、と考える。

最後に

私たちは、すでに刊行以来ほぼ七〇年を経た本書をどのように読むことができるだろうか？ ひとつは、ウィリアム・M・ジョンストンとカール・E・ショースキー（注（8）参照）が提示する世紀末ウィーン（オーストリア）とは趣の異なるフックスのパノラマを使って、前二者を相対化する作業を行うことである。だが、訳者はもうひとつ、こんなことも考える。今私たちの住まう場所で、従来よりも「ナショナル」な空気が顕著である。この地の「独自性」と称するものと言い換えても良いかも知れない。だが、一歩退いて「伝統」として提示されるもの、「当たり前」とされるものを、冷静に見つめ直した方が良いのではないか、と思う。そんなことを考えながら、フックスの書を眺めると、私たちにも似たような作業ができるのではないか、と思わせる。「伝統」とされるものは、それほど時間の経っていない、過去に何らかの意図をもって作られたものかも知れない。「当たり前」も、ほんの少し前には、ちっとも当たり前でなかったかもしれない。本書が遠回りだが、そんな作業の一助にもなれば、と願う。

フリードリヒ・ヘール

一九八四年再刊に序文〔© Friedrich Heer〕を寄せたフリードリヒ・ヘール（Friedrich Heer）（1916-1983）について一言添える。(9) ヘールは、一九一六年にウィーンに生まれた著名な文化史家・ジャーナリスト・小説家。

一九三八年のヒトラー・ドイツによるオーストリア併合後、反ナチの言動により何度も逮捕される。六〇年代にはカトリック左派のひとりとされた。一九五〇年よりウィーン大学で歴史を教え、一九六一年よりその最期までウィーン・ブルク劇場の文芸部門でも活動。一九八三年、ウィーンで死去。著作多数（刊行書籍だけで五五冊を数える）。中心テーマとして、一九三八年の「合邦」に際してカトリック教会が果たした役割（長年にわたる教会の反ユダヤ主義の批判を含む）並びにオーストリア史及びそのネーション形成への複雑な経路の討究があった。一九八一年には主著のひとつとも言うべき最後の作品、"Der Kampf um die österreichische Identität"（『オーストリア・アイデンティティーのための闘い』）が出版された。二〇〇三年より著作集刊行中。日本では『ヨーロッパ精神史』（Europäische Geistesgeschichte, 1953、小山宙丸／小西邦雄・訳、二玄社、一八八二年）と『われらのヨーロッパ、その文化的・歴史的連続性』（Europa unser, 1977、杉浦健之・訳、法政大学出版局、一九九〇年）が出版された。

注

（1）一九世紀後半及び二〇世紀初頭に、ハープスブルク帝国の人間たちが現代思想・文化にどのような貢献を行ったかを、百科全書的枠組みで描いた、文化史的総覧とでも言うべき作品である。読み進めるのに焦点がいささか定まらない、という恨みが残る。

（2）フックスの書は、長年にわたり顧みられることがなかった。一九八〇年代以降、活発に行われ、現在も続くウィーン（ないしオーストリア）の政治・文化をめぐる議論の中でも、その存在を意識されることはなかった、と言ってよい。

（3）ムッソリーニのイタリアに支援を仰ぎながら、ドイツに対しオーストリアの独立を保とうとしたオーストロ・ファシズムのネーション意識については、その有無を含め、別途検討を要する。

（4）ただし、あくまで伏線である。モスクワ宣言は、米英ソ三国のドイツ弱体化という戦略的共通点で成立した妥協であり、宣言当事者にとって、ネーションとしてのオーストアの独自性・固有性が明確に意識されていたとは必ずしも言えない。

（5）「骨の髄まで日和見主義者」とフックスに酷評された社会民主党右派の大物、カール・レンナー（第一共和国首相及び第二共和国の首相・大統領）がオーストリア「国民」を公言するのは一九四五年になってからである。しかも、この時点でレンナーはまだ、社会民主党内で例外に近かった。

（6）Cf. Ulrich Weinzierl, Albert Fuchs (1905-1946). Ein Intellektueller im Exil, in: Helmut Konrad/Wolfgang Neugebauer (Hg.), Arbeiterbewegung, Faschismus, Nationalbewußtsein, Wien, München, Zürich 1983, S. 328.

（7）実はオーストリアでは一九六〇年代末に至るまで、このナショナリズム＝「国民」意識は確立されなかった。戦後復興から高度成長期に入って、やっと一息ついて、自分たちがオーストリア「国民」である、とマジョリティーが自覚した、と言われる。しかし、その後も、オーストリアでドイツ民族主義の潮流が（ドイツとの「合邦」が主張されることはないけれども）消滅したわけではない。

（8）因みに、カール・E・ショースキー（Carl E. Schorske）は、“Fin-de-Siècle Vienna”, New York 1980（安井琢磨・訳『世紀末ウィーン』岩波書店　一九八三年。一九六一年の第一論文以降、一九七九年までの七本の論文を収載）で、その後大きな論議を呼んだテーゼ――一九世紀・父親世代が体現した自由主義に対し、世紀末の息子世代によるリアクションが、ウィーンのモダニズムを生み出した――を提示して見せた。このショースキーと先述のジョンストンが、世紀末ウィーン（オーストリア）の政治と文化をめぐる論議に長く影響を及ぼした。特に前者の「自由主義の失敗」テーゼに対し、自由主義は失敗したわけではない、あるいは、政治・文化の局面で、同化したユダヤ人の役割を重視していない等々と、さまざまな反論が寄せられた。フックスの著書は、既にショースキー・テーゼに反論していた、とも見える。

（9）ハンス・ハウトマン（Hans Hautmann）の“Kampf um die österreichische Identität”書評（in: Mitteilungen der Alfred Klahr Gesellschaft, Nr. 3/1996）及び Friedrich Heer, aus Wien Geschichte Wiki（https://www.wien.gv.at/wiki/index.php?title=Friedrich_Herr）等を参照した。

# 謝辞

私事にわたり恐縮であるが、本書の出版を支えてくださった方々にここで深く感謝申し上げる。

今から二〇年余を遡る一九九七年の正月明けに、一九八四年の原書再刊をお送りくださり、翻訳を示唆された恩師、水田洋先生。訳者が大学を去り、会社勤めに転じた後も気にかけていだいた。八木紀一郎・京都大学名誉教授は、出版に苦慮する訳者を気遣い、本書出版に道筋をつけてくださった。一九七〇年代前半のドイツ留学以来、大学院の先輩としてお気遣いくださり、今回、併せて推薦文も頂戴した。今井道夫・札幌医科大学名誉教授には、哲学に関して貴重なアドヴィスを頂戴した（言うまでもなく、訳文の責任がもっぱら訳者にあることを付記する）。また、昭和堂編集部長、鈴木了市氏は、非常に困難な状況の中で出版をお引き受けくださり、竹林克将氏には校正等で大変お世話になった。ありがとうございました。

# 索　引

## ア　行

アードラー, アルフレート（Adler, Alfred）　326
アードラー, ヴィクトール（Adler, Viktor）　8, 116, 160, 163, 185-9, 193-202, 246, 275, 276, 287, 375, 379-80, 383
アードラー, フィーリクス（Adler, Felix）　244
アードラー, フリードリヒ（Adler Friedrich）　118, 195-6, 210, 227, 298, 306-8, 364, 381
アードラー, マックス（Adler Max）　71, 210
アーブラハム, カール（Abraham, Karl）　392
アイヘルト, フランツ（Eichert, Franz）　168, 378
アインシュタイン, アルベルト（Einstein, Albert）　393
アウアスペルク, アードルフ・フュルスト・フォン　侯爵（Auersperg, Adolf, Fürst von）　113
アヴェナーリウス, リヒャルト（Avenarius, Richard）　298, 304
アウエルンハイマー, ラウル（Auernheimer, Raoul）　368
アウスタリッツ, フリードリヒ（Austerlitz, Friedrich）　188, 380
アリオウィストゥス（Ariovist）　171
アルテンベルク, ペーター（Altenberg, Peter）　59, 242
アルベルト, エードゥアルト（Albert, Eduard）　241
アルミニウス（Arminius）　171
アンツェングルーバー, ルートヴィヒ（Anzengruber, Ludwig）　144
アンドラーシ, ユーリウス・グラーフ・フォン　伯爵（Andrassy, Julius d. Ä, Graf）　265

イェーリング, ルードルフ・フォン（Ihering, Rudolf von）　283
イェルーザレム, エルゼ（Jerusarem, Else）242
ヴァーグナー, アードルフ（Wagner, Adolf）　238,
ヴァーグナー, リヒャルト（Wagner, Richard）　290-1
ヴァールムント, ルートヴィヒ（Wahrmund, Ludwig）　247, 271, 384
ヴァイスキルヒナー, リヒャルト（Weiskirchner, Richard）　375
ヴァイニンガー, オットー（Weininger, Otto）　242, 291
ヴァサマン, ヤーコプ（Wassermann, Jacob）　229
ヴァツリク, ハンス（Watzlik, Hans）　292
ヴァレンティーノフ, ニコライ・W（Valentinow, Nikolai W.）　298
ヴィーザー, フリードリヒ・フォン（Wieser, Freidrich von）　107, 116, 125, 136
ヴィッテルスヘーファー, オットー（Wittelshöfer, Otto）　238
ヴィットマン, フーゴ（Wittmann, Hugo）　373
ヴィリ, ルードルフ（Willy, Rudorf）　298
ウィルソン, ウッドロー（Wilson, Woodrow）　356, 361, 363
ヴィルトガンス, アントーン（Wildgans, Anton）　229
ヴィルヘルム一世　ドイツ皇帝〔Wilhelm I., Kaiser（Deutsches Reich）〕　280
ヴィルヘルム二世　ドイツ皇帝〔Wilhelm II., Kaiser（Deutsches Reich）〕　121, 270, 359, 377
ヴィルラム兄弟（Willram, Bruder）　364
ヴィンディシュグレーツ, アルフレート・フュルスト・ツー　侯爵（Windischgrätz, Alfred d. J., Fürst zu）　107, 111, 153
ウェッブ, シドニー（Webb, Sidney）　238
ウェッブ, ビアトリス（Webb, Beatrice）　238
ヴェルガーニ, エルンスト（Vergani, Ernst）　164, 281, 285
ヴェルダー, ローベルト（Waelder, Robert）

392
ヴェルフェル, フランツ（Werfel, Franz）
229, 365
ヴォルテール（Voltaire）　254, 258, 259
ヴォルフ, カール・H（Wolf, Karl H.）　280-2, 285-6, 292, 386-7
ヴォルフ, フーゴ（Wolf, Hugo）　241
ヴルムブラント, グンダカル・グラーフ・フォン伯爵（Wurmbrand, Gundaccar, Graf von）
107
ヴレーデ, アードルフ・フュルスト・フォン　侯爵（Wrede, Adolf, Fürst）　353
ウンガー, ヨーゼフ（Unger, Joseph）　390

エールハルト, アルベルト（Ehrhard, Albert）
177-8
エーレンシュタイン, アルベルト（Ehrenstein, Albert）　365
エーレンタール, アーロイス・グラーフ・フォン〔男爵　1909年より〕伯爵（Aehrenthal, Aloys, Graf）　108, 118
エクシュタイン, グスタフ（Eckstein, Gustav）
210
エティエンヌ, ミヒャエル（Etienne, Michael）
120
エルンスト, パウル（Ernst, Paul）　368
エンゲルス, フリードリヒ（Engels, Friedrich）
87, 93, 186-8, 191, 197, 199, 201, 247, 294, 307, 378

オーバヴィンダー, ハインリヒ（Oberwinder, Heinrich）　184
オーフナー, ユーリウス（Ofner, Julius）
234, 239
オストヴァルト, ヴィルヘルム（Ostwald, Wilhelm）　259, 308

## カ 行

カーネギー, アンドゥリュー（Carnegie, Andrew）
347, 355
カーラー＝ラインタール, エーミール（Kaler-Reinthal, Emil）　185
カール一世　オーストリア皇帝〔Karl I., Kaiser（Österreich）〕　361, 371
ガイガー, モーリッツ（Geiger, Moritz）　318
カイザーフェルト, モーリッツ・フォン（Kaiserfeld, Moritz von）　370
ガウチュ, パウル・ガウチュ・フライヘル・フォン・フランケントゥルン　男爵（Gautsch von Frankenthurn, Paul, Freiherr）
107
カウツキー, カール（Kautsky, Karl）　185, 210-2, 214-6, 224, 379
カエサル, ガイウス・ユーリウス（Caesar, Gajus Julius）　171
カスティール, アルフレート（Kastil, Alfred）
391
カナー, ハインリヒ（Kanner, Heinrich）　239
カルナプ, ルードルフ（Carnap, Rudolf）
298
カルネリ, バルトロメーウス・リター・フォン騎士（Carneri, Bartholomäus, Ritter von）
352
カント, イマヌエル（Kant, Immanuel）　176, 248-50, 253, 294, 296, 310, 314, 318, 349, 390-1

キールマンスエク, エーリヒ・グラーフ・フォン伯爵（Kielmannsegg, Erich, Graf）　107
ギジツキ, ゲーオルク・フォン（Gizycki, Georg von）　245, 246
ギスクラ, カール（Giskra, Karl）　370
キルケゴール, セーレン（Kierkegaad, Sören）
181
キルヒホフ, ローベルト（Kirchhoff, Robert）
389

クードゥリヒ, ハンス（Kudlich, Hans）　105
クーノー, ハインリヒ（Cunow, Heinrich）
224
クナップ, ゲーオルク・フリードリヒ（Knapp, Georg Friedrich）　238
クノル, アルフレート（Knoll, Alfred）　273
クラーク, J・B（Clark, J. B.）　125
クラーゲス, ルートヴィヒ（Klages, Ludwig）
343
グラーザー, ユーリウス・A（Glaser, Julius A.）
390
クラーリク, リヒャルト・フォン（Kralik, Richard von）　142, 168, 170, 171-6, 179
クラーリク＝ハーバクク, エーミール（Kralik-Habakuk, Emil）　228
グライゼ＝ホルステナウ, エトゥムント（Glaise-Horstenau, Edmund）　377

クライン, フランツ（Klein, Franz） 107, 139, 373
グラインツ, フーゴ（Greinz, Hugo） 292
クラインペーター, ハンス（Kleinpeter, Hans） 298, 305
クラウス, オスカル（Kraus, Oscar） 319
クラウス, カール（Kraus, Karl） 10, 57-65, 67-77, 87-8, 101, 122, 229, 242, 315, 346, 351, 365-9, 394
クラスノポルスキ（フランツ・ブレンターノの反対者）〔Krasnopolski, Dr.（Gegner Franz Brentanos）〕 390
グラスマン, ヘルマン（Graßmann, Hermann） 389
クラフト＝エービング, リヒャルト（Krafft-Ebing, Richard） 35, 394
クランダ, イグナーツ（Kuranda, Ignaz） 370
クリース, エルネスト（Kris, Ernest） 392
クリックル, ユーリウス（Krickl, Julius） 272, 384
クリーマー, ランドール（Cremer, Sir Randal） 346
グリューンベルク, カール（Grünberg, Karl） 205
グリュック, グイード（Glück, Guido） 292
グリルパルツァー, フランツ（Grillparzer, Franz） 5, 362
クルップ一族（Krupp, Familie der） 283
クルメツキ, ヨハン・フライヘル・フォン 男爵（Chlumecky, Johann, Freiherr von） 108, 370
グレッケル, オットー（Glöckel, Otto） 376
グロースマン, シュテファン（Großmann, Stefan） 228
クローナヴェター, フェルディナント（Kronawetter, Ferdinand） 234, 239
グロッシ, カール（Glossy, Karl） 140
クロップ, ヴィーアルト（Klopp, Wiard） 375
クロップ, オッノ（Klopp, Onno） 375
クンシャク, レーオポルト（Kunschak, Leopold） 151, 375
グンプローヴィチ, ルートヴィヒ（Gumplowicz, Ludwig） 207

ゲスマン, アルベルト（Geßmann, Albert） 151, 164, 375
ゲッベルス, ヨーゼフ（Goebbels, Joseph） 270
ケルバー, エルネスト・フォン（Koerber, Ernest von） 107, 371
ケルンシュトック, オトカル（Kernstock, Ottokar） 364

コイト, スタントン（Coit, Stanton） 244
コッサ, ルイージ（Cossa, Luigi） 125
コマー, エルンスト（Commer, Ernst） 178-9, 384
ゴルトシャイト, ルードルフ（Goldscheid, Rudolf） 240, 365
コルンゴルト, ユーリウス（Korngold, Julius） 373
コロニーニ＝クロンベルク, カール・グラーフ・フォン 伯爵（Coronini-Cronberg, Graf, Karl） 353
コント, オーギュスト（Comt, Auguste） 135, 294
ゴンパツ, テーオドール（Gomperz, Theodor） 241
コンラート, ヨハネス（Conrad, Johannes） 238

## サ 行

ザイツ, カール（Seitz, Karl） 161, 188, 376
ザイドゥラー, エルンスト・リター・フォン・フォイヒテンエク 騎士（Seidler, Ernst, Ritter von Feuchtenegg） 107
ザイペル, イグナーツ（Seipel, Ignaz） 166-7, 224, 361, 378
ザックス, ハンス（Sachs, Hanns） 326, 392
ザルテン, フェーリクス（Salten, Felix） 373
サント, エーミール（Szantto, Emil） 205

ジークハルト, ルードルフ（Sieghart, Rudolf） 107, 371, 372
ジード, シャルル（Gide, Charles） 125
ジェヴォンズ, ウィリアム（St. Jevons, William St.） 125
シェーネラー, ゲーオルク・リター・フォン 騎士（Schönerer, Georg, Ritter von） 116, 161, 197, 202-3, 266, 269-70, 273-6, 279-86, 289-90, 292, 376, 385-7

シェーネラー，フィリピーネ・フォン（Schönerer, Philippine von） 386
シェーラー，ヴィルヘルム（Scherer, Wilhelm） 291, 385
シェーラー，マクス（Scheler, Max） 318
シェーンボルン，フランツ 枢機卿 153, 376
シェプファー，エミーリアン（Schöpfer, Ämilian） 156
シェフレ，アルベルト（Schäffle, Albert） 374
シェリング，フリードリヒ・W・J（Schelling, Friedrich W. J.） 294
シェル，ヘルマン（Schell, Hermann） 178-9, 180
シフ，ヴァルタ（Schiff, Walter） 240
シャーレク，アリーセ（Schalek, Alice） 368
シャイヒャー，ヨーゼフ（Scheicher, Josef） 8, 162-3, 180, 181, 377
シャウカル，リヒャルト（Schaukal, Richard） 364
シャルク，アントーン（Schalk, Anton） 386
シャルコー，ジャン・マルタン（Charcot, Jean Martin） 324
シュヴァルツヴァルト，オイゲーニエ（Schwarzwald, Eugenie） 241
シュヴァルツェンベルク，フェーリクス・フュルスト・ツー 侯爵（Schwarzenberg, Felix, Fürst zu） 143
シューシュニク，クルト・フォン（Schuschnigg, Kurt von） 92, 150, 396
ジュース，エードゥアルト（Sueß, Eduard） 373, 394
シューバト＝ゾルダン，リヒャルト（Schubert-Soldern, Richard） 298
シューマイアー，フランツ（Schuhmeier, Franz） 188
シュターレムベルク，カミロ・フュルスト・フォン 侯爵（Starhemberg, Fürst Camillo） 60, 353
シュタイン，エーディト（Stein, Edith） 318
シュタインヴェンダー，オットー（Steinwender, Otto） 273, 283-4, 286, 289, 292, 376
シュッペ，ヴィルヘルム（Schuppe, Wilhelm） 298
シュテーケル，ヴィルヘルム（Stekel, Wilhelm） 326
シュテュルク，カール・グラーフ・フォン 伯爵（Stürgkh, Karl, Graf von） 107, 112, 140, 195
シュテルン，ヨーゼフ・ルイトポルト（Stern, Josef Luitpold） 228
シュトイデル，ヨハン（Steudel, Johann） 234
シュトゥレーマイアー，カール・リター・フォン 騎士（Stremayer, Karl, Ritter von） 311
シュトゥローアル，エーミール（Strohal, Emil） 272, 273, 283, 284
シュトゥローブル，カール・ハンス（Strobl, Karl Hans） 292
シュトゥンプフ，カール（Stumpf, Carl） 319
シュナイダー，エルンスト（Schneider, Ernst） 151
シュニッツラー，アルトゥル（Schnitzler, Arthur） 22, 109, 229, 373
シュパイデル，ルートヴィヒ（Speidel, Ludwig） 373
シュピッツァー，ダーニエル（Spitzer, Daniel） 373
シュペングラー，オスヴァルト（Spengler, Oswald） 343
シュミードル，ゲーオルグ（Schmiedl, Georg） 238
シュメーアリング，アントーン・リター・フォン 騎士（Schmerling, Anton, Ritter von） 113, 184, 233
シュモラー，グスタフ・フォン（Schmoller, Gustav von） 238
シュラフル，ヨーゼフ（Schraffl, Josef） 156
シュリック，モーリッツ（Schlick, Moritz） 298, 320
シュルツェ＝デーリチュ，ヘルマン（Schulze-Delitzsch, Hermann） 184
ショイ，アンドレーアス（Scheu, Andreas） 184, 185
ショー，ジョージ・バーナード（Shaw, George Bernard） 238
ジョージ，ロイド（George, Lloyd） 230
ショーペンハウアー，アルトゥル（Schopenhauer, Arthur） 294
ジョーンズ，アーニスト（Jones, Ernest） 392, 393
シラー，フリードリヒ（Schiller, Friedrich）

21, 203-4, 336, 385
シルダー, パウル(Schilder, Paul)　392
ジンガー, イージドール（Singer, Isidor）
239
シンドラー　フランツ高級聖職者（Schindler, Prälat Franz）　375

スターリン, ヨシフ, W（Stalin, Josef W.）
194, 223, 227, 294
ズトゥナー, アルトゥル·G·フォン（Suttner, Arthur G. von）　385
ズトゥナー, ベルタ·フォン（Suttner, Bertha von）　10, 351-5, 359, 394
スミス, アダム(Smith, Adam)　126

セプス, ユーリウス(Szeps, Julius)　373

ソールター, ウィリアム·M(Salter, William M.)
244
ゾスノスキ, テーオドール·フォン（Sosnosky, Theodor von）　384
ソフォクレス（Sophokles）　333

## タ　行

ダーウィン, チャールズ（Darwin, Charles）
207, 339
ダーフィト, ヤーコプ・J（David, Jacob J.）
229
ターフェ, エードゥアルト·グラーフ·フォン伯爵（Taafe, Eduard, Graf von）　106-7, 111, 114, 146, 147, 149, 167, 273, 390
ダーン, フェーリクス（Dahn, Felix）　292
ダッラゴ, クラーク（Dallago, Cark）　181

チェインバリン, ヒューストン・スチュアート（Chamberlain, Houston Stewart）　172, 173, 291, 292, 388
チェルニーン, オトカル・グラーフ・フォン伯爵（Czernin, Ottokar, Graf）　107, 112, 361, 368, 372-3, 377

ツァリンガー　標準労働日専門家〔Zallinger, Dr.（Normalarbeitstags-Expertise）〕
374
ツァング, アウグスト（Zang, August）　120
ツィママン, ローベルト（Zimmermann, Robert）　246, 390
ツヴァイク, シュテファン（Zweig, Stefan）
109, 121, 229, 327, 346, 365, 373, 392

ディドロ, ドゥニ（Diderot, Denis）　247, 294
テイラー, アラン·J・P（Taylor, Alan J. P.）
373, 382
ティルピッツ, アルフレート・フォン（Tirpitz, Alfred von）　368
ティレル, ジョージ（Tyrrell, George）　177
デュエム, ピエール（Duhem, Pierre）　298
デュコマン, エリ（Ducommun, Elie）　346
テュッセン, アウグスト（Thyssen, August）
368
デリンガー, イグナーツ・フォン（Döllinger, Ignaz von）　177
デルシャッタ, ユーリウス（Derschatta, Julius）
284

トゥーン, フランツ·A・グラーフ・フォン　伯爵（Thun, Franz A., Graf von ）　139
トゥーン, レーオ·グラーフ・フォン　伯爵（Thun, Leo, Graf von）　146-8, 151
トゥラーバト, アーダム（Trabert, Adam）
168
トゥルクサ, ハンス·M（Truxa, Hanns M.）
375
ドマーニク, カール（Domanig, Karl）　168
トラークル, ゲーオルク（Trakl, Georg）
181, 365
トルストイ, レフ（Tolstoi, Leo）　21, 350, 377
ドルバック, ポール·アンリ·ティリ　男爵（d'Holbach, Paul Henri Thiry, Baron）
294
ドルフース, エンゲルベルト（Dollfuß, Engelbert）　60, 92, 150, 396

## ナ　行

ナウマン, フリードリヒ（Naumann, Friedrich）
224, 287
ナポレオン三世　フランス皇帝〔Napoleon III, Kaiser（Frankreich)〕　264

ニーチェ, フリードリヒ（Nietzsche, Friedrich）
176, 291, 343
ニコライ二世　ロシア皇帝〔Nikolaus II., Kaiser（Rußland)〕　350

ノースクリフ，アルフレッド・ハームズワース（Northcliffe, Alfred Harmsworth） 120
ノートナーゲル，ヘルマン（Nothnagel, Hermann） 35, 385
ノーベル，アルフレード（Nobel, Alfred） 347, 352, 355, 394

## ハ 行

バークリー，ジョージ（Berkeley, George） 294, 310-1
ハース，ルードルフ（Haas, Rudolf） 292
ハースト，ウィリアム・ランドルフ（Hearst, William Randolph） 120
ハーヌシュ，フェルディナント（Hanusch, Ferdinand） 140, 208-10, 228, 381
バール，ヘルマン（Bahr, Hermann） 168, 169, 239, 364, 368, 371, 373, 387
ハイデッガー，マルティン（Heidegger, Martin） 318
ハイニシュ，マリアネ（Hainisch, Marianne） 241
ハイニシュ，ミヒャエル（Hainisch, Michael） 239, 241
バウアー，オットー（Bauer, Otto） 196, 206, 210, 212, 224-7, 378, 382, 397
バウアー，シュテファン（Bauer, Stephan） 205
ハウザー，ヨハン（Hauser, Johann） 156
ハウプトマン，ゲーアハルト（Hauptmann, Gerhart） 22, 208
バザーロフ，W（Basarow, W.） 298
パシー，フレデリック（Passy, Frédéric） 346
ハッセ，エルンスト（Hasse, Ernst） 385-6
パッテン，S・N（Patten, S. N.） 125
バッハ，アレクサンダー・フライヘル・フォン男爵（Bach, Alexander, Freiherr von） 105, 143, 144, 183, 233, 385
バッハー，エードゥアルト（Bacher, Eduard） 120
バッリーン，アルベルト（Ballin, Albert） 283
バデーニ，カジミール・グラーフ・フォン 伯爵（Badeni, Kasimir, Graf） 147, 194, 208, 280, 282, 285, 381, 386
ハムスン，クヌート（Hamsun, Knut） 58, 343
ハルトゥング，ヘルマン（Hartung, Hermann） 184
ハルトマン，ニコライ（Hartman Nicolai） 318
ハルトマン，ルード・モーリッツ（Hartmann. Ludo Moritz） 205-8, 243, 245, 381
バルドルフ，ヨーゼフ（Bardorf, Josef） 185
バルフォア，アーサー（Balfour, Arhtur） 351
ハルプナー（フリートユング裁判）〔Harpner, Dr.（Friedjung Prozeß）〕 118
バロイター，エルンスト（Bareuther, Ernst） 284
ハンスリク，エードゥアルト（Hanslick, Eduard） 291
パンタレオーニ，M（Pantaleoni, M.） 125
ハンデル＝マツェティ，エンリーカ・フォン（Handel-Mazzetti, Enrica von） 168-9

ピアスン，カール（Pearson, Karl） 298
ピアソン，ニコラス・G（Pierson, Nicolas G.） 125
ビーローラヴェーク，ヘルマン（Bielohlawek, Hermann） 164
ピウス一〇世，教皇（Pius X., Papst） 178
ビスマルク，オットー・フュルスト・フォン侯爵（Bismarck, Otto, Fürst von） 121, 151, 173, 265, 270, 272, 281-2, 290-1, 385, 387
ピッカト，カール（Pickert, Karl） 273
ヒトラー，アードルフ（Hitler, Adolf） 55, 90, 96, 99, 116, 286, 291, 320, 327, 388, 396, 397, 402
ヒューム，デイヴィッド（Hume, David） 248, 294
ヒルデブラント，ディートリヒ・フォン（Hildebrand, Dietrich von） 318
ヒルファディング，ルードルフ（Hilferding, Rudolf） 210, 212, 217-9, 374
ビルロート，テーオドール（Billroth, Theodor） 35, 273

ファーバー，リヒャルト（Faber, Richard） 238
フィカト，アウグステ（Fickert, Auguste） 241
フィッカー，ルートヴィヒ・フォン（Ficker, Ludwig von） 9, 181

フィッシュホーフ, アードルフ（Fischhof, Adolf） 137, 234, 370, 374
フィヒテ, ヨハネス・ゴットリープ（Fichte, Johannes, Gottlieb） 294
フィリポヴィチ, オイゲン・フォン（Philippovich, Eugen von） 125, 137, 234, 239
フィンク, ヨドーク（Fink, Jodok） 156
ブーレシュ, カール（Buresch, Karl） 138
フェルスター, フリードリヒ・ヴィルヘルム（Foerster, Friedrich Wilhelm） 245
フェレンツィ, シャーンドル（Ferenczi, Sandor） 392
フォイアバッハ, ルートヴィヒ（Feuerbach, Ludwig） 247, 248, 294
フォーゲルザング, カール・フライヘル・フォン男爵（Vogelsang, Karl, Freiherr von） 148-52, 153, 157, 162, 164, 181, 375
フォガッツァーロ, アントーニオ（Foggazzaro, Antonio） 179
フサレク, マックス・フォン（Hussarek, Max von） 165
フッサール, エトゥムント（Husserl, Edmund） 72, 316-8, 319, 320, 390
フッサール, ゲーアハルト（Husserl, Gerhart ） 318
プフィスター, ヨーゼフ（Pfister, Josef） 392
プフェンダー, アレクサンダ（Pfänder, Alexander） 318
フュルンクランツ, ハインリヒ（Fürnkranz, Heinrich） 275
プラーデ, ハインリヒ（Plade, Heinrich） 284
フライリヒラート, フェルディナント（Freiligrath, Ferdinand） 204, 205
ブラウン（改革カトリック主義反対者）〔Braun, Dr.（Gegner des Reformkatholizismus）〕 178
フラトゥキ, エードゥアルト（Hlatky, Eduard） 168
フランク, フィーリップ（Frank, Philipp） 298
フランス, アナトール（France, Anatole） 389, 391
フランツ・フェルディナント 大公（Franz Ferdinant, Erzherzog） 164, 290, 365, 375, 377
フランツ・ヨーゼフ一世 オーストリア皇帝〔Franz Josef I, Kaiser（Österreich）〕 18, 19, 23, 138, 143, 145, 148, 262, 289, 293, 353, 359, 360, 365, 375, 376
フリート, アルフレート・H（Fried, Alfred H.） 10, 351, 352, 354-8, 359, 364
フリートユング, ハインリヒ（Friedjung, Heinrich） 116-9, 122, 137, 140, 165, 197, 276
フリードリヒ二世 プロイセン王〔Friedrich II., Könich（Preußen）〕 173
フリートレンダー, マックス（Friedländer, Max） 120
ブリューゲル, ルートヴィヒ（Brügel, Ludwig） 194, 376
ブリュッケ, エルンスト・W（Brücke, Ernst W.） 324
ブルジョア, レオン（Bougeois, Léon） 351
ブルックナー, アントーン（Bruckner, Anton） 378
ブルナー, セバスティアン（Brunner, Sebastian） 162
プレーナー, イグナーツ・フォン（Plener, Ignaz von） 113, 370
プレーナー, エルンスト・フォン（Plener, Ernst von） 107, 108, 113-6, 117, 120, 155, 353, 370, 372, 373, 376
ブレーム, ヴァルタ（Bloem, Walter） 292
プレハーノフ, ゲオルギイ・W（Plechanow, Georgji W.） 294, 298
ブレヒナー, ハインリヒ（Blechner, Heinrich） 386
ブレンターノ, クレーメンス（Brentano, Clemens） 311
ブレンターノ, フランツ（Brentano, Franz） 9, 311-6, 317, 318, 319, 320, 321, 389, 390, 391
ブレンターノ, ベティーナ（Brentano, Bettina） 311
ブレンターノ, ルーヨ（Brentano, Lujo） 238, 311
ブロイアー, ヨーゼフ（Breuer, Josef） 324, 325, 335
フロイト, アナ（Freud, Anna） 392
フロイト, ジークムント（Freud, Sigmund） 3, 9, 109, 197, 322-9, 337-44, 392, 393, 399
ブロイラー, エーゴン（Bleuler, Egon） 326

フロイント＝マルクス, ファニ（Freund-Markus, Fanny）　241
ブロック, モーリッツ（Block, Moritz）　125
フンダー, フリードリヒ（Funder, Friedrich）　165, 375, 394
ベーア＝ホフマン, リヒャルト（Beer-Hofmann, Richard）　373
ヘーガー, カール（Höger, Karl）　189
ヘーゲル, ゲーオルク・W・F（Hegel, Georg W. F.）　294
ヘーニシュ, コンラート（Haenisch, Konrad）　224
ベーベル, アウグスト（Bebel, August）　379
ベーム＝バヴェルク, オイゲン・フォン（Böhm-Bawerk, Eugen von）　107, 125, 131-2, 134, 136, 373
ベール, テーオドール（Beer, Theodor）　298, 305, 389
ベサント, アニ（Besant, Annie）　238
ヘッカー, テーオドール（Haecker, Theodor）　59, 181
ベック, マックス・ヴラディミール・フライヘル・フォン　男爵（Beck, Max Wladimir, Freiherr von）　107
ベッケ, フリードリヒ（Becke, Friedrich）　243
ペッツォルト, アルフォンス（Petzold, Alfons）　228, 229
ペッツォルト, ヨーゼフ（Petzoldt, Josef）　298
ヘニング, ハンス（Henning, Hans）　298
ベネディクト, エトムント（Benedikt, Dr. Edmund）　118
ベネディクト, モーリッツ（Benedikt, Moritz）　5-6, 119-24, 137, 368, 373, 394
ベルガー, アルフレート（Berger, Alfred）　6, 22, 105, 140, 373
ベルガー, ヨハン・ネポムク（Berger, Johann Nepomuk）　137, 140, 370
ヘルツ, フリードリヒ（Hertz, Friedrich）　365
ヘルツォーク, ルードルフ（Herzog, Rudolf）　292
ヘルツル, テーオドール（Herzl, Theodor）　373
ベルナー, ヴィルヘルム（Börner, Wilhelm）　245, 249
ベルナーツィク, エトムント（Bernatzik, Edmund）　241
ペルナストルファー, エンゲルベルト（Pernerstorfer, Engelbert）　188, 195, 197, 202-4, 238, 239, 245, 275, 281
ヘルプスト, エードゥアルト（Herbst, Eduard）　117, 120, 273, 370
ベルマン, ヤーコフ（Berman, Jakow）　298
ベルンシュタイン, エードゥアルト（Bernstein, Eduard）　211, 214, 215, 216, 378, 379
ベルンライター, ヨーゼフ・マリア（Baernreither, Josef Maria）　119, 139-40
ヘロン, G・D（Herron, G. D.）　361, 363
ペンツィヒ, ルードルフ（Penzig, Rudolf）　245

ホイオス, ルードルフ・グラーフ・フォン　伯爵（Hoyos, Rudolf, Graf von）　353
ホーエンヴァルト, カール・グラーフ・フォン　伯爵（Hohenwalt, Karl, Graf von）　114, 142, 146-8, 153, 155,156, 374, 375
ホーフマンスタール, フーゴ・フォン（Hofmannsthal, Hugo von）　169, 170, 364, 368, 373
ボグダーノフ, アレクサンドル（Bogdanow, Alexander）　298
ボスハルト・ファン・デメルヘル, マリー（Boßhart van Demerghel, Marie）　241
ポップ, ユーリウス（Popp, Julius）　188
ボナパルト, マリー公妃（Bonaparte, Prinzessin Maria）　392
ポパー（リュンコイス）, ヨーゼフ〔Popper (Lynkeus), Josef〕　9, 228, 238, 240, 246, 253-61
ホプフェン, ハンス（Hopfen, Hans）　292
ポポヴィチ, アウレル（Popovici, Aurel ）　377
ホリッチャー, ヴァルタ（Hollitscher, Walter ）　342
ボルツマン, ルートヴィヒ（Boltzmann, Ludwig）　9, 308
ポワンカレ, アンリ（Poincaré, Henri）　298
ホントハイム, ニコラウス・フォン（フェブロニウス）〔Hontheim, Nikolaus von (Febronius)〕　142-3

## マ　行

マーラー, グスタフ（Mahler, Gustav）　197
マイ, カール（May, Karl）　292
マイナー, フェーリクス（Meiner, Felix）　391
マイナート, テーオドール（Meynert, Theodor）　324
マイノング, アレクシウス（Meinong, Alexius）　319, 320
マイレーダー, ローザ（Mayreder, Rosa）　241
マサリク, トマーシュ・G（Masaryk, Thomas G.）　98, 118, 119, 238, 321, 362
マッツォーラ, G（Mazzola, G）　125
マッハ, エルンスト（Mach, Ernst）　9, 135, 207, 227, 248, 259, 294, 297-300, 302-8, 320, 388, 389, 390
マデイスキ＝ポライ, スタニスワフ・リター・フォン　騎士（Madeyski-Poray, Stanislaus, Ritter von）　153
マリア・テレジア（Maria Theresia）　142, 143
マルクス, カール（Marx, Karl）　68, 87, 89, 90, 125, 127, 191, 199, 210, 211, 213, 214, 216, 217, 220, 221, 225, 238, 247, 294, 305, 307, 378, 382
マルクス・アウレリウス（Marc Aurel）　171
マルティ, アントーン（Marty, Anton）　319
マルボドゥウス（Marbod）　171
マン, トーマス（Mann, Thomas）　9, 344

ミュラー, ハンス（Müller, Hans）　364, 368
ミュルナー, ラウレンツ（Müllner, Laurenz）　168, 390
ミルデ, ヴィツェンツ・エードゥアルト（Milde, Vinzenz Eduard）　143

ムート, カール（Muth, Karl）　174, 175, 176, 179
ムッリ, ロモーロ（Murri, Romolo）　177, 179

メッテルニヒ, クレーメンス・フュルスト・フォン　侯爵（Metternich, Klemens, Fürst von）105, 183
メンガー, アントーン（Menger, Anton）　240
メンガー, カール（Menger, Carl）　125, 128, 130-1, 135, 136, 137, 240, 374

モーリッシュ, パウル（Molisch, Paul）　385
モーロ, ヴァルタ・フォン（Molo, Walter von）　292
モスト, ヨハン（Most, Johann）　185
モムゼン, テーオドール（Mommsen, Theodor）　205, 381, 386
モルトケ, ヘルムート・グラーフ・フォン　伯爵（Moltke, Helmuth d. Ä, Graf von ）　123, 264, 356, 359
モンテーニュ, ミシェル・エーケム・ドゥ（Montaigne, Michel Eyquem de）　259

## ヤ　行

ユシュケヴィチ, パヴェル（Juschkewitsch, Pawel）　298
ユング, カール（グスタフ）　326

ヨーゼフ二世〔Josef II.（Röm.-Deutscher Kaiser）〕　143, 145, 263
ヨードル, フリードリヒ（Jodl, Friedrich）　9, 238, 245, 246-53, 299, 300, 308, 309, 383, 384, 390
ヨードル, マルガレーテ（Jodl, Margarete）　248, 384

## ラ　行

ラ・メトリ, ジュリアン・オフレ・ドゥ（La Mettrie, Julien Offray de）　294
ライアー, エードゥアルト（Reyer, Eduard）　243
ライク, テーオドール（Reik, Theodor）　392
ライシング, エードゥアルト（Leisching, Eduard）　205, 243
ライナハ, アードルフ（Reinach, Adolf）　318
ライヒ, エーミール（Reich, Emil）　241, 243
ラインハルト, マックス（Reinhardt, Max）　170
ラウシャー, ヨーゼフ・オトマル　枢機卿（Rauscher, Kardinal Josef Othmar）　143
ラサール, フェルディナント（Lassalle, Ferdinand）　113, 184, 204
ラマシュ, ハインリヒ（Lammasch, Heinrich）　10, 138, 166, 167, 181, 346, 351, 359-63, 364,

365, 367, 368, 394
ランク, オットー（Rank, Otto）　326, 392
ラング, マリー（Lang, Marie）　241
ラングガスナー, アントーン（Langgaßner, Anton）　276
ラングベーン, ユーリウス（Langbehn, Julius）291, 292, 388
ランポッラ, マリアーノ　枢機卿（Rampolla, Kardinal Mariano）　375-6

リープクネヒト, カール（Liebknecht, Karl）192
リカード, デイヴィッド（Ricardo, David）126
リスト, フランツ・フォン　刑法学者〔(Liszt, Franz von (Strafrechtler)〕　394
リツェル, ヘルマン（Ritzel, Hermann）　318
リヒテンシュタイン公, アーロイス（Liechtenstein, Alois, Prinz）　147, 151, 375, 376
リヒテンシュタイン公, アルフレート（Liechtenstein, Alfred, Prinz）　146
リヒトホーフェン, マンフレート・フライヘル・フォン　男爵（Richthofen, Manfred, Freiherr von）368
リルケ, ライナ・マリーア（Rilke, Rainer Maria）365

ルードルフ　オーストリア皇太子〔Rudolf, Kronprinz (Österreich)〕　373
ルエーガー, カール（Lueger, Karl）　3, 8, 147, 151,152, 156, 157-62, 163, 165, 180, 234, 239, 274, 283, ,374, 375, 376, 383
ルクセンブルク, ローザ（Luxemburg, Rosa）95, 193
ルナチャルスキイ, アナトリイ（Lunatscharsky, Anatol）　298
ルワジ, アルフレッド（Loisy, Alfred）　177, 179

レートリヒ, ヨーゼフ（Redlich, Josef）　137-8, 139, 361, 370
レーニン, ウラジーミル（Lenin, Wladimir）192-3, 211, 216, 294, 298, 301, 304
レームケ, ヨハネス（Rehmke, Johannes）298
レオ一三世　教皇（Leo XIII, Papst）　375, 376
レンシュ, パウル（Lensch, Paul）　224
レンナー, カール（Renner, Karl）　8, 163, 188, 195, 209, 210, 212, 220-4, 226-7, 380, 402-3

ロイトナー, カール（Leuthner, Karl）　195
ロイマン, ヤーコプ（Reumann, Jakob）　161, 188
ローゼガー, ペータ（Rosegger, Peter）　364, 394
ロートベルトゥス, ヨハン・K（Rodbertus, Johann K.）　207
ローレンツ, オトカル（Lorenz, Ottokar）385
ロスチャイルド一家（Rothschild, Familie der）69
ロラン, ロマン（Roland, Romain）　365

## ワ　行

ワルラス, レオン（Walras, Léon）　125

## ▩訳者紹介


**青山孝徳**（あおやま・たかのり）

1949 年生まれ。1980 年名古屋大学大学院経済学研究科博士課程を単位取得により退学。名古屋大学経済学部助手を経て、1983 年より独・米・日企業勤務。2014 年よりフリー。ドイツ・オーストリア思想史研究。

主要論文：「オーストリア国有化」（『市民社会の思想』お茶の水書房、1983 所収）

「一九四五年のカール・レンナー、スターリンのレンナー探索説とその真相」（中部大学『アリーナ』第 20 号（2017）所収）

翻訳：リチャード・リケット『オーストリアの歴史』（成文社、1995）

ジークフリート・ナスコ『カール・レンナー　1870-1950』（成文社、2015）



世紀末オーストリア 1867 ～ 1918――よみがえる思想のパノラマ――

2019 年 1 月 25 日　初版第 1 刷発行

訳　者　青山孝徳

発行者　杉田啓三

〒 607-8494　京都市山科区日ノ岡堤谷町 3-1

発行所　株式会社　昭和堂

振替口座　01060-5-9347

TEL（075）502-7500 ／ FAX（075）502-7501





印刷　亜細亜印刷

ISBN978-4-8122-1807-5